湖北高校马克思主义学院和马克思主义理论学科建设调查

李资源　卢江　金鑫　张璋　等　著

『中国调查』项目（ZGDC201604）最终成果

武汉大学出版社

李资源

中南民族大学二级教授、博士生导师，湖北省高校人文社科重点研究基地"民族政策与社会发展"研究中心主任，兼任国家民委第三届决策咨询委员会专家委员，湖北省省督学、省高等学校思想政治理论课教学指导委员会副主任委员兼秘书长，省高校马克思主义理论教育研究会秘书长，中国统一战线理论研究会"国共两党关系史和海峡两岸关系史"研究中心特约研究员，湖北省董必武思想研究会、武汉延安精神研究院学术委员会委员等。

主要研究方向：中共党史及民族问题理论。先后主持国家社科基金项目6项，其中重点项目3项，入选国家哲学社会科学成果文库1项；获国家出版基金项目2项；主持省、部级及其他社科基金项目10余项。出版独著、合著著作（包括主编、副主编教材）等20余部，在《光明日报》（理论版）、《道德与文明》等几十种报刊发表论文百余篇，个人科研成果达700余万字。主要代表著作有《文明的呼唤——中国少数民族传统伦理道德研究》《中国共产党民族法制建设史研究》《中国共产党少数民族文化建设研究》《壮丽华章——中国共产党与少数民族抗日斗争研究》等。

科研成果先后获教育部高等学校科学研究优秀成果奖（人文社会科学）二等奖2项；湖北省社会科学优秀成果一等奖2项、三等奖1项；国家民委社会科学研究优秀成果一、二、三等奖各1项；武汉市社会科学优秀成果一等奖2项，二、三等奖各1项；广西壮族自治区"五个一工程"奖1项以及其他优秀科研成果奖10多项。2011年，入选中国校友会网(Cuaa.Net)大学研究团队发布的中国杰出人文社会科学家名单。2013年，被评为全国高校思想政治理论课教师影响力人物。2022年，入选中国校友会网中国大学高贡献学者排行榜名单，位居中国民族类高校学者首位；荣膺2022年中国民族类大学贡献能力最强学者美誉。

目　　录

第一章 绪 论

2018 年 5 月 2 日，习近平总书记到北京大学马克思主义学院考察，参观了"北京大学与马克思主义主题展览"，深入了解了学校开展马克思主义和新时代中国特色社会主义思想教学、科研情况，并在英杰交流中心与师生座谈。习近平总书记强调，高校马克思主义学院就是要坚持"马院姓马，在马言马"的鲜明导向和办学原则，为巩固马克思主义在意识形态领域的指导地位，推动马克思主义进校园、进课堂、进学生头脑，发挥应有作用。他指出，马克思主义是我们立党立国的根本指导思想，也是我国大学最鲜亮的底色。要抓好马克思主义理论教育，深化学生对马克思主义历史必然性和科学真理性、理论意义和现实意义的认识，教育他们学会运用马克思主义立场观点方法观察世界、分析世界，真正搞懂面临的时代课题，深刻把握世界发展走向，认清中国和世界发展大势，让学生深刻感悟马克思主义真理力量，为学生成长成才打下科学思想基础。要坚持不懈培育和弘扬社会主义核心价值观，引导广大师生做社会主义核心价值观的坚定信仰者、积极传播者、模范践行者。要把中国特色社会主义道路自信、理论自信、制度自信、文化自信转化为办好中国特色世界一流大学的自信。这充分体现了党中央对建设高校马克思主义学院的鲜明态度，也对高校马克思主义学院的建设提出了新要求。

一、本课题研究的意义

马克思主义学院是高校意识形态工作的前沿阵地，是大学生思想政治理论教育的重要平台，肩负着马克思主义理论学科建设和培育社会主义合格建设者和可靠接班人的重任。建设高水平的马克思主义学院，既是党中央在高校意识形态领域的重大战略部署，也是在新时代深入拓展马克思主义理论研究和教育工作的重要抓手。

高校马克思主义理论学科是从整体上研究马克思主义基本原理和科学体系的学科，是我国哲学社会科学的基础学科。2004 年 3 月，胡锦涛从培养什么人、怎样培养人的战略高度做出力争在几年内，使高校思想政治理论课教学情况明显改善的重要批示。2005 年，中央决定建立马克思主义理论一级学科，这是我国马克思主义理论学科建设的重大突破，成为加强和改进高校思想政治理论课的一项重要举措，显著推动了我国马克思主义理论研究力度，壮大了马克思主义理论研究队伍，促进了学科建设发展。2008 年 9 月，中共中央宣传部和教育部联合发文要求"各高等学校应当建立独立的、直属学校领导的思想政治理论课教学科研二级机构"，主要形式就是设立马克思主义学院。自马克思主义理论学科设立以来，无论是在研究队伍、研究成果还是在研究方法等方面都取得了突破性进展，学科地位作用日益明确。在新时代，马克思主义理论学科作为哲学社会科学体系中的一个新兴并且最具中国特色的学科也面临着发展不平衡不充分的若干问题。

近年来，湖北省教育行政主管部门和省内各高校都十分重视马克思主义学院和马克思主义理论学科建设，湖北高校马克思主义学院和学科建设均取得了很大的成效，但随着我国经济社会不断发展和学术研究深入推进，马克思主义学院和学科建设面临一系列新情况、新问题需要我们去应对和解决。对湖北省高校马克思主义学院和学科建设情况进行调查研究，对于全面了解湖北高校马克思主义学院和学科建设的基本情况，认真总结湖北高校马克思主义学院和学科建设的主要经验，促进湖北高校马克思主义理论学科建设，提高人才培养质量，无疑具有重要的理论意义和现实意义。

全面、准确掌握湖北高校马克思主义学院和马克思主义理论学科建设和发展情况，对于总结取得的成绩和经验，发现薄弱建设环节，分析存在的主要问题，研究提出改进的建议措施是十分必要的，对于提高湖北高校思想政治理论课教育教学质量，增强大学生在思想政治理论课中的获得感也有十分重要的意义，基于此，由本团队申报湖北省社科联2016 年"中国调查"项目"湖北高校马克思主义学院和马克思主义学科建设调查"被获准立项，《湖北高校马克思主义学院和马克思主义理论学科建设调查》（以下简称《调查》），就是该项目的最终研究成果。《调查》总结了近十年湖北高校马克思主义学院和马克思主义理论学科建设的主要成绩，特别是近三年的建设情况，梳理了湖北高校马克思主义学院和马克思主义理论学科建设中存在的问题，提出了进一步加强高校马克思主义学院和马克思主义理论学科建设的对策建议。

二、本课题研究的主要内容

2016 年底，"湖北高校马克思主义学院和马克思主义理论学科建设研究课题组"在中南民族大学召开座谈会，课题组充分听取了专家们的意见和建议。自2017 年春开始课题组对湖北高校马克思主义学院和马克思主义理论学科建设的前期成果进行了整理和信息搜集等工作。《调查》依据近年来的系列基本数据和湖北省教育行政主管部门提供的工作汇报，对湖北高校马克思主义学院和马克思主义理论学科建设的状况进行了系统分析。

《调查》包含了作者近十年来在马克思主义学院和马克思主义理论学科建设、思想政治理论课建设等多个方面的调研成果。其中包括《"05 方案"实施以来湖北高校思想政治理论课改革与创新研究》《湖北高校马克思主义理论学科建设的现状与思考》《大学生对形势与政策的认知状况与教育对策研究》《当前大学生对文化问题的认知状况与教育对策研究》《高校深入开展治国理政新理念新思想新战略教育教学状况调查报告》等。课题组在这些调查研究成果的基础上，认真设计了调查问卷和访谈提纲，多次对马克思主义学院和马克思主义理论学科的相关数据进行了更新和完善，并进一步听取了各方面意见，对所搜集的数据进行了细致整理和完善。

《调查》共分十章：

第一章介绍了本课题研究的意义、课题研究的主要内容和课题在调研中采取的统计方法。

第二章对湖北高校马克思主义学院建设情况进行概述，有代表性介绍了近年来党和国家以及湖北省在加强高校马克思主义学院建设方面的重要文件和举措，近几年湖北高校马克思主义学院建设的现状，对湖北高校马克思主义学院建设提出对策和建议。

第三章对湖北高校马克思主义理论学科建设情况进行概述，总结了湖北高校马克思主义理论学科建设取得的成效，分析了湖北高校马克思主义理论学科建设存在的问题，并提出对策和建议。

第四章对湖北高校马克思主义学院教师队伍建设情况进行专题研究，通过数据展示对教师队伍数量、年龄、职称结构进行了分析，指出了当前教师队伍建设取得的成绩和存在的问题，总结了马克思主义学院教师队伍建设的基本经验并提出对策和建议。

第五章对湖北高校马克思主义学院科研工作情况进行专题研究，通过数据展示对科研论文、科研项目、科研成果获奖、成果采纳情况和学术交流情况进行了分析，指出了当前科研工作取得的成绩和存在的问题，总结了马克思主义学院科研工作的基本经验并提出对策和建议。

第六章对湖北高校思想政治理论课建设情况进行专题研究，通过数据展示对思想政治理论课教材体系、课堂教学体系、学分设置、课堂教学规模、教学保障体系、二级机构建设、专项经费落实等多个指标进行分析，总结了思想政治理论课建设的成绩，也分析了存在的问题，并提出对策和建议。

第七章对湖北高校思想政治理论课教学改革情况进行专题研究，总结了思想政治理论课教学改革与教学研究的基本情况，列举了一批思想政治理论课教学改革的典型经验，对部分高校教学研究相关成果进行展示。

第八章对湖北高校马克思主义学院社会服务工作情况进行专题研究，总结了马克思主义学院社会服务工作的主要成绩，指出目前所存在的主要问题并提出对策和建议。

第九章对湖北高校"形势与政策"一课建设情况进行专题研究，分别对本科院校、高职院校、教师和学生进行了分类调研和分析总结，力求从课程建设角度总结湖北高校"形势与政策"一课教学的经验与不足。

第十章对湖北高校开展治国理政新理念新思想新战略教育教学状况进行了专题调查研究。

附件收集整理了党和国家与湖北省关于高校马克思主义学院和马克思主义理论学科建设相关的重要讲话和重要文献资料，其既是本书撰写的主要文献依据，也是进行马克思主义学院和马克思主义理论学科相关研究的重要文献资料。

三、本课题的撰写与统计方法

《调查》的撰写主要是依据作者近几年来在各类专项调研和分类调研的基础上进行的，主要集中在 2016—2019 年。包含湖北省 40 余所高校，涵盖 985 高校、211 高校、省属本科院校、独立学院和高职高专院校等不同批次和类型的高校，因各高校在发展中各类数据是不断变化的，加之调研的数据前后时间差异，《调查》可能与实际情况略有误差。

对湖北高校马克思主义学院和马克思主义理论学科建设情况的各类指标进行研究分析时，我们主要采用了横向分析的方法，比较分析了不同类型高校在马克思主义学院和马克思主义理论学科建设中取得的主要成绩。根据研究需要，我们还对思想政治理论课建设情况进行了纵向分析，主要是各高校自 2011 年到 2017 年对形势与政策、治国理政新思想新战略教学情况进行了调研和分析，以期能得出比较全面的分析结果。为了弥补单项调研信息数据的不足，我们也采取了一些调查研究的方法。一是通过发放问卷调查，通过部分高校马克思主义学院对教师和学生发放问卷了解详细情况。二是选取部分高校进行重点访谈，主要是通过发放调研提纲及走访、座谈等形式对部分高校马克思主义学院负责人、骨干教师和学生进行深入的探讨和交流。为了统计和分析的需要，在《调查》中，我们将参加调研高校分为部属院校、其他本科院校和高职高专院校三种类型，各类型高校之间不交叉；各学科点按照马克思主义理论学科博士点授权高校、硕士点授权高校和其他高校三种类型，各学科点之间不交叉。在全省各兄弟院校和同仁的热情帮助下，收到了较为满意的调研成果，对撰写本书提供了重要的参考。

由于课题组力量和水平有限，《调查》在湖北高校马克思主义学院和马克思主义理论学科建设方面所呈现的主要成绩、主要问题和对策建议，仅供教育主管部门和高校进行相关决策以及马克思主义学院教师开展马克思主义理论学科建设与研究的参考。

第二章　湖北高校马克思主义学院建设概述

马克思主义学院是开展马克思主义理论教学、研究、宣传和人才培养的坚强阵地。长期以来，我国高校在专门的思想政治理论课教学科研工作中存在薄弱环节，很多高校没有设置专门的思想政治理论课教学科研机构，一般是在学校人文社科相关院系下设二级、三级机构，或者采取"一支队伍、两块牌子"的做法，这样导致马克思主义学院在学科建设、教师队伍建设和经费保障等方面难以形成合力，也无法体现马克思主义在高校意识形态中的指导地位。2008年9月，中宣部、教育部联合发文要求各高校建立独立的思想政治理论课教学科研二级机构。2011年1月，教育部印发《高等学校思想政治理论课建设标准（暂行）》，再次强调各高校必须贯彻落实独立设置二级机构并且直属学校领导的要求。2017年9月，教育部印发《高等学校马克思主义学院建设标准（2017年本）》，进一步规定，马克思主义学院是直属学校领导的独立二级机构，统一开设全校思想政治理论课，统一管理思想政治理论课教师，统一负责马克思主义理论学科建设。经过十余年的努力，全国高校基本都设立了单独的思想政治理论课教学科研二级机构，湖北高校也普遍响应号召建立了独立的马克思主义学院，在着力推进马克思主义学院建设过程中，取得了一定成效。

一、加强高校马克思主义学院建设的重要文件和举措

建好建强马克思主义学院，要立足于中国特色社会主义的基本国情，加强顶层设计。近年来，中央和地方通过召开重要会议、建立健全制度体系，加强了对马克思主义学院建设和发展的统筹规划，也加强了对马克思主义理论学科课程体系、师资队伍建设、人才培养、科学研究等各方面工作的引导和规范，为马克思主义学院的发展提供了基本保障。

（一）2021年《关于加强新时代马克思主义学院建设的意见》

2021年9月，中共中央办公厅印发了《关于加强新时代马克思主义学院建设的意见》，指出马克思主义是我们立党立国的根本指导思想，马克思主义学院是学习研究宣传马克思主义的主阵地，党的十八大以来，各地区各有关部门和单位贯彻落实党中央要求，推动马克思主义学院建设取得长足进展，各方面工作迈上新台阶。文件提出要"扎实推动马克思主义学院内涵式发展"，"着力打造马克思主义理论教育教学、研究宣传和人才培养的坚强阵地"，"强化马克思主义学院建设政策支撑机制"，"切实加强党对马克思主义学院建设的领导"，这一文件为新时代马克思主义学院建设确立了发展定位和建设思路。

(二)2019年思想政治理论课教师座谈会

2019年3月18日上午,中共中央总书记、国家主席、中央军委主席习近平在京主持召开学校思想政治理论课教师座谈会并发表重要讲话,向全国大中小学思政课教师致以诚挚的问候和崇高的敬意。他强调,办好思想政治理论课,最根本的是要全面贯彻党的教育方针,解决好培养什么人、怎样培养人、为谁培养人这个根本问题。新时代贯彻党的教育方针,要坚持马克思主义指导地位,贯彻新时代中国特色社会主义思想,坚持社会主义办学方向,落实立德树人的根本任务,坚持教育为人民服务、为中国共产党治国理政服务、为巩固和发展中国特色社会主义制度服务、为改革开放和社会主义现代化建设服务,扎根中国大地办教育,同生产劳动和社会实践相结合,加快推进教育现代化,办好人民满意的教育,努力培养担当民族复兴大任的时代新人,培养德智体美劳全面发展的社会主义建设者和接班人。

(三)2016年全国高校思想政治工作会议

2016年12月7日至8日,全国高校思想政治工作会议在北京召开。中共中央总书记、国家主席、中央军委主席习近平出席会议并发表重要讲话。他强调,高校思想政治工作关系高校培养什么样的人、如何培养人以及为谁培养人这个根本问题。要坚持把立德树人作为中心环节,把思想政治工作贯穿教育教学全过程,努力开创我国高等教育事业发展新局面。

习近平强调,我们的高校是党领导下的高校,是中国特色社会主义高校。办好我们的高校,必须坚持以马克思主义为指导,全面贯彻党的教育方针。要坚持不懈传播马克思主义科学理论,抓好马克思主义理论教育,为学生一生成长奠定科学的思想基础。要坚持不懈培育和弘扬社会主义核心价值观,引导广大师生做社会主义核心价值观的坚定信仰者、积极传播者、模范践行者。要坚持不懈促进高校和谐稳定,培育理性平和的健康心态,加强人文关怀和心理疏导,把高校建设成为安定团结的模范之地。要坚持不懈培育优良校风和学风,使高校发展做到治理有方、管理到位、风清气正。

此次会议是自2005年全国加强和改进大学生思想政治教育工作会议以来,时隔11年再次召开的全国高校思想政治工作会议。习近平总书记的重要讲话是中国特色社会主义教育理论的又一重大创新成果,是指导做好新形势下高校思想政治工作的纲领性文献,对于办好中国特色社会主义大学,推进党和国家事业发展,具有十分重要的意义。

(四)2016年哲学社会科学工作座谈会

2016年5月17日,中共中央总书记、国家主席、中央军委主席习近平在北京主持召开哲学社会科学工作座谈会并发表重要讲话。他强调,一个没有发达的自然科学的国家不可能走在世界前列,一个没有繁荣的哲学社会科学的国家也不可能走在世界前列。坚持和发展中国特色社会主义,哲学社会科学具有不可替代的重要地位,哲学社会科学工作者具有不可替代的重要作用。坚持和发展中国特色社会主义,必须高度重视哲学社会科学,结合中国特色社会主义伟大实践,加快构建中国特色哲学社会科学。

习近平总书记强调，坚持以马克思主义为指导，是当代中国哲学社会科学区别于其他哲学社会科学的根本标志，必须旗帜鲜明加以坚持。我国哲学社会科学的一项重要任务就是继续推进马克思主义中国化、时代化、大众化，继续发展21世纪马克思主义、当代中国马克思主义。马克思主义是随着时代、实践、科学发展而不断发展的开放的理论体系，它并没有结束真理，而是开辟了通向真理的道路。把坚持马克思主义和发展马克思主义统一起来，结合新的实践不断做出新的理论创造，这是马克思主义永葆生机活力的奥妙所在。要加快构建中国特色哲学社会科学，按照立足中国、借鉴国外，挖掘历史、把握当代，关怀人类、面向未来的思路，着力构建中国特色哲学社会科学，在指导思想、学科体系、学术体系、话语体系等方面充分体现中国特色、中国风格、中国气派，努力构建一个全方位、全领域、全要素的哲学社会科学体系。

（五）2017年湖北省高校思想政治工作会议

2017年5月26日，湖北省高校思想政治工作会议在汉召开。省委书记蒋超良出席会议，强调要认真学习贯彻习近平总书记关于高校思想政治工作的重要讲话精神，在事关办学方向的问题上要旗帜鲜明站稳立场，全面落实立德树人根本任务，切实加强和改进高校思想政治和意识形态工作。

蒋超良强调，要理直气壮传播马克思主义科学理论，坚持不懈用习近平总书记系列重要讲话精神武装师生头脑；持之以恒培育和弘扬社会主义核心价值观，引导青年学生扣好人生第一粒扣子；加强校园文化建设，大力营造良好的校园生态。此外，要积极推进高校思想政治工作改革创新，遵循思想政治工作规律、教书育人规律、学生成长规律，不断提升思想政治教育的针对性实效性亲和力感染力；用足用好课堂教学这个主渠道，改进课堂教学和授课方法，提高思政课感染力和实效性；注重联系学生思想实际，有针对性回答一些综合性、深层次的理论和认识问题；用好新媒体新技术，使高校思想政治工作活起来。要大力加强高校教师和思想政治工作队伍建设，积极教育引导教师以德立身、以德立学、以德施教，引导教师以家国情怀关注社会现实；始终坚持把政治可靠作为教师选聘的首要标准，将思想政治要求作为职称评聘、岗位聘用和聘期考核的重要内容；加大对学术浮夸、学术不端、学术腐败等各种违规违纪问题的整治力度；广大教师要坚持教育者先受教育，努力成为先进思想文化的传播者、党执政的坚定支持者，更好担起学生健康成长指导者和引路人的责任。

（六）2017年《关于加强和改进新形势下高校思想政治工作的意见》

2017年，中共中央、国务院印发了《关于加强和改进新形势下高校思想政治工作的意见》（以下简称《意见》），强调要加强高校马克思主义学院建设，打造马克思主义理论教学、研究、宣传和人才培养的坚强阵地，支持有条件的高校设置马克思主义理论专业，深入实施马克思主义理论研究和建设工程（简称"马工程"）。

《意见》指出，要发挥哲学社会科学育人功能。强调要加强哲学社会科学学科体系建设，积极构建中国特色、中国风格、中国气派的哲学社会科学学科体系，强化马克思主义理论学科的引领作用，支持有条件的高校在马克思主义理论一级学科下设置党的建设二级学科,实施高校马克思主义理论人才支持培养计划,积极推进学术话语体系创新,加快完善具有中国特色和国际视野的哲学、历史学、经济学、政治学、法学、社会学、民族学、新闻学、人口学、宗教学、心理学等学科。加快建设一批哲学社会科学专业核心课程教材。要规范哲学社会科学教材选用,建立国家优秀教材评选奖励制度,完善学术评价体系和评价标准,建立科学权威、公开透明的哲学社会科学成果评价体系,健全优秀成果评选推广机制,提高高校学术委员会建设水平。

(七)加强马克思主义学院建设,评选全国重点马院

《高等学校马克思主义学院建设标准(2017年本)》提出,高校要把思想政治理论课作为重点课程、把马克思主义理论学科作为重点学科、把马克思主义学院作为重点学院,纳入学校发展规划,进行重点建设。中宣部、教育部于2015年10月联合印发《普通高校思想政治理论课建设体系创新计划》,提出建设一批高水平的马克思主义学院,这既是党中央在高校意识形态领域的重大战略部署,是推进理论工作"四大平台"建设、确保马院"姓马"的关键举措,也是新时代汇集力量、深化拓展马克思主义理论研究和宣传教育的重要抓手。2015年至2017年,根据《关于加强马克思主义学院建设的意见》和《关于建设全国重点马克思主义学院的实施方案》要求,中共中央宣传部、教育部评选出21家全国重点马院。这些学校在教学、科研、社会服务等方面已产生了良好的效应,对全国其他高校建设好马克思主义学院起到了带头示范作用。

(八)2018年湖北省重点马克思主义学院和思想政治理论课教学示范基地公布

为深入学习贯彻习近平新时代中国特色社会主义思想和党的十九大精神,2018年6月,中共湖北省委宣传部、中共湖北省委高校工委、湖北省教育厅发布《关于加强湖北省马克思主义学院建设的意见》,开展了湖北省重点马克思主义学院和湖北省示范思想政治理论课教学基地申报工作。40所湖北省高校参与了申报工作。经评审组实地考察、认真评审和研究,确定10所高校的马克思主义学院为"湖北省重点马克思主义学院",21所高校(单位)的马克思主义学院(思政课部)为"湖北省示范思想政治理论课教学基地"。其中湖北省重点马克思主义学院入选高校为华中师范大学、华中科技大学、武汉理工大学、中国地质大学(武汉)、湖北大学、中南民族大学、武汉科技大学、三峡大学、中南财经政法大学、武汉纺织大学。湖北省示范思想政治理论课教学基地入选高校(单位)为华中农业大学、湖北师范大学、湖北工业大学、武汉工程大学、武汉轻工大学、中共湖北省委党校、湖北省社科院、长江大学、江汉大学、湖北中医药大学、湖北民族大学、湖北汽车工业学院、黄冈师范学院、湖北科技学院、湖北经济学院、湖北美术学院、汉江师范学院、湖北第二师范学院、武汉体育学院、湖北工程学院、湖北文理学院。

(九)2018年《新时代高校思想政治理论课教学工作基本要求》

为深入贯彻落实习近平新时代中国特色社会主义思想和党的十九大精神,进一步巩固马克思主义在高校意识形态领域的指导地位,坚持社会主义办学方向,全面贯彻党的教育

方针，加强新时代高校思政课建设，全面推动习近平新时代中国特色社会主义思想进教材进课堂进学生头脑，培养担当民族复兴大任的时代新人，教育部2018年4月12日印发了《新时代高校思想政治理论课教学工作基本要求》（以下简称《基本要求》）。

《基本要求》强调，要把高校思政课教学工作摆在更加突出的位置，更加重视加强和改进教学管理，更加重视提升教学质量，不断提升思政课的亲和力和针对性，全面推动习近平新时代中国特色社会主义思想进教材进课堂进学生头脑，牢固树立"四个意识"，坚定"四个自信"，培养德智体美劳全面发展的中国特色社会主义合格建设者和可靠接班人，培养担当民族复兴大任的时代新人。

《基本要求》立足规范流程，抓住思政课教学课前、课中、课后等关键环节，在操作层面进一步明确工作要求。从严格落实学分、合理安排教务、规范建设教研室（组）、统一实行集体备课、创新集体备课形式、严肃课堂教学纪律、科学运用教学方法、改进完善考核方式、强化科研支撑教学、健全听课指导制度、综合评价教学质量、落实高校主体责任、强化地方统筹管理、加强全国宏观指导等十四个方面作了规定。

（十）2018年湖北高校"五个思政"建设现场推进会

2018年5月，省委高校工委、省教育厅印发《"五个思政"改革示范点实施方案》，深入推进高校学生思政、教师思政、课程思政、学科思政、环境思政"五个思政"改革创新。6月26日，全省高校"五个思政"建设现场推进会在华中科技大学召开。

湖北省委高校工委副书记、省教育厅长陶宏在会上指出，自全国全省高校思想政治工作会议召开以来，省委高校工委、省教育厅和全省高校认真贯彻落实中央大政方针和省委决策部署，创造性开展全省高校思想政治工作"五级五类"大调研大督察，聚焦发力学生思政、教师思政、课程思政、学科思政、环境思政"五个思政"，扎扎实实推进全国全省高校思想政治工作会议精神落地生根，高校思想政治工作取得显著成效。主要体现在理论武装更加自觉，习近平新时代中国特色社会主义思想深入高校师生人心；党的旗帜在高校矗立飘扬，高校成为坚持党的领导的坚强阵地；办学方向更加坚定不移，"四个服务"办学方针在高校得到切实体现；思想政治工作深化改革创新，不断焕发出生机活力；广大教师自觉践行"四个相统一"，教书育人能力全面提升；广大学生坚定"四个正确认识"，思想政治素质总体上积极健康向上。

二、近年来湖北高校马克思主义学院建设情况

随着中国特色社会主义的深入推进和中国高等教育的不断发展，高等教育尤其是马克思主义理论学科教育的环境有了新的变化，马克思主义学院建设取得了一些成绩，也面临一系列新情况、新问题。近年来，湖北省委坚持把高校思想政治工作摆在重要位置，加强组织领导，完善保障措施，推动高校思想政治工作机制逐步健全、教师队伍不断壮大、发展特色鲜明，全省高校马克思主义学院建设工作呈现良好发展态势。在此次调研中，参加调研的高校都认真学习习近平总书记系列重要讲话特别是在全国高校思想政治工作会议和哲学社会科学工作座谈会上的重要讲话，全面贯彻党的教育方针，坚持立德

树人，积极推进思想政治理论课教学改革，不断推进马克思主义理论学科建设。自 2008 年 9 月中共中央宣传部和教育部联合发文要求"各高等学校应当建立独立的、直属学校领导的思想政治理论课教学科研二级机构"后，湖北省各高校普遍响应号召，先后成立了独立的马克思主义学院或独立的思想政治理论课教学二级机构，并在学科建设、思想政治理论课建设、师资队伍建设、教学研究及社会服务等方面取得了一系列重要成果。

（一）领导责任落实，机构设置完备

《关于加强和改进新形势下高校思想政治工作的意见》强调："要加强和改善党对高校的领导。要完善高校党的领导体制，坚持和完善普通高校党委领导下的校长负责制，高校党委对本校工作实行全面领导，履行管党治党、办学治校的主体责任，切实发挥领导核心作用。"党的十八大以来，全国高校马克思主义学院的数量逐年增加，在马克思主义学院的建设上，也逐步由量的增加转变到质的提高上来。湖北省是一个教育大省，是传播马克思主义的重镇。现有普通高等学校 123 所，其中本科高校 67 所，其数量位居全国前列，参加调研的各类型高校都建立了独立的二级马克思主义学院或者思想政治理论课部。作为党在高校设立的对大学生进行马克思主义理论教育的重要部门，马克思主义学院在建设上应当与党中央的精神保持高度一致，具有鲜明的政治立场，故这一机构多为学校党委书记和校长以及相关职能部门和马克思主义学院负责人共同进行领导，实行校领导直接负责制，并设立全校思想政治工作领导小组。作为独立的二级机构，马克思主义学院根据不同课程划分相应的教研室，统一开设全校思想政治理论课。在领导责任落实方面，湖北各高校总体上都按照《意见》规定标准，一致贯彻落实以习近平同志为核心的党中央对进一步办好高校思想政治理论课、加强高校马克思主义学院建设的决策部署，切实落实学校党委书记第一责任人责任。机构内党政工团组织机构健全，教学委员会、学术委员会、学位评定委员会等机构设立完备，运行良好。

在运行保障方面，湖北各高校都能严格落实《意见》中对学院建设的相关规定，如此次调研中，相关高校党政领导每年讲授思想政治理论课达到 5 次的占 60%，10 次以上的有 15 所，占 38%，而党政领导听课率方面，所有学校都达到 100% 的听课率。在思政经费落实方面，使用思政专项经费达到生均 20 元/年或超过 20 元/年的达到 80%。

（二）思想政治理论课教学管理制度完善，人才培养规范

参加调研的湖北各高校，都能严格教学管理制度，完善师资配备，重视对外引进，对内培养人才，积极进行课改，以生为本，以研促教，大力加强思想政治理论课教学管理的科学化、系统化和规范化建设。一是在课程学分设置和管理上，都严格按照本、专科生思想政治理论课"05 方案"，研究生思想政治理论课"10 方案"要求开课，落实课程学分及对应学时，即"基础"课 3 学分、"纲要"课 2 学分、"原理"课 3 学分、"概论"课 6 学分、"中国特色社会主义理论与实践研究"课 2 学分、"中国马克思主义与当代"3 学分，并落实相应学时。二是在教材使用上，均使用"马克思主义理论研究和建设工程"统编的最新版思想政治理论课教材和教学大纲。三是在教学管理上，建立了科学的教学质量监控、评

价体系和完备的备课、听课、评教制度。四是在实践教学安排上，湖北绝大部分高校都结合学校和地区特色设立了实践教学环节，落实实践教学学分，有序开展实践教学，很多高校还建立了社会实践教学基地。五是在课堂规模方面，有75%的高校班级学生数不超过100人，只有武汉大学与华中科技大学两所高校由于学生基数过大，课堂学生数超过200人。六是在师资队伍建设上，各高校都加大对思想政治理论课专职教师引进力度，专职教师人数较之以前有了很大提高。参与调研高校中，马克思主义理论学科教师共计2350人，其中专职教师1492人，占教师总数的63.49%；具有教授、研究员职称的392人，占专职教师总数的26.27%。

(三)马克思主义理论学科建设重点突出，特色鲜明

近年来，湖北省按照中央精神不断加强对马克思主义理论学科的布局和完善，强化马克思主义理论学科对思想政治理论课建设的支撑作用，取得了良好的成效。湖北高校建设马克思主义理论学科时间比较早，如武汉大学是全国第一个拥有马克思主义理论学科博士点的高校。经过多年的努力，目前湖北多所高校都建有马克思主义理论学科博士点和硕士点，在此次参加调研的高校中，有一级学科博士点高校5所(武汉大学、华中师范大学、武汉理工大学、中国地质大学、湖北大学)，二级学科博士点高校6所(武汉大学、华中科技大学、华中师范大学、中国地质大学、武汉理工大学、湖北大学)，一级学科硕士点高校17所(武汉大学、华中科技大学、华中师范大学、武汉理工大学、中国地质大学、湖北大学、中南财经政法大学、中南民族大学、长江大学、武汉科技大学、湖北工业大学、武汉纺织大学、武汉工程大学、三峡大学、武汉轻工大学、湖北师范大学、湖北民族大学)。其中各个高校学科硕博点方向不一，各有重点，但总体上都很注重把马克思主义理论学科与本校的优势和特色相结合。

(四)社会服务意识和影响力不断提升

近年来，湖北高校马克思主义理论学科在中央和省委精神指引和鼓舞下，社会服务意识进一步提升，紧紧围绕湖北经济社会发展中的重大理论问题、热点难点问题，通过参与决策咨询，开展理论宣讲，担任学术兼职，开展社会培训，参与文件制定，进行对口支援，保持了各项社会服务持续增长的态势，充分发挥了"思想库"和"智囊团"的作用，社会服务影响力不断提升。如近年来比较有特色的一项工作就是自2012年起在全省范围内开展的"理论热点面对面"平台的建设，该平台由湖北省委倡议发起，省内15所高校马克思主义学院的多名专家学者参与，覆盖了全省各农村、企业和社区，让广大高校理论工作者走进田间地头、工厂企业与基层群众面对面交流，为他们答疑解惑，为湖北省和地方政府凝心聚力搞好湖北建设贡献力量。此外，各高校结合自己的学科特点和优势，也通过建立研究中心、发布理论成果等方式服务社会，如武汉科技大学马克思主义学院建设的湖北意识形态建设研究院(智库)和意识形态安全研究中心，坚持立足湖北、面向全国，聚焦意识形态建设重大理论和实践问题，在加强理论研究的同时，为湖北省委、省政府和相关部门提供决策咨询服务。武汉理工大学马克思主义学院编写的《马克思主义理论简明读本》，已成为师生理论学习的精品，社会科学文献出版社将其列为向十九大献礼书目，产

生了较大的社会影响。

(五)党建与思想政治工作稳步推进，"五个思政"发挥示范引领作用

习近平总书记指出："意识形态工作是党的一项极端重要的工作。"①他强调，要加强高校党建工作的领导和指导，坚持党的教育方针，坚持社会主义办学方向，加强和改进思想政治工作，牢牢把握高校意识形态工作领导权。高校教育的根本任务就是立德树人，加强高校的党建和思想政治工作有利于提高立德树人的实效，筑牢"培养什么样的人、如何培养人以及为谁培养人"这一历史使命，不断提升人才培养质量，推动高校内涵式发展。党建和思想政治工作就是这一任务的关键所在，高校应以党建和思想政治工作为引领、不断提高学科建设水平，提高教学和科研工作的实效，做好社会服务工作，为中国特色社会主义事业培养合格建设者和可靠接班人。在调研中，湖北各高校党委高度重视教师思政工作，积极推进党支部书记"双带头人"工程，引导教师强化"四个意识"，坚定"四个自信"，严守教学政治纪律、师德师风。通过对高校进行的治国理政新理念新思想新战略教育教学的现状调查结果进行汇总与分析，大多数高校能扎实推进十九大精神，习近平总书记系列讲话精神进教材、进课堂、进头脑，能积极教育引导学生正确认识世界和中国发展大势，正确认识时代责任和历史使命。2018年，湖北省委高校工委、省教育厅印发《"五个思政"改革示范点实施方案》，深入推进高校学生思政、教师思政、课程思政、学科思政、环境思政"五个思政"改革创新。这是新时代湖北高校思政工作的创新抓手，是落实全员全过程全方位"三全育人"理念的湖北品牌，获得教育部等国家部委充分肯定。

三、湖北高校马克思主义学院建设存在的问题

总体而言，湖北省各高校马克思主义学院建设取得了很大的成就，但此次调研结果也凸显出湖北高校马克思主义学院建设中存在的一些有待完善的问题。

(一)人才引进力度不足，师资结构不合理，储备不平衡

思想政治理论课教师队伍是实现思政课教学目标的重要保障，是马克思主义的传播者和大学生人生信仰的引路人。教师队伍建设是加强和改进思想政治理论课教学工作的关键，而保证一定数量的专职教师和一定比例的高职称教师则是这一工作的根本。根据教育部制定的《高等学校马克思主义学院建设标准(2017年本)》，该制度在师资配备方面规定要按照师生比不低于1∶350的比例设置专职教师岗位，加快配齐建强专职教师队伍。虽然近年来，湖北各高校马克思主义学院加大力度引进人才，专职教师数量和质量都有了质的飞跃，但是与国家规定的生师比还有差距，教师队伍结构不合理、教师数量不足仍然是一个普遍现象。参加调研的高校一共有1492名专职教师，其中部属院校(985、211)共计435人，其他本科高校共计936人，高职院校共计121人。总体看来，专职教师人数的绝对值有所增加，但是还跟不上学生数量增长的速度，高校间存在的差距也不小，普通本科

---

① 《习近平谈治国理政》，外文出版社2014年版，第153页。

院校、高职院校与部属院校的马克思主义学院在专职教师人数和引进力度上还存在着相当大的差距。在职称比例上,参加调研的高校具有正高级职称的共有 392 人,占专职教师总数的 26.27%,低于高校其他专业专职教师正高级职称人才的比例。

(二)思想政治理论课小班上课落实不够,实践课时不足

近年来,湖北高校在思想政治理论课教学改革中不断与时俱进,但是"大班额"现象始终是困扰高校的一大问题,课堂人数太多,教师无法顾及每一个学生,常常是教师在台上讲得津津有味,学生在下面听得昏昏欲睡,"大班额"导致课堂教学效果乏善可陈,而实践教学更是流于形式。开展小班教学能让教师充分了解课堂中的每一位学生的学习和思想状况,增加互动交流环节并能对学生的学习状况进行持续关注。根据调查,大多数湖北各高校马克思主义学院能实行集中备课,积极利用网络资源进行教学课程改革,部分高校也逐步开始减少班级人数,消除"大班额"。部分高校由于师资力量有限,只能在部分班级开展小班教学试点,其他班级还是实施大班教学。参加调研的高校课堂教学规模在 100人以下的有 30 所,占 75%;101~150 人的有 8 所,占 20%;151~199 人的为 0 所,占0%;200 人以上的有 2 所,占 5%。

实践是主观见之于客观的活动,是不断从感性认识上升到理性认识循环往复的一个过程。实践教学是思想政治理论课教学的中心环节,现阶段在高校思想政治理论课课堂上,由于教师人数有限,精力不够,更多采用了课堂讨论、辩论赛、微视频等传统模式,这样的方式对于活跃课堂气氛、营造生动课堂可起到一定作用,但是学生的参与度与获得感不佳。现阶段大学生多为 95 后,成长于中国经济飞速发展的时期,他们的思维更活跃,对于思想政治理论课的内容和课堂组织形式要求更高,传统课堂授课方式已经不能满足他们的需要。中共中央、国务院印发的《关于加强和改进新形势下高校思想政治工作的意见》强调:"运用大学生喜欢的表达方式开展思想政治教育。要强化社会实践育人,提高实践教学比重。"在实践教学工作中,部分高校结合学校优势和特色开展了一系列实践教学活动,但是从覆盖率上看,这一做法还只是少数学生的"福利",让大多数学生在实践教学中巩固理论知识是今后要努力的一个方向。

(三)高校之间学科建设差距较大,学科点建设不均衡

加强马克思主义理论学科建设是对教学工作和科研工作的有力支撑,加强学科建设是提升马克思主义学院影响力,强化马克思主义在高校意识形态领域主导地位的重要手段。近年来,为了响应国家对马克思主义理论学科建设的战略需求,加强党的思想理论建设,提升思想政治理论课教学效果,各高校都比较注重学科规模的扩张,学科数量日益增多,形成了比较完善的学科体系。但是学科建设也存在一些问题,一是学科建设需要从外延式量的发展向内涵式质的发展转变,将解决现实问题与学科建设结合起来。二是湖北高校校际学科发展还存在很大不平衡。根据对湖北省高校马克思主义学位点最新的统计数据,全省高校有一级学科博士点 5 个,二级学科博士点 6 个,一级学科硕士点 17 个,但优势学科点主要集中在部属院校(985、211)。如武汉大学马克思主义理论学科在国家教学成果奖和教学团队、国家精品课程和教学名师、中央和教育部马克思主义理论研究和建设工程

首席专家和主要成员、教育部新世纪优秀人才支持计划获得者等核心指标上，具有绝对优势，其他高校特别是省属高校与其相比差距较大。

（四）高校马克思主义学院建设投入不足

资金的投入是马克思主义学院建设的物质保障，马克思主义学院改善办公条件，购买研究资料，进行科学研究，开展社会调研，参加学术会议，指导学生参加实践活动，进行教师教学改革等方方面面的工作都需要资金投入。建设高水平马克思主义学院，要在加强学科建设、师资队伍建设和思想政治理论课建设上下功夫。近年来，党和国家越来越重视马克思主义理论学科和马克思主义学院的建设，教育部在 2017 年出台的《高等学校马克思主义学院建设标准（2017 年本）》中，对马克思主义学院建设中的多个指标提出了全方位的要求，包括组织领导与管理、思想政治理论课教学、马克思主义理论学科建设、社会服务与社会影响、党的建设与思想政治工作等 5 个大项和 17 个小项。湖北高校马克思主义学院大多成立时间不长，学科建设还不完善，师资队伍严重不足，一方面面临着繁重的教学和科研任务，另一方面在发展条件上又捉襟见肘，在建设高水平马克思主义学院上还有很长的路要走。大部分高校在经费保障和政策支持方面没有落实到位，有的高校经费严重不足，导致马克思主义学院发展较其他学院显得迟缓。

四、对湖北高校马克思主义学院建设的意见和建议

党和国家对马克思主义学院建设抱有很高期望，中央也多次提出了马克思主义学院建设的标准和目标。针对目前湖北高校马克思主义学院建设中存在的若干问题，应当从提高认识、加大投入、完善机制等多方面加强马克思主义学院的建设。

（一）提高对马克思主义学院建设重要性的认识

新时代国家对马克思主义学院建设的重视程度越来越高，对马克思主义学院的建设提出了更高要求。2015 年，国务院印发《统筹推进世界一流大学和一流学科建设总体方案》，要求按照"四个全面"战略布局和党中央、国务院决策部署，坚持以中国特色、世界一流为核心，以立德树人为根本，以支撑创新驱动发展战略、服务经济社会发展为导向，坚持"以一流为目标、以学科为基础、以绩效为杠杆、以改革为动力"的基本原则，加快建成一批世界一流大学和一流学科。教育部也先后出台《高等学校思想政治理论课建设标准》《高等学校马克思主义学院建设标准（2017 年本）》，这些方针政策都为马克思主义学院建设提供了新机遇，也带来了挑战。党和国家的政策是否能真正落到实处取决于学校党委和学校领导对马克思主义学院建设的重视程度。湖北高校党委应当提高对马克思主义学院建设、思想政治理论课建设重要性的认识，把马克思主义学院的教育教学、科学研究、社会服务等作为学院发展的根本任务，把培养具有马克思主义理论素养人才作为基础性工作，深化教学科研改革，深入开展学术研究，打造过硬的马克思主义师资队伍，积极开展社会服务，提升马克思主义学院在高校乃至全国的影响力和示范效应。省级教育管理部门和高校党委都应当加强对高校马克思主义学院建设情况、教师队伍建设情况、思想政治理论课

建设情况的监督检查，切实促进高校党政领导以及二级机构负责人、教师队伍了解、知晓和把握党和国家关于马克思主义学院的新理念、新举措，使中共中央、国务院、教育部以及湖北省委省政府、教育厅的文件要求落到实处。

(二)加大对马克思主义学院的经费投入

教育部《高等学校马克思主义学院建设标准(2017年本)》和湖北省《关于进一步加强和改进思想政治理论课教育教学工作的实施意见》都对马克思主义学院经费使用做出明确规定：本科院校按照在校生总数每生每年不低于20元的标准，专科院校按照在校生总数每生每年不低于15元的标准提取专项经费用于教师学术交流、社会考察等，并随学校经费逐年增加。2021年，教育部印发了《高等学校思想政治理论课建设标准(2021年本)》，将经费标准进一步提高，规定"本科院校按在校本硕博全部在校生总数每生每年不低于40元，专科院校每生每年不低于30元的标准提取专项经费，用于教师学术交流、实践研修等，并随着学校经费的增长逐年增加。专项经费安排使用明确，专款专用"。调查结果显示，近年来，湖北高校在经费保障工作上推进力度较为明显，取得了较好的成效，但也有部分高校在经费保障方面还达不到这个标准，由于种种原因不能足额拨付经费，导致马克思主义学院发展缓慢。鉴于马克思主义理论学科的重要性，建议教育管理部门和高校党委适当增加人才引进经费、提高马克思主义理论学科科研项目的立项数量与经费，以确保马克思主义学院及其理论一级学科建设、思想政治理论课程建设相互促进和发展。

(三)加强马克思主义理论学科教师队伍建设

目前，在部分高校，依然存在着对马克思主义学院、马克思主义理论学科和思想政治理论课不够重视的现象，关注不够和经费投入不足直接导致马克思主义学院在建设上缺乏有效支持而发展缓慢。作为马克思主义学院主体的教师则感到被边缘化，不受重视，从而影响到教学和科研的积极性。师资是影响高校学生学习质量的重要因素，要建设高水平马克思主义学院，实现培养新时代"四有"青年的目标，就要加强马克思主义理论学科教师队伍建设。一是从引进机制入手，大力选贤举能，将具有学科背景、坚定马克思主义信仰的人才纳入到马克思主义学院教师队伍中。二是加强师德师风建设，强化教师理想信念教育，增强教师对中国特色社会主义的思想认同、理论认同和情感认同，使他们真正成为为学生传授知识，帮助学生树立正确价值观的人生导师。三是从制度上保障教师队伍的长期发展。高校应当进一步建立健全马克思主义学院建设和管理机制，规划好马克思主义学院中长期的发展方向，切实为青年教师提供良好的教学科研环境以及上升空间，培养更多的后备师资力量，促进马克思主义学院教师队伍可持续发展，为建设高水平马克思主义学院打下基础。

(四)加强马克思主义理论学科建设

马克思主义理论学科建设是加强马克思主义学院建设的一项基础性的工作，这项工作为党的思想、方针、政策的贯彻落实提供支持，也为思想政治理论课的教育教学提供理论支撑，为培养具有马克思主义理论素养的高素质人才提供很好的平台，也是全面提升马克思主义学院影响力的基础。一方面，有条件的高校应当着力加强学科学位授权点的建设，以学位授权点为依托，全面带动教学、科研和社会服务的全面发展。另一方面，没有学位授权点的高校也应当在科学研究、社会服务等方面重点发力，把科学研究成果作为思想政治理论课教学的学理支撑，讲好思想政治理论课。湖北高校马克思主义学院要把学院建设和学科建设有机结合起来，把学科建设与本地本校特色资源、学校专业特色结合起来，重视学院各方面的均衡发展，科学合理地平衡教学与科研的关系，同时也要积极推进各高校的校际交流、优势互补，必要时还可以采取联合培养的方式，为学生提供优质的思想政治理论课学习资源和营造良好的学习环境。

（五）注重马克思主义学院社会服务工作

习近平总书记在全国高校思想政治工作会议上强调："我国高等教育发展方向要同我国发展的现实目标和未来方向紧密联系在一起，为人民服务，为中国共产党治国理政服务，为巩固和发展中国特色社会主义制度服务，为改革开放和社会主义现代化建设服务。"[①]马克思主义学院是高校坚持"四个服务"的排头兵，应围绕学科特色不断发挥在理论和意识形态领域中的重要作用，在社会服务工作中发力，积极传播正能量，为中国特色社会主义事业顺利发展提供支持。马克思主义学院要积极促进科研和教学转化为社会服务，一是争取与政府、企业等建立良好的互动关系，为它们建言献策，组织教师围绕重大现实问题和热点问题开展调研，提交咨询决策报告，发挥高校"智库"作用。二是发挥思想引领的作用，支持教师参加和组建宣讲团，做好在思想主阵地进行党的路线方针政策宣讲活动，扩大社会影响力。三是发挥马克思主义理论学科优势，积极面向社会开展马克思主义大众化宣传工作的创新，如结合学院特色开展教师培训，创办有影响力的理论刊物，发表有说服力的理论文章，结合互联网技术传播正能量，弘扬主旋律等。

（六）发挥重点马克思主义学院示范引领作用

2018年，湖北省评定了10所高校的马克思主义学院为"湖北省重点马克思主义学院"，21所高校（单位）的马克思主义学院（思政课部）为"湖北省示范思想政治理论课教学基地"。这是湖北省繁荣发展哲学社会科学的一项重要举措，通过重点马院和示范思想政治理论课教学基地建设，着力打造有影响力的马克思主义研究高地，引领湖北省其他高校的建设，提升全省马克思主义学院的整体水平。这些入选高校，尤其是重点马克思主义学院在学科建设资源上具有巨大优势，将这些个别优势转化为全省高校马克思主义学院的优势是今后一项长期的重点工作。依托湖北省重点马克思主义学院和示范思想政治理论课教学基地，充分发挥其辐射和带动作用，逐步建强全省马克思主义学院，具体方式上可考虑采取一对一帮扶等方式加强其他高校马克思主义学院建设，重点马克思主义学院可对非重点马克思主义学院进行帮扶指导，通过资源共享、平台共用、人员交流、学术交流、挂职锻炼等形式在科研工作和社会服务工作等方面进行帮助支持，促进全省马克思主义学院实现共同发展。

---

① 《习近平谈治国理政》第二卷，外文出版社2017年版，第376~377页。

第三章 湖北高校马克思主义理论学科建设概述

高校马克思主义理论学科是从整体上研究马克思主义基本原理和方法论的学科，是我国哲学社会科学的基础学科，承载着为我国主导意识形态建设提供学理支撑和人才培养的使命。2005 年 5 月 11 日，中共中央宣传部、教育部联合下发《关于加强和改进高等学校哲学社会科学学科体系与教材体系建设的意见》，提出在一级学科中，设立马克思主义理论学科。2005 年 12 月 23 日，国务院学位委员会、教育部下发《关于调整增设马克思主义理论一级学科及所属二级学科的通知》，确定设立马克思主义理论一级学科和所属五个二级学科：马克思主义基本原理、马克思主义发展史、马克思主义中国化研究、国外马克思主义研究、思想政治教育。之后又先后增设两个二级学科：中国近现代史基本问题研究和党的建设，使马克思主义理论一级学科所属二级学科达到七个。2005 年 12 月 26 日，经中共中央政治局常委会批准组建的中国社会科学院马克思主义研究院正式成立，并带动全国高校和社会科学研究院陆续成立马克思主义学院、马克思主义研究院、研究所或研究中心等。2015 年 10 月，中宣部、教育部联合印发的《普通高校思想政治理论课建设体系创新计划》首次提出大力实施全国重点马克思主义学院建设工程。马克思主义理论一级学科的设立、中国社会科学院马克思主义研究院的成立和全国重点马克思主义学院的建设，表明马克思主义理论学科的地位和作用日益明确，对于我国哲学社会科学繁荣和发展具有战略性意义。随着中国特色社会主义进入新时代，马克思主义理论学科也面临着新的发展条件与机遇。

一、湖北高校马克思主义理论学科建设情况

湖北高校马克思主义理论学科建设情况从全国范围来看处于比较高的水平，本节现对湖北高校近年来在马克思主义理论学科方面的建设情况作简要介绍。

(一)马克思主义理论一级学科博士点建设

武汉大学马克思主义学院马克思主义基本原理是国家重点学科，思想政治教育是国家重点培育学科，马克思主义理论一级学科是湖北省重点学科，党的建设与党的历史学科是湖北省重点学科，思想政治教育是教育部特色专业。学院拥有 1 个国家教学团队、1 个教育部思想政治理论课教学科研文献共享资源库建设团队、4 门国家精品课程、3 门中国大学精品资源共享课、1 项国家教学成果一等奖、3 项教育部人文社会科学研究优秀成果一等奖、1 项全国精神文明建设"五个一工程"奖，主持国家社科基金重大招标课题和教育部哲学社会科学重大课题攻关项目 15 项。在教育部组织的全国学科评估中，2012 年，学院马克思主义理论一级学科排名全国第一；2017 年，被评为 A+。2017 年学院马克思主义理

论学科入选国家"世界一流大学、一流学科"建设名单。

华中师范大学马克思主义学院是全国本学科领域首批设立本科专业、硕士点、一级学科博士授权点、博士后流动站的单位之一。学院现拥有马克思主义理论和哲学2个一级学科博士学位授权点和中共党史二级学科博士学位授权点，及马克思主义理论博士后流动站。相关学科先后被评定为国家特色专业(思想政治教育)、国家重点学科(马克思主义基本原理)、湖北省一级重点学科(马克思主义理论)、湖北省重点学科(马克思主义哲学)。学院获得省部级以上科研奖励30余项，其中包括教育部高等学校科学研究优秀成果奖(人文社会科学)二等奖3项、三等奖8项，湖北省社会科学优秀成果奖一等奖4项、二等奖6项。近十年在国内外期刊发表论文1400余篇，其中权威期刊100余篇；出版各类专著120余部，其中权威出版社出版专著50余部。获得各类科研项目200余项，其中包括国家社科重大课题项目7项、教育部重大课题攻关项目1项。在教育部学位与研究生教育发展中心2016年组织的全国第四轮学科评估中，马克思主义理论学科进入A类(全国前2%~5%)学科。

华中科技大学马克思主义学院拥有马克思主义理论一级学科博士点和硕士点，在马克思主义基本原理、马克思主义发展史、马克思主义中国化研究、国外马克思主义研究、思想政治教育5个二级学科招收硕士生和博士生。2012年，华中科技大学马克思主义理论学科被评为湖北省重点学科。在全国第三轮学科评估中，学院在121所参评单位中排名并列第31位。在全国第四轮学科评估中，学院在231所参评单位中排名并列第24位，位列前20%，评估结果为B+。

武汉理工大学马克思主义学院经过20多年发展，围绕思想政治理论课教学凝练和设置了国家与学位办规定的主要学科方向，如马克思主义基本理论及其发展研究、新时代思想政治教育理论与实践研究等。建有一级学科博士点、博士后流动站、省一级学科重点学科等高层次学科平台。拥有一批学历层次高、年龄和职称结构合理、学术能力强的学术团队，现有研究生导师68名，在岗博士生导师11名，教授32名。有中宣部"四个一批"人才、教育部新世纪人才、教育部教指委委员、教育部马工程专家、全国思想政治理论课教师影响力人物、教育部思想政治理论课教学能手、楚天学者、湖北名师等。学院在全国第四轮学科评估中获B+的优异成绩。近年来，学院承担国家社会科学基金重点项目1项，一般项目20余项，教育部和湖北省社会科学基金40多项，出版学术专著数十部，在《哲学研究》《马克思主义研究》《新华文摘》及人大复印资料等刊物发表及被转载学术论文数百篇次，获国家级教学研究成果二等奖2项，省部级社会科学成果奖20多项。

中国地质大学(武汉)马克思主义学院2006年获批思想政治教育二级学科博士点和马克思主义理论一级学科硕士点。2008年思想政治教育学获湖北省重点学科，2013年马克思主义理论获湖北省重点学科。2014年获批博士后流动站。在2012年教育部第三轮学科评估排名中居第31位，居百分位25.6%。在2017年第四轮学科评估中位列B类，居百分位20%~30%，学科整体实力在艰苦行业高校中处于领先地位。2018年获马克思主义理论一级学科博士学位授权点。近五年主持国家社科基金项目(含重大、特别委托及重点项目)14项，省部级项目110余项，总经费920余万元，发表论文340余篇。学院形成了

"本—硕—博—博士后"完整的人才培养体系，共培养博士毕业生41名，硕士生300余名。自2005年起，学校投入120万专项经费实施马克思主义理论研究和建设工程，近3年投入90万元经费实施"学科培育计划"，优先优质发展马克思主义理论学科。

湖北大学马克思主义学院坚定学科建设方向，保持学科特色与优势。以2017年获批的马克思主义理论一级学科博士点为依托，积极加强学科建设，围绕马克思主义基本原理与现时代、马克思主义的早期传播与发展、马克思主义人学与民生问题、当代思想政治教育理论与实践等方向开展研究；继续建设马克思主义理论省级重点学科，保持教育部学科评估中省属高校排名第一、全国相对领先地位。获批教育部重大攻关项目1项，荣获教育部优秀科研成果（人文社科）二等奖1项，湖北省社科优秀成果1~3等奖5项。着力建设马克思主义理论学科，将其作为湖北省"十三五"优势特色学科群"中华文化传承与发展"的支撑学科。博士后流动站持续加强建设。加强湖北省高校人文社科重点研究基地——湖北青少年思想道德教育研究中心的建设。积极开展学术活动与学术交流，举办了多次全国性学术会议，学院教师参加国内外学术会议100多人次。

（二）马克思主义理论一级学科硕士点建设

中南民族大学马克思主义学院于2011年获马克思主义理论一级学科硕士授予权，2013年马克思主义理论学科成为湖北省重点学科，2017年、2018年被确定为学校优势学科，学校每年给予150万元建设经费。学院严格落实人才培养方案，规范管理各环节，制定了《马克思主义学院优势学科建设实施方案》并施行。在现有5个二级学科硕士点基础上形成了民族思想政治教育特色学科、民族地区民生建设和反贫困实践研究以及民族地区基层党建与社会治理等重点研究领域。拥有湖北省重点人文社科基地3个，学科资政服务功能明显。近五年获国家社科基金项目20项，省部级项目84项，2人次成果入选国家社科成果文库；在人民出版社、中国社会科学出版社等出版著作44部，在《光明日报》《马克思主义研究》《马克思主义与现实》《思想政治教育导刊》等刊物发表论文372篇，获省部级社科成果奖19项，4项调研成果被省部级领导或机构批示、采纳。在2016年全国马克思主义学院人大复印资料转载指数排名中排名第九。在2017年教育部第四轮学科评估中排位B-，位列231个参评学科的29.8%，在民族院校排名第1。本学科在2017年上海软科马克思主义学科排名中进入前5%，排第13名。

在教育部学位与研究生教育发展中心公布的2012年学科评估结果中，武汉工程大学马克思主义理论学科在湖北省排名第8（并列）。学科下设马克思主义基本原理、思想政治教育、马克思主义中国化研究、中国近现代史基本问题研究、国外马克思主义研究和马克思主义发展历史6个二级学科，目前前四个二级学科开始招收硕士研究生。2011—2017年共招收硕士研究生218名，已培养毕业研究生191名。近五年来，学院教师主持了4项国家社会科学基金项目、7项教育部人文社会科学项目、16项湖北省社会科学基金项目、1项中国博士后科学研究基金项目、2项武汉市社会科学基金项目、8项湖北省教育厅哲学社会科学研究重大项目、45项其他项目；21篇论文被人大复印资料全文转载，100多篇论文被CSSCI收录或被人大复印资料索引；出版专著18部；30多项教学科研成果获得省市级奖励。

中南财经政法大学马克思主义学院现有"马克思主义与中国经济社会发展"二级学科博士点，"马克思主义理论"一级学科硕士点（含全部六个二级学科硕士专业），"马克思主义与中国经济社会发展""中共党史""中国近现代史"3个二级学科硕士点。为进一步凝练学科方向，打造特色学术团队，学院整合学位点，设立了"马克思主义基础理论""中国化马克思主义""思想政治教育"和"中国近现代史基本问题研究"四个学科群。学院有4个研究机构：马克思主义当代发展研究院、中共党史党建研究所、民国史研究所、台湾研究所；1个湖北省人文社科重点研究基地：中南财经政法大学社会主义核心价值观研究中心；2个省级人文社科研究基地：湖北省中国特色社会主义理论体系研究中心中南财经政法大学基地、湖北省区域历史文化研究中心中南财经政法大学基地。近年来，学院承担国家社科基金研究项目、教育部人文社科基金研究项目和湖北省社科基金等项目60余项，获批教育部示范优秀马克思主义学院教学与科研团队重点项目1项，出版学术著作30余部，在《哲学研究》《马克思主义研究》《人民日报》《光明日报》等重要媒体上发表学术论文数百篇，被《新华文摘》《中国社会科学文摘》及人大复印资料等转载30余篇，多项成果获湖北省社会科学优秀成果奖、武汉市社会科学优秀成果奖、"精彩一课"奖。"马克思主义基本原理概论"入选教育部思想政治理论课教学资源网站共建团队。

三峡大学马克思主义学院现有马克思主义理论一级学科硕士点和教育专硕学科教学（思政领域）硕士点，马克思主义理论一级学科硕士点涵盖了马克思主义基本原理、马克思主义中国化、思想政治教育、中国近现代史基本问题、党的建设等二级学科硕士点，也是三峡大学立项建设博士点培育学科。马克思主义理论学科在第四轮全国评估中获C+等次，名列湖北省属院校第二名。近年来，学院获得国家社会科学基金项目10项，教育部、湖北省社科基金等省部级项目25项；在《马克思主义研究》《中共党史研究》等重要期刊发表高水平论文280余篇，被《新华文摘》《中国社会科学文摘》等转载复印50余篇次；在中国社会科学出版社等出版高水平论著30余部；获得湖北省社科优秀成果奖等省部级奖励10项。

武汉科技大学马克思主义学院拥有马克思主义理论一级学科硕士学位授权点（拥有马克思主义基本原理、马克思主义中国化研究、思想政治教育、中国近现代史基本问题研究4个二级学科），哲学一级学科硕士学位授权点（拥有马克思主义哲学、科学技术哲学、伦理学、中国哲学等二级学科硕士点）、MPA（公共管理硕士）专业学位点，与文法学院共建公共安全工程与管理二级学科博士点。马克思主义理论学科是湖北省重点学科。学院拥有1门国家精品资源共享课程、2门省级精品资源共享课程。近几年获国家教学成果二等奖、全国中国近现代史纲要和形势政策课教学比赛二等奖、省级科研和教学成果二等奖、湖北省"五个一工程"奖、"我心中的思政课"全国大学生微电影竞赛一等奖等奖项，主持国家社科基金、教育部人文社科基金、省社科基金等科研课题100余项。湖北省委宣传部直管的"湖北意识形态建设研究院"（智库）挂靠马克思主义学院。目前学校正在以湖北意识形态建设研究院的建设、马克思主义理论学科的合格评估以及教育部高校示范马克思主义学院和优秀教学科研团队建设项目为抓手或着力点，加大学科建设力度。

武汉纺织大学马克思主义学院在马克思主义理论一级学科下，拥有马克思主义基本原理、马克思主义中国化、思想政治教育3个二级硕士点，其中马克思主义基本原理为省级重点学科。学院以马克思主义基本原理为中心，以中国特色社会主义理论、思想政治教育理论与方法为两翼，形成马克思主义理论研究的鲜明特色；拥有"传统文化与马克思主义中国化研究""理想信念教育的理论与实践研究""中国特色社会主义法治研究""中国现当代基本问题研究"四个学科创新团队。近年来学院相继承担了国家社科基金项目12项、教育部人文社会科学基金项目9项、省级人文社会科学基金项目30余项，获省市级人文社会科学优秀成果奖15项，吴玉章人文社会科学奖1项，在《哲学动态》《社会主义研究》《江汉论坛》等学术期刊发表学术论文500多篇，其中CSSCI 60篇，多篇论文被《新华文摘》《中国社会科学文摘》及人大复印资料等转载。在人民出版社、中国社会科学出版社等出版思想政治理论和其他人文社会科学领域的学术专著与教材30多部(册)。

湖北民族大学于2018年获批马克思主义理论一级学科硕士学位授权点。学科下设马克思主义基本原理、马克思主义中国化、思想政治教育等3个二级学科。马克思主义理论学科具有"厚基础、重应用、强创新"的研究特色，即：基础理论研究深厚，注重马克思主义基本原理实践应用，强调开拓创新，特别强化了马克思主义历史观、民族观、法治观、民族高校大学生思想政治教育、民族团结教育等方面的研究。马克思主义理论学科在学术研究领域方面取得了可喜的成绩，近五年来，学科团队成员承担和完成国家社科基金项目15项、教育部哲学社会科学研究项目3项、湖北省社科基金项目3项，科研经费400余万元，获得省部级以上奖励9项，出版高水平学术专著16部，公开发表论文160余篇，参加国际国内高端学术会议50余人次。

江汉大学于2021年获批马克思主义理论一级学科硕士学位授权点。学科下设马克思主义基本原理、马克思主义中国化研究、思想政治教育、中国近现代史基本问题研究等4个二级学科方向。学院的马克思主义理论学科是武汉市级重点学科，设有马克思主义中国化研究中心、武汉红色文化研究中心、市民道德文化研究所、口述中共党史研究所等教学研究机构。学院有专任思政课教师60余人，有全国高校思想政治理论课教学展示特等奖获得者、湖北省高校"十佳思想政治理论课教师"、湖北五一劳动奖章获得者、湖北"名师工作室"主持人、湖北省优秀教师、湖北省优秀共产党员、武汉市五一劳动奖章获得者、武汉市"五四青年奖章标兵"、武汉市"教学名师"等一批优秀教师。近5年来，学院教师发表学术论文400余篇，出版著作20余部，主持国家社科基金项目3项、教育部课题项目4项、湖北省社科基金项目5项、其他市级以上课题50余项。科研成果获教育部人文社科优秀成果三等奖1项、湖北省社科优秀成果三等奖4项及武汉市社科优秀成果一等奖1项、二等奖2项、三等奖6项。

二、湖北高校马克思主义理论学科建设取得的成效

建好建强马克思主义理论学科，为社会培养具有马克思主义理论素养的专业人才，是

党和国家多年来一直重视和坚持的事业。近年来，湖北省教育行政主管部门和各高校都十分重视马克思主义理论学科建设，在教师队伍建设、科研工作、平台建设、人才培养和社会服务等方面都取得了一些成绩，为巩固马克思主义在高校意识形态领域的指导地位、贯彻落实立德树人根本任务做出了突出贡献。

（一）学位点建设取得新突破

近年来，湖北省按照中央精神不断加强对马克思主义理论学科的布局和完善，加大力度建设马克思主义学院，强化教师队伍建设，创新人才培养模式，强化马克思主义理论学科对思想政治理论课建设的支撑作用，取得了良好的成效。湖北高校创建马克思主义理论学科时间比较早，目前已经建立起完整的本、硕、博、博士后流动站等专业人才培养体系。国务院学位委员会批准武汉大学获得"马克思主义理论与思想政治教育"博士学位授权点，这也是全国第一个马克思主义理论学科博士学位点。经过多年的努力，目前湖北多所高校都建有马克思主义理论学科博士点和硕士点，在此次参加调研的高校中，根据对湖北省高校最新的统计数据，湖北有一级学科博士点高校5所（武汉大学、华中师范大学、武汉理工大学、中国地质大学、湖北大学），二级学科博士点高校6所（武汉大学、华中科技大学、华中师范大学、中国地质大学、武汉理工大学、湖北大学），一级学科硕士点高校17所（武汉大学、华中科技大学、华中师范大学、武汉理工大学、中国地质大学、湖北大学、中南财经政法大学、中南民族大学、长江大学、武汉科技大学、湖北工业大学、武汉纺织大学、武汉工程大学、三峡大学、武汉轻工大学、湖北师范大学、湖北民族大学）。① 2017年12月28日，教育部学位与研究生教育发展中心公布全国第四轮学科评估结果，湖北有12所高校马克思主义理论学科位于全国参评的231所高校（其中具有"博士授权"的高校83所）同类学科的60%以内，如表3-1所示。

表3-1　教育部学位与研究生教育发展中心公布全国第四轮学科评估结果

全国第四轮马克思主义理论学科评估结果	学　　校
A+	武汉大学
A	华中师范大学
B+	华中科技大学
	武汉理工大学
B	中国地质大学（武汉）
B−	湖北大学
	中南民族大学

---

① 2021年，江汉大学获批一级学科硕士学位授权点高校。

全国第四轮马克思主义理论学科评估结果	学　　校
C+	武汉工程大学
	中南财经政法大学
	三峡大学
C	武汉科技大学
	武汉纺织大学

(二)科研工作取得丰硕成果

从中央到地方，各教育主管部门都对马克思主义理论学科科学研究工作高度重视，出台了一系列有利于马克思主义理论学科发展的方针政策，这极大鼓舞了湖北高校马克思主义理论学科教师的科研热情。湖北高校马克思主义理论学科整体来看表现出较强的科研实力，取得了国家社科基金重大招标项目、国家社科基金重点项目、教育部马工程重大攻关项目等一批标志性的科研成果，出版了一批具有较大学术影响力的专著。通过对参加调研高校近三年科研数据的统计，近三年全省高校马克思主义理论学科共出版著作 711 部，发表论文 4799 篇，在科学研究方面共获得科研项目 1943 项，其中国家社科基金项目 160 项，教育部项目 180 项，省社科项目 205 项，省厅项目 567 项，其他项目 831 项。研究成果获省部级及以上奖励共 202 项，全省高校马克思主义理论学科被采纳的成果总数为 217 项。

(三)教师队伍素质明显提高

马克思主义理论学科建设的主体是教师队伍，尤其是思想政治理论课教师队伍。近年来，湖北高校一方面加大人才引进力度和对马克思主义理论学科教师的培训力度，支持教师攻读博士研究生，参加国内外学术会议，出国访学等，在职称评定上制定了一系列有利于教师队伍成长的政策，培养出了一大批具有扎实理论功底、较强科研能力和良好师德师风的优秀教师。湖北高校马克思主义理论学科教师队伍经过近些年的建设和发展，在学历和职称结构上有了不同程度的改善，具有博士学位的教师占比有所增加，高职称教师人数逐年上升。另一方面，党和国家对思想政治理论课教师的政治素养要求也越来越高，2015年中共中央办公厅、国务院办公厅印发的《关于进一步加强和改进新形势下高校宣传工作的意见》就明确要求"严把思想政治理论课教师聘用考核政治关"，把"政治坚定"作为高校思想政治理论课教师的第一要求，湖北高校马克思主义学院引进新教师原则上都要求必须是中共党员，同时把好入职师德观，加强了对教师思想政治素质和品德方面的考察。经过近年来的努力，马克思主义学院理论学科教师的整体素质得到明显提高，为马克思主义理论学科建设提供了坚实的人才保障。

(四)学科建设特色鲜明

学科建设的着力点在于结合现实问题对马克思主义理论进行深入研究，既不能是对马克思主义经典作家的作品的简单归纳，也不能是对党的政策纲领的简单复述，需要对当代世界范围和中国国内重大理论问题、重大现实问题进行剖析和对古今中外重大历史经验予以分析研究。湖北是中部大省，在实施"中部崛起"战略中也存在着发展不平衡不充分的问题，有些问题也是亟待解决的重大问题。湖北教育资源丰富，高校众多，层次不一，各高校的学科都具有不同的背景和特点，反映在马克思主义理论学科建设上也体现出鲜明的特色。湖北各高校在服务社会的实践中，逐步发展和凝练出具有本校特色的学科平台。从调研情况来看，各高校都很注重把马克思主义理论学科与本校的特色优势相结合，也很注重全国范围内的学术交流。2015 年以来，在由教育部社会科学司指导、高校马克思主义理论期刊联盟主办、《思想理论教育导刊》编辑部具体组织实施的"高校马克思主义理论影响力论文"年度影响力论文推选活动中，武汉大学连续三年共有 12 篇论文荣获"高校马克思主义理论影响力论文"。

三、湖北高校马克思主义理论学科建设存在的问题

尽管湖北省高校马克思主义理论学科建设工作取得了很大的成绩，但着眼于长远和未来学科建设，根据调研情况分析，马克思主义理论学科建设仍存在发展不平衡、后备人才缺乏、学科建设规范性不足、思想政治理论课建设乏力等方面的问题。

（一）学科建设整体上具有优势，但发展不平衡

湖北省现有普通高等学校 123 所，在数量上居全国前列，但是从学科点所在高校类型的分布情况来看，部属院校等重点高校占有绝对优势。从学科点分布地域上来看，拥有博士点的高校全部集中在武汉市，拥有硕士点高校中，学科建设较强的高校主要集中在武汉市，地市州高校由于不具备区位优势，学科建设相对较弱。总体上来看，湖北高校马克思主义理论学科建设整体实力大而不强，学科发展合力不够。比如武汉大学是全国重点马克思主义学院，实力强劲。武汉市几所部属院校的马克思主义理论学科在国家和教育部重大招标课题、重要学术期刊论文发表、高水平学术著作出版、教育部人文社会科学成果奖、国家教学成果奖和教学团队、国家精品课程和教学名师、中央和教育部马克思主义理论研究和建设工程首席专家和主要成员、教育部新世纪优秀人才支持计划获得者等核心指标上，具有绝对优势，其他高校特别是省属地方院校和高职院校差距较大，这些高校由于不具备区位优势和学科平台优势，学科建设水平和影响力较弱。

（二）学科建设队伍整齐强大，但后备人才存在隐忧

根据调查，湖北高校在马克思主义理论学科建设中最大的问题是师资队伍建设问题。一是马克思主义理论学科团队年龄结构不合理，湖北高校马克思主义理论学科团队在年龄构成上，团队成员多以 40～59 岁年龄段中青年骨干为主，40 岁以下年龄段人才较缺乏，学科带头人以 50 岁以上为主。考虑到未来 5～10 年学科建设团队年龄结构的变化以及马克思主义理论学科人才成长的规律，马克思主义理论学科建设后备人才队伍的引进与建设任务繁重，迫在眉睫，这一现象在湖北众多高校普遍存在。二是随着党和国家对马克思主

义理论学科的重视，人才引进的门槛也水涨船高，各高校对马克思主义理论学科博士毕业生的需求量增多，而博士毕业生的人数供应速度跟不上高校的需求。三是地方院校、高职院校人才缺乏严重，由于不具备区位优势和平台优势，无法提供更有竞争力的人才发展待遇，出现了招聘难、培养难、留人难等普遍性问题。四是湖北高校在人文社会科学基地建设中还存在短板。马克思主义理论学科要发展，就要依托一定的学科平台，在人才队伍建设，尤其是在拔尖创新人才队伍的建设上，由于湖北高校教职工经济收入相较于经济发达地区不高，对拔尖创新人才缺乏吸引力。

(三)科学研究方向比较分散，学科建设规范性有待提升

由于马克思主义理论学科设立时间不久，长期以来都与政法类、政治类、人文类学科有千丝万缕的联系，使得马克思主义理论学科与其下属的几个二级学科之间关联性有待进一步提升，很多马克思主义理论学科教师以前所在学科涉及哲学、政治学、法学、经济学等，在转为马克思主义理论学科的教学和科研工作后，师资队伍和研究方向还需要进一步进行整合。如有些教师以前分别从事哲学、政治经济学和科学社会主义教学研究工作，在马克思主义理论学科中，马克思主义基本原理与这三大板块具有高度的关联性，需要从整体上把握与这三者的关系。一些教师从自己的研究方向和研究专长出发，未能很好地从整体上系统研究马克思主义理论的内容，马克思主义理论学科与二级学科之间存在各自为战进行研究的现象，学科的政治性一定程度上被削弱。从各高校的研究成果来看，研究领域大多比较分散，说明研究方向和特色还不够精练、明确，高水平研究成果的数量和质量有待提升。在学术研究上，与国内外一流学科的差距也比较明显。如对马克思主义文本的深入研究不够，目前本学科点还没有人参与马克思恩格斯全集历史考证版的编辑工作，还没有人系统开展马克思主义文献学的教学和研究；高质量、系统的马克思主义理论的学术研究成果还不多，研究手段较为单一、研究视野不够开阔等问题尤为突出；与国外马克思主义研究的一流学者进行深层次的交流与对话以及开展国际合作研究还不够。

(四)思想政治理论课的亲和力和针对性有待提高

马克思主义理论学科最重要的任务之一就是为思想政治理论课的教学工作服务，为其提供学理支撑。大力加强马克思主义理论学科建设，促进学科建设与思想政治理论课教学的有机结合，才能全面提升思想政治理论课教学质量。改革开放四十多年来，社会环境不断发生变化，思想政治理论课的教学理念、教学内容和教学方式也要与时俱进，应牢固树立"以学生为中心"的思想，不断深化改革。当前思想政治理论课教学面临一些新的问题：第一，理论与实际相脱节，教师对大学生的思想变化和行为特征把握不到位，导致很多教学内容不能适应当前大学生的需要。第二，教师在将教材内容转化为教学内容的过程中，缺乏鲜活接地气的案例为理论做支撑，教学方法不新颖，主要以灌输的方式为主。第三，教学改革比较滞后，目前不少高校多采用传统讲授为主的方式进行教学，课堂互动较少，无法抓住学生的注意力，尽管有些教师创新了教学方法，但是较多注重于形式的创新，忽略了内容的创新。在现代信息技术迅猛发展的今天，利用互联网平台进行教学改革还需要进一步加强。第四，由于思想政治理论课教师人数不足，教师在承担繁重的思想政治理论

课教学任务之后，没有更多精力进行科学研究，无法用最新的理论研究成果支撑思想政治理论课教学。少数教师科研方向不够稳定，学术研究有待深化。部分中青年教师既是学科建设和业务上的骨干，又兼任学院的相关管理工作，难以全身心投入思想政治理论课教学。在国际交流合作上，基于本学科属性的特殊性，同国外著名大学和科研机构进行多层次的合作研究也不够。教师教学科研水平提升不足也是阻碍思想政治理论课良性发展的重要因素。

此外，研究者在国外或境外发表高水平学术论文还比较少，学科的国际影响力不强；人才培养方面，包括本科生和研究生教材建设、学生国际交流也较薄弱，反映人才培养成果的全国优秀博士论文和湖北省优秀博士论文较少。

四、对湖北高校马克思主义理论学科建设的意见和建议

习近平总书记在哲学社会科学工作座谈会上指出："我国哲学社会科学领域还存在一些亟待解决的问题。比如，哲学社会科学发展战略还不十分明确，学科体系、学术体系、话语体系建设水平总体不高，学术原创能力还不强。"①在新时代，我们必须从中国特色社会主义事业发展的战略要求出发，全面建设一流马克思主义理论学科。马克思主义理论学科建设必须始终坚持马克思主义的指导地位，必须适应社会需求，必须深入研究和揭明自身的规律，必须为高校思想政治理论课服务，必须有一支政治强、业务精、高素质的马克思主义理论队伍，必须处理好科学研究与教学研究、整体性研究与各二级学科研究、对外学术交流与严格管理等几方面的关系。根据马克思主义理论学科建设总体要求和建设目标，针对目前湖北省高校马克思主义理论学科建设面临的一系列新情况、新问题，特提出以下建议：

(一)加强对马克思主义理论一级学科建设发展的规划和扶持

大力加强马克思主义理论一级学科建设，对于巩固马克思主义在意识形态领域的指导地位和国家哲学社会科学发展中的指导地位，服务于立德树人的根本任务和提升马克思主义理论学科的引领作用具有重要意义。一是教育管理部门应加强对马克思主义理论一级学科建设的宏观管理，教育部及各地教育行政管理部门应督促各高校加强马克思主义理论一级学科发展规划的制定。不断优化湖北省高校学科布局，在资源上对普通本科院校、高职院校和地方高校适当倾斜，加大对学科建设薄弱高校的扶持力度。在师资队伍建设和拔尖人才的引进培养方面，在科研项目的立项以及资助的资金额度方面，在研究生的招生培养方面能有更多更明确的能落到实处的措施，并对实施情况进行检查，为马克思主义理论学科提供政策支持。二是要推动马克思主义理论学科从外延式增长转向内涵式发展，加强马克思主义理论一级学科与下属二级学科之间深度融合，加强学科群的建设。要建设好湖北省重点马克思主义学院和示范思想政治理论课教学基地，充分发挥其引领作用，带动湖北高校马克思主义理论学科建设上新台阶。三是推动马克思主义理论学科规范化建设，国务

---

① 《在哲学社会科学工作座谈会上的讲话》，人民出版社 2016 年版，第 7 页。

院学位委员会于 2012 年印发的《关于进一步加强高校马克思主义理论学科建设的意见》明确了马克思主义理论学科建设的意义、基本原则和目标，对马克思主义理论学科建设的主要任务、要求及保障方面做出了明确的规定。这是适应新时期党的思想理论建设需要，坚持马克思主义在高校教学和研究中的指导地位，不断提升高校思想政治理论课教育教学质量的情况下提出的，教育行政管理部门和各高校应按照文件要求，不断推进学科规范化建设，如落实思想政治理论课学时，减少上课班级人数，逐步消除"大班额"现象，解决马克思主义理论学科教师职称评聘方面的难题，为教师营造良好的职业发展环境等。

(二)加强马克思主义理论一级学科队伍建设

队伍建设是马克思主义理论学科建设的基础和关键性工作，提高马克思主义一级学科人才培养质量，关键在教师。一是要推动学科队伍规范化管理。党和国家近年来出台了一系列加强学科队伍建设的文件，对学科队伍建设的发展方向、目标任务、基本要求和保障措施提出了明确的要求，湖北高校应当严格落实队伍建设方面的政策，因地制宜制定适合本校的政策。二是建立明确的学科队伍准入制和退出机制。马克思主义理论学科教师除了具备相关学科背景，还需要坚持教书和育人相统一、学术自由和政治立场相统一，坚持用中国特色社会主义理论体系武装头脑，做先进思想文化的传播者、党治国理政的坚定拥护者。三是提升人才队伍的学术水平，打造高水平学术团队。通过专题培训、骨干教师研修、攻读学位等方式不断提高学科人才队伍的科学研究水平，增强人才队伍运用马克思主义立场观点方法研究新情况、解决新问题的能力。制定科学合理的教学与科研的要求及评价指标体系，明确规定学科方向，采取有力措施，锻造一批学科领军人物。通过凝练学科方向，形成比较稳定的学术团队，注重内涵发展，多出标志性的学术成果。四是完善教师评价体系。高校的马克思主义理论学科建设，更重要的任务是服务于思想政治理论课的教学，制定和执行科学合理的教学与科研的发展方向和评价标准，从顶层设计的角度强化思政课教学与学科建设的结合，更科学地解决"两张皮"的问题，特别是应使教学研究成果和教学效果成为职称评定、职务聘任的充分条件，只有这样，才能真正让教师安心、用心上好思想政治理论课。

(三)切实解决马克思主义理论一级学科人才培养的问题

自马克思主义理论一级学科设立以来，马克思主义理论学科人才培养体系日趋完善。进一步加强学科建设，关键在人才培养。一是要适应社会需求继续扩大对马克思主义理论学科人才的招生规模。增加马克思主义理论和思想政治教育本科招生高校的数量，适度扩大马克思主义理论硕士、博士招生的规模，着力构建本科、硕士、博士一体化培养体系，不断加强马克思主义理论学科人才的专业化水平，满足学科和社会发展对马克思主义理论人才的需求。二是强化应用型人才培养。近年来，许多其他一级学科专业都设置了专业硕士，国家要求在"十三五"期间学术硕士与专业硕士招生规模达到大体相当的水平。马克思主义理论学科在应用研究方面有很多新需要，设立马克思主义学科专业硕士学位点有利于促进马克思主义理论学科建设的发展壮大。建议在有马克思主义理论一级学科博士点或一级学科硕士点的高校设立马克思主义理论学科专业硕士学位点，如思想政治工作专业硕士。三是解决马克思主义理论学科人才的就业问题。马克思主义理论作为一级学科，应同其他一级学科一样列入人才招聘专业要求目录。近年来，除了高校和研究机构等对马克思主义理论学科人才有明确的学科要求外，其他领域对马克思主义理论学科人才的需求还存在滞后现象，无论是公务员招考、事业单位招聘，还是部队应征入伍，都列出学科专业要求，唯独马克思主义理论学科及专业未被列出，导致本学科专业毕业学生无法报考，即使能报考也只能报考"不限专业"的岗位。这使本专业毕业生在择业时陷入尴尬境地，也导致社会忽视本学科专业的存在，从而造成马克思主义理论一级学科在现实社会中名存实亡。

（四）全方位多角度统筹协调马克思主义理论学科的建设和发展

党和国家加强了对马克思主义理论学科建设和发展的顶层设计，为马克思主义理论学科的发展营造了良好的环境。而政策的落实及马克思主义理论学科的建设和发展则是一项系统工程，必须统筹协调多方力量齐抓共管。湖北高校应当在政策指引下统筹协调推进马克思主义理论学科的建设和发展：一是湖北省教育主管部门在政策制定、资源配置上适当向高校马克思主义学院倾斜，加大对普通本科院校、高职院校和地方院校的扶持力度，探索引导湖北省部属院校和重点本科院校通过结对帮扶、资源平台共享、人才联合培养等方式对其他高校进行扶持，促进马克思主义理论学科通过高校间的良性互动而协调发展，促进湖北高校马克思主义理论学科整体水平上台阶。二是湖北高校内部应整合资源加大对学校马克思主义理论学科的支持力度。马克思主义理论学科不是一个孤立的学科，它与法学、经济学、教育学、政治学等学科有紧密的联系，加强多学科对马克思主义理论学科的支持，有利于学科协同发展。同时各高校的其他职能部门如宣传部、团委、学生工作部等部门也是高校意识形态工作的重要部门，负有对大学生进行思想政治教育的重要职能，要努力推动高校职能部门协同建设好马克思主义理论学科，努力构建学科建设与高校建设之间良性互动的动力机制。三是发挥马克思主义理论学科思想库和智囊团的优势，多方协调高校和社会之间建立联系，适应地方发展中心工作的需求，对实践提出的重大理论和实践课题，开展战略性和前瞻性研究，做好服务社会工作。建立研究基地、校企合作平台、调查研究机构、学术交流平台、思想智库等平台，不仅能充分发挥高校在服务社会中的作用，又能为马克思主义理论学科健康发展提供实践基础。

第四章 湖北高校马克思主义学院教师队伍建设

马克思主义学院和马克思主义理论学科的发展都离不开教师队伍的建设，教师队伍建设是高校马克思主义学院立院和强院之本。近年来，随着全面深化改革和思想政治教育创新发展，马克思主义理论学科教师队伍建设在探索中不断加强和改进。党的十八大以来，以习近平同志为核心的党中央高度重视马克思主义理论学科建设，从中央到地方也相继出台加强高校马克思主义理论学科教师队伍建设的相关文件，这些为高校马克思主义理论学科教师队伍发展提供了契机、指明了方向。湖北省各高校深入学习和贯彻习近平总书记系列重要讲话和相关文件精神，着力推进马克思主义理论学科教师队伍建设，取得了新的进展。

一、马克思主义学院教师队伍建设的数据统计与分析

课题组对湖北 40 所高校马克思主义学院教师队伍建设的数据统计与分析，主要围绕各学科点高校和各层次高校两个维度展开，统计指标主要内容包括教师队伍的基本情况、专职教师和兼职教师的人数和比例、高层次人才人数占比等多个指标体系。

（一）教师队伍的数据分析

在参加调研的各高校中，马克思主义学院教师共计 2350 人，其中专职教师 1492 人，占教师总数的 63.49%；兼职教师 858 人，占教师总数的 36.51%（图 4-1）。专职教师既是马克思主义理论学科硕士研究生和博士研究生整个"学业"教育工作中的组织者和引导者，又承担着全校思想政治理论课和加强大学生思想政治教育的任务；兼职教师则是对马克思主义理论学科专职教师队伍的补充。

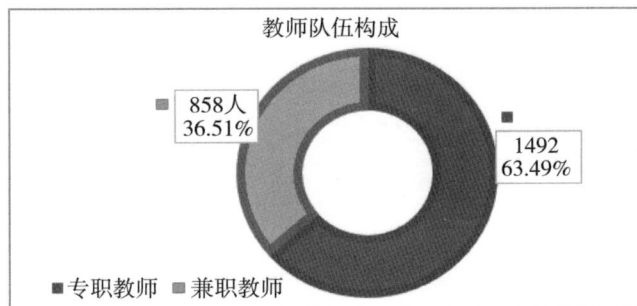

图 4-1 马克思主义学院教师人数与占比

马克思主义理论学科 1492 名专职教师中，各学科点高校专职教师人数分布情况为：马克思主义理论学科博士点高校 435 人，马克思主义理论学科硕士点高校 495 人，其他高校 562 人，具体情况如图 4-2 所示。

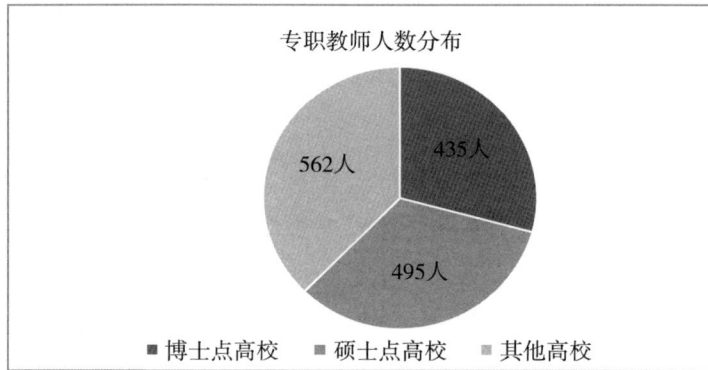

图 4-2 各学科点高校专职教师总人数

从各学科点高校专职教师平均人数来看，马克思主义理论学科博士点高校有 61.75 人，马克思主义理论学科硕士点高校有 41.25 人，其他高校为 24.17 人，呈递减趋势，如图 4-3 所示。这表明马克思主义理论学科博士点高校拥有的专职教师人数相对较多，因为该类高校培养层次比较齐全，既有该学科的博士研究生，也有该学科的硕士研究生，因而承担的指导研究生的任务比较重，所以专职教师比例高也是必然的；马克思主义理论学科硕士点高校和其他院校拥有的专职教师人数则相对较少。

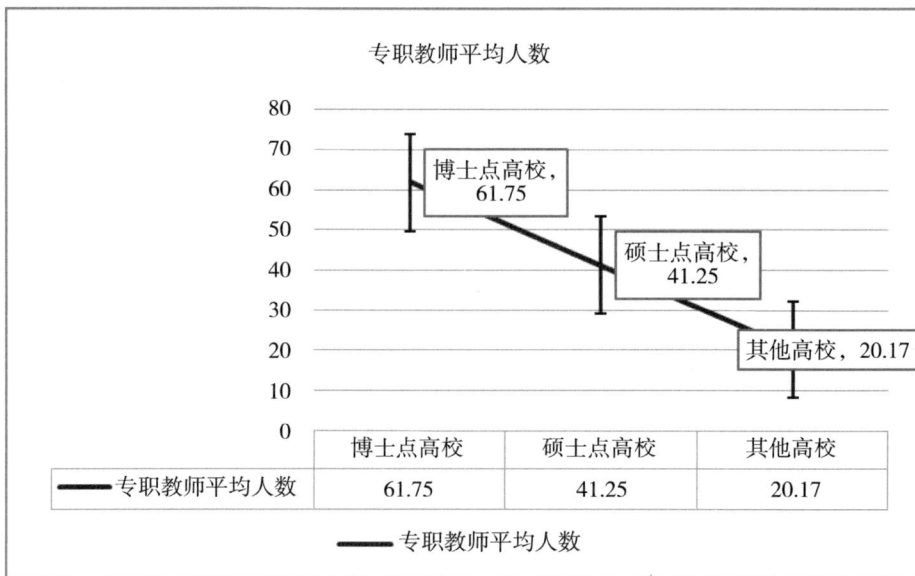

图 4-3 各学科点高校专职教师平均人数

从各层次高校专职教师人数来看，全省马克思主义理论学科的 1492 名专职教师中，部属高校(985、211)共计 435 人，其他本科高校共计 936 人，高职院校共科 121 人，如图 4-4 所示。

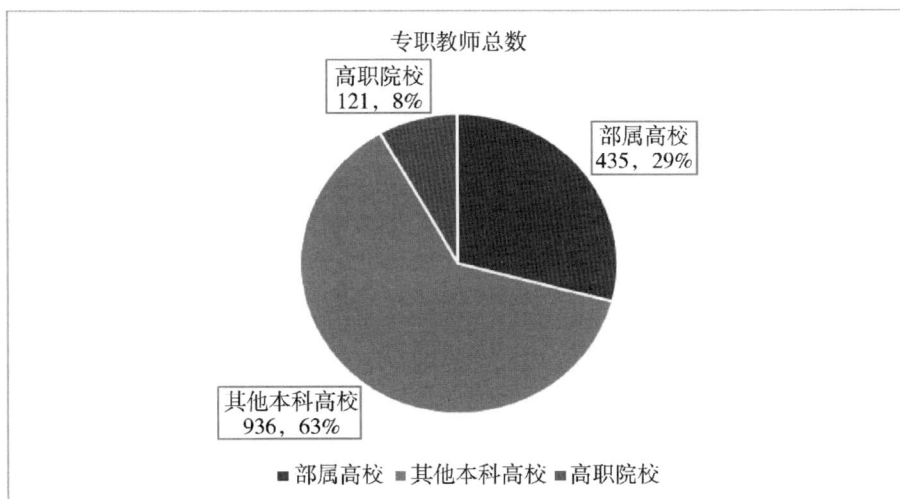

图 4-4　各层次高校专职教师人数

从各层次高校专职教师平均人数来看，部属高校 62.14 人，其他本科高校 34.67 人，高职院校 20.17 人，呈递减趋势，如图 4-5 所示。表明部属院校学科门类齐全，学生人数规模较大，专职教师人数较多。普通本科高校和高职院校在学科门类上主要以某一个或几个作为优势学科，学生人数规模较小，专职教师人数较少。

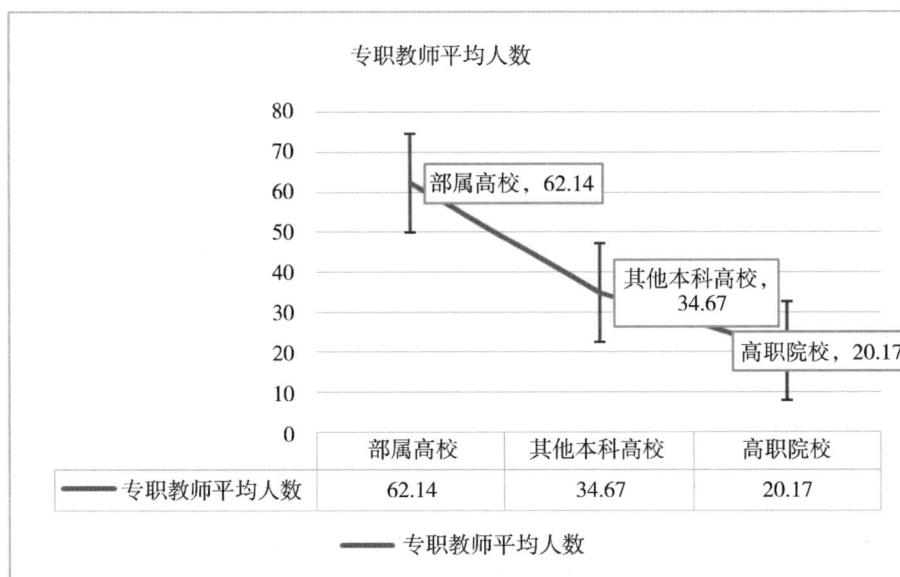

图 4-5　各层次高校专职教师人数

(二)教师队伍职称结构分析

在参加调研的各高校中，马克思主义理论学科教师职称情况为：具有教授、研究员职称的 392 人，占教师总数的 26%；具有副教授、副研究员职称的 712 人，占教师总数的 48%；讲师及以下职称的 388 人，占教师总数的 26%（图 4-6）。

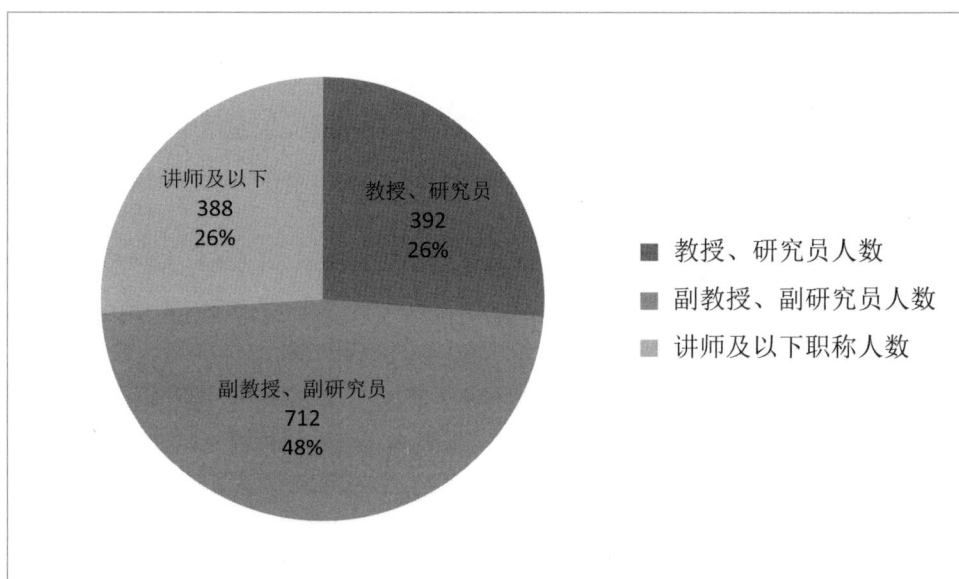

图 4-6 马克思主义学院专职教师职称结构

马克思主义理论学科各学科点高校专职教师中教授、研究员的平均人数为：马克思主义理论学科博士点高校 18.12 人，马克思主义理论学科硕士点高校 10.67 人，其他高校 5.95 人，如图 4-7 所示。各学科点高校拥有教授、研究员的平均人数呈递减趋势，马克思主义理论学科博士点高校拥有教授、研究员的人数相对最多，马克思主义理论学科硕士点高校拥有教授、研究员的人数次之，其他高校拥有教授、研究员的人数最少。

各类型高校马克思主义理论学科专职教师中教授、研究员的平均人数为：部属高校 17.43 人，其他本科高校 9.07 人，高职院校 4.17 人，呈递减趋势，具体情况如图 4-8 所示。表明高层次人才在部属院校比较集中，这些学校学科平台建设好，经费充足，更能吸引高层次人才。

马克思主义理论学科各学科点高校专职教师中副教授、副研究员的平均人数为：马克思主义理论学科博士点高校 27 人，占比 42%，马克思主义理论学科硕士点高校 23.8 人，占比 37%，其他高校 5.95 人，占比 21%。各学科点高校拥有副教授、副研究员的平均人数呈递减趋势，马克思主义理论学科博士点高校拥有副教授、副研究员的人数相对最多，马克思主义理论学科硕士点高校拥有副教授、副研究员的人数次之，其他高校拥有教授、研究员的人数最少，如图 4-9 所示。

教授、研究员的平均人数

其他高校, 5.95, 17%

硕士点高校, 10.67, 31%

博士点高校, 18.12, 52%

■博士点高校 ■硕士点高校 ■其他高校

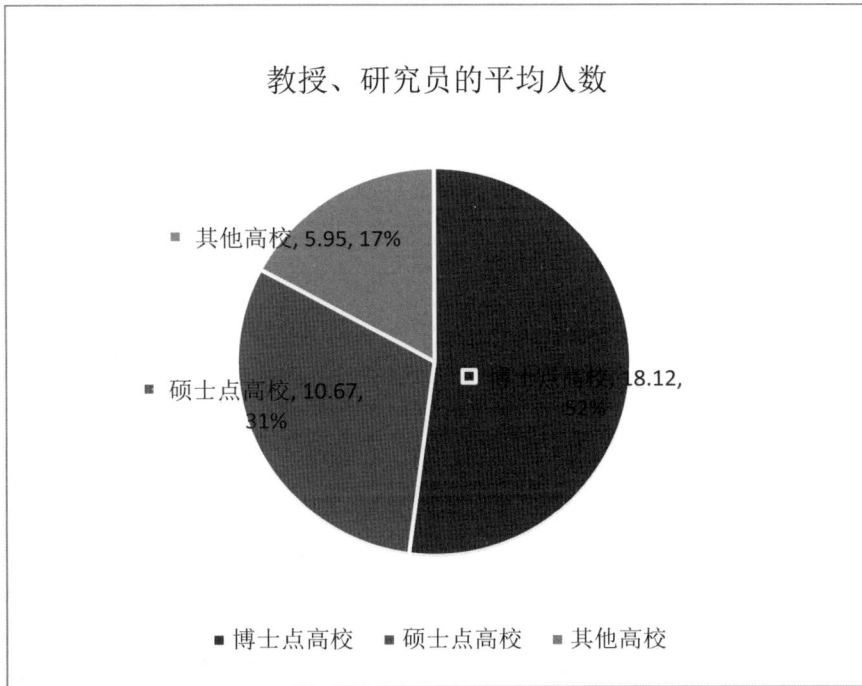

图 4-7　各学科点高校正高级职称平均人数

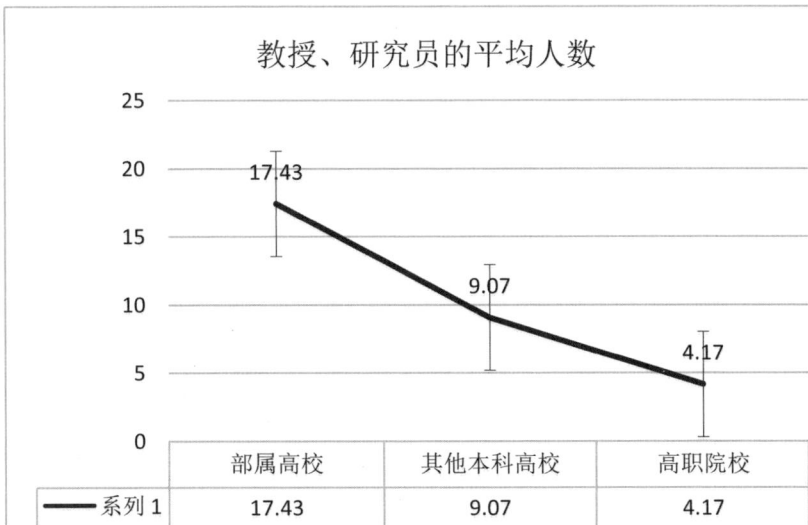

教授、研究员的平均人数

	部属高校	其他本科高校	高职院校
系列1	17.43	9.07	4.17

图 4-8　各层次高校正高级职称平均人数

副教授、副研究员的平均人数

其他高校, 13.5, 21%

博士点高校, 27, 42%

硕士点高校, 23.8, 37%

■ 博士点高校　■ 硕士点高校　■ 其他高校

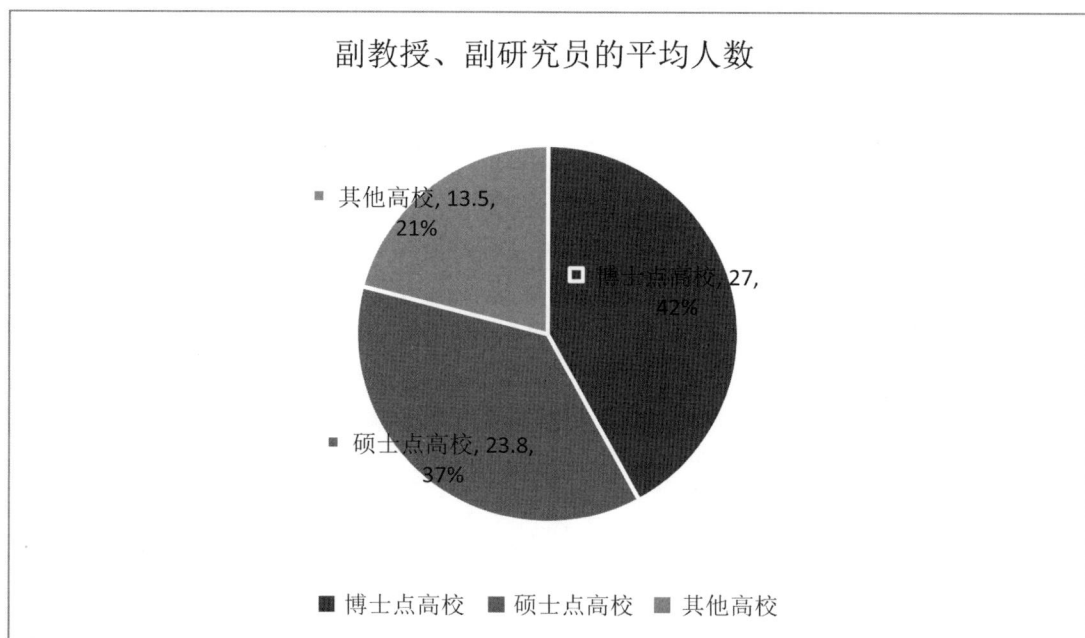

图 4-9　各学科点高校副高级职称平均人数

各类型高校马克思主义理论学科专职教师中副教授、副研究员的平均人数为：部属高校 28 人，其他本科高校 16.9 人，高职院校 9.8 人，呈递减趋势，如图 4-10 所示。

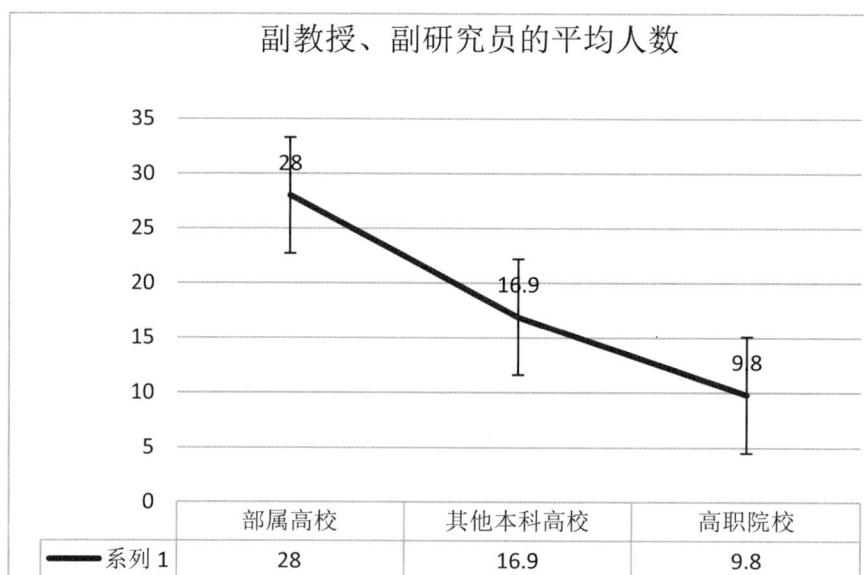

副教授、副研究员的平均人数

	部属高校	其他本科高校	高职院校
系列1	28	16.9	9.8

图 4-10　各层次高校副高级职称平均人数

二、马克思主义学院教师队伍建设现状与问题

近年来，湖北高校高度重视马克思主义理论学科教师队伍建设，在强化学科意识、凝聚学科人才和提升马克思主义理论学科的影响力方面，取得了较好成绩，同时，也存在一些问题。

(一)教师队伍建设的主要成绩

1. 人才引进力度不断加大，教师队伍规模稳步扩大

2011 年，湖北省教育厅印发《关于进一步加强和改进思想政治理论课教育教学工作的实施意见》，提出要进一步加强思想政治理论课教师队伍建设，配备足够数量和较高质量的思想政治理论课教师。在人才引进方面坚持专任为主、专兼结合的原则，按照学生人数以及实际教学、科研和社会服务的需要，合理核定专任教师编制，本专科思想政治理论课专任教师总体上按不低于师生 1：（350~400）的比例配备。未达标的高校要制定专职思想政治理论课教师建设计划，逐步补充达标。近年来，教育主管部门和各高校共同努力，在引进学科带头人的同时，也加大力度引进青年教师。教师队伍规模稳步扩大，师生比结构也更加合理，促进了马克思主义理论学科的可持续发展。一是新进教师对减轻现有教师的教学压力、提升教学质量起到了积极作用。二是新进教师分担了教学任务，教师教学压力的减少有利于腾出更多时间用于科研工作和社会服务工作。三是青年教师在经验丰富老教师的带领下能尽快进入角色，走上教学和科研工作的正轨，这对于培养学术团队和学术梯队，推动马克思主义理论学科的健康发展大有益处。

2. 打造了一支高素质的马克思主义理论学科教师队伍

高校肩负着研究和宣传马克思主义、培养中国特色社会主义建设者和接班人的重要任务，马克思主义理论学科教师队伍的素质直接影响着青年学生的成长成才。随着湖北高校马克思主义学院和马克思主义理论学科的发展，其教师队伍建设工作也在发展中不断加强和改进，一是在准入机制上形成了严格的队伍建设遴选机制，严格执行准入制度，挑选出德才兼备、素质优良的教师。近年来，高校对教师队伍的招聘和管理都实行思想政治理论课教师任职资格准入制度，严把思想政治理论课教师入口关。高校普遍要求思想政治理论课教师必须坚定正确的政治方向，热爱马克思主义理论教育事业，具有良好的思想品德，在政治面貌上应当是中共党员，具备马克思主义理论相关专业硕士以上学位，有扎实的马克思主义理论基础和相应的教学水平、科研能力。二是在教师队伍考核评价、职称评审、晋职晋升方面形成了规范管理和激励机制，为教师的发展创造了良好的环境，不断激发教师的积极性和创造性。三是为马克思主义理论学科教师提供了多种学习机会，有效满足了教师对能力提升方面的需求，形成了一支政治坚定、结构合理，素质优良的教师队伍。四是大力推进教学和科研团队建设，使教学和科研工作协同发力、相得益彰，形成了一批成果丰硕，在全省乃至全国范围内有影响力的教学和科研团队。

3. 教师培养培训体系更加完善

党和国家历来重视马克思主义理论学科及教师队伍建设，在国家层面有六部委组织的哲学社会科学教学科研骨干研修，中宣部、教育部组织的高校思想政治理论课骨干教师研修及全国高校"形势与政策"课骨干教师培训，教育部组织的思想政治理论课课程培训和专项研修等。各类高质量培训促进了教师专业发展和素质提高。湖北省教育主管部门及各高校对马克思主义理论学科及教师队伍建设给予了有力的政策支持和大量人力物力财力的投入，为马克思主义理论学科教师培训、实践考察和攻读学位提供了有利条件。2011 年，湖北省教育厅印发《关于进一步加强和改进思想政治理论课教育教学工作的实施意见》，提出要建立思想政治理论课教师培训基地，依托高校现有的马克思主义理论一级学科、二级学科博士点，通过公开竞争择优原则，在省内重点建设 3~5 个培训基地，侧重从岗位培训、课程轮训、骨干研修、在职培训、学历提升等不同方面，有重点、分层次、多形式实施对思想政治理论课教师的系统培训。建立健全全员培训体系，坚持先培训、后上岗，不培训、不上岗制度。每年培训新任教师 300 人左右。举办本专科和研究生课程培训班，每年培训 500 人左右。举办上下半年形势与政策培训班，培训 300 人左右。实施思政课教师骨干研修计划，把思想政治理论课教师纳入湖北省哲学社会科学教学科研骨干研修工作规划，每年培训 200 人左右。实施在职思想政治理论课教师攻读博士计划，依托武汉大学、华中师范大学、武汉理工大学马克思主义理论学科博士点，鼓励支持在职思想政治理论课教师攻读博士学位。近几年，经过国家、地方和高校三级培训体系的不断完善，湖北高校马克思主义理论学科和教师队伍建设获得了长足的发展，对于提高高校马克思主义理论学科教师队伍的整体素质和教学科研能力起到了较大的作用。

4. 涌现出一批教书育人先进典型

自 2013 年起，在教育部社科司指导下，教育部高校思想政治理论课教学指导委员会和《思想理论教育导刊》主办了"高校思想政治理论课教师年度人物"评选活动。截至目前，湖北高校共有 4 人被评为高校思想政治理论课教师年度影响力标兵人物，9 人被评为高校思想政治理论课教师年度影响力人物，17 人被评为高校思想政治理论课教师年度影响力提名人物，具体名单如表 4-1 所示(人物按姓氏笔画排序)。

表 4-1　湖北高校在"高校思想政治理论课教师年度人物"评选活动中获奖情况

类别	年度	姓名	学校
影响力标兵人物	2013 年度	佘双好	武汉大学
	2015 年度	杨　军	武汉大学
	2016 年度	李　楠	武汉大学
	2017 年度	金筱萍	武汉大学

类别	年度	姓名	学校
影响力人物	2013 年度	王 智	武汉理工大学
		李资源	中南民族大学
	2014 年度	朱 喆	武汉理工大学
		吴春梅	华中农业大学
		袁银传	武汉大学
	2015 年度	刘家俊	华中科技大学
		郭国祥	武汉理工大学
	2016 年度	韩美群	中南财经政法大学
	2017 年度	李 芳	华中师范大学
影响力提名人物	2013 年度	李 恺	华中农业大学
		高伟丽	武汉东湖学院
		李 芳	华中师范大学
	2014 年度	罗晓珍	武汉交通职业学院
		郭关玉	中国地质大学(武汉)
		阎占定	中南民族大学
		黄长义	华中科技大学
	2015 年度	朱丽霞	武汉纺织大学
		杨足仪	华中师范大学
		张瑞堂	中南财经政法大学
		高翔莲	中国地质大学(武汉)
		梁伟军	华中农业大学
	2016 年度	文红玉	华中科技大学
		徐志远	武汉理工大学
		熊友华	湖北大学
	2017 年度	张 晶	武汉科技大学
		黄岭峻	华中科技大学

2018 年，为充分发挥思想政治理论课的主渠道作用，深入推动习近平新时代中国特色社会主义思想进教材、进课堂、进头脑，中共湖北省委高校工委、湖北省教育厅根据"万个示范课堂""名师示范课堂"等实施方案，在全省各高校遴选优秀课堂，最终选出了413 个高校思想政治理论课骨干教师"名师示范课堂"并予以通报表扬。"名师示范课堂"

遴选活动将进一步推动湖北高校以名师示范课堂建设为抓手，立足学校特色，注重挖掘各类教育教学资源，不断提升思政课教师的教学能力，不断提高教学质量。

（二）积极探索教师队伍建设的新思路和新举措

2018 年 4 月 28 日，高校思想政治理论课教师队伍建设研讨会在武汉举行，来自国内 60 多所高校的百余名专家学者参加，围绕加强高校思想政治理论课教师队伍建设展开深入研讨。会议结合高校思想政治理论课教师队伍实际，紧扣教育部《新时代高校思想政治理论课教学工作基本要求》，聚焦如何提升思政课教师综合素质和专业化水平，加快建设一支政治坚定、业务精湛、师德高尚、结构合理的教师队伍。多所高校的马克思主义学院院长作大会报告，从多个角度为高校思政课教师队伍建设提供了可供借鉴的新思路、新举措。近年来，湖北高校在教师队伍建设方面结合学校特色探索出一条建设高水平教师队伍之路。

武汉大学 2018 年获批"全国高校思想政治理论课教师研修基地"，马克思主义学院以全国高校思想政治理论课教师研修基地为平台，召开思想政治理论课教师全员培训暨集体备课会，邀请全国马克思主义理论学科知名专家学者到校讲学交流，组织教师集体备课。如 2018 年邀请"马工程"首席专家、中国人民大学秦宣教授作专题辅导报告，围绕习近平新时代中国特色社会主义思想"三进"工作中的理论问题和思想困惑进行了交流，针对思政课教学内容和形式提出建议。在集体备课环节，各课程教研中心组织教师认真学习有关学习资料，围绕习近平新时代中国特色社会主义思想"三进"、思政慕课录制、具体教学安排、实践教学组织等重点工作开展集体备课。通过对教师的集中培训，深入推进思想政治理论课教育教学工作，在全省发挥引领示范作用。

武汉理工大学不断完善人才队伍结构，加强人才体系建设。建立马克思主义理论学科领军人物培养机制，按照国家"马克思主义理论学科带头人培养计划""马克思主义理论教育家培养计划""长江学者奖励计划"等人才计划的要求，结合学校"15551"人才强校计划，建设"名师工作坊"，努力培养一支马克思主义理论研究和马克思主义理论教学的领军人物和骨干。

华中师范大学搭建培训和交流平台，为青年教师提供学习机会。2018 年，马克思主义学院举办了首届全国马克思主义青年学者桂子山论坛，来自全国高校 100 余名青年教师、博士生和优秀硕士生代表参与此次会议。来自国内各高校的 20 多位学者和博士生分别围绕习近平新时代中国特色社会主义思想、新时代党史党建工作、思想政治教育的创新发展和思想政治理论课教学改革四大专题作报告，展示了马克思主义青年学者的良好理论素养和不断创新的求索精神，充分体现了当代青年学者坚定的马克思主义理想信念。2018 年，学院承办"思想政治理论课青椒论坛"，以"高校思想政治理论课学理支撑研究"为主题，邀请了四位北京思想政治理论课优秀青年教师和四位湖北高校思想政治理论课优秀青年教师作主题发言，全国 50 多所高校的 120 多名思想政治理论课教师现场参与了论坛研讨，全国高校 1 万多名思想政治理论课教师通过网络平台同步收看了论坛直播。2017 年学院举办了"全省高校思想政治理论课骨干教师学习贯彻党的十九大精神培训班"，武汉大学马克思主义学院教授骆郁廷、清华大学马克思主义学院艾四林院长、华中师范大学马克思主义学院万美容院长、华中师范大学马克思主义学院谢守成教授、武汉大学马克思主义学院佘双好院长分别作了主题报告,全省 128 所高校思想政治理论课骨干教师,共计210 余人参加了培训。

中国地质大学(武汉)构建了"一二三"思政课教师队伍建设模式。一是完善思政课教师队伍建设规划,按照"总体布局、分步实施、协同推进、提升质量"的原则,以"马克思主义理论学科特区"作为加强思政课教师队伍建设的核心抓手,做好思政课教师队伍建设的顶层设计,制定思政课教师队伍建设方案。二是做到"两个结合"——政治建设和业务建设相结合,师德师风和立德树人相结合。创新思政课教师队伍培养举措,实现习近平新时代中国特色社会主义思想专题轮训全覆盖。建立思政课教师发展中心及英山县红山镇思政课教师研修基地,完善思政课骨干教师成长发展平台。三是推进"三个强化"——强化制度建设、强化执教能力、强化学术水平,全面提升思政课教师队伍素质。学校建设了"思想政治理论课教学实验室""中国近现代史教学实验室"和"思想政治教育实测中心",坚持集中备课说课、统一教学方案,凝聚了一批致力于创新思政课教学方法、探索教学规律的教师团队,在思政课改革创新方面发挥了示范引领作用。

武汉科技大学马克思主义学院组织思政课教师赴革命圣地甘肃会宁、历史文化名城敦煌等地开展实践研修,接受革命历史和优良传统教育,感受中华文明悠久历史及传统文化,为教师教学与科研工作积累素材。积极推荐思想政治理论课教师参加全国教学竞赛,学院教师李曼荣获"全国高校思想政治理论课教学能手"称号,张晶荣获"全国高校思想政治理论课教学骨干"称号。

湖北工业大学实施名师名嘴工程,促进教师教学水平持续提升,为思政课教学提供优质师资,组织由学校及学院教学督导、学院教学委员会、学生代表组成的听课委员会到教师课堂听课,然后集中研讨,并对上课学生进行问卷调查,以归纳、总结教师在教学过程中的优点与经验,在全校进行推广,学院涌现出李春梅、华倩、张艳丽等省内、市内都有一定影响力的名嘴教师,也带动了其他思政课教师教学水平的提升。

湖北民族大学探索师资队伍一体化模式,建立思想政治理论课教师专兼职一体化聘任制度,促进思想政治理论课教师与思想政治辅导员两支队伍的有机融合,形成"两支队伍"协同育人的工作机制。一方面,思想政治理论课教师以多种形式指导学生日常政治理论学习,把理论教学延伸、融入学生课外活动之中;另一方面,遴选符合条件的政治辅导员担任思想政治理论课兼职教师,主要负责组织完成思想政治理论课实践教学任务。

湖北第二师范学院马克思主义学院创建"互联网+思想政治教育"教师团队。该团队成功入选首批"全国高校黄大年式教师团队"。团队创建以来,始终坚持立德树人的导向,围绕互联网时代思想政治教育的难点热点问题,以"占领主流意识形态阵地、净化网络空间环境、打造新媒体传播平台、推进网络思政课改与应用"为主线,开拓"互联网+思想政治教育"研究新领域,形成"全员全程全方位"协同育人格局,积极探索理论与实践相结合的社会服务模式,主动服务湖北"文化强省战略",坚持"内培外引"人才梯队培养模式,在师德师风、教育教学、科研创新、社会服务等方面均取得丰硕成果。

江汉大学、武汉商学院和武汉城市职业学院等高校选派 8 名教师到北京大学和清华大学学习思想政治理论课教学改革经验,并到课堂现场观摩、学习。学习运用现代教学手段和方法，交流思政课如何恰当运用在线课程、慕课来增强教学效果。对于在教学中如何把握重点、教材内容取舍、科研成果转化为教学内容等问题进行深入交流，受益匪浅。

江汉大学马克思主义学院在暑假期间组织部分教师开展"重走长征路"活动，通过重走长征路的形式，认真感悟伟大的长征精神，深刻领会长征精神的内涵意蕴，用心感受老一辈无产阶级先辈们开创革命事业的艰辛，坚定走中国特色社会主义道路的理想信念。教师们在活动中还了解了沿途各民族文化和经济社会发展状况，收集了大量教学、科研资料。学院召开专题研讨会探讨如何将"重走长征路"活动的收获融入思想政治理论课教学，通过课堂教学、专题讲座等形式向学生传递伟大的长征精神。

武汉城市职业学院在暑假派思政课教师到企业挂职锻炼，让思政课教师深入企业，进行学习，再回到课堂上来进行教学，通过参与企业的生产和经营，带着问题参加实践，全面提升理论与实践能力。如在大桥局党委宣传部挂职锻炼的老师，熟悉了大桥局内刊杂志《大桥物资》的出刊流程，为大桥局"道德讲堂"诵经典活动准备讲稿、组织材料，并且还参与了大桥局的志愿者服务工作。而在环保建筑新材料公司挂职锻炼的老师，不仅参与了公司销售人员的培训，还修订完善了公司员工的内部培训制度，参与解决公司的工伤赔偿纠纷等。这样的实践经历，使得思政课教师不但掌握了不同企业对高职院校人才培养的规格和需求，更提高了教师的企业文化素养，为增强教师的思想政治理论课教学实效性奠定了良好的基础。

湖北科技职业学院组织思政课教师前往陕西延安开展社会实践研修活动。研修活动以延安精神为重点内容，采取现场考察、情景体验、激情教学、交流研讨等方式。老师们实地参观革命旧址，追忆革命与战斗岁月；进入延安革命纪念馆，重温延安革命的峥嵘岁月；走进梁家河，重走总书记的知青之路；驻足黄土谷地，体悟南泥湾精神。老师们寻着革命先贤的足迹，体悟全心全意为人民服务的延安精神，在宝塔山上诵读入党誓词，重温使命与承诺。通过亲眼去看、亲耳去听，对延安精神有了更真切的感受和更深刻的理解。

（三）马克思主义学院教师队伍建设存在的问题

1. 部分高校教师队伍数量不足，年龄结构不合理

近几年，湖北高校马克思主义理论学科教师人数虽然有所增加，师资力量严重不足的情况得到了一定程度的改善，但是许多高校仍存在专职教师数量严重不足、缺口很大的问题。教育部《新时代高校思想政治理论课教学工作基本要求》要求高校按不低于1∶350的师生比配齐思想政治理论课专职教师，按照这个要求，许多高校难以达到这个比例，个别高校存在师资严重不足的现象。教师队伍数量不足有多方面的原因：一是部分高校引进教师要求的起点较高，有的高校招聘教师，博士学历是起点，还对就读学校的层次、是否有海外留学经历、科研水平等有较高要求，这样一来，符合条件的教师人数较少；二是每年马克思主义理论学科博士毕业生人数较少，马克思主义理论学科博士毕业生的数量不及高校的需求大，不能满足需要，很多高校只得扩大学科范围和专业招聘非马克思主义理论学科的毕业生；三是部分地方院校、高职院校、民办高校生源不稳定，教师待遇偏低，引进人才难，而现有教师流失率也偏高，难以留住人才，形成恶性循环。以上原因造成高校引进新教师数量不够，也造成了中青年教师人数偏少、年龄结构不合理的问题。

2. 马克思主义理论学科师资队伍质量不佳

马克思主义理论学科的发展离不开高层次人才的引领和学术团队的共同努力。湖北高校马克思主义理论学科近些年来在高层次人才的引进和培养上加大了力度，取得了一些成果，但是从马克思主义理论学科与其他学科进行横向比较来看，专职教师在职称结构上存在不合理现象，不少高校存在高层次、高职称人才占比明显少于其他学科专任教师的情况，这一现象在省属院校和高职院校中更为常见。与其他学科教师相比，马克思主义理论学科教师成长发展路径狭窄，能力提升较缓慢。主要原因有：一是部分高校对马克思主义理论学科不够重视，激励机制不健全，党政领导在宏观设计上主要将工作重心放在学校的优势主干学科的建设和发展上，马克思主义理论学科不受重视甚至被边缘化。在职称评聘和职业发展上缺少对马克思主义理论学科教师的扶持政策，由于马克思主义理论学科的特殊性，使得马克思主义理论学科教师在职称评聘和职业发展上处于劣势，进而影响到教师从事教学和科研工作的积极性，部分教师仅仅满足于完成教学任务即可，不愿花费更多精力去从事科研和社会服务工作。二是对专职教师的培养缺乏长效机制，在继续教育、培训等方面力度还不够大，教师能力素质、教学水平和科研水平提升缓慢，教师队伍的质量难以得到保证。

3. 马克思主义理论学科师资力量分布不均衡

湖北高校马克思主义理论学科在不同的高校间人才分布差距较大。根据对湖北高校马克思主义学院教师的学历统计，985、211 和省属重点高校专职教师中，具有博士学位的比例均超过 50%，但是其他高校，尤其是非省会城市高校、高职院校、民办高校博士占比较低，主要还是以硕士、本科为主。在职称分布上，马克思主义理论学科博士点高校具有正高级职称人数平均为 18.12 人，马克思主义理论学科硕士点高校平均为 10.67 人，其他高校只有 5.95 人。985、211 等重点院校具有区位和资源优势，马克思主义理论学科的名师和大家主要集中在这些部属院校和重点院校，而这些院校在加大对高层次人才引进的力度过程中又进一步导致了高层次人才加快向发达地区和高层次高校流动。师资力量分布不均反过来又使得部分高校，特别是非省会城市和高职院校人才缺乏的状况进一步恶化，没有优秀人才队伍支撑，就谈不上建设高水平的教师队伍。

三、加强马克思主义学院教师队伍建设的对策建议

国家印发的《关于加强和改进新形势下高校思想政治工作的意见》明确提出，要加强教师队伍和专门力量建设。党的十九大报告也强调，要加强师德师风建设，培养高素质教师队伍，倡导全社会尊师重教。自马克思主义理论一级学科设立以来，全国高校博士点、硕士点的增设，使得博士、硕士的培养数量增加，极大缓解了高校马克思主义理论学科教师数量不足的问题，为高校选拔优秀人才提供了质量保证。马克思主义理论学科教师队伍建设虽然取得了一些成绩，但是在长期发展中，还存在一些问题。因此，应当全面贯彻落

实党和国家在师资队伍建设方面的相关重大战略部署，促使马克思主义理论学科教师队伍建设工作取得实效。

(一)进一步加大专职教师引进和培养力度

针对目前湖北高校普遍存在的专职教师人数不足的问题，应当坚持两条腿走路。一方面各高校仍然需要大力宣传党和国家以及湖北省关于马克思主义理论学科教师队伍建设的各项政策，提高马克思主义理论学科教师待遇和社会地位，使得更多的优秀人才愿意投身马克思主义理论学科教师队伍中来，保证思想政治理论课专职教师的质量。另一方面，各高校应当坚持"引培结合"的方针以应对马克思主义理论学科博士毕业生人数不足的问题，从现有教师队伍中选拔有潜力的优秀教师进行培训和进修，提升他们的教学和科研能力，进一步充实和完善现有的教师队伍。此外，应加快制定马克思主义理论学科教师队伍任职标准，引导教师全身心投入思想政治理论课教学和马克思主义理论学科研究工作。要把良好的政治素质和师德师风摆在首要位置，良好的师德师风是教师教学工作的最基本要求，高校应从严要求，建立优胜劣汰机制，对一些长期教学效果不佳、本身思想信念不坚定的老师要实行停职培训或换岗，对一些造成恶劣影响的教师要予以解聘，促使教师队伍整体素质不断提升。

(二)进一步完善教师继续教育的长效机制

针对湖北高校马克思主义理论学科和思想政治理论课师资队伍质量不佳的情况，建议进一步完善专职教师继续教育的长效机制。思政课课程具有时代性、政策性，其理论更新的速度是其他人文学科无法比拟的，需要对思政课教师定期或不定期进行系统培训教育，这就要求教育管理部门在每一次重大社会事件或党的新制度新政策出台时，组织专家和教师解读、学习、研究这些新知识、新现象。在短期培训班的基础上，继续争取各马克思主义理论学科博士点扩大对博士、博士后的招生规模，提高现有师资的理论水平和学历水平。针对思政课程与时代与社会现实联系的紧密性，建议扩大各高校普遍实行的思政课教师暑期实践活动，这些活动目前主要集中于利用红色资源进行革命传统教育，这些显然难以涵盖思政课课程的全部内涵，应该逐步创造条件走出国门，放眼世界，去感悟、去比较，才能深刻领悟中国特色社会主义制度的魅力与优势，以及我们的差距和劣势。

(三)制定科学考评机制和学术评价标准

针对部分高校对马克思主义理论学科不够重视，激励机制和考评体系不健全的问题，湖北省教育主管部门和各高校应当制定科学的马克思主义理论学科教师队伍考评机制和学术评价标准，将马克思主义理论学科的教学和研究工作的成效作为重要标准，引导教师专心主责主业，将主要精力投入到思想政治理论课教学工作和马克思主义理论的研究工作上来。应当充分考虑学科特点，针对教师制定动态和多元的评价机制，把目光更多投向对教学过程和教学效果的评价和对师德师风、政治定力的评价上。在成果评定方面，除了传统的学术专著和学术论文，应考虑教师在社会服务工作中的成果，如产生了重大影响力的网络文章和宣传稿、被党和政府采纳的咨询调研报告及优秀教学成果等。

（四）从顶层设计实施人才倾斜政策

针对湖北高校马克思主义理论学科师资力量分布不均衡的现状，一是建议教育主管部门顶层设计实施人才倾斜政策，设立专项资金，鼓励高水平、高素质教师服务薄弱地区，同时对此类教师的晋级、职称、提干予以优先考虑。二是发挥部属院校的人才资源优势，加强对薄弱地区高校进行对口支持。如在 985、211 高校每年安排一定数量的马克思主义理论学科教师到普通省属院校、独立学院、高职院校流动服务 1 年或更长时间。三是不同类别高校建立一对一的对口扶持关系，对口学校在师资流动、课程改革、教学创新、科研开发等方面全面帮扶，提高全省马克思主义理论学科的整体水平。四是高校内部要加强对马克思主义理论学科教师队伍建设的重视，出台支持马克思主义理论学科教师队伍建设的文件，在经费、科研平台建设、教师进修培训上给予大力支持。

四、湖北高校思想政治理论课教师影响力人物事迹介绍（部分）

由教育部社会科学司指导、教育部高校思想政治理论课教学指导委员会等主办的高校思想政治理论课教师推选活动，自 2013 年启动以来，对加强高校思想政治理论课教师的师德师风建设，培养高素质教师队伍，展现高校思想政治理论课教师的优秀风采，树立一批教书育人的先进典型发挥了积极作用。本节选取湖北省高校部分入选人物作简要介绍。

（一）高校思想政治理论课教师影响力标兵人物

湖北高校 2017 年度影响力标兵人物为武汉大学马克思主义学院的金筱萍。

金筱萍教授在思想政治理论课教学岗位上辛勤耕耘 30 余年，在探索思想政治理论课入脑入心的路上，不懈创新前行，使课堂始终充满魅力。

1. 以问题为导向，构筑课堂教学之"核"

"美国真的没有意识形态的教育和灌输吗？""'手机控'的危害在哪里？"金筱萍的课堂常常以问题开始，令学生的兴趣一下子调动起来。能够有那么多引起学生感兴趣的提问，源自她的用心积累。多年来，她经常在课前进行学生热点问题调查，潜心归纳和总结慕课讨论区中学生的问题，根据学生关心的热点、难点有针对性地教学。注重以问题研究为中心、以课堂讨论为载体、以培养学生自主式学习能力为目的，这是她自任教以来逐步凝练出来的课堂之"核"。

"研究式、互动式和启发式教学是金筱萍授课的重要特色"，她的同事、国家级教学名师石云霞教授如此评价。"我们曾经在课堂上讨论，在中国，为什么爱国必须与爱党与爱社会主义相一致？"让已经毕业的学生于啸月记忆犹新的是，"因为我们对于要爱国这个观点是没有疑问的，金老师就从我们共同接受的这一观点出发，引导出我们质疑的问题，然后用多学科的知识为我们进行分析、引导我们展开讨论并得出正确的结论。"

思想政治理论课是全校公共必修课，也是一门很难讲好的课。金筱萍将一些具体生动的事实材料贯穿在讲义中，教学与生活实际相联系，充分利用身边的时政热点激发学生的学习兴趣，发挥他们的主观能动性和辩证分析能力，使思想政治理论课回归生活，在不断创新中积蓄课堂"核"动力。在课程问题的凝练中，她还非常注重将一些理论前沿问题融入课堂教学中，积极探索课堂教学内容的设置，结合党的理论创新，及时更新教学内容。适时将中国共产党重要理论创新的成果纳入高校思想政治理论课教学体系和教学内容，是本门课程的重要特点，也是重要任务。每学年都要编写新的教学大纲和教学要点，及时将党的理论创新成果，如党的十九大精神和习近平新时代中国特色社会主义思想等纳入"思想道德修养与法律基础"课的教学体系。金筱萍作为武汉大学该门课程的负责人之一，在坚持使用全国统编教材，按照教育部规定的教学大纲组织教学内容的基础上，针对不同的教学对象，采取专题教学的方式，较好地解决了教学内容较多而教学时间相对较短的矛盾，收到了很好的教学效果。

2. 以教师为主导，凝聚课堂教学之"本"

能把思想政治理论课讲得淋漓透彻又引人入胜、引人深思，这得益于金筱萍课上的主导作用和课下的不懈努力。她常强调，时代在发展，教学也需要不断改革和创新。金筱萍带领课程中心全体教师，坚持以课程改革和建设为重点，初步建立了以国家统编教材为主体、武汉大学创新教材和教学辅助用书作参考、多媒体教学课件为载体、教学网站作基础的立体化和网络化教学体系。

"金老师风趣博学，思维开阔"，提到金筱萍老师的课，武汉大学思想政治教育系学生文梓浩说。有学生在师评网上写道："看得出她课前做了大量准备，对上课内容有多方位考量，且讲解详细，对我们循循善诱。"作为思想政治理论课教师，金筱萍在授课时不回避敏感问题，用正确观点引导学生分析、看待社会问题。"大学生的一些观点，常常没有事实调研依据。"金筱萍针对这个现状，并不反对学生提出"偏激观点"，但要求他们要调研，不能只从个别事例就认定一个结论，应有科学论证的思维，在科学论证的基础上反思自己的思想和观点，甄别正误。通过这种方式，金筱萍让学生达到通过理性思维然后自我教育的目的。正因为如此，学生在她的 QQ 空间里点评：思想开放的老师、牛人、有责任心的老师……

金筱萍充分调动学生学习的积极性和主动性，采用了多样化的教学方法：以课堂讲授为主，多种教学方法相结合，形成了融听、看、读、写、议于一体，系统讲授与专题讲座相结合，理论学习与社会调查相结合，课堂讲授与学生阅读文献相结合，观赏文献资料片与课堂讨论相结合的教学模式。在教学过程中注重启发式、参与式、研究式教学，探索推广出背景透视教学法、专题教学法、案例教学法、问题导入法、视频导入法等有机结合的具体教学方法，动员学生主动参与教学过程。重视实践教学环节，在各个课堂组织学生学习小组，指导他们查阅经典文献、阅读热门书籍、寻访红色文化印记，在课堂进行交流和分享，收到了非常好的教学效果。有同学说，原本对思想政治理论课不感冒，参加这样的活动后，对这门课产生了深厚的兴趣。

3. 全方位育人，塑造课堂教学之"形"

金筱萍不分课堂内外，积极做好学生的"心灵领航员"，关心学生成长，做学生的"贴心人"。金筱萍认为，作为一名思想政治理论课教师，教书育人的责任有着特别的意义，因此在认真教书的同时她还密切关心学生的成长，以慈母般的情怀爱着自己的学生，从细微处给学生送出温暖。有一次学院组织学生暑期外出调研，因为出发时间早，金筱萍担心学生来不及吃早饭，于是自己出钱为出行的 30 位同学煮好卤鸡蛋，买来面包、牛奶，第二天一大早送到他们所乘坐的汽车上，令同学们很感动。在课堂以外的时间里跟学生谈心，这对金筱萍来说是常事，具体的次数已经无法计算了。除了与学生面对面地谈心，金筱萍还利用 QQ、微信网络聊天工具与更多的学生交流。她认为与学生用网络工具聊天最大的优势是学生敢于说真话，能最快地了解到学生的真实思想。所以每当结束了当天的讲课任务后她一定打开 QQ 上线、进入与课堂学生建立的微信群，与同学们探讨当天课堂上所讲授的各种大家关心的问题。她也非常关注学生的 QQ 空间、微信朋友圈，时常在慕课讨论区参与学生的课程讨论，善于在学生的网络世界中发现学生的思想动态、了解学生的关注热点，一旦发现学生思想情绪方面的变化便会主动进行帮助。她以慈母般的情怀爱着自己的学生，只要知道学生有困难就会伸出援助的手，被学生称为：我们的金妈妈。

在 30 多年的教学生涯中，金筱萍多次获校级教学优秀一、二等奖，先后荣获湖北省高校思想政治教育先进工作者、武汉大学"烛光导航工程"优秀导航师、武汉大学杰出教学贡献校长奖、武汉大学"师德标兵"、武汉大学教学名师等称号，现为武汉大学"351 人才计划"教学岗位珞珈特聘教授。

（二）高校思想政治理论课教师影响力人物

1. 2015 年度影响力人物——华中科技大学马克思主义学院刘家俊

长期以来，在本科生的"马克思主义基本原理概论""马克思主义哲学""毛泽东思想和中国特色社会主义理论体系概论""形势与政策"和研究生的"马克思主义经典著作选读""当代马克思主义研究""中国马克思主义与当代""自然辩证法"的课堂教学中，刘家俊几十年如一日地坚持了他倡导的"元典导向、论语课堂工程"教学改革，受到学生的热烈欢迎，使学生普遍受益，提高了思想政治理论课的教学效果和声誉。近日，在采访他的过程中，他全面阐述了这一教学改革的要点及成果。

一是"元典导向，论语课堂工程"教学改革，有可能是改进高校思想政治理论课课堂教学的有效形式之一。

持续多年的高校思想政治理论课教学改革，似乎正在走一条由简单到复杂，再由复杂到简单，否定之否定的螺旋式上升的道路，现在又正处于一个关节点上。20 世纪 80 年代，我国在教学改革中将"马克思主义哲学原理""政治经济学概论""科学社会主义概论"等思想政治理论课程简化为"马克思主义原理"（简称为"大原理"）1 门课程；90 年代，在教学改革中根据现实的需要又分化为"马克思主义哲学概论""邓小平理论概论""毛泽东思想概论"等 6 门课程；进入 21 世纪初，进一步的教学改革提出了关于"马克思主义基本原理概论""毛泽东思想、邓小平理论和'三个代表'重要思想概论"等 4 门课程的最新方案。

邓小平倡导"学马列要精，要管用"，而"元典导向，论语课堂工程"有可能是实践这一要求的较为有效的形式之一。所谓"学马列要精"，就是要原原本本地学习和研究马克思、恩格斯、列宁、毛泽东、邓小平、江泽民、胡锦涛、习近平等人最具创造性、经典性的论述，要少而精，直指精髓，这正是"元典导向"的内蕴所在；所谓"要管用"，就是要"进头脑"即"进心灵"，这也是"心灵对话工程"的目的所在。在课堂上采取各种方法，引导教和学之间共同钻研"元典"，大力推行能使双方心灵产生冲撞、互通、理解、升华的"论语课堂式的对话"，是通过这一攻坚关口的好办法之一。

二是在教学实践中总结了"元典导向，论语课堂工程"教学改革的要点。

首先是将学生真正作为教学的"主体"，而不是被动接受知识的"复印机"。在教学大纲的总体规范下，将"元典"原原本本地交给学生，通过一系列的激励措施，例如"平时对话成绩加分因素""好论文课堂表扬且向各级刊物推荐""勇敢地第一次上讲台说话""我问我的心：说了真话么"等，使学生以"主体"的姿态主动"站立"到课堂中来，而不是以"受体"的无奈被动"规定"到课堂中来。以"论语课堂式的对话"为阶段性推进手段，促使学生研读"元典"，查找相关资料，构思提纲、撰写论文，通过对话、演讲、提问等，引起自己的心灵震撼。其所应达到的效果，底线是由厌倦上这类课程转变为喜欢上这类课程，上线则是努力将"马克思主义基本原理"和"毛泽东思想""邓小平理论""'三个代表'重要思想""科学发展观""中国梦"内化为学生的素质"主体"。

其次是使教师真正成为教学的"主导"，而不是照本宣科、枯燥无味的"单放机"。这一"主导"作用的体现，第一是"元典主导"，即教师自己更深入地学习研究"元典"，并以此为根本进行"主导"。这也是以科研带动教学的同时，又以教学促进科研。缺乏了教师自身非常投入地对"元典"的研究，是不可能有较为厚实的"主导"底气的。第二是"思维方法主导"，即引导学生推导出正确结论固然重要，但更重要的是引导学生使用正确的思维方法，如马克思的"社会批判方法"、恩格斯的"物质一般方法"、毛泽东的"矛盾分析方法"、邓小平的"解放思维实事求是方法"、"三个代表"重要思想的"求真务实方法"、"科学发展观"的"建设性思维方法"等。第三是"教学方法主导"，即"元典导向、论语课堂工程"是具有综合创新性的教学法，它是诠释性教学、启发式教学、问题式教学、情境式教学、发现式教学、激励式教学等的综合。通过实践，教师对采用这一教学方法"主导"课堂教学充满信心，使此教学方法真正成为传播先进文化的有力载体。

三是在教学实践中总结了"元典导向，论语课堂工程"教学改革需要克服的难点。

如关于"不容易把握'元典'"的难点。这关键在于教师对科研的投入，有多少科研的耕耘，就会有多少对"元典"把握的收获。一方面，科研是"源"，教学是"流"；另一方面，教学是"提出问题"，科研是"解决问题"。两者的作用是双向的而不是单向的，互为因果，互相促进。要对学生实行"元典导向"，第一被促进的是教师自己要切实做到"元典导向"，要十分认真而不是虚晃一枪地研究、学习马克思、恩格斯、列宁、毛泽东、邓小平、江泽民、胡锦涛、习近平的"元典"。作为一名思想政治理论课教师，面对一些教师"觉得上这些课没有什么学术价值"、一些学生"厌烦政治课"的议论，更有责任鼓足勇气，以与时俱进的改革姿态，倾注自己的全部心血，开出既有较高的学术水平——这一较高的学术水平是日常老老实实科学研究积累的、是细雨润无声式地在课堂上播撒开来的，又能触动学生思考，激发学生学习的兴趣，达到提高学生综合素质的"政治课"。关于"元典导向、论语课堂工程"的教学改革尝试，正是基于这一点才得以持续进行下去。同时还要将这一教学改革延伸到课堂之外，在社会这个更广阔的领域里实践"元典导向，论语课堂工程"，与社会各方面的人们进行更深入的"论语课堂式对话"。这些本身就是对"元典"难点的把握。

四是精心设计既能深化对"元典"的理解，又能激发出"论语课堂式对话"积极性、兴奋点的话题。

通过对"元典导向，论语课堂工程"的话题进行研究，就会发现这些话题比一般的课堂提问的要求高得多。它是经过精心设计的、能触动心灵的、对教学内容中最精华的部分进行深入思考的话题。怎样确立其主题、引发疑问、烘托气氛、掌握时间、点拨解惑，并将其纳入学生成绩和对教师教学水平的评价体系，都有规律可循。

另外，还有必要根据"论语课堂式对话"中可能遇到的与高校思想政治理论课相关的热点、难点、疑点话题，从当今时代的高度进行一定程度的专题研究，拟出对话话题，提供给相关教师和领导参考。当然，这些话题是应该随着实践的发展而不断改变的，只有与时俱进的话题，才真正具有较长的生命力。

五是作为教学"主体"的学生，对"元典导向，论语课堂工程"的教学改革普遍持欢迎态度。据近 10 年来不完全的调查反馈，学生对其表现出欢迎态度原因有以下几点：

第一，"眼前一亮"。物理学院的吴璇同学认为："老师的方法非常好，尤其是对人文性质方面的课程来讲，收效更大……所展开的讨论十分精彩，其中某些观点真可谓让人眼前一亮。"信计专业的强南囡同学认为："由学生在课堂上发言可以引起其他学生的注意，过于长时间地听一种声音说话容易走神……学生提出的许多观点都很有意思，有许多是平时听不到的。"外语学院的研究生曹炜丹同学认为："以前学习思想政治理论课的状态可以用一个'醉'字来形容，就是不求甚解，大概知道是什么，没工夫问为什么。现在，课堂不再以老师满堂灌为主了，同学们可以听到自己的声音了。心灵对话，是老师与同学的对话，是同学之间的对话，更是同学与伟人的心灵碰撞。谈古论今，海阔天空，老师把同学们带入一种如痴如醉的境界，领略'元典'的真谛，使课堂充满理性的真，是'三分醉'与'七分醒'的完美结合，是我从来没有体验过的。"艺术设计专业的周芳芳同学认为："在课堂上，我学到了很多东西，这不仅使我找到了自身的价值，明确了大学的学习目标，懂得了做人的道理，更重要的是体会到了生命的意义，我很感谢我的马哲老师。"水电学院的程然同学认为："这种教学方法很好，利用由点带面、逐渐深入的方法，与学生心对心地对话，最能引起学生的共鸣和学习的兴趣。课堂上讲得很好，不用再改进了。"

第二，"我感到自己的确是个人"。物理学院的王英同学认为，这种教学"对我而言，颇有吸引力。为什么呢？因为这使我感到自己的确是个人，一个有主观能动性的人。上专业课的时候老觉得自己是个录音机——一个录音效果奇差的录音机，经常在工作中出故障。但在哲学课上就不一样，的确能感觉到自己是个会思考的活人，即使我不怎么开口"。这样的课，"给了学生一个锻炼、展示自己的机会"。机械制造专业的韦博同学认为："这学期的课堂中，我们搞了许多演讲，同学们都以很高的热情来参加。这给了学生一个锻炼、展示自己的机会。大学不同于高中，大学生应该培养自己各方面的素质，举办演讲可以提高学生的心理素质、语言表达能力，这样可能提高学生的综合素质水平。在课堂中，我也感到大学老师和高中老师的不同，并被老师的个人魅力吸引，'邓小平理论'

课上笑声不断，同学们思想活跃，每个笑都有深刻的道理。"

第三，"'元典式'教学是另一创新"。机械管理专业的郭彦斐同学认为："'元典式'教学注重的是'思想的对话'，要学生在思想上进行学习，甚至创造……重在辨析，首先要分析'元典'形成的过程，其次要逐字揣摩真理与谬误的差别。"机械制造专业的黄书涓同学认为："老师的'元典式'的教学是一种创新，通过对理论的追根溯源、字斟句酌，同学们能更深刻地理解课本，记忆更为深刻，同时也扩大了知识面。"中文系的研究生陈琦同学认为："马克思的'元典'是人的生命之歌，它吟唱在自然、社会、人类——你、我、他的生命历程中，与我们的生命活动融为一体。'马克思爱山''毛泽东爱江''邓小平爱海'，这些饶有趣味的话题，使我们更真实贴切地了解了伟人，了解了伟人取得成功的种种因素，了解了伟人的喜怒哀乐，这些对于我们深入'元典'都是十分必要的。"

第四，"我能骄傲地说，我们的'元典'课很有趣"。物理学院的文振威同学认为："对政治课，我自初中以来就很讨厌，一是讨厌死记硬背的学习方法；二是讨厌空洞无物、只会浪费时间的内容，但老师的'论语课堂式对话'教学却能改变这一点。首先是拉近了师生关系，使同学们不再有抵触情绪；其次为了配合老师，开始思考政治方面的问题，有了学习的趋势，所以对'对话式'教学我是很赞赏的。"机械管理专业的袁琨同学认为："无形中我们又获得了一笔财富。思考成为存在于课堂的必要意义，既然我们存在于这个课堂，我们就必须思考，否则，'来'又有什么意义呢？'听'又有什么作用呢？'我思'故我有意义而存在……因为我有了多思考的机会，当我看到当另外一个班的同学埋怨他们的'政治课很无聊时'，我能骄傲地说，我们的政治课很有趣，很充实。"哲学系的研究生史莉洁同学认为："老师的讲解深入浅出，用诗情画意的方式，引导我们渐渐地深入了解'元典'的内容，让我们很快地进入到这种境界中，我从中不仅学习了系统的'元典'解读，更得到了一种愉悦的享受，从对伟人的生平经历及其著作中，我们领略了他们的思想内涵。能在这样轻松愉快的环境中来研究'元典'是非常荣幸的。我想经过这样的学习，大家会对这门课程产生浓厚兴趣的。"

特别值得指出的是，刘家俊结合教学和科研，提出了自己颇有新意的见解，即中国特色社会主义理论体系在继承和发展辩证唯物主义和历史唯物主义方法论的基础上，实现了从"三大思维"方法向"建设性思维"方法的提升，下面是他在教学和科研中广泛讲授的观点。

"三大思维"方法：一是"批判性思维"，即强调"辩证法不崇拜任何东西，按其本质来说，它是批判的和革命的"，要批判否定一个旧世界，建设发展一个新世界；二是"实践性思维"，即强调"解放思想、实事求是、与时俱进、求真务实"，一切从实践出发，在实践中认识、检验、发展理论；三是"创新性思维"，即强调"科学的本质就是创新，创新是一个民族的灵魂"，在不断创新中促进国家兴旺发展，推动人类文明进步。

其实，"三大思维"方法本身就蕴涵着厚重的"建设性思维"的因子。"批判性思维"绝不是一概否定，它在否定破坏着什么的时候，总会伴随肯定建设着什么，它在揭示着某种暂时性的消亡时，总是会寄托着某种永恒性的建设；"实践性思维"也不是只要去做了就好，它更要求探索事物的客观规律，按照事物本身发展的客观规律去建设，将好事建设好；"创新性思维"固然要注重"新"，但它所依赖的原动力还是在于"创"，而"创"实质上就是建设，就是新生事物建设性的诞生、成长、发展。

"建设性思维"以"批判性思维"为前提，以"实践性思维"为基础，以"创新性思维"为指向，它不仅仅等同于这每一类思维，而且吸收了其中每一类思维的精华，这样就有可能使得"建设性思维"具有更丰富的内涵。

"建设性思维"方法的要点包括：第一，以批判性、改革性的批评为前提；第二，以直面问题、分析问题、解决问题为过程；第三，以"知道如此做不好固然对，但要提出如何做好才更对"为核心；第四，以"这是我应该做好或做得更好的"的意识为主体；第五，永远坚持与时俱进，以引领时代潮流为己任。

刘家俊正是以这样的基本思路和方法做好本课题的研究，尽可能全面地提炼和抽象出什么是"建设性思维"方法，进而更进一步总结和建构出"怎么做"才是实践了"建设性思维"方法。

刘家俊教授这种理论结合实际地学习、研究、讲授马克思主义基本原理和中国化马克思主义方法，是值得提倡的，他为"立德树人"做了根基性的工作。

2. 2017 年度影响力人物——华中师范大学马克思主义学院李芳

早在 2002 年，当她还是一名年轻讲师的时候，就以"坚定社会主义信念"一堂课入选教育部第二批"精彩一课"教学示范片；2017 年 12 月她主持的教育部"全国高校优秀中青年思想政治理论课教师择优资助计划"结项成果被评为优秀成果；获评"高校思想政治理论课教师 2013 年度影响力提名人物"。自 2017 年 5 月担任马克思主义学院教学副院长不到一年的时间里，她率先垂范、勇于创新、锐意改革，她带领的团队及指导的学生先后荣获了 2017 年"全国高校思想政治理论课教学标兵""全国高校思想政治理论课教学能手"称号及"全国高校学生讲思政课公开课展示活动"一等奖和最具理论深度奖，"赤子初心——全国高校思想政治理论课学生艺术作品巡展"二等奖，"我心中的思政课"全国高校学生微电影展示活动三等奖等多项奖项。她及她的团队的相关教学改革事迹被中国教育电视台、湖北卫视、武汉教育电视台、光明日报、人民日报等媒体相继报道。她，就是华中师范大学马克思主义学院思想政治理论课专职教师、马克思主义学院教学副院长、博士生导师李芳教授。

(1)热爱教学，着力打造主渠道

李芳教授忠诚党的教育事业，十分热爱高校思想政治理论课教学工作，先后承担本科生"思想道德修养与法律基础"及研究生"马克思主义中国化史""马克思主义中国化基本问题研究"的教学工作。她把教学看做老师的第一要务，把主要的时间、精力都投入到教学中，年均工作量多在 300~500 学时，以珍惜与敬畏的态度对待每一节课。在课堂教学中，她特别注意以坚定的信念引导学生，总是充满激情、旗帜鲜明地传播马克思主义基本理论和中国特色社会主义理论，充分发挥思想政治理论课对大学生进行思想政治教育的主渠道和主阵地作用。近年来的教学中，她更是"敢于亮剑"，不回避社会矛盾，针对社会热点问题，从正面引导学生，在《中国社会科学报》《文汇报》等报刊上先后发表了《西式民主不是件人人能用的雨披》《所有制改革必须遵守宪法底线》等多篇时评文章，被求是网、光明网、中国社会科学网等多家知名网站全文转载。

为了提升教学效果，李芳教授积极开展教学研究，主持及参与了各类教研课题 13 项，发表了 10 多篇教研论文，荣获了湖北省教学成果三等奖、华中师范大学教学成果一等奖及教学工作一等奖等多项教学奖项。2017 年 2 月，李芳教授作为湖北省唯一的思想政治理论课教师代表，参加了湖北省委书记蒋超良同志主持的湖北省高校思想政治工作座谈会，她汇报的思想政治理论课教学改革举措，受到蒋书记及其他省委领导的充分肯定和好评。

（2）潜心科研，以研促教确保教研相长

为了解决教学中的重点和难点问题，更好地服务于高校思想政治理论课教学，李芳教授积极开展理论研究，近年来主持国家社科基金 2 项及教育部人文社科项目、湖北省委宣传部重点调研课题等各类省部级项目 8 项，出版学术专著、主编教材等共 5 部，荣获第八届湖北省社会科学优秀成果三等奖、"全国马克思主义论坛"优秀论文奖、湖北省高等学校马克思主义理论教育研究会第十一届优秀科研成果一等奖等各类科研奖项，撰写的咨询报告被中宣部专报件充分吸收。有了科研的支撑及对学术前沿的最新把握，李芳教授的课堂教学的学术内涵及理论吸引力得以极大提升，形成独特的课堂教学风格，深受广大学生喜爱。

（3）全心育人，俯首甘为孺子牛

李芳教授认真履行教书育人光荣职责，诚挚关爱学生的学习和生活，不计名利及不计报酬地为学生解决生活、学习中的困惑及困难。她亲近学生，总是面带微笑，把学生当朋友，在第一次上课时把自己所有的联系方式告诉学生，方便学生有求于老师时能随时找到她。她严格要求学生，定时举办读书会，督促学生读书、写读书笔记，指导学生写学术论文。她真心关爱学生，特别是关注学生的心理状态和心理问题，做到早发现、早介入、早解决，她曾在学院分党委书记和副书记的共同努力和帮助下，花了近两年的时间帮助患抑郁症学生成功地走出了心理困境，并顺利毕业、成功就业。她真心帮助学生，对经济困难的学生，她采取参与课题的方式让学生有尊严地得到报酬，她积极为学生的就业收集信息、进行面试辅导，她所带的硕士研究生全部成功就业，目前均在重点中学从教或成为公务员。

（4）勇于创新，助推思想政治理论课改革上新台阶

2017 年 5 月底，李芳教授被学校党委任命为华中师范大学马克思主义学院教学副院长。上任之后，她大胆改革、勇于创新，在学校领导、宣传部、教务处等职能部门领导以及学院领导班子的大力支持和帮助下，踏踏实实把队伍带好，认认真真把课程建设好，重点以"教学理念主体化、教学规模小班化、教学内容专题化、集体备课多维化、教学管理精细化、教学对象分众化、教师培养协同化"为抓手，努力提升大学生对思想政治理论课的获得感，先后组织推动了如下教学改革：组织策划了"校领导深入课程、深入课堂、深入专题讲授思政课"系列活动、"名师讲思政课"系列活动；在智慧教室推行 40 人左右课堂的"小班教学、小班研讨"模式；为老师配备助教、为学生发放课堂学习手册、实行课堂教学的精细化管理；针对文科学生、理科学生、艺术体育类学生专业特点，实行分众化教学；充分发挥老中青教学科研传帮带作用，助力青年教师快速成长。2017 年，她带领的教师团队在教育部教学展示中获得"全国高校思想政治理论课教学标兵""全国高校思想

政治理论课教学能手"称号;她在华中师范大学第三届教学节活动期间,精心组织了丰富多彩的教学活动,获得了"华中师范大学第三届教学节优秀组织单位"称号;她担任了华中师范大学"习近平新时代中国特色社会主义思想学生研习社"指导教师,精心指导研习社成员认真学习党的十九大报告精神;她先后到武汉市武昌区政府、武昌区教育局等多家单位宣讲十九大报告;她协助主办了"以习近平新时代中国特色社会主义思想为指导全面提升高校思想政治理论课教学质量学术研讨会""湖北省高校思想政治理论课骨干教师学习贯彻党的十九大精神培训班";她组织协办了由湖北省委宣传部、省委教育工委、教育厅、省电视台主办的"中国自信——同上一堂思想政治理论课"活动,并指导本院青年教师主讲了电视公开课,在湖北电视教育频道、教育频道微信平台和长江云播出。《光明日报》《人民日报》都报道了她带领的教学团队的教学事迹,中国教育电视台对她组织的小班教学模式进行了专题报道,湖北卫视的《湖北新闻》栏目对她探索的十九大精神进思想政治理论课的经验进行了报道,武汉教育电视台的《教视新闻》对她组织的智慧课堂专题式教学经验进行了报道,《华中师大报》第1227期头版头条以《深耕细作 深耘思想政治理论课这片"责任田"》为题对她带领的教学团队在2017年对思想政治理论课教学改革的探索及成绩进行了详细报道。

(三)高校思想政治理论课教师影响力提名人物

1. 2015 年度影响力提名人物——中国地质大学(武汉)马克思主义学院高翔莲

学生这样评价她:"像春风一样温柔,像春雨一样滋润;她是春风化雨、爱心如水的良师,更是学生们喜爱的益友。"她,就是中国地质大学(武汉)马克思主义学院高翔莲教授。在高校思想政治理论课教学一线奋战了32个年头的她,始终践行"享受教学"理念,倡导"理+情"的对话式教学模式,带头进行思想政治理论课改革探索,用真信和真爱,做大学生的良师益友。

(1)践行"享受教学"的理念

高翔莲一直工作在思想政治理论课教学第一线,先后承担"毛泽东思想和中国特色社会主义理论体系概论""中国特色社会主义理论与实践研究""中国马克思主义与当代"等本科生、硕士生和博士生三个层次的思想政治理论课教学。

在大多数学生眼中,思想政治理论课较为抽象,学起来有些枯燥,但听高翔莲的课却是一种享受,上课时,她观点鲜明、重点突出、推理严密、内容生动,她抑扬顿挫、神采飞扬、情景交融,她的课堂气氛活跃,学生出勤率、抬头率高。

一直以来,高翔莲倡导并践行"享受教学"理念。她以坚定的自信、端正的仪表、良好的教态、饱满的热情、生动的讲授,给学生以良好的视觉和听觉享受,使大学生切实感受到思想政治理论课是一门"有用——可听——可学"并真心喜爱的课程。马克思主义学院2014级董树婷同学在听过她讲授的"思想政治教育导论课"后,说道:"高老师的课给我最深的感受是她对于很多历史事件都讲述得清晰生动,有历史的厚重感,真的没想到思政课原来还可以这样上,真心喜欢听她的课。"

（2）采用"理+情"的对话式教学模式

"教书，必须站到学生的立场上，看他们需要什么，所传授的东西一定要对学生有用！"高翔莲认为，思想政治理论课要达到以理服人的效果，必须采用"理+情"的对话式教学模式。理，就是以理服人；情，就是以情感人。

"每设置一堂课，我都会想：学生学习的薄弱点在哪里？他们能从中学到什么新知识？思想上又有怎样的提升？"高翔莲教学的对象都是80后和90后学生，她经常在课堂上以"对话式"进行专题讨论、问题辩论、课后访问。理论讲授做到旁征博引，专题讨论与问题辩论力求思想交锋，个别访问力争至真至情。

"作为一名教师，要有高尚的师德修养，'爱'，应该成为老师的天性。"高翔莲是这样说的也是这样做的。多年来，她把"理+情"的对话延伸到课后，坚持下系下班，到学生中去，春夏秋冬从未间断。对生活困难的学生，她送去各种帮助。她与学生成为互相信任的朋友，30岁时，学生们亲切称她"高大姐"，现在学生们亲切喊她"高妈妈"。

（3）做教学改革的实践者

"我一直在思考'如何将教师的教与学生的学更好地贯通起来'？一个老师不可能让所有的学生都开心，但老师可以把学生对知识的需求、学习的现状作为教学研究的切入点，站在学生的立场和角度去思考、去改进教法。"近年来，高翔莲带头进行思想政治理论课的教学改革。在"毛泽东思想和中国特色社会主义理论体系概论"课程中，她带头进行了慕课和翻转课堂的探索，依据教学大纲的要求和学生实际，选择教学的热点和难点，以及线上学习和线下辅导的时间，她建立的教学资源库既充实了教学的内容，也满足了学生对知识的渴求。

在繁重的教学工作之余，她组织了"专家下基层，师生进农户"活动，亲自率专家和学生，到农村调研，了解农民所思所想。她提交的研究报告被评为湖北省优秀调研报告。她到农村宣讲"中国梦"、社会主义核心价值观、习近平治国理政思想、党的惠农政策。为了把理论和政策讲透，把事实讲清，她走进农民家，走到田间地头，用农民听得懂的话宣讲理论和政策。一些农民说：大学教授给我们讲理论是对牛弹琴，高老师你讲得好，你是"牛人"。

洒一路汗水，留一路执着，32年的辛勤耕耘，让她收获了许多荣誉，多次被评为湖北省高校思想政治教育先进工作者及我校"最受欢迎的老师""良师益友""教学名师"等。但她始终如一恪守着师道尊严，做学生的良师益友，以一颗淡定宁静的心，守望着教育的幸福，一路追求终不悔。

2. 2015 年度影响力提名人物——武汉纺织大学马克思主义学院朱丽霞

朱丽霞教授是武汉纺织大学马克思主义学院院长，兼任湖北省美学学会副秘书长、湖北省哲学学会常务理事、湖北省马克思主义理论研究会理事。自 1987 年进入武汉纺织大学（当时为武汉纺织工学院）以来，她已经在思政课教学第一线工作了整整 29 年。她始终保持高度的政治责任感、工作使命感和职业荣誉感，把教育事业当做毕生的追求，努力提升教学质量，全力开展科学研究。

(1)关怀学生健康成长，成学生心中的知心妈妈

朱老师常说："老师有一桶水，才能给学生一碗水。"为了给学生"一碗水"，她坚持思想政治学习，不断提高政治素养、理论修养和教学水平。每天，朱老师都要通过报刊网络了解党和国家的重要新闻信息，掌握理论热点问题。

"同学们，最近大家都在说中国梦，那你们的梦想是什么呢?"朱老师把"中国梦"的话题引入课堂，调动学生的气氛，引导学生积极思考。课堂上，朱老师为了避免课堂书本知识的枯燥无味，把课本知识与实际生活巧妙地有机结合起来，谈爱情，聊生活，说故事。在朱老师的引导下，她的课堂总能深深地吸引着台下的学生们，朱老师成了课堂上的聚光灯。朱老师还注意引导学生将唯物辩证法运用到自己的专业学习当中，激励学生反思自身的专业与生活，激发了学生的普遍兴趣，很多学生明显意识到马克思主义的应用价值。

为了给学生上好课，朱老师精心准备教案，从不打无准备之仗。每年寒暑假，朱老师都会根据当年的政治主题、经济社会发展主题对课件进行全面修订，使课件吸收最新的时代元素，贯彻最新的政策要求，体现最新的发展动态。为了上好思政课，朱老师有时还去武大、华科大、华师等学校的名师课堂上当起了学生，向这些名师学习教学方法。

课堂上用知识教书育人，课堂外用爱心呵护成长。朱老师充分利用现代网络技术与学生课外交流，关怀学生健康成长，最后成了学生心中的知心"朱妈妈"。每学期第一节课，她都会主动把自己的手机号码、QQ号码、邮箱等联系方式告诉学生。学生在学习中遇到困难挫折时，会向"朱妈妈"请教，她耐心地劝导，鼓励他们找出不足，重拾信心;学生在生活上遇到困难时，会向"朱妈妈"求助，她尽力帮助他们，积极协调有关部门，全力做好各项支持工作，帮助学生渡过难关;学生在感情上遇到困难时，更是向"朱妈妈"倾诉，朱老师会耐心倾听，帮助他们分析情况，鼓励学生要放开心态，积极面对问题。至今，很多毕业多年的学生都还一直与"朱妈妈"保持联系，每逢节日都会给"朱妈妈"问好，及时分享他们的各种成功;当然，遇到事业、生活、心理上的困惑时，仍然会向"朱妈妈"倾诉，她始终做到有问必答，尽自己最大的努力帮助学生们。

朱老师始终把教学放在第一位，长期坚持在思政课第一线给本科生上课。近5年来，她每年坚持主讲研究生的"马克思主义基本原理专题研究"和本科生的"马克思主义基本原理概论""大学生心理健康教育"等课程。教学效果得到学生和同行的充分认可，2012年、2014年两次获评武汉纺织大学"教育创新工程"标兵称号，2015年参评"湖北省高校十佳思想政治理论课教师"。

(2)关注大学生理想教育，做教学改革的探索者

朱老师长期致力于思想政治理论课教育教学的研究。在教学实践中，朱老师处处做有心人，以敏锐的眼光察觉课程体系、教学方法、教育模式等存在的问题。带着这些问题，她查阅资料、调查分析、深入研究，积极申报并认真完成教研项目。

近年来，朱老师主持了包括湖北省教育厅委托项目在内的多项教研项目，并主持编写教研专著、教材、论文集等，其中《教学研究新论》于2008年6月荣获湖北省高等学校马克思主义理论教育研究会第九届优秀科研成果一等奖。"思想政治理论课教学内容的针对性问题"是朱老师很早就关注并一直致力于研究的教学问题之一。2005年11月，朱老师

申报的教学研究项目"关于加强思想政治理论课教学内容针对性的研究"成功获批"武汉纺织大学教研课题"。在朱老师坚持不懈的探索下，该教研项目取得了一批重要成果，为学校贯彻实施思想政治理论课"05方案"、推进教学质量建设发挥了重要助推作用。"创新高校形势与政策教育"是高校思政课改革面临的重大理论与实践问题，朱老师对这一问题的思考和研究得到了省教育厅的认可，该项目成功获批2012年度湖北省教育厅人文社会科学研究委托项目。

"思想政治理论课教学体系改革"是高校思想政治理论课教学课程改革的一大难题。2010年以来，她抓住学校大力推进教育教学改革的重大机遇，带领研究团队进行理论攻关与实践探索，立足于思政课教学主阵地，把课题的研究与学校教育教学改革创新实践结合起来，使这一课题在理论与实践上取得了新突破，在教学改革中发挥着新作用、新影响。

朱老师主持的"大学生'理想信念'教育一体化的模式探讨"教研项目，应用效果明显，社会影响广泛，2012年获得了武汉纺织大学教学成果奖一等奖，2013年获湖北省高等学校教学成果奖二等奖。

（3）关注理论热点前沿，当科研路上的领路人

"我们要科学处理教学和科研的关系，以科研促进教学，以教学带动科研。"在学院的会议上，朱老师多次强调，作为大学老师，教学和科研应该是双轮驱动，不可偏废。

朱老师的主要研究领域是党建理论，她围绕党的反腐倡廉制度文化建设进行了深入研究，探讨了我国反腐倡廉制度文化的基本理论，反腐倡廉工作的历程和基本经验，反腐倡廉制度文化建设的现状及影响因素，新时期反腐倡廉制度文化建设的路径等，取得了丰硕的成果，成功获得湖北省社科基金、湖北省教育厅人文社会科学项目、湖北省纪委专项、湖北省科技厅重大专项等多个项目立项，并于2015年入选湖北省高等学校马克思主义中青年理论家培育计划（第二批）立项资助。先后在《东南学术》《福建论坛》《江汉论坛》《湖北社会科学》等期刊发表了一批高水平论文，其中被人大复印资料检索或转载3篇。

除了自己的科研外，朱老师还积极帮助学院其他教师开展科研工作。朱老师非常关注理论热点前沿问题，寻找各种机会邀请国内外著名专家学者来马克思主义学院作报告，介绍当前理论热点问题的前沿研究状况，开拓了全院教师的研究视野。在学院每年申报国家社科基金时，她都会提前召开动员大会，鼓励老师积极申报，倡导学院专业相近的教师组团研讨申报事宜。自2013年以来，马克思主义学院成功获批4项国家社科基金、3项教育部人文社科项目。至此，马克思主义学院获得国家社科基金项目13项，教育部人文社科项目9项。

在朱老师积极和全面推动之下，马克思主义学院形成了良好的科研风气，先后涌现出一批批科研骨干，取得了丰硕的科研成果，无论是国家级项目还是CSSCI优质论文，成绩十分喜人，马克思主义理论学科在教育部学科评估中得到充分肯定，有力地推动着马克思主义学院的可持续发展。

3. 2016年度影响力提名人物——湖北大学马克思主义学院熊友华

"欲明人者先自明，欲正人者先正己。"他强调行为世范、润物无声，他是思想上的先

导者，工作中的耕耘者，实践中的开拓者和生活中的奉献者。"未若太阳般耀眼，亦似星辰般璀璨"，他注重身体力行，知行合一，他是"超人""材料专家"和"超级班妈"。他就是马克思主义学院的熊友华教授。

（1）加强理论武装，高扬时代主旋律

高校思想政治理论课教师必须具有坚定的马克思主义信念，扎实的马克思主义理论基础知识，熊友华教授以纯洁思想为目的、提升业务能力为动力，不断加强政治理论学习。他系统学习了马列主义、毛泽东思想和中国特色社会主义理论体系的基本内容，同时不断加大理论研究的力度，仅近几年就发表了 10 余篇高质量的思想政治理论方面的科研论文，并将理论学习和研究的成果应用于实际工作中去，知行合一，不断提高自身的理论素养和政治素养。自 1995 年毕业留校任教以来，熊友华已经在高校思想政治理论课教育教学岗位上默默耕耘了 23 个春秋。23 个寒来暑往，他高效完成了数以万计的课堂教学工作量，承担了无数个其他教师不愿意承担的课堂教学任务。在他看来，一个教师的良好形象不仅在于著书立说，更在于以勇挑教学重担的实际行动默默践行先进理论所要传递的观念。他时刻谨记党的教育方针和高校思想政治理论课教师的神圣职责，充分利用思想政治理论课的教学课堂积极宣传党的路线、方针和政策，认真落实中国特色社会主义理论体系的"三进"工作。作为省委宣讲团的宣讲专家，他在很好完成教学科研任务之外，近几年，还抽出时间在校内、社区、政府机关、大型国企作群众路线实践教育的相关形势政策、党课等百余场演讲，取得了很好的效果。

（2）注重身体力行，增强教学有效性

熊友华热爱本职工作，有强烈的事业心和高度的责任感，工作积极主动，业务熟练，业绩突出，受到领导、同行和学生的广泛认同。教学方面，他敬业奉献、务实创新。教学质量评价中，年年被评为优秀。实际负责实施的"'五位一体'思想政治理论课教育教学模式的构建与实践"校级重大教学改革攻关研究项目，通过教育厅组织的专家组的成果鉴定，获得了一致好评，认为"达到了省内先进水平"，相关教学成果获得湖北大学教学成果一等奖、二等奖和湖北省教学成果二等奖等。

在思想政治理论课教学日常管理工作中，他讲责任、讲奉献，总结、拟订了数十份报送学校及上级主管部门的思想政治理论课教学方面的总结材料、调研报告、实施方案等，为全面推进学校思想政治理论课教学改革和建设事业进行了殚精竭虑的思考，更做了大量繁琐细致的具体实施工作，广大师生戏称他为"超人""材料专家"等。在学生自主投票推选"魅力教师"的评选活动中他荣获湖北大学第二届"学子心中的魅力教师"提名奖、第四届湖北大学"学子心中的魅力教师"奖，并获评 2016 年度湖北大学"教学名师"称号等。

（3）提升业务能力，传播社会正能量

在承担繁重教学、管理任务的同时，熊老师丝毫不放松自己的科学研究工作。这些年来，他始终刻苦钻研、精益求精，取得了一批有质量、有影响的科研成果。出版专著 1 部、合著 3 部。先后在《思想理论教育导刊》《当代世界与社会主义》等学术期刊上发表学术论文 50 余篇，其中多篇文章被人大复印资料及人民网、光明网、求是网、社科网、搜狐网、凤凰网等 20 多家著名网站全文转载，多篇被新华文摘、人大复印资料索引。多次参与相关领域的国际学术会议，提交的学术论文均顺利入选，并被 EI、CCPI 等国际检索机构检索收录。

他主持国家社科基金项目、湖北省社科基金项目、湖北省重大调研项目等科研项目10 余项。参加国家社会科学基金项目、教育部博士点基金项目、湖北省社科基金项目、湖北省教育厅项目等 10 余项。

为将自己的理论研究与解决现实问题结合起来，熊友华走出书斋、走出校园、走向基层，结合自己的教学、科研及管理工作实际，开展各种调研。如 2013 年承担并组织实施了中共湖北省纪委重大调研项目，最终形成了高质量的调研报告，得到时任省委书记李鸿忠同志的高度评价，批示指出："研究成果很好，很系统，有深度，资料详实，原因分析透彻，知已深，重在行"，并获得 2014 年度湖北发展研究奖三等奖等。

他不光自己走出书斋、走向基层、走入群众，深入进行实践调研，还组织学生走向社会，深入群众，积极开展社会实践活动并取得很好成绩。近两年，熊友华指导的学生团队连年获评湖北省大中专学生暑期社会实践优秀团队，湖北省挑战杯二、三等奖等。

在平凡的工作岗位上要努力做出不平凡的业绩，这是熊友华的境界，也是他感染众多学子的原因所在。

4. 2017 年度影响力提名人物——武汉科技大学马克思主义学院张晶

张晶，马克思主义学院副教授，思想政治教育学博士，主要从事"思想道德修养与法律基础"课程一线教学工作。

"思政有一种无法言说的魅力，让我深深爱上了。"这是马克思主义学院张晶副教授常常挂在嘴边的话。

研究生毕业后，张晶来到武汉科技大学从事思想政治理论课教学工作，法学出身的她被思政深深吸引。随后，她转专业攻读了思想政治教育学博士学位，并从事"思想道德修养与法律基础"课程一线教学工作，一干就是 12 年。

教学改革、学术研究、青年马克思主义工程工作……只要与思政相关的事情，都有张晶的身影。2018 年教育部颁布高校思政理论课教师 2017 年度影响力提名人物，张晶榜上有名。

马克思主义学院院长唐忠义称赞说："张晶老师是思政工作的楷模和先锋。"

（1）求快，慕课开启混合式教学新篇章

"今年我们的思想道德修养与法律基础网络课堂预计有一万人次观看学习。"张晶介绍，今年该课堂成功登陆"智慧树"网络学习中心，将面向全国各高校学生，预计会有近万人参与学习。

慕课大潮涌动，2016 年张晶带领学院 7 名教师吸收教学改革信息及技术，多次参加各种高水平思政慕课、在线课程会议，花了两年时间率先在全校建成 SPOC 课程并运行一年，当年选课人数达到 6000 人。

通过线上慕课学习，线下课堂专题讲座，配套相应的社会实践和互动教学，学生们纷纷表示，原来思政课也能这么玩！上"爱祖国爱家乡"，张晶让同学们走上讲台，大声赞美自己的家乡；上"法律知识"，法学出身的她指导同学们开展法律主题的辩论赛；她还拿出课堂时间，请相关专业的教授给学生上心理指导课……

2018 年 3 月，张晶参加了高校思政课骨干教师研修班学习，为期 20 天的新教材培训，给了她第二轮慕课修改的指引。

新教材 5 月份出，她提前两个月便着手准备，慕课的学时、内容、侧重点……样样都得改。新教材一出，她带领老师们一头扎进录播室，不到三个月便完成了新版本慕课的修订。

老师们打趣说："张老师走在教材的前面，又快又准。"

（2）求新，新思维让学生从被动到主动

今年暑假，烈日炎炎的武汉，张晶和她的小分队留在学校，筹划第二次思政微电影拍摄。此次微电影由学生自编自导自演，张晶全程指导，从演员的面试、挑选，剧本的初稿、打磨，到最后的拍摄、后期剪辑，张晶亲力亲为。

室外三十几度的高温，张晶和学生端着盒饭，找个树荫席地而坐。她告诉学生："我们不要为得奖而拍，我们要拍有情怀、有意义的思政微电影。"

2017 年，张晶指导的第一部作品《不忘初心忆流年》，荣获教育部全国高校学生微电影展示活动一等奖。张晶指导的参赛作品《亲爱的，我们生活在最好的时代》荣获教育部全国高校学生讲思政课公开课三等奖，并被评为"优秀指导老师"。

2018 年 11 月，喜讯传来，她指导的又一部作品《苟利国家生死以》获得全国思政微电影大赛二等奖，这一消息再次激励了张晶和她的学生们。

仅仅 12 分钟的微电影作品，是张晶和学生团队暑假期间三个多月的心血。同学们感叹："有了这些鼓励，我们在思政上的步伐越迈越坚定了。"

"我觉得思政课不该是高高在上的，应当是贴近生活的。"2015 年，张晶开设了新浪官方微博"WUST 武科大党的旗帜"，通过发布长短文、开设系列专题报道与学生互动。

"党史上的今天""身边的德行""监督执纪""校园基层党建活动""汉字里的廉政文化"等专题，吸引了数百名学生参与话题讨论。

张晶说："这样的方式可以充分调动学生自主学习的积极性和主动性，形成'人人参与，都有收获'的可喜局面，是学生进行自我教育的有效途径，未来我将尝试更多更新的方式方法。"

（3）求拼，剽悍的人生不需要解释

"对于一个大脑清醒、内心想干活，却苦于无法坐在板凳上的人，有什么办法卧床也能工作呢？我觉得我又想到了一个新的点子。"7 月 26 日，张晶发了一条朋友圈。大家知道，她又闲不住了。

7 月份，张晶意外受伤，还没来得及清理好伤口，她第一句话是："我这个样子明天怎么去给学生开会啊？我这样怎么录慕课啊？"同行的老师们看着张晶，又是心疼又是好气，大家命令她回家卧床好好休息，其他事情等伤好了再说。

匆匆忙忙检查完身体，脸上还包着纱布，老师们的叮嘱被抛在了脑后，张晶第二天便赶回学校给"青马班"同学们开会。

"事情来了不得不做，我也放心不下孩子们。"张晶作为校团委副书记、校"青马工程"理论导师，带着"青马班"同学们写论文、做课题、搞社会实践，一刻都没停过。

青马班同学马睿说："张老师是个特别自律、很负责的老师，她事必躬亲，忙活动、搞实践，从来没有马虎过。"

马克思主义学院院长唐忠义说："张晶老师永远都是风风火火的样子，是名副其实的行动派。"

热爱讲台，醉心教学，张晶是同事、领导口中的劳模，是学生口中"要抢课"的老师。工作 12 年来，她主动承担数倍的工作量。开课期间，她曾经一周七天不休，往返两个校区，白天加晚上，满档上课。

张晶说："思政课是我所热爱的，因为有一腔热情，我不觉得累，也不觉得苦。"

第五章　湖北高校马克思主义学院科研工作

科学研究是学科建设的重要推动力，建设高水平学科平台又能为科学研究不断提供研究课题，两者相辅相成。科研水平则是衡量和评价一个学科建设发展水平的重要标志，对高校马克思主义理论学科科研现状进行统计分析，有利于促进本学科良性发展。近年来，党中央、湖北省对高校马克思主义理论研究和宣传教育的高度重视，有力调动了马克思主义理论学科教师和科研人员的研究热情和学科自信，马克思主义理论学科科学研究取得一系列重要成果。本章基于近三年全省参研高校马克思主义理论学科的出版著作、发表论文、课题项目、成果获奖与被采纳成果情况等统计数据，总结全省高校本学科科研方面取得的成就以及存在的问题，并提出进一步促进本学科科研发展的对策建议。

一、马克思主义理论学科科研数据统计与分析

（一）出版著作

近三年全省参研高校马克思主义理论学科共出版著作 711 部，其中，部属高校出版 334 部，其他本科高校出版 350 部，高职院校出版 27 部，平均数分别为 47.71、12.96 和 4.5（表 5-1）。学科博士点高校出版 337 部，学科硕士点高校出版 192 部，其他高校出版 182 部，平均数分别为 42.13、16、9.1，如表 5-2 所示。

表 5-1　各层次高校著作出版情况

	部属高校（7 所）	其他高校（27 所）	高职院校（6 所）
出版著作总数	334	350	27
出版著作平均数	47.71	12.96	4.5

表 5-2　各学科点高校著作出版情况

	博士点高校（8 所）	硕士点高校（12 所）	其他高校（20 所）
出版著作总数	337	192	182
出版著作平均数	42.13	16	9.1

(二)发表论文

近三年全省参研高校马克思主义理论学科共发表论文 4799 篇,其中部属高校 1421 篇,其他本科高校 2993 篇,高职院校 385 篇,平均数分别为 203、110.85 和 64.17,如表 5-3 所示。学科博士点高校 1473 篇,学科硕士点高校 1654 篇,其他高校 1672 篇,平均数分别为 184.13、137.83 和 83.6 篇,如表 5-4 所示。

表 5-3　各层次高校论文发表情况

	部属高校(7 所)	其他高校(27 所)	高职院校(6 所)
发表论文总数	1421	2993	385
发表论文平均数	203	110.85	64.17

表 5-4　各学科点高校论文发表情况

	博士点高校(8 所)	硕士点高校(12 所)	其他高校(20 所)
发表论文总数	1473	1654	1672
发表论文平均数	184.13	137.83	83.6

(三)科研项目

课题项目的数量和级别是评价一个学科点科研实力的重要指标。根据此次调研搜集到的近三年本学科科研项目数据,我们将从获得的科研项目总数、国家级科研项目、省部级科研项目和厅局级科研项目这几个方面进行分析。

1. 科研项目总数

近三年全省参研高校马克思主义理论学科和思想政治理论课建设领域在科学研究方面共获得科研项目 1946 项,其中部属高校 500 项,其他本科高校 1269 项,高职院校 177 项,平均数分别为 71.43、47 和 29.5,如表 5-5 所示。学科博士点高校 580 项,学科硕士点高校 688 项,其他高校 678 项,平均数分别为 72.5、57.22 和 33.9,如表 5-6 所示。

表 5-5　各层次高校科研项目情况

	部属高校(7 所)	其他高校(27 所)	高职院校(6 所)
科研项目总数	500	1269	177
科研项目平均数	71.43	47	29.5

表 5-6　各学科点高校科研项目情况

	博士点高校(8 所)	硕士点高校(12 所)	其他高校(20 所)
科研项目总数	580	688	678
科研项目平均数	72.5	57.22	33.9

2. 科研项目的不同类型情况

根据不同科研项目的分类,我们从国家社科基金项目、教育部项目、省社科项目、省厅项目和其他项目等不同类别,对全省参研高校马克思主义理论学科近三年获批科研项目进行了统计。其中,国家社科基金项目 160 项,教育部项目 180 项,省社科项目 205 项,省厅项目 567 项,其他项目 831 项。

3. 国家级科研项目

国家级科研项目数量多少直接反映一个学科整体科研实力的状况。根据对全省各参研高校国家社科基金项目数量的统计,得出部属高校 73 项,其他本科高校 82 项,高职院校 5 项。平均数分别为 10.43、3.03 和 0.83(表 5-7)。学科博士点高校 77 项,学科硕士点高校 61 项,其他高校 22 项,平均数分别为 9.62、5.08 和 1.1。这说明部属院校整体科研实力居于前列(表 5-8)。

表 5-7　各层次高校国家级科研项目情况

	部属高校(7 所)	其他高校(27 所)	高职院校(6 所)
国家级科研项目总数	73	82	5
国家级科研项目平均数	10.43	3.03	0.83

表 5-8　各学科点高校国家级科研项目情况

	博士点高校(8 所)	硕士点高校(12 所)	其他高校(20 所)
国家级科研项目总数	77	61	22
国家级科研项目平均数	9.62	5.08	1.1

4. 省部级科研项目

根据统计,近三年,全省参研高校共获得省部级科研项目 385 项,其中部属高校 138 项,其他本科高校 234 项,高职院校 13 项,平均数分别为 19.71、8.67 和 2.17,如表 5-9 所示。学科博士点高校 166 项,学科硕士点高校 121 项,其他高校 98 项,平均数分别为 20.75、10.08 和 4.9。这说明拥有一级学科博士点高校整体科研实力居于前列,如表 5-10 所示。

表 5-9　各层次高校省部级科研项目情况

	部属高校(7 所)	其他高校(27 所)	高职院校(6 所)
省部级科研项目总数	138	234	13
省部级科研项目平均数	19.71	8.67	2.17

表 5-10　各学科点高校省部级科研项目情况

	博士点高校(8 所)	硕士点高校(12 所)	其他高校(20 所)
省部级科研项目总数	166	121	98
省部级科研项目平均数	20.75	10.08	4.9

(四)科研成果获奖

科研成果获得的奖励情况是评价一所学校该学科点科研实力的重要指标之一。根据统计,全省参与调研的高校科研成果获省部级及以上奖励共 202 项,其中部属高校 51 项,其他本科高校 141 项,高职院校 11 项,平均数分别为 8.14、5.22 和 1.83(表 5-11)。学科博士点高校 68 项,学科硕士点高校 70 项,其他高校 64 项,平均数分别为 8.5、5.83 和 3.2(表 5-12)。

表 5-11　各层次高校科研成果获奖情况

	部属高校(7 所)	其他高校(27 所)	高职院校(6 所)
省部级及以上成果获奖总数	51	141	11
省部级及以上成果获奖平均数	8.14	5.22	1.83

表 5-12　各学科点高校科研成果获奖情况

	博士点高校(8 所)	硕士点高校(12 所)	其他高校(20 所)
省部级及以上成果获奖总数	68	70	64
省部级及以上成果获奖平均数	8.5	5.83	3.2

(五)被采纳的成果

近三年,全省参研高校马克思主义理论学科被采纳的成果总数为 217 项,其中部属高校 37 项,其他本科高校 176 项,高职院校 4 项,平均数分别为 5.29、6.52 和 0.67(表 5-13)。学科博士点高校 58 项,学科硕士点高校 79 项,其他高校 80 项,平均数分别为

7.25、6.58 和 4(表 5-14)。

表 5-13　各层次高校成果被采纳情况

	部属高校(7 所)	其他高校(27 所)	高职院校(6 所)
被采纳成果总数	37	176	4
被采纳成果平均数	5.29	6.52	0.67

表 5-14　各学科点高校成果被采纳情况

	博士点高校(8 所)	硕士点高校(12 所)	其他高校(20 所)
被采纳成果总数	58	79	80
被采纳成果平均数	7.25	6.58	4

二、马克思主义理论学科科研存在的主要问题

近年来，湖北高校马克思主义理论学科科研工作取得了新的突破，科研成果数量继续保持一定的规模，成果质量和影响力有所提升。通过对有关数据进行综合分析，我们总结出目前湖北高校马克思主义理论学科在科研发展方面存在以下问题，值得引起关注和重视。

(一)马克思主义理论学科科研发展不平衡

通过调研数据来看，湖北省不同地域、不同类型的高校马克思主义理论学科科研综合实力的基本格局尚未改变。近年来，很多高校都先后成立了一些马克思主义理论学科科研机构，但优势和强势科研机构依旧主要集中在具有一级学科博士点的部属院校。虽然一些省属院校、高职院校近几年加强了对科研工作的宏观布局和平台建设，科研实力有所提升，但从宏观布局上看，科研综合能力还存在相对的不平衡性，从科研成果数量的分布来看，校际、区域分布的不平衡现象依然存在。

从调研数据来看，湖北高校近几年发表的专著和论文大部分集中在一级学科博士点高校和部属院校。在专著出版方面，一级学科博士点高校在近三年出版的专著数量为 337 部，平均数量 42.13 部，部属院校在近三年出版的专著数量为 334 部，平均数量 47.71 部；在论文发表方面，一级学科博士点高校在近三年发表的论文数量为 1473 篇，平均数量 184.13 篇，部属院校在近三年发表的论文数量为 1421 篇，平均数量 203 篇。在科研项目方面，一级学科博士点高校在近三年获得科研项目数量为 580 项，平均数量 72.5 项，其中国家级科研项目 77 项，平均数量 9.62 项，省部级科研项目 166 项，平均数量 20.75 项。部属院校在近三年获得科研项目数量为 500 项，平均数量 71.43 项，其中国家级科研项目 73 项，平均数量 10.43 项，省部级科研项目 138 项，平均数量 19.71 项。在科研成

果获奖方面，一级学科博士点高校在近三年获省部级以上成果奖68项，平均数量8.5项，部属院校在近三年获省部级以上成果奖51项，平均数量8.14项。部属院校特别是拥有一级学科博士点高校与其他高校在科研方面占有明显优势，科研成果无论从数量还是质量上看，都要高于非一级学科博士点的高校。这类学校学科平台建设齐全、科研基础良好、综合实力强。其他高校学科点的研究成果的绝对量也不少，但高水平的论文、著作、科研项目获批和科研成果获奖等方面从人均数上看相对偏少，高质量成果比重有待提高，校际的差距较为明显。此外，科研成果产出的地域分布不平衡，部属院校和一级学科博士点高校多集中在武汉市，因此，武汉市高校的学科点整体科研实力较强。从学科点的分布来看，大多部属院校和省属重点院校都有马克思主义理论学科博士点、硕士点，而专业性较强的理工农医艺类高校的马克思主义理论学科仍属于相对弱势学科，学科建设和科学研究有待加强。

（二）应用型成果仍需要加强

通过调研数据来看，湖北高校马克思主义理论学科在专著、论文和科研项目等方面取得了丰硕成果，这些成果围绕本学科领域内的众多理论和现实问题展开，积极宣传贯彻落实党和政府的重大理论方针政策，回应时代热点难点问题，在深化学科基础理论等方面发挥了积极作用，特别是我省一级学科博士点高校和部属院校在此方面做出了巨大贡献。但我们还应该看到，伴随中国特色社会主义建设事业的不断深入，还需要更多的成果来积极回应我国当前和今后一段时期迫切需要解答的重大理论和现实问题。一是在回应当前社会热点、难点问题上，马克思主义理论学科的学科优势和影响力发挥还不够充分，尤其是在社会服务方面还比较少，被相关党委和政府部门采纳的研究成果从总量上看还比较偏少，且不同高校在数量分布上不均匀。近三年，湖北高校马克思主义理论学科被采纳的报告共217项，平均每校5.43项，但校际差距较大，如武汉大学在2016年有多项报告被采纳，成为当年全省乃至全国年度被采纳数量最多的高校，而省内部分高校则无一份报告被采纳。值得注意的是，近三年被采纳的成果数中，部属院校平均数低于其他院校，这说明湖北省内部分高校开始将学校特色与服务社会进行对接的方式方法在这一领域已开始发力。二是科研成果尚未对学科建设和思想政治理论课形成有力的支撑，部分研究成果偏向经验性的研究，缺乏说服力；有一些研究只停留在对党和国家最新精神的宣传上，缺乏理论深度；部分研究成果没有以马克思主义的立场进行，甚至出现了意识形态方面的一些错误。这些问题导致科学研究没有有效支撑学科发展和思想政治理论课的教学，因此马克思主义理论学科领域的科学研究导向还需要进一步明确。

（三）科研管理的体制机制还不完善

科研水平的提升，需要有完备的科研管理制度和科学的科研管理机制。当前湖北高校马克思主义理论学科发展迅速，科研成果也逐年增多，但是科研管理工作却没有与时俱进。一是在管理模式上，许多高校依旧采取教条式的管理办法，科研管理工作人员服务意识比较淡薄，"衙门思维"比较浓厚，科研管理过程比较机械化，重管理轻服务的现象制约了马克思主义理论学科科研工作的有效开展。如在科研经费的管理和使用上，许多高校没有完整的经费使用办法细则，有的高校虽然制定了细则但是为了承担更少的责任和风险，将许多细枝末节的事情都交由教师亲自去处理，许多教师由于不熟悉业务，要花大量的时间忙于经费管理和报销，挤占了教学和科研的宝贵时间。二是在科研工作的考评上，重数量轻质量、重自然科学轻社会科学的现象还广泛存在，许多高校对科研工作的考评采取"一刀切"的方式，以相同的学术评价标准对全校所有的学科科研进行考评，忽视了马克思主义理论学科的特点，这种情况在普通本科院校和高职院校中更为常见。一方面这种量化考核模式短期内可以调动教师的积极性，但是从长期来看也导致教师过分重视科研成果的数量而不太重视成果质量，产出的成果不符合客观实际和社会发展的需要，造成资源浪费。另一方面，不合理的考评体系使得很多教师的成果得不到学校的认可，这严重打击了教师教学和科研工作的积极性。许多教师为了迎合学校的考评体系，放弃了自己比较擅长的教学和科研方法，转而去迎合科研部门划定的方向。有些教师甚至对教学科研工作失去信心，宁愿转岗到行政部门，不再从事教学科研工作。

三、马克思主义理论学科科研工作的对策与建议

马克思主义理论学科是一个相对崭新的学科，马克思主义理论作为一级学科出现的时间也才十余年，这就决定了马克思主义理论学科科研综合实力的提升需要时间。促进湖北高校马克思主义理论学科科研水平的提高和发展，需要树立马克思主义理论学科的自信心，加强规划。马克思主义理论学科的科研发展与教师队伍建设、人才培养、思想政治理论课建设、学术交流等有同等重要的地位，它们形成一个系统体系，在学科建设发展中都发挥着重要的作用。提升马克思主义理论学科科研水平，需要从宏观层面做好顶层设计、完善科研管理、促进教研融合和建设好科研团队等四个方面着力完善。结合调研所反映出的问题，现提出以下进一步促进马克思主义理论学科科研发展的对策建议。

（一）做好顶层设计，优化学科布局，逐步缩小校际差距

学科的发展和进步需要科研的有力支撑，衡量马克思主义理论学科的科研实力主要在于科研成果的数量和质量。湖北高校数量在全国居前列，马克思主义理论学科建设整体水平比较高，但是校际科研实力差距较大。一级学科博士点高校、部属院校在科研工作中占有绝对优势，而很多其他本科院校和高职院校科研实力一般。在今后一段时间内，一方面对于重点院校如一级学科博士点高校和部属院校，应当继续引导其保持学科优势，把科研成果从对"增量"的重视逐步转变到对"质量"的重视上来，并逐步推进学科点内涵式发展。要鼓励重点院校努力提升科研水平，增强问题意识，多关注社会现实，不断提升科研成果的质量和水平，扩大科研成果的影响力，系统总结我国改革开放和社会主义现代化建设的实践经验和规律，为我国改革发展的进一步推进积极提供建设性意见和建议，多出能在全国范围乃至世界范围内具有重大影响力的好成果。另一方面对于其他理工农医艺等普通高校和科研实力相对较弱的高职院校，在顶层设计方面，应加强校际的学科交流，推进学术协同创新，加大对这些高校科研经费投入和课题立项，科研实力强的高校也要加强对这些高校的帮扶力度，通过精准帮扶，全面提升科研实力。普通高校和高职院校应根据党和国

家当前的重大战略和方针政策，结合学校的特色和优势在重点领域发力，积极服务于人民群众日益增长的物质和文化生活的需要，创造出高水平有影响力的科研成果。

(二)进一步加强和完善科研管理，激发科研活力

马克思主义理论学科科研水平的提高，离不开科学的科研管理。由于受传统管理模式的影响，目前，高校科研管理工作仍沿用比较落后的管理理念。重管理轻服务、重数量轻质量、管理体制和考评机制不完善、经费管理不科学、科研成果转化意识不强等问题仍然制约着本学科科研水平的提高和科研工作的发展。我们在调研中发现，部分高校在科研管理和评价体系上不合理，缺乏对马克思主义理论学科特殊性的考虑，比如，在有些理工类院校，对科研工作的考核主要按照经费的多少来计算，使得社会科学的教师和研究人员积极性受到严重挫伤，有些教师因研究成果得不到应有的认可和回报，不愿意从事科研工作。马克思主义理论学科作为一门崭新学科，在科研资源分配方面不占优势。高校对马克思主义理论学科科研工作的重视程度直接影响着学科的科研发展，为此，需要从教育管理部门和高校两个层面同时发力。一是湖北省教育管理部门在顶层设计时应充分考虑到马克思主义理论学科的重要地位和特殊性，在政策制定和完善上多向普通高校倾斜，在资源配置上多考虑普通高校，帮助其提高科研能力和水平。同时要构建跨校的马克思主义理论学科研究平台，促进高校间学科的交流和合作，带动湖北省高校马克思主义理论学科科研工作上台阶。二是各高校领导层面应该加强科研服务意识，在科研管理、考评方式和服务工作上不搞"一刀切"，不能单凭经费到账金额等简单指标对马克思主义理论学科科研工作进行考核，应根据各学科实际情况和特点有区别地对待。对于马克思主义理论学科教师普遍存在的科研时间被教学工作严重挤占，教学和科研工作存在矛盾的现状，各高校应对现有政策进行调整，进一步调动马克思主义理论学科教师和研究人员的科研积极性，促使学科学术生态向好的方面发展。如整合校内资源为教师提供更多的机会，提高科研服务水平让教师能专心科研，经费上适当倾斜以调动教师的积极性，选拔优秀科研人才进行重点培养，搭建良好学术平台让教师有用武之地等。

(三)促进教学与科研的深度融合，不断丰富研究成果

教学与科研相辅相成，要提高马克思主义理论学科科研水平，就应当努力建设好思想政治理论课。教师只有把教学过程中的热点与难点问题与科学研究相结合才能实现学科科研水平的提升。长期以来，很多高校都认为思想政治理论课教师只用搞好教学工作即可，对科研要求不高，受这种错误认识影响，很多高校马克思主义理论学科科研水平低下，发展迟缓，这不符合马克思主义理论学科发展的要求。一方面上好思想政治理论课是思想政治理论课教师的本职工作，没有科研支撑的教学只会是无本之木、无源之水，思想政治理论课教师应当结合教学工作开展科研，不断提升自己的教学水平和科研能力，用科研来支撑教学，进而促进学校教学质量和人才培养质量的提高。近年来，全国高校都在如火如荼地开展思想政治理论课教学改革，高校马克思主义学院应当以此为契机，加快各门课程教学团队的组建，团队成员根据自己的学科背景和专业背景打造有影响力的教学成果和科研成果，形成有特色的教学团队。同时也要大力促进教学成果和科研成果的转化，推动教学

和科研工作的良性发展、相得益彰。只有坚持教学与科研并重，大力支持教师搞科研，实现教研相长，才能有效提升马克思主义理论学科的科研水平。另一方面要将最新的研究成果应用到思想政治理论课教学工作中。思想政治理论课的理论支撑主要来自马克思主义理论学科的理论研究的成果，教师在结合中国特色社会主义事业以及党和国家重大方针政策中创造出的科研成果，应根据新的形势和要求积极应用到教学中去，让学生能对党和国家最新的大政方针和政策有深入的学习机会，帮助学生深刻理解马克思主义理论成果的精髓，更好地掌握这一领域相关的知识。

（四）不断提升教师科研素质和能力，建设有实力的科研团队

科学研究工作不能只靠单打独斗，人才是科学研究的基本要素。高校马克思主义理论学科要获得长足发展，就要打造一批实力强劲、朝气蓬勃的学术队伍，以利于马克思主义理论学科的兴旺发展。一支合理的科研团队中不仅需要经验丰富的资深学科带头人，也要有年富力强的中层骨干和朝气蓬勃的年轻人。目前，湖北高校马克思主义理论学科的学科队伍结构仍存在不合理现象，青黄不接。有的高校马克思主义理论学科教师队伍年龄结构不合理，存在年纪过大或者年轻教师居多的现象，有的高校则是职称和学历比例不合理，如此种种造成学术的凝聚力不强，学科建设和科研工作进展迟缓。面对这种状况，一是需要积极探索有效途径，将人才引进、选聘和培养等多种途径结合起来，加强教师和科研人员的队伍建设，引导团队成员提升自身素养、增强学术自信、加强学术交流、拓宽学术视野、培养世界眼光。二是要着眼于长远，逐步完善学术研究团队结构，使之形成合理梯队。一个强大的科研团队，必须要有经验丰富、德高望重的领头人，还要有敢闯敢拼、能干实事的中坚力量，而近些年来被称为"青椒"的青年教师应当是科研团队的骨干力量，虽然他们科研水平还不强，却是不容忽视的潜力股。建设好科研团队，才能为马克思主义理论学科的可持续发展奠定坚实的基础。高校应当着力打造结构合理的科研团队，增强凝聚力，使团队力量发挥到最大，让马克思主义理论学科队伍具备可持续发展的能力。

第六章 湖北高校思想政治理论课课程建设

1949 年以来，高校思想政治理论课随着社会主义事业的发展经过了数次调整，最终在 2005 年形成了新的方案。思想政治理论课的名称也经历了"政治理论课"、"马列主义政治理论课"、"马克思主义公共课"、"两课"（马克思主义理论和思想品德课）等变革历程。经历数次调整，思想政治理论课建设工作也在这个过程中逐步完善，成为马克思主义理论学科的重要基础。党的十八大以来，以习近平同志为核心的党中央高度重视思想政治工作和思想政治理论课建设，做出一系列重要批示和重大部署。习近平总书记在全国高校思想政治工作会议上指出："要用好课堂教学这个主渠道，思想政治理论课要坚持在改进中加强，提升思想政治教育亲和力和针对性，满足学生成长发展需求和期待，其他各门课都要守好一段渠、种好责任田，使各类课程与思想政治理论课同向同行，形成协同效应。"①高校思想政治理论课承担着对大学生进行系统马克思主义理论教育的重要任务，是巩固马克思主义在高校意识形态领域的指导地位、坚持社会主义办学方向的重要阵地，是全面贯彻党的教育方针、落实立德树人根本任务、进行思想政治教育的重点课程。随着中共中央、国务院《关于加强和改进新形势下高校思想政治工作的意见》的印发，其为高校思想政治理论课建设和改革指明了下一步努力的方向。

一、湖北高校思想政治理论课建设前期调查

2016 年 6 月，课题组对湖北省内高校马克思主义学院进行考察和调研，通过访谈、问卷调查等形式了解了高校思想政治理论课建设和发展的基本情况。

（一）调查范围

本次调查历时 2 年，涵盖了湖北省 29 所大专院校，其中教育部属 985、211 高校及国家民委所属重点高校 6 所，它们是华中科技大学、华中师范大学、武汉大学、中南民族大学、武汉理工大学、中国地质大学（武汉）；省属武汉高校 9 所，它们是湖北大学、武汉科技大学、湖北工业大学、湖北美术学院、湖北经济学院、武汉纺织大学、武汉轻工大学、武汉工程大学、武汉体育学院；省属地方高校 6 所，它们是三峡大学、长江大学、黄冈师范学院、湖北工程学院、湖北民族大学、湖北汽车工业学院；独立本科院校 3 所，它们是武汉学院、武汉工商学院、武汉生物工程学院；职业技术学院 5 所，它们是黄冈职业

---

① 《习近平谈治国理政》第二卷，外文出版社 2017 年版，第 378 页。

技术学院、湖北青年职业学院、武汉船舶工程职业技术学院、湖北生态工程职业技术学院、武汉职业技术学院。此外，还有部分不在调研范围内的湖北高校提供了思想政治理论课建设情况的相关资料。地域上既包括武汉市内高校，也包括省内恩施、宜昌、襄樊、十堰、黄石、孝感等地市高校，经济发达地区、偏远落后地区以及少数民族地区都有所兼顾，实现了多层次、多类别、多方位全覆盖，调查样本既具有代表性、普遍性，又兼顾特殊性，为研究提供了坚实基础。

（二）调查对象与内容

本次调查面向全省各个层次、各个类别院校的思想政治理论课教学单位，本科院校为马克思主义学院，大专院校为思政课部。针对不同学校师生，设计问卷、遴选访谈对象，涉及学校管理人员29人（每校1人），教师50多人（每校2人），学生5800人（每校200多人，大一、大二、大三、大四各50人），访谈人数达150人次，每人每次谈话30分钟左右；分别针对不同地区、年龄、性别、岗位的老师和学生设计问卷，发出问卷5800份（每校200份），收回5743份，有效问卷5713份；深入课堂观摩评估教学达58课时（每校2节课），跟踪评估实践教学达58次（每校2次）；调查对象来自人文学科、社会学科、自然学科、应用学科、工程学科等不同学科，来自英语、经济、管理、材料、环境、电气工程及其自动化等不同专业；着重从组织管理、师资队伍、学科建设、课程建设、教学研究、教学方法、实践教学、经费投入、教学督导、质量评价10个方面来调查，同时参考了每个学校自己独立的调查报告；搜集各个学校思政课教育教学改革创新相关的论文、专著、成果等资料70多册，使得调查能够深入教师，深入课堂，深入学生，深入教学一线，真实性与可信度大为提高，提高了研究的科学性。

（三）调查方法

本次调查第一期以问卷、访谈等传统调查方式为主，针对不同地区、不同年龄、不同专业的教师和学生展开。第二期以文献搜集整理为主，对各个学校关于思政课教学的文件、记录、档案进行归类整理。为了保证调查资料的客观、准确、科学，第三期则是追踪调查，深入课堂、深入实践教学现场、深入受众，同时通过问卷网、微信、学生QQ群进行匿名调查，记录评价各种改革创新成果的实效。

二、思想政治理论课数据统计与分析

本课题研究在2016年6月调研的基础上，对湖北40所高校开展新一轮调查研究。我们发现湖北高校思想政治理论课建设稳步推进，成就斐然，但也存在一些亟待解决的问题。本研究分别从教材体系、课堂教学体系和教学保障体系三个维度展开，在后期分析总结过程中，将两轮调查的数据进行了对比、整合和进一步完善，以期更加完整、全面展示湖北高校在思想政治理论课建设方面的成就，分析当前存在的不足并提出相应的解决方案。

(一)教材体系

教材是教学之本,教材的质量直接影响到教学工作的水平。为了加强思想政治理论课教材的建设,中宣部和教育部联合成立教材编写委员会,并成立了教材编写小组,将四门思想政治理论课必修课的教材编写工作纳入由中央实施的马克思主义理论研究和建设工程之中。2005年2月,中宣部、教育部印发了《关于进一步加强和改进高等学校思想政治理论课的意见》,《意见》指出,为保证教学的科学性、权威性、严肃性,中央决定将高校思想政治理论课教材纳入马克思主义理论研究和建设工程系列。马克思主义理论研究和建设工程是巩固马克思主义在意识形态领域指导地位的基础工程,一项重大的理论创新工程。中宣部、教育部组织编写的"马工程"教材自2004年起经数次改版,目前已经更新到2021年版本。近年来,湖北高校使用的教材均为马克思主义理论研究和建设工程统编教材。

(二)课堂教学体系

1. 学分设置

中共中央宣传部、教育部印发的《〈中宣部教育部关于进一步加强和改进高等学校思想政治理论课的意见〉实施方案》(又称为"05方案")、《关于高等学校研究生思想政治理论课课程设置调整的意见》等文件规定本科课程的设置为:"思想道德修养与法律基础"(简称"基础")、"马克思主义基本原理"(简称"原理")、"中国近现代史纲要"(简称"纲要")、"毛泽东思想、邓小平理论和'三个代表'重要思想概论"(简称"概论")等4门必修课,同时开设"形势与政策"课,对研究生课程设置也做出了相应的要求。同时分别对高校本专科生和研究生的思想政治理论课学分设置提出明确要求,规定"基础"课3学分、"纲要"课2学分、"原理"课3学分、"概论"课6学分、"中国特色社会主义理论与实践研究"课2学分、"中国马克思主义与当代"课3学分。2018年4月12日,教育部印发《新时代高校思想政治理论课教学工作基本要求》,在学分方面规定本科生"原理"课3学分、"概论"课5学分、"纲要"课3学分、"基础"课3学分、"形势与政策"课2学分。专科生"概论"课4学分、"基础"课3学分、"形势与政策"课1学分。根据调研,目前湖北省绝大部分高校均按照"05方案"设置课程学分,部分高校已经开始按照《新时代高校思想政治理论课教学工作基本要求》的要求进行学分调整。

2. 教学规模

2015年,教育部印发《高等学校思想政治理论课建设标准》,明确规定课堂教学规模一般不超过100人。在调研中,我们选取了湖北省40所高校对课堂规模进行了统计,参加调研的高校课堂教学规模情况如图6-1所示。

调查显示,参加调研的高校课堂教学规模在100人以下的30所,占75%,101~150人的8所,占20%,151~199人的0所,占0%,200人以上的2所,占5%。

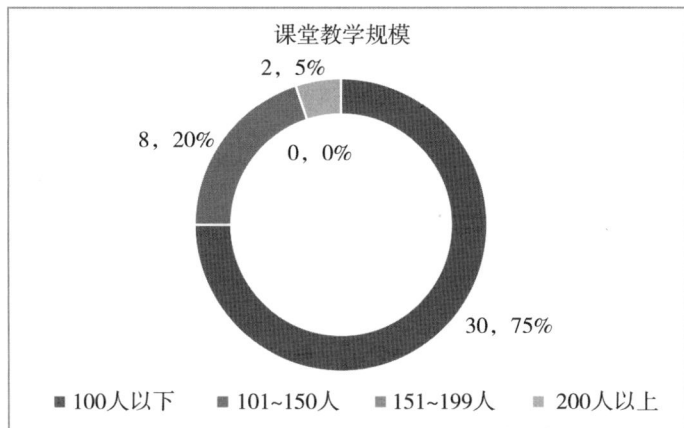

图 6-1　湖北高校思想政治理论课课堂教学规模

3. 实践教学

思政课作为高校思想政治教育的主阵地，对于大学生"三观"的形成与发展，以及培养高素质的新时代人才具有至关重要的作用，实践教学作为思政课教育的中心环节，发挥的作用更是不容置疑。实践教学是在教师的指导下，依据思想政治理论课教学大纲和内容的要求，安排一定的课时，组织和引导大学生参与社会实践，从而直接获得有关基本理论知识真实体验的一种教学方式。根据调研，我们选取了部分高校在实践教学方面的典型案例，具体情况如下：

武汉理工大学在实践教学中建设特色化第二课堂。一是推进思想政治理论课教师与学生政工干部两支队伍、思想政治理论课课堂教学与大学生日常教育两个阵地的有机融合。二是马克思主义学院与学工部协同培育学生理论社团和理论骨干，举办大学生理论学习冬令营和夏令营活动，有计划有组织地开展大学生马克思主义理论学习沙龙，开展"大学生理论之星"评选活动。三是遴选思想政治理论课教师骨干担任大学生理论社团导师，担任湖北省委和学校两级"青年马克思主义者工程"讲座教授和理论导师。四是建设具有行业特色和湖北地方特色的实践教学基地和实践教学资源平台，促进思想政治理论课实践教学与大学生社会实践活动及专业见习实习的有机融合，系统建设一批面向行业与地方的实践教学基地。

中国地质大学（武汉）构建思政课"一线二红三实"立体教学模式，建设"在线课堂"，通过拓展学生网络学习方式，对接学生个性化需求，不断丰富思政课网络教学资源。开展"红色之旅""红色之声"主题教育活动，利用红色文化资源开展体验式教学，如 2017 年 19支"红色之声"宣讲团队共有 80 名学生参加，开展宣讲 90 次，5000 余名学生聆听。建设思政课"实验室""实践基地""实测中心"，通过课内课外结合、线上线下结合、理论实践结合、育德育心结合，提升思政课教学的针对性和实效性。

华中师范大学以"因材施教"和"因需施教"为原则，根据学生学科背景、知识结构、思维方式等方面的差异，从教学内容、教学方法、教学手段等方面开展分众化改革与创新，改变思政教学中的同质化倾向，提高思政课的针对性与实效性。充分利用微电影拍摄、口述史写作、歌词创作等各式各样的教学方式让思政课堂生机盎然，丰富多彩的作业选题让思政课真正走入各专业学生的日常学习与生活。除此之外，公园大课堂、信息素养实践基地、研习社、求真社、"阡陌课堂"等形形色色的"自助式"课外实践选择，让学生们大呼"有趣又有料"。华中师范大学阡陌行团队在关爱抗战老兵活动中记录的口述史资料非常具有史料价值。团队成员先后赴湖北、河南、江西等地，走访抗战老兵32位，记录其英雄事迹，并开发出"阡陌老兵"系列主题教育课程。在面向在校大学生开展抗战主题教育活动的同时，大学生志愿者们还通过"阡陌课堂"等在线支教形式，向山区孩子开展英雄主题教育。

中南财经政法大学马克思主义学院积极开发特色实践项目，一是"党史我来讲"活动。选拔优秀学生参加"党史我来讲"竞赛，使学生参与到教学工作中来，引导大学生关注党史、学习党史、宣讲党史，实现马克思主义中国化理论成果入脑入心。二是"农村深度观察"研究生项目。每年暑期派遣三组研究生，赴河南巩义市、湖北省监利县新沟镇、湖北省保康县马桥镇中坪村，聚焦乡村文化振兴之乡风文明建设状况，三地各选取一个自然村，每村选取五个农户，持续进行定点调研，在长时间调研基础上获取足够丰富的第一手资料，得出对于乡村文化振兴有指导意义的对策方案。三是品典论策读书活动。学院教师和部分学生一起读马克思主义经典原著《资本论》，通过专家领读、逐段诵读、人人发言、上交报告的方式进行。

中南民族大学马克思主义学院按照"时代特色鲜明，活动内容丰富，学生喜闻乐见"的总体要求，探索主旋律活动育人的新思路和新方法，打造了"导航杯"实践教育活动节。该活动发挥主题引领作用，高唱主旋律，将校园文化活动与主题鲜明的思想教育有机结合。每一届活动节都围绕着一定的教育主题开展，涉及青春、梦想、改革、价值、成长等符合青年大学生特点的关键词。"导航杯"实践教育活动节活动的参与群体，以马克思主义学院开设的4门公共课和思想政治教育专业学生为基础，内容设置结合每一门课程的特点和教学内容而展开。活动节精心设计活动话题，聚焦国情、社情和校情，相继在各项赛事中设置了"中国梦""深化改革""法治中国""绿色发展理念""供给侧改革"等话题，实现了理论教学与实践育人、第一课堂与第二课堂、课本内容与时代特质三个结合。活动节引领各民族青年学生走出校园，以社会责任感和时代使命感参与实践，树立起为人民、为社会、为国家服务的崇高信念。如今该活动节已举办六届，从课堂海选到初赛，再到决赛，开展活动上百次，参与学生达5万名，成为该校实践育人的闪亮名片。

湖北工业大学专门开设"思想政治综合社会实践"课程。在学完四门思政课之后，要求学生以思政课所学理论为指导，通过社会调查、社会服务、经典诵读等多种活动形式来参与社会实践，做到理论与实践相结合。每门课程设置课外实践学时，各门课程结合课程性质和特点，设计不同的实践形式，要求学生认真完成。如"思想道德修养与法律基础"设置了"大学规划""道德实践"和"以案学法"等实践活动。"马克思主义基本原理"设置了"经典诵读"活动，并以其为依托每年在全校举办"向经典致敬——大学生学习红色经典"大型活动，取得了很好的社会反响。此外，思政课教师深度介入学生的各类社会实践，指导学生在短期社会实践中结合思政课所学理论进行深入思考并撰写相关报告。

武汉纺织大学从开拓实践基地和创新教学环节两个方面来推进实践教学改革。一是积极开拓省内实践教学基地，与红安革命纪念馆、洪湖瞿家湾革命纪念馆、罗田九资河圣人堂村、老河口高升纺织公司、恩施业州镇、大悟新四军第五师纪念馆等建立了相对稳定的实践教学合作关系。积极开展"红色之旅"学习参观活动，每学期选拔优秀学生去参观学习，在革命烈士纪念碑前举行庄严的入党宣誓。充分利用武汉市丰富的历史和革命遗迹等红色资源，充分发挥武汉及周边地区的红色资源等爱国主义教育基地的巨大作用，引导学生走出校门，到革命纪念场馆进行理想信念主题教育活动，同时组织学生访问老红军，走访工厂、农村、社区，加深学生对中国现状的认识和理解。二是探索和推进思政课实践教学环节与大学生社会实践的教育实践融合。马克思主义学院与校学工部协作，探索将思想政治理论课实践教学环节与大学生社会实践进行有机结合，采取大面积组织加小范围资助的实践模式，即由马克思主义学院进行大面积组织、学工部重点资助方式开展大学生实践。马克思主义学院教师积极参与到大学生社会实践项目中，各实践项目团队的理论导师均由思想政治理论课教师担任。

武汉工程大学积极探索和推行"大实践"模式并与学校倡导的"三实一创"相结合，推进实践教学与军事训练、勤工助学、"三下乡"活动、社会调查、志愿服务、公益活动、文体活动、就业培训等社会实践相结合，切实将实践教学的要求落到实处，确保学生人人参加，个个受益。《光明日报》《中国教育报》等对"大实践"教学改革模式进行了报道和介绍。

武汉轻工大学构建了依托思政课实践教学环节落实实践育人的长效机制建设。一是构建全覆盖的高校思政课课内教学实践育人的"12345"模式。即："1本手册"：设计制作武汉轻工大学思想政治理论实践课学生手册，实现实践教学环节管理、学生实践成果的规范化。"2个课堂"：课内实践教学和课外社会实践2个课堂的相互衔接。"3个结合"：实践教学结合大学生思想发展轨迹、结合思政课理论教学内容、结合本地丰富的人文历史教育资源优势。"4个联动"：学校党委、职能管理部门、马克思主义学院及学生所在院系四方联动共同参与实践育人活动。"5个环节"：第1学期安排"走访优秀学长、规划大学学习"环节，第2学期开展"探访革命圣地、坚定理想信念"环节，第3学期组织"躬身社会实践、增强践行能力"环节，第4学期完成"追踪成功校友、设计人生道路"环节，整个过程中穿插进行"走进素质讲坛、拓展综合素质"环节。二是实行优秀思政课党员教师对口深入学生院系的专项实践育人制度，安排优秀思政课党员教师对口深入全校学生院系，通过开展理论宣讲、素质讲座、学生课外活动和中心学习小组指导、暑假社会实践指导、大学生科研活动指导等方式，全面参与每个院系学生的日常思想政治教育和实践育人活动，做大学生健康成长的引导者和指路人。三是以社会实践促实践育人。近年来，全校各级社会实践服务团队，在各学院领导和思政课教师的带领下，分赴湖北襄阳、荆门、孝感、黄冈等十多个市（区）、县、乡镇开展理论政策宣讲、深化改革体验、科技支农、留守儿童关爱、文化宣传、医疗卫生服务、环境保护等社会实践活动，获得多项国家级、省级表彰。

长江大学创新实践教学模式，锻炼学生实践能力。在"毛泽东思想和中国特色社会主义理论体系概论"课程中，拿出 2 个学分用于社会实践。思政课教师申报社会实践选题，经论证获批后在学生课堂上公布实践调研内容，学生参与实践，学生完成调研任务并将报告交给教师批阅，批阅教师录入成绩后学院收回问卷，抽样录入整理数据，为学院教师提供科研数据。社会实践调查问卷为学生的社会实践提供了较好的指导，同时，学生还通过社会实践学习了科学研究的方法和求实精神。近年来，该校在社会实践调查数据的基础上，形成了《中国社会转型期流动人口调查研究——以湖北省为例》《高校思想政治教育社会化调查研究报告》《大学生的生命观调查研究报告》等研究成果。

湖北中医药大学马克思主义学院将思政课实践教学与武汉市红色文化资源相结合，打造具有本土特色的实践教学工作。学院为全校每一位学生印制了湖北中医药大学思想政治理论课实践手册，根据课程教学内容安排学生在不同的学期前往武汉市各文化景点进行参观学习，学生自行分组并展开讨论，写出实践论文，学期末开展成果汇报。如"中国近现代史纲要"课程安排学生前往辛亥革命纪念馆参观学习，感受辛亥革命对促进中国的社会变革的重要意义，"马克思主义基本原理"课程安排学生到湖北省博物馆参观学习，感受社会形态从低级到高级的变迁历程以及生产力进步对生产关系变化的重要意义。

汉江师范学院充分考虑高职高专院校的性质和地方性高校的特点，积极创新思想政治工作的方式方法，拓展第二课堂，逐步形成了思想政治理论课教育教学的特色。一是充分利用本地区红色教育教学资源，先后在郧阳县南化塘、武当山和茅箭区东沟建立了 5 个固定的爱国主义教育实践基地。每年选派学生代表前往这些地区考察调研，并撰写调研报告和参观考察心得，从中选出优秀的文章推荐发表在校报或其他研究性刊物上。二是以地方革命史和建设历史为切入点，挖掘乡土教育资源，以鄂西北地区革命和建设的历史与成就来丰富授课内容，在全校开设"鄂西北革命史""地方历史文化十四讲"等课程和专题讲座，校长、书记等一批专家担任主讲教师，加强学生对新民主主义革命、社会主义改造和建设中国特色社会主义理论及经验的理解，对长期以来困扰思想政治理论课教育教学的针对性和实效性问题进行了有益的探索，不仅培养了学生热爱家乡的情感，也坚定了他们建设山区的信心，较好地解决了课程的针对性和实效性的问题。

湖北民族大学结合中国特色社会主义实践发展、思想政治理论课教材内容以及大学生思想实际，在不同时期选择不同的主题来组织实践教学，形成以"主题设计、任务驱动，学生主体、教师引领，集散结合、言辩赛竞，启发感悟、修德塑行"为内容的"主题实践教学模式"，让实践教学落到实处，实现实践育人的功能。在"思想道德修养与法律基础"实践课中，举办了"美丽中国"情景朗诵大赛、"大学成本"调查活动、"携手文明　书写青春"主题表演比赛；在"中国近现代史纲要"实践课中，举行了"自信·中国梦"主题演讲比赛、以"展示中国近现代历史"为主题的历史小报制作大赛、"追忆抗战历史　培育核心价值"主题征文比赛、"重温长征史，共筑中国梦"大型情景剧表演；在"毛泽东思想和中国特色社会主义理论体系概论"实践课中，连续 3 年举办"品读经典"读书比赛和"我学习、我代言"社会主义核心价值观知识竞赛。作为地方民族高校，学校还依托恩施地区各级各类"民族团结进步示范基地"以及其他民族文化、红色文化资源建立大学生民族团结教育实践教学基地，着力推进马克思主义理论与民族团结教育深度融合，为推进湖北省高校民族团结教育搭建平台、提供支撑。

湖北文理学院在强化课堂教学的同时，重视培养学生的创新与实践能力，积极引导学生参与第二课堂活动，组织实施了"三库一集"（案例库、故事库、项目库，成果展示集）工程，在思想政治理论课改革方面形成了自己的特色。

湖北汽车工业学院先后与东风商用车公司总装配厂、郧阳革命烈士陵园、十堰市博物馆等单位签订合作协议，建立了思想政治理论课实践教学基地。组建由马克思主义学院教师带队的调研团队，加强对学生实践教学的指导工作。自2014年起，选出多支重点调研团队，由学校思政课教师带队指导，平均每个教师指导5支左右。教师们认真负责，多次召开会议，指导学生制订详细周密的调研计划，帮助设计调研问卷，传授调研方法与技巧，带队深入实地调研，指导调研报告的撰写，并将优秀调研报告汇编成册，通过各种渠道进行展示，取得了良好成效。

武汉商学院马克思主义学院大力加强实践教学，努力将实践教学与学生能力培养相结合，与社会实践相结合，与第二课堂教育相结合，通过社会调查、志愿服务、课外活动、读书活动、社会考察等多样的实践教学形式，建立起实践育人的长效机制。学院将思想政治理论课实践教学分为三种类型：与理论教学相结合的课内实践教学、与社会实践相结合的社会实践教学、与主题教育相结合的主题实践教学。通过组织学术报告会、案例分析会、课外阅读活动、网上教学活动、辩论活动、学生自制小课件等活动，增加学生课程学习的趣味性和思想政治理论课的感召力；通过组织学生开展校内或学校周边社区社会调查、志愿服务、公益劳动、读书活动等，让学生形成正确的人生观和价值观；充分发挥武汉革命博物馆和红安、洪湖等革命传统教育基地的作用，组织学生参观学习考察；以武汉"新青年下乡"活动为载体，组织思政课教师跟班进村，带领大学生深入农村接受实际锻炼，了解社情民意，坚定理想信念。

湖北工程学院积极探索"大思政"格局下的思想政治理论课实践教学新模式，着力打造"四个平台"：一是以社团活动为切入点，重点打造"青年马克思主义学社"为理论学习、政策宣传和实践教学的示范性思想政治教育平台和阵地；二是面向全校开办"青马工程"理论骨干培训班，将其打造成理论学习、学术研讨、实践研修的平台和阵地；三是与校团委合作，成立常态化和规范化学生社会实践平台和阵地，利用暑期社会实践活动，思想政治理论课教师充分介入各教学学院，全程指导学生实践活动；四是与学校党委宣传部合作，打造学校师生思想政治教育调研平台，定期或不定期开展教师与学生思想政治状况调查和研究。

湖北警官学院着力提高实践教学质量。结合思想政治理论课程学习，组织学生开展形式多样的文化艺术活动，如举办征文演讲比赛、红歌比赛、诗歌朗诵比赛、时事热点文化沙龙、纪念日专题教育、命题演讲、趣味答辩等。开展实践教学"五个一"活动，要求每位同学每个学期开展一次演讲（征文）活动、一次社会考察、一次课程演义实践、一次公益（义工）活动、一次爱国主义教育活动，将实践结果计入平时成绩。在学生中普遍开展实践教学"五个一"工程基础上将社会实践及思政教育内容整合为湖北警官学院思想政治理论课社会实践手册，从2017级新生开始对每个在籍学生四年的社会实践及思想道德教育进行综合考评。

湖北科技学院充分发挥实践教学环节的优势，探索形成了"321"实践教学模式，即在课堂上采取新闻播报与时政热点讲评、课堂讨论和观看纪录片三种方式，课后采取演讲比赛和征文比赛两种实践教学形式以及社会调查的校外社会实践教学形式。在思政课的课堂上，学生们轮流站上讲台播报一周国际国内新闻，分析时事，此举成为学校一景。有的聚焦中美贸易摩擦，有的反思重庆公交坠江事件，有的以幽默小视频剖析"键盘侠"乱象。学生们还时常在课堂上围绕现实问题展开热烈讨论，学会客观理性地思考，增强社会责任感。湖北科技学院把思政小课堂同社会大课堂结合起来，有效引导了青年学子的爱国情、强国志、报国行。在丰富的实践教学中，学生们纷纷行动起来。实践教学调动了教学双方积极性，有助于教师了解大学生的学习、生活和思想动态，积累教学素材，使思政课更有针对性和实效性。同时，该校还结合地方特色，依托全国爱国主义教育示范基地北伐汀泗桥战役遗址、湘鄂赣黄袍山革命烈士陵园和全国重点文物保护单位向阳湖文化名人旧址以及湖北省人文社科研究基地鄂南文化研究中心，搭建咸宁地方红色文化和优秀传统文化教学实践基地，让思政课教学"有虚有实、有棱有角、有情有义、有滋有味"，使思想政治理论课成为大学生真心喜爱的精品课。

黄冈师范学院利用红馆资源开展思想政治理论课教学，实现黄冈红色文化基因与思政课教学的精准对接，大力实施"我走红色路""我知这热土""我是建设者""黄师伴我行"的"四年四主题"的黄冈红色文化基因融入思政课实践教学改革活动；搭建"一个校内外红色教育团队、建设一批红色实践教育基地、编写一批红色辅助教材、开办一个红色讲坛、用好一个红色展示馆"五大平台，如在实践教学中，把各专业学生带到红馆，利用可视化的图片、可感知的历史事件，给学生讲授新民主主义革命理论，为思政课如何利用红馆资源提高教学实效摸索出了一条操作性强的新思路。

文华学院坚持课堂"理论性"和课外"实践性"相统一。一方面，每年结合时政和社会热点组织学生开展演讲比赛。2019 年开展了"我和我的祖国"演讲比赛，2020 年开展"我的抗疫青春"演讲比赛，引导学生结合亲身经历感悟家国变迁，在倾诉衷肠中坚定"道路自信"。另一方面，针对新时代青年学生的兴趣和特长，组织学生到红色景点和爱国主义教育基地实地参观学习，将参观过程和学习心得拍摄成微视频，之后开展课堂"微视频秀"，分享各自学习成果，开拓课程学习的第二课堂。

武汉工商学院带领学生走出校园参加社会实践，邀请道德模范及战斗英雄走进校园举办讲座；开展"红色三山行""信仰之行"等实践活动；开展"读原著，学经典"活动，提升党员教师的理论修养；每学期都带领学生开展"红心闪闪"系列实践活动，暑期则带领学生参加红色实践活动。

武汉东湖学院在实践教学中形成了"校外现场教学＋校内主题活动"的模式，打破课堂局限，实现课内与课外、理论与实践、学校与社会的有效对接与深度融合，达到全面育人的目的。在校外实践教学基地建设上，重点依托嘉鱼县官桥八组的实践资源开展实践教学。校内实践以各门思政课不同教学内容为依据确定不同主题，以教师为主导，以学生为主体，通过课堂实践、校园活动等方式让学生在参与、互动和体验中获取感性认识，从而对理论知识进一步理解、深化和运用，以培养学生的理解能力、分析能力和实际运用能力。如围绕新中国成立七十周年的主题，"中国近现代史纲要"课程开展了"回望光辉史，拥抱新时代"为主题的现场实践教学，师生同唱一首歌、同吟一首诗、同观武汉东湖学院发展史，喜迎新中国成立七十周年，立鸿鹄志，做奋斗者。

武汉华夏理工学院开展校内校外双实践教学。每学期选派优秀学生代表到校外实践基地参观学习，在课堂上参与实践分享。将思政课实践教学与大学生暑期社会实践相结合，每年举办"历练品行修养，书写灿烂人生"演讲比赛，至今已连续举办八届，深受学生喜爱，活动被中新网、中国教育在线、楚天都市网等媒体广泛报道，产生了一定的影响力。

长江大学工程技术学院积极开展"双模式"实践教学，在课程实践方面，依托思政课教育内容设计实践项目，以大学生活为主题开展大学学习生活规划、和谐宿舍创建活动和校园生活观察调研等；以历史文化为主题，开展红色文化及楚文化景点参观考察，开展大学生家乡红色文化展示和近现代历史人物研究等；以时代新人为主题，开展本地社会经济发展调研、社会志愿服务活动、主题情景剧、辩论赛等活动。在社会实践方面，赴红安县开展爱国主义教育实践活动，赴荆州周边乡村开展希望家园暑期支教活动等，既保证实践课程的相对独立性，也实现了与思政课主干课程的有机结合，形成了理论学习与社会实践相统一的育人机制。

(三)教学保障体系

教学保障体系建设是高校思想政治理论课建设的条件保障，本部分主要是对参加调研的高校近几年在推进思想政治理论课建设的领导体制和工作机制、二级机构建设、专项经费落实等方面的基本数据进行展示与解读。

1. 领导体制和工作机制

为进一步加强对思想政治理论课建设工作的组织领导，不断推进思想政治理论课建设的科学化和规范化，党中央多次提出建立统一的思想政治理论课建设领导小组。早在2004年国务院就印发了《中共中央国务院关于进一步加强和改进大学生思想政治教育的意见》(中发〔2004〕16号)，随后中宣部等中央机关也出台了一系列加强思想政治理论课领导体制和工作机制的文件，如《中共中央宣传部教育部关于进一步加强和改进高等学校思想政治理论课的意见》(教社政〔2005〕5号)、《中共中央宣传部教育部关于进一步加强高等学校思想政治理论课教师队伍建设的意见》(教社科〔2008〕5号)等。教学保障中的领导体制和工作机制主要包括学校思想政治理论课建设领导小组、学校党政领导听课授课等方面。通过调查，湖北高校马克思主义学院在领导体制和工作机制上都能严格落实中央精神，建立思想政治理论课建设领导小组，将思想政治理论课纳入学校重点建设课程，落实校领导听课和讲课制度。

参加调研的高校全部都建立了思想政治理论课建设领导小组，学校党政领导积极到课堂去听教师讲授思想政治理论课，以上两个指标对中央文件的符合率高达100%，这也说明湖北高校对思想政治理论课非常重视。许多高校还将马克思主义理论学科纳入学校校级重点学科加以扶持，对思想政治理论课建设投入了大量的人力物力和财力，有效保证了思想政治理论课的有序开展。同时，校领导走进课堂为本科生讲授思想政治理论课也是加强思想政治理论课建设的一项重要指标，通过调研，我们发现湖北高校领导进课堂授课的频率多在 5 次及以上，比例高达 60%。调研结果显示。党政领导讲授思想政治理论课 5 次以下的有 16 所，占 40%；5~10 次的 9 所，占 22%；10 次以上的 15 所，占 38%（图6-2）。

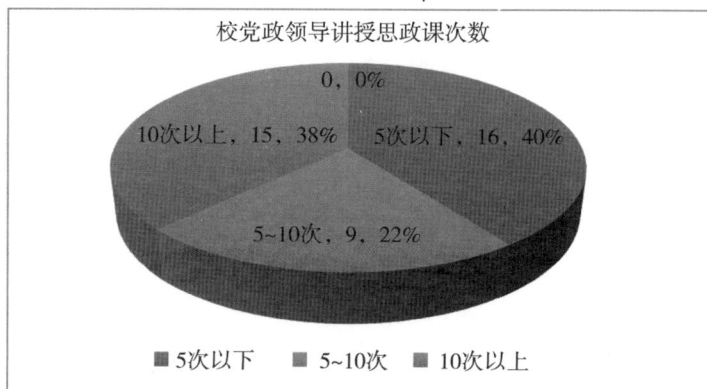

校党政领导讲授思政课次数

0，0%

10次以上，15，38%　　5次以下，16，40%

5~10次，9，22%

■ 5次以下　■ 5~10次　■ 10次以上

图 6-2　校党政领导讲授思想政治理论课次数

2. 二级机构建设及专项经费落实

拥有独立的二级机构可为教学提供切实保障，其主要包括二级机构的设立、图书资料室设立、订阅期刊、购买图书资料经费、教师办公条件等。在独立的二级机构设立方面，参加调研的 40 所高校，全部都设立了独立二级机构。

经费投入的多少直接影响着马克思主义理论学科和思想政治理论课的教学质量。根据对"每年投入思想政治理论课教学科研工作的经费总额"这一指标的统计，参加调研的 40 所高校中，每年投入经费在 20 万元以下的有 6 所，占 15%；20 万~50 万元的有 15 所，占 37%；50 万~100 万元的有 7 所，占 18%；100 万元以上的有 12 所，占 30%，如图 6-3 所示。这个数据相较于 2016 年的统计结果要高出很多，说明当前湖北各高校对马克思主

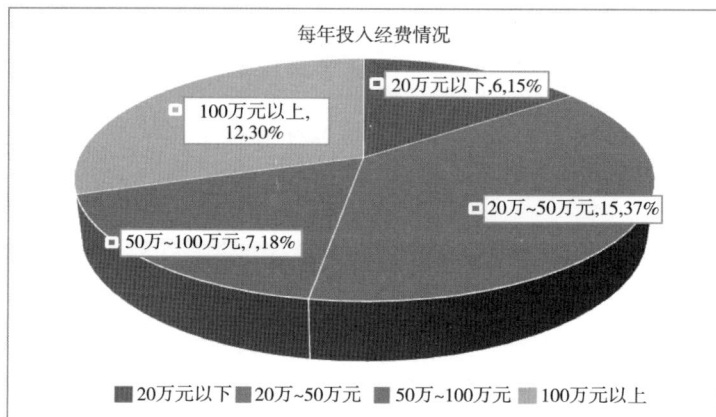

每年投入经费情况

100万元以上，12，30%

20万元以下，6，15%

20万~50万元，15，37%

50万~100万元，7，18%

■ 20万元以下　■ 20万~50万元　■ 50万~100万元　■ 100万元以上

图 6-3　湖北高校思想政治理论课经费投入情况

义理论学科和思想政治理论课越来越重视，在经费投入上逐年增加。

办公条件的好坏也对高校马克思主义学院在学科建设、课程建设方面产生重要的影响。根据对"办公经费"这一指标的统计，参加调研的 40 所高校，其中办公经费在 3 万元以下的有 2 所，占 5%；3 万~10 万元的有 19 所，占 47%；10 万~30 万元的有 13 所，占33%；30 万元以上的有 6 所，占 15%（图 6-4）。

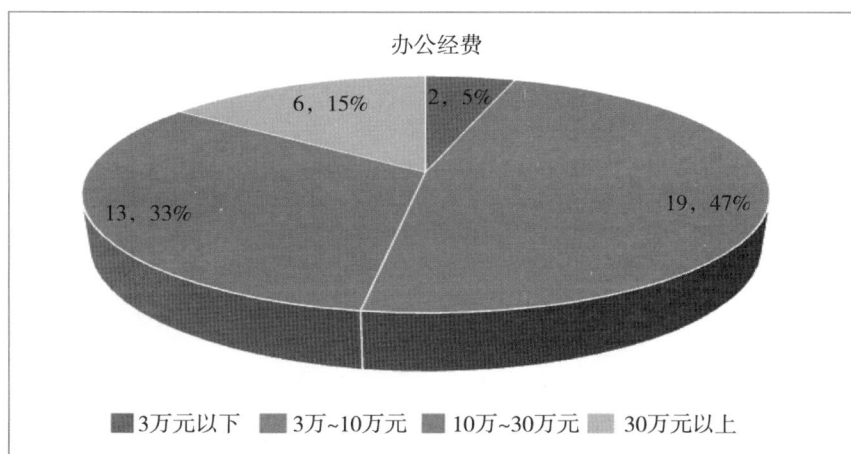

图 6-4　湖北高校马克思主义学院办公经费投入情况

教师经费主要用于教师教学改革、进修培训、调研学习、教师科研工作等。经费的多少影响到教师的发展和马克思主义理论学科的整体水平。根据对"教师人均经费"这一指标调查，参加调研的 40 所高校，其中教师人均经费在 1 万元以下的有 14 所，占 35%；1万~3 万元的有 17 所，占 42%；3 万~5 万元的有 3 所，占 8%；5 万元以上的有 6 所，占15%（图 6-5）。

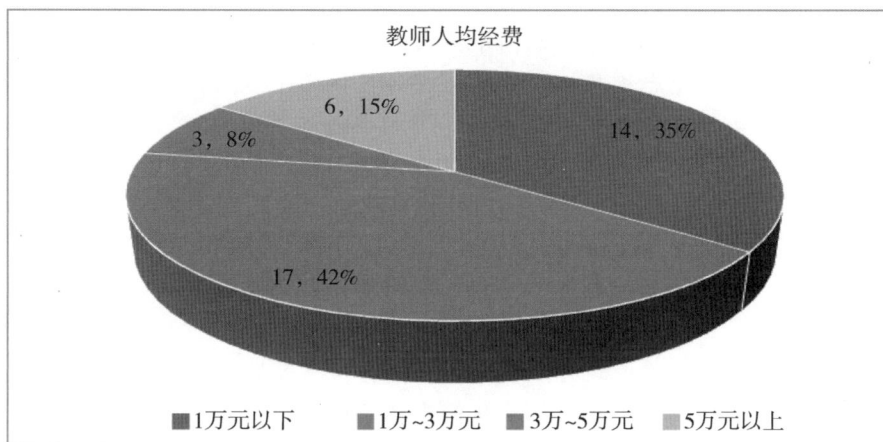

图 6-5　思想政治理论课教师人均经费情况

教育部《高等学校思想政治理论课建设标准(2017 年本)》和湖北省《关于进一步加强和改进思想政治理论课教育教学工作的实施意见》都对马克思主义学院经费使用做出明确规定：本科院校按照在校生总数每生每年不低于 20 元的标准，专科院校按照在校生总数每生每年不低于 15 元的标准提取专项经费用于教师学术交流、社会考察等，并随学校经费逐年增加。调查显示，参加调研的 40 所高校，其中专项经费按生均 20 元/年落实的有 14 所，占 35%；未达生均 20 元/年的有 8 所，占 20%；超出生均 20 元/年的有 18 所，占 45%(图 6-6)。

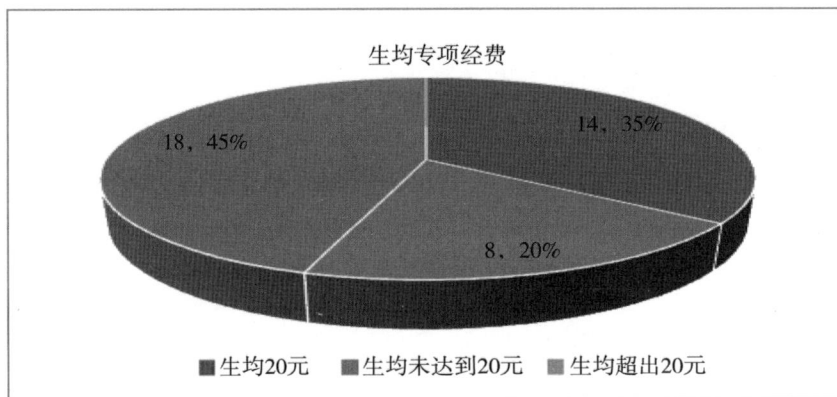

图 6-6　思想政治理论课专项经费落实情况

三、湖北高校思想政治理论课建设的成绩与存在的问题

(一)湖北高校思想政治理论课建设的成绩

2016 年 12 月 7 日，习近平总书记在全国高校思想政治工作会议上强调："高校思想政治工作关系高校培养什么样的人，如何培养人以及为谁培养人这个根本问题。要坚持把立德树人作为中心环节，把思想政治工作贯穿教育教学全过程，实现全程育人、全方位育人，努力开创我国高等教育事业发展新局面。"近年来，湖北省委省政府、省教育厅高度重视思想政治理论课建设，深入落实"育人为本、德育为先"办学方针，不断推进中国特色社会主义理论体系"三进"工作。在党和政府的正确领导下，湖北省高校思想政治理论课建设取得了很大的成绩。

1. 思想政治理论课教师队伍建设明显加强

近年来，在思想政治理论课教师队伍建设方面，各高校都加强了教师队伍建设。一是加强思想政治理论课教师的选聘和配备，队伍学历不断提升，职称和年龄结构更趋合理。二是加强教育培训。新方案实施以来，湖北省将思想政治理论课教师培训纳入全省哲学社会科学骨干研修计划之中，每年有计划地实施分层分类的各种培训和社会考察实践活动。

三是完善思想政治理论课教师激励机制。湖北省思想政治理论课教师在职称评审、评优评先方面都是计划单列，适当倾斜。

2. 思想政治理论课教学管理日趋规范

新方案实施以来，湖北省严格按照建设标准要求，大力加强思想政治理论课教学管理的规范化、科学化建设。一是在教学制度上，建立了一整套完整的备课、听课、评课制度，建立了科学的教学质量监控体系。二是在教材使用上，所有高校的各门课程都严格按照教育部要求使用教育部统编教材。三是在学时学分管理上，各高校基本不存在少学分少学时的情况。四是在课堂教学上，湖北省严格坚持课堂讲课有纪律的要求，加强课堂教学质量管理。五是在实践教学上，大多数高校都落实了实践教学环节，建立了社会实践基地，完成了实践教学的学时学分。

3. 思想政治理论课教学方式方法改革深入推进

湖北省不断加强思想政治理论课教学方法改革创新，大力提升教学质量和教学效果。一是搭建教学方法改革平台，推动多媒体和网络技术的应用。二是深入开展教材体系、教学体系、教学方法的研究。三是推进考试方法改革。根据各门课程特点、教学内容和方法，积极推进思想政治理论课考试考核方式改革，坚持定量与定性相结合、课堂考查与课外实践相结合、期末考试与平时考核相结合，力求全面、客观地反映学生学习情况和学习成绩。

4. 思想政治理论课课程建设和学科建设得到大力扶持

一是建设思想政治理论课精品课程。一直以来，湖北省坚持把思想政治理论课作为省级重点课程、精品课程并纳入专业建设的总体规划。二是加强马克思主义学科建设。坚持把马克思主义理论学科作为思想政治理论课的重要学科支撑和研究平台，以专业、学科凝聚人才力量，以科学研究为思想政治理论课提供理论支撑。三是加强思想政治理论课专项课题资助力度。

5. 思想政治理论课督导检查作用明显

湖北省在全国率先建立了思想政治理论课督导员听课制度，从 2003 年起连续开展高校思想政治理论课教育教学集中督导检查工作。近百名专职思想政治理论课督导员，每年深入高校了解和检查思想政治理论课教学情况，课堂听课近 1000 节次，召开各种座谈会 200 余次，有效促进了思想政治理论教学管理的规范和课堂教学效果的提升。

(二)湖北高校思想政治理论课建设存在的问题

湖北省高校思想政治理论课建设从总体上来看取得了很大的成绩，但在建设过程中也发现了一些比较突出的问题。

1. 思想政治理论课组织管理不够健全

一是思想政治理论课建设重视程度、工作力度还不平衡。从总体上看，本科院校对思想政治理论课的重视程度高于高职院校，高职院校重视程度高于独立学院。少数高校党政领导班子、职能部门对思想政治理论课教育教学的重要地位和作用认识不够、存在偏差，有的高校虽然成立了思想政治理论课独立的二级机构，但是在实际运转中还是"一套班子、两块牌子"，导致思想政治理论课教学多头管理、教学单位分散，政令不畅、政出多门，思想政治理论课教育教学中出现不少失误，未能起到教书育人的良好作用。二是教学资源不足、经费投入不够。思想政治理论课建设需要大量的经费投入，经费主要用于教师的引进、培训学习、开展社会调研、引导学生参加社会实践、开展教学改革等。由于经费投入不足，一些学校师资力量匮乏，必要的教学手段跟不上，严重制约了思想政治理论课教育教学工作的正常开展，有的学校在多媒体教学和信息化教学方面普及率不高。在具体经费划拨方面，部分高校还达不到本科院校按在校学生总数每生每年不低于 20 元、专科院校按在校学生总数每生每年不低于 15 元的标准，导致思想政治理论课教师培训交流、社会考察机会很少，教师素质、教学水平提高不快，严重制约了思政课的教学质量和教学效果。

2. 思想政治理论课教学管理不够规范

我们通过调研发现，思想政治理论课在教学管理上还存在以下问题：一是极少数高校不按规定的学时开课，甚至把一个学期的课几个星期就上完了，有的高校变相通过社会实践课时压缩课堂学时。有的学校将"毛泽东思想和中国特色社会主义理论体系概论"学时由 96 学时砍到 48 学时，有的是 48 学时理论教学加上所谓的实践教学 48 学时构成 96 学时。有的高校在安排"形势与政策"课时，就是开展一到两次全校性的讲座，或者由各教学院系、学工处安排非马克思主义理论学科教师来进行讲授，导致教学工作流于形式。少数高校将思想政治理论课教学时间全部安排在下午或者晚上甚至周末，教学效果不佳。二是一些高校思想政治理论课课堂教学规模过大，学生上课出勤率不高。有的合班甚至达到 200 个学生，课堂规模过大，导致课堂效果十分差，教学质量无法保证，学生的到课率、听课率很低。三是实践教学难以贯彻落实，存在课时规定比较随意、实践经费短缺、教师实践教学工作量打折扣等问题。

3. 思想政治理论课专职教师队伍建设有待进一步加强

近几年，高等教育快速发展与思想政治理论课教师队伍建设相对滞后的矛盾比较突出，湖北省专职思想政治理论课教师数量和素质亟待加强。一是一些高校特别是部分高职院校、独立学院专职思想政治理论课教师数量配备严重不足。部分民办高职院校和独立学院为了减少办学成本，减少专职教师配备，大量外聘思想政治理论课教师，或聘请一些在读研究生和从本科高校教学岗位退休的思想政治理论课教师。有的学校外聘思想政治理论课教师占到专职教师总数的三分之一甚至二分之一以上，极个别高校仅有 1~2 名专职教师。二是兼职教师队伍管理不到位，教学水平不高。一些外聘教师基本上就是给钱上课，拿钱走人，缺乏责任心，使得教学质量和效果都很差。三是对思想政治理论课教师的教学工作量计算和教师培养另设门槛，区别对待，严重挫伤思政课教师的工作积极性。

4. 马克思主义理论学科建设有待加强

目前，湖北省高校马克思主义理论学科建设已经取得了很大的成效，已有 20 多所高校获得马克思主义理论一级学科博士或硕士点。但也存在着一些比较突出的问题，一是思想政治理论课教学科研团队建设进展比较缓慢，没有形成合理的学术梯队，教师的研究方向比较分散，不能很好地为思想政治理论课教育教学提供理论支撑。二是学科点分布不均衡，部属院校学科实力强，经费充足，资源丰富，能够为思想政治理论课教学提供有力支撑，但是普通本科院校和高职院校马克思主义理论学科实力则相对薄弱，学科建设经费不足，影响学科平台和师资队伍建设。三是在高水平人才培养方面还存在不合理现象，如马克思主义理论学科硕士研究生和博士研究生导师不具备相应的学科背景，在培养上难以达到要求；部分高校存在让不具备学科背景和专业素养的行政领导担任硕士生导师；一些高校存在其他专业以马克思主义学科名义招收研究生的现象。

四、加强湖北高校思想政治理论课建设的对策与建议

(一)进一步提高对思想政治理论课建设的重视程度

思想政治理论课对推动社会经济发展、培养中国特色社会主义事业所需要的高素质人才具有十分重要的意义。一直以来，党和国家都十分重视思想政治理论课的建设工作，思想政治理论课的建设是一项系统工程，光靠马克思主义学院单打独斗是无法建强建好的，需要高校多部门系统推进、协同发力。高校党政领导应当树立高度的政治意识和大局意识，从独立的二级机构的建立、师资队伍的建设、专项经费的保障、教学质量的提高等多方面抓好思想政治理论课建设。要切实关心思想政治理论课的建设情况，努力解决思想政治理论课建设中存在的问题，将思想政治理论课的发展纳入学校总体规划中，使思想政治理论课形成"党委统一领导，各部门各方面齐抓共管"的良好局面。

(二)进一步加强思想政治理论课教师队伍建设

提高思想政治理论课教育教学质量，关键是教师。一是加强对教师队伍建设的顶层规划，教育管理部门要进一步明确思想政治理论课教师队伍建设的总体目标和步骤，从制度、体制、选聘配备、培养培训、职称评审、科研立项、表彰奖励和考核约束等方面进一步加大思想政治理论课教师队伍的建设力度。同时，还要按照思想政治理论课建设标准要求，督促专职思想政治理论课教师配备没有达标的学校列出明确的补充时间进度表，进行年度检查考核，将考核结果跟专业学科建设、科研立项、党建和大学生思想政治教育评先表彰等挂钩。二是高校要严把思政课教师入门关，把政治素质和师德师风作为考核思想政治理论课教师是否合格的重要标准，适当清理缺乏正确政治方向和专业素质的思政课教师。对在岗教师应当加大培养力度，建立形式多样的培训体系，通过新进教师培训、骨干

教师研修、专题培训和学术交流，使思想政治理论课教师的培训学习常态化，大力提升思想政治理论课教师队伍整体素质。三是思想政治理论课教师要努力提升教学和科研水平。一方面要自觉加强党中央最新政策的学习，加强马克思主义理论的学习，坚定马克思主义的理想信念，不断增强责任心和使命感。只有树立起坚定的马克思主义信仰，真学、真懂、真信，才能有效解答学生对马克思主义理论知识的疑惑。另一方面要不断强化科研意识，努力提升科研水平，以高水平的科研支撑思想政治理论课的教学工作，使教学科研工作相互促进，相得益彰。

(三)进一步规范思想政治理论课教学管理

规范化的教学管理是提升思想政治理论课教学质量的重要保证。一是教育主管部门应定期组织开展思想政治理论课建设集中督导检查工作，严格检查各高校在教学资源、教材使用、学时学分、课堂教学、考试考核等方面的教学管理情况，确保学分学时不打折扣，课堂规模控制在合理水平。对教学管理考核不达标的高校要追究相关领导的责任，并从行政、经济甚至招生指标上适当加以限制。二是各高校应当积极为思想政治理论课教学工作提供支持，加大经费投入力度，做好服务工作。在调研过程中，多所高校反映思想政治理论课经常被安排在晚上和周末进行，授课效果比较差。高校教务处在排课时应考虑到思想政治理论课的重要性和特殊性，统筹全校各门课程，合理安排授课时间。三是进一步加大实践教学的改革力度，将实践教学纳入教学计划，统筹思想政治理论课各门课的实践教学，落实学分、教学内容、指导教师和专项经费，让实践教学覆盖全体学生。四是建立和完善科学的考核评价与质量监控体系，确保思想政治理论课实践学分学时落到实处，使实践教学不再流于形式，促使实践教学质量稳步提升。五是马克思主义学院要鼓励教师开展教学改革，既要坚定政治立场，紧跟时代发展的趋势，又要以学生成长成才的需求为出发点，因事而化、因时而新、因势而变，不断推进教学方法的创新，切实提高学生利用马克思主义理论去分析问题和解决问题、认识世界和改造世界的能力。

(四)加大思想政治理论课建设经费投入保障力度

马克思主义理论学科和思想政治理论课的发展需要充足的经费作为保障，针对思想政治理论课建设经费投入不足的情况，一方面，国家和上级教育主管部门要持续加大对思想政治理论课建设经费的投入力度，从顶层设计上向思想政治理论课的教学和科研工作适当倾斜，如加大专项经费投入，在科研项目评审中给予适当倾斜等。对高校而言，经费的划拨和使用要着眼于提高思想政治理论课教师队伍素质，着眼于提高思想政治理论课教育教学效果，保障教师队伍建设和教学方式方法改革创新需要。要拨出专项经费用于办公条件的改善、教师学术交流、社会考察等，并随着学校总经费的增长而逐年增加。另一方面，教育主管部门要敦促高校严格落实国家在思想政治理论课建设上经费投入的要求，进一步检查各高校落实思想政治理论课专项经费情况，确保各高校对思想政治理论课建设的投入达到规定的经费标准。针对思政课生均15~20元专项经费一些高校难以落实的现象，建议上级主管部门拨款时直接划拨到思政课专项账户，加强财务监管，以避免被学校挪用占用。

（五）加强和改进思想政治理论课督导检查

对思想政治理论课教学情况开展定期督察是促使思想政治理论课规范化发展的重要途径，通过督察，可发掘优秀的思想政治理论课教学人才，总结好的经验，及时指出高校思想政治理论课教师在授课中存在的问题。湖北省早在2003年就在全国率先建立了思想政治理论课督导员听课制度，从教育主管部门和各高校选拔学科专家深入湖北各高校开展思想政治理论课教育教学集中督导检查工作，经过十多年的发展，这一制度和方法有效促进了思想政治理论课教学管理的规范和课堂教学效果的提升，这一做法也为其他省份教育主管部门学习、借鉴和采纳。但在实践中这一制度也出现了一些问题，主要体现在一些督导碍于情面不能如实反映高校在思想政治理论课建设中存在的问题，使检查效果大打折扣。建议由上级主管部门进一步细化督导的选聘制度，聘用责任心强、经验丰富的退休思政课教师担任督导，或者与其他省份的高校合作，实行跨省督察，对检查中发现的问题要及时指出并责令改正，情节严重的要追究学校领导责任。此外，省内机关每年都会对高校党建工作进行督导检查，检查内容常常包含了对马克思主义学院建设和思想政治理论课建设情况的检查。建议将二者分开，建立对思想政治理论课督导检查专项制度，避免因党建检查而相应地弱化对思想政治课的检查。

（六）进一步加强马克思主义理论学科建设

思想政治理论课建设始终与马克思主义理论学科建设相伴随，思想政治理论课的教育教学为马克思主义理论学科的发展奠定了基础，马克思主义理论学科建设为思想政治理论课的教育教学提供理论支撑。只有不断加强学科的建设，结合中国特色社会主义事业发展的现状，从中把握教学和科研工作的原则，揭示教学和科研工作的规律，形成最新的理论成果并融入思想政治理论课教学过程中，才能不断提高大学生的思想素质，为中国特色社会主义事业培养合格建设者和可靠接班人。一是马克思主义理论学科要以独立的思想政治理论课教学科研二级机构为依托，继续解决部分高校还存在的学位点与思想政治理论课教学科研机构分离问题，高校党政领导应当为学科发展营造良好环境，齐抓共管，全方位多角度统筹协调马克思主义理论学科的建设和发展。二是要提升高校思想政治理论课教育教学服务工作的水平，将其作为学科建设的基本任务，一方面加强教师队伍建设，对教师的准入资格提出明确要求，另一方面要保证经费投入，设置专项建设资金，创造条件支持思想政治理论课教师申报各级各类课题，参评各种科研成果奖。三是加强学科队伍建设，推动学科队伍规范化管理，努力为学科队伍的建设和发展提供良好条件。

第七章　湖北高校思想政治理论课教学改革及教学研究

2016 年 12 月，习近平总书记在全国高校思想政治工作会议上指出：做好高校思想政治工作，要因事而化、因时而进、因势而新。2017 年，中共中央、国务院印发《关于加强和改进新形势下高校思想政治工作的意见》，提出要进一步办好高校思想政治理论课，充分发挥思想政治理论课的主渠道作用，深入实施高校思想政治理论课建设体系创新计划，完善教材体系，提高教师素质，创新教学方法，增强教学的吸引力、说服力、感染力，这些指示要求对如何深化思政课教学改革指明了方向，提供了基本遵循。

一、湖北高校思政课教学改革典型经验

近年来，湖北高校马克思主义学院大力推进思想政治理论课教学改革，围绕学生、服务学生，不断增强思想政治理论课的时代感、亲和力和吸引力，满足学生成长成才的需要，切实提高思想政治理论课的教学效果，涌现出一批教学改革先进典型。

（一）积极建设思政课示范课堂，落实协同育人机制

武汉大学积极建设思政课示范课堂，落实协同育人机制。一是推动学科优势和教学优势"双强化"。将马克思主义理论纳入一流建设学科，将思政课建设质量纳入学科建设考核体系，完善学科带头人、课程负责人和主讲教师三位一体的运行机制。推出"马克思主义大辞典"，扎实推进习近平新时代中国特色社会主义思想进教材进课堂进头脑。通过学科优势反哺课程教学，以学科建设支撑思政课建设，用课程建设检验学科建设水平，学科建设与课程建设相互支撑、齐头并进。二是坚持教学内容创新和教学方法改革"双推进"。一方面坚持课堂为本、内容为王，增强思政课教学内容的亲和力与针对性；另一方面积极探索"模式创新"，推进多元立体综合教学方法改革。加强思政课教师集体备课，组织课程组开展集体观摩，推动习近平新时代中国特色社会主义思想和党的十九大精神"零时差"进课堂，开设"习近平治国理政新战略"课堂。鼓励教师创新教学方法，设立"'马克思主义基本原理概论'互动式教学模式探讨"等专项试点项目。三是深化线下教学与线上教学"双创新"。严格遵循马工程统编教材要求，精心设计知识点、教学模块和讲授逻辑。积极探索适合在线开放课程特点的讲授风格，用新时代大学生喜闻乐见的方式，充分运用慕课手段，增强课程吸引力。在"爱课程"平台推出 4 门本科思政课必修课在线课程，构建以学习者为中心的立体化理论学习社区，探索形成线上线下混合式思政课教学模式。四是推进思政课程和课程思政"双发力"。聚焦思政课程和课程思政，组织开展教师思想政

治状况大调研、师生思想政治工作大协同、人文素质教育课程调整重构等，积极探索"课程思政"改革，把价值观的培育和塑造融入所有课程。定期召开大学生思想政治工作和思政课建设联席会，共同探讨完善思政教育主渠道、主阵地协同育人机制。同时，校领导带头讲思政课和党课。"六院士团队"20年坚持面向本科新生开设专业基础课"测绘学概论"，将无形的价值观教育与有形的专业知识传授深度融合，成为思想政治教育的鲜活载体。

（二）推进"思政课程"向"课程思政"的教育教学改革

华中科技大学推进"思政课程"向"课程思政"的教育教学改革，让所有任课教师都挑起"思政担"，所有课都上出"思政味"，努力构建全员、全课程的大思政教育体系。学校教务处和马克思主义学院整合优质教学资源，打造"深度中国"课程，该课程由11位优秀教师联袂打造，每周一个专题，涵盖马克思主义原理、政治学、经济学、社会学、教育学、法学、历史学等多个学科。课程聚焦当代中国理论与实践中的热点问题，帮助学生深度了解中国，引导学生正确认识中国和世界发展大势。学校党委书记、校长带头讲课，知名教授、专家联手助阵，老师边授课学生边网上发弹幕，课上师生或"锵锵三人行"，或展开激烈辩论，这样的课程使得每堂课学员爆满，连走道都坐满了"蹭课"的学生，其他高校老师也纷纷前来取经或授课。如华中科技大学校长、中国工程院院士丁烈云走上"深度中国"讲台，与参加脱贫攻坚的老师蒋文海、学生李晶同台分享"从精准扶贫看大学责任：来自澜沧江边的故事"；马克思主义学院院长黄岭峻、教师杨炳祥同台讲授第一课"峰乎？岭乎？——观察中国的不同视角"，在比较中让学生明白用马克思主义的立场和方法分析中国问题是科学的、符合实际的；马克思主义学院的邹旭怡、刘兴花两位教师走上讲台，针对"乡关何处——农民工究竟该留城还是返乡"展开了激烈辩论。自信来源于实践，为了探究"农民工究竟该留城还是返乡"，邹旭怡利用清明节假期走访村庄，并得出结论："我主张返乡。看到当今农村新的发展模式，我深感乡村振兴战略的正确，深感精准扶贫的成绩可喜，希望晚上也能说服大家。"华中科技大学推进"思政课程"向"课程思政"的教育教学改革，让所有任课教师都挑起"思政担"，所有课都上出"思政味"，努力构建全员、全课程的大思政教育体系。该校还建立了微信群，将互动从课堂内扩展至课堂外、从线下延伸到线上，既和大学生面对面，又和大学生"键对键"，同时开设了以"深度中国"为标识的微信公众号，及时回应大学生诉求，推出了课程视频。

（三）在思想政治理论课教学改革方面着力打造三个体系

武汉理工大学在教学改革方面着力打造三个体系：一是建设立体化教材体系，实现统编教材与自编教材、纸质教材与网络教材的有效衔接。首先继续使用好统编教材，加强对教材内容、表述方式和思想政治理论课话语体系的研究，把握凝练要旨要义，促进教材体系向教学体系的转化。其次组建教材建设团队，编写思想政治理论课教学重难点解析；编写系列教学案例，重点立足学校三大行业背景编写富有校本特色的思想政治理论课行业企业发展教学案例；编写系列大学生辅学读本等。最后建设与全国思想政治教育网络资源有效链接，集在线教学、自主学习和双向评估等功能于一体的思想政治理论课教学网站。

2016年出版了毛泽东思想和中国特色社会主义理论体系概论、马克思主义基本原理概论、中国近现代史纲要、思想道德修养与法律基础四门课《要旨要义》系列、《认识中国》系列、《百企观察》系列等。二是建设精品化课程体系。近年来相继建成国家精品课程：毛泽东思想、邓小平理论和"三个代表"重要思想概论（2006）；国家精品资源共享课：毛泽东思想和中国特色社会主义理论体系概论（2014）；国家精彩视频公开课：庄子的人生智慧——庄子导读（2013）；全国高校职业发展与就业指导示范课程：大学生涯规划与职业发展；教育部精彩一课：马克思主义基本原理概论、中国近现代史纲要（2007）；湖北省精品课程：马克思主义基本原理概论（2010）；湖北省精品视频公开课：庄子的人生智慧——庄子导读、心理成长与生涯发展；教育部"我们的价值观·我们的中国梦——精彩课堂"网上展播视频：用文化滋养社会主义核心价值观、诚信去哪儿了；校级精品课程：思想道德修养与法律基础；校级优质课程：中国近现代史纲要等。三是建设综合化教学体系。制订思想政治理论课综合改革计划，实施课堂教学、实践教学、网络教学相统筹的教学方案，着力提升教育教学效果。把思想政治理论课作为学校重点课程加以建设，制定并实施"课堂教学精讲、网络教学辅学、实践教学延伸"相互促进的实施计划，推行问题式为核心、多元方法并行的课堂教学模式，实施全过程综合评价考核方式，强化教学质量考核。重点打造"一课一品牌"，实施"党史我来讲"（中国近现代史纲要）、"爱在理工"（思想道德修养与法律基础）、"中国梦·我的梦"（马克思主义基本原理概论）和"大学生优秀社会实践报告评比"（毛泽东思想和中国特色社会主义理论体系概论）等主题教学和品牌教学活动，均已历5~6届，学生全员参与，社会反响巨大。推出了一批精彩教案、精彩课件、精彩课堂，推行"精彩公开课"系列（已历39期），推行专题式集体备课，推行精彩教学内容共享共建。创立实施"求是学堂"品牌（已历77期），精心组织"社会名家进课堂"活动，有计划地组织校领导、院士、长江学者、劳动模范、企业家、党政领导进思政课堂，形成系列，打造品牌。

（四）完善集体备课制度、听课制度和教学评估制度

华中师范大学不断深化思想政治理论课教学改革。一是强化教学统筹。成立大学生思想政治理论课建设领导小组和深化思想政治理论课改革工作组，统筹全校思政课教学改革工作。制定关于深化思想政治理论课改革方案实施意见，党委常委会、校长办公会定期开展专题研究，完善集体备课制度、听课制度、教学内容和质量监管制度、教学评估制度等，从制度上保障思政课改革。二是改进教学内容。坚持以贴近现实、答疑解惑为导向设计教学内容，精心设计教学模块和讲授逻辑，围绕热点难点问题，形成"思想政治理论课难点解析"。加强博物馆、校史馆、利群书社、恽代英广场等建设，集传统文化、校史、专业知识和核心价值观于一体，使思政课内容设情境、接地气、有思考。三是创新教学模式。创新学校阵地与社会基地、校内课程与校外实践、校内教师与校外导师互动式立体教学模式，开展混合式课堂、班级微信墙、微博教学直播等教学形式，课外依托"三个一百工程""百村十年观察"等项目，建设实践教学基地，开展社会考察和调查研究。将"互联网+"引入思想政治教育，依托辅导员QQ空间和工作博客、辅导员微课堂、数字化思政课程及思政理论网络精品课程等平台，推进思政课与新媒体优势互补。四是建强教学队伍。

修订学校关于加强马克思主义理论学科教师队伍建设的若干意见，对思政课教师思想上关心、工作上支持、发展上培育。加大思政课教师培训培优力度，设立思政课教师学习进修专项经费，启动实施卓越教师培养计划，强化教师思想政治教育和师德培训。遴选校内外专家学者、优秀教师、先进人物、优秀辅导员和杰出校友等兼任思政课教师，由思政学科带头人负责指导青年教师，发挥传帮带作用，组建多元结构教学队伍。

（五）开设综合创新实验课堂，把理论学习与实践结合起来

中南财经政法大学开设综合创新实验课堂，出台《理论·教法·实践·考核四位一体综合创新方案》，通过多种形式的"理论构建与运用"对话，将学生的理论学习与实践结合起来。在对话之前，每个学生都要分别上交"一本通"方案和课外实践综合学习报，作为课堂学习和课外实践学习的见证。对话覆盖新时代、中国梦、改革开放、文化自信、协商性民主、美好生活、社会治理现代化、经济新常态、现代经济体系、生态文明、人类命运共同体等主题。该创新课堂开课十年来，参加的本科生达1.2万人，学生成绩优秀率达到90%，课堂到课率平均超过90%，对教师的网络综合评价也始终在90分以上，最高达到96分。

（六）其他高校思想政治理论课教学改革

湖北工业大学创新课堂教学模式，开设了思政系列通识课"追梦"，将当下国际国内的热点问题融入课堂，通过深刻把握国家的时事热点，将理论性和实践性有机结合，给学生教授方法，极大提升了学生的学习兴趣。学校党委书记、宣传部长、教务处长、马克思主义学院党委书记及院长以及学校其他学科专职教师都走上讲台，共同为学生上课。课堂上，精心设计的多角度设问、助讲辅讲及师生校友分享、提问互动、老师主讲、课堂小结五个小环节环环相扣。灵活的教学方式，大量鲜活素材的引入，让学生耳目一新，课堂上不时爆发出热烈的掌声。学生们在课堂上可以听歌曲、舞太极，从黑洞、量子计算机谈到中美贸易摩擦、"一带一路"的重大意义。生物工程与食品学院教授唐景峰，现场为学生书写行书作品——李白的《黄鹤楼送孟浩然之广陵》，并结合学习书法的感悟和体验，用中英文分享了自己成长的故事，他勉励大学生们："个人成长需要苦练内功，切忌骄傲自满；成才要刻苦，先立品德，后学做人。"校党委书记李克勤结合自己在哈佛大学学习的经历，别有新意地把"心"的英文单词"HEART"五个字母重新解读，提出青年学生成长的五个关键点，即"希望（Hope）、情感（Emotion）、行动（Action）、改革（Reform）、团队精神（Team spirit）"，鼓励大学生们不负青春，用"心"成长，努力成才。这是湖北工业大学在思想政治理论课教学改革中迈出的坚实一步，该课程第一讲预告在网上公布后，两天内吸引了400多名学生报名听课。

中国地质大学（武汉）根据新时代思政课教学环境、教学对象、教学载体的变化，构建"一线二红三实"立体教学模式，以在线教学补充课堂教学，通过"红色之旅"和"红色之声"（二红）两种实践教学形式和"实验室"、"实践基地"、"实测中心"（三实）三个实践教学平台，实现思政课线上与线下、理论与实际、课内与课外的有机结合，极大提升了教学的针对性和实效性。

华中农业大学马克思主义学院成立狮山论道工作室，创立"狮山论道"微信公众号，意在以有形的载体创设出更有德育传播意义的内容。该公众号长期推出由本校师生完成的有思想、有情怀、有灵性、有趣味的高质量原创作品，通过拓展课程教学时空，加强师生深度对话、交流，切实提高课程教学的思想性、政治性、时效性、知识性、科学性、生动性、多样性，进而提升大学生思想道德素质和法治素养，从而促进大学生的全面成长成才，并自觉成长为担当民族复兴大任的时代新人。"狮山论道"微信公众号平均 5~6 天推出一期作品，每月推出一期优秀读书报告，优秀作品会择机出版。该工作室打造的最新系列微电影《路口》获得广泛好评。在思想政治理论课教学改革中，华中农业大学马克思主义学院坚持突出学生主体性，提升学生获得感。在"形势与政策"课程教学改革中，以"小班研讨+集中汇报"的形式组织课堂教学，各学院参赛小组就感兴趣的主题分组展开讨论、搜集素材、凝练观点，并在学期末进行集中展示。这种特殊的授课方式充分调动了同学们的积极性，给学生一个锻炼的舞台。全校各小组围绕主题收集了大量的素材，用丰富多样的形式进行符合大学生思想文化特征的时尚表达，他们的现场表现和团结协作超出了预期。

三峡大学在教学理念和教学形式上，建构集"课堂教学——延伸教学——实践教学"为一体的三峡大学思想政治理论课特色教学体系。积极拓展思想政治理论课教育教学时空，统筹课堂教学、实践教学、网络教学，充分发挥课堂教学的主渠道作用和实践教学、网络教学的有效补充作用，实现思想政治教育的全覆盖；探索在"互联网+"时代思想政治理论课在网络教学的实现形式，打造聚合 5 门思想政治理论课程的思想政治理论课网络教学平台，实现学生网络自主学习、师生互动交流、网络考试等功能；开设思想政治理论课素质拓展课程，目前已开设"中国近现代风云人物""幸福心理学""大学生礼仪""趣味逻辑学""胡适的人生风范"等课程，以有效拓展思想政治理论课教学场域。

湖北经济学院充分利用现代信息技术手段，从课内到课外、从教学环节到考试环节都作了大胆的探索和创新，以教学改革促进马克思主义学院建设。一是以专题式教学促进主课堂建设。从 2015 年上半年开始，湖北经济学院马克思主义学院在四门思想政治理论课中全面推行专题式教学，以专题式教学为支点，全面推动思想政治理论课教学改革。以"马克思主义基本原理概论"为例，为落实专题式教学改革理念，任课教师们集体备课，通盘考虑马克思主义基本原理的体系，在保留原有教学内容的前提下，把课程内容有重点地分设为八个专题：专题一、"时代精神的精华"——马克思主义理论体系的产生、发展及其实质；专题二、智慧之途——哲学及哲学基本问题的解读；专题三、"美丽花朵"的根基——马克思主义物质观；专题四、"辩证图景"的呈现——唯物辩证法；专题五、人类思维的轨迹——认识的产生及其本质；专题六、"历史之谜"的科学洞悉——辩证唯物主义历史观；专题七、资本的故事——资本主义的历程；专题八、全球化的经济与政治——战后资本主义的发展。同时，本着"以问题为牵引，贴近理论前沿、贴近社会现实、贴近学生兴趣"的原则，对教学内容进行了较大力度的丰富。改革后的课程内容源于教材，又不局限于教材，在课件、案例等体现方式上更加灵活。该校"原理"课的专题教学在上半年实施后，老师讲、学生听的课堂气氛有了明显的转变，学生的主动性、创造性被积极调动，更多地参与到课堂中，对马克思主义有了更高的理论兴趣。下半年，任课教师总结上学期经验，在集体备课中，又对教学内容、课件、教案与习题进行了修改和完善。新的专题紧跟社会发展现实，以问题为导向，受到了学生的欢迎和好评，得到了学校教学督导的认可。二是以全新教学模式推动延伸课堂建设。马克思主义学院积极开发新的选修课，在四门公共必修课之外建设思想政治理论课的延伸课堂。针对全校各专业各年级学生开设"当代中国"新的通识选修课，将当代中国话语、社会热点和大学生关注点进行深度融合，将全球态势下的中国重大战略举措引入课程，从政治、经济、外交、历史、文化、社会、军事、科技等多专题、多维度阐述当代"中国话语""中国图像""中国故事"。课程内容契合了青年学生的需求，探索在通识教育背景下培养当代大学生的大国国民价值观，有助于树立学生对当代中国的道路自信、理论自信、制度自信和文化自信。在授课方式上，以"一课多师""多师同堂"为特色，其教学团队由湖北经济学院及校外十多名多学科教师组成，教师的学科背景包含了法学、政治学、历史学、哲学、经济学、社会学、理学和工学等。该教学团队既有该校党委书记，也有校外知名学者，还有校内普通教师。整个课程由一位教师贯穿全部，每个专题由两名或者两名以上的老师从不同角度联袂讲授，真正实现了课堂上的一课多师与多师同堂的授课模式。每一个老师讲授的部分都相对独立，但是通过课程串联者的讲授又能使其有机地衔接为一个整体，形成了多学科知识在课堂的交融，启发学生从多角度理解与思考问题。三是大力推进"互联网+思想政治理论课"学习模式构建。"当代中国"课程组由专门老师组建了"互联网+学习"平台。通过建立课程的微信群，课程负责人提前发布每次授课教师和主题的相关介绍作为学生的预习内容，以符合移动互联网平台的 H5 页面为载体推送给学生。同时，老师也通过微信群与学生在线下沟通交流，既有课程内容的延伸解答，也对课程在讲授过程中学生的意见和建议予以迅速反馈，并适度调整教学方式。除此之外，"当代中国"课程组也建立了自己的微信公众号，将每个专题授课后的情况在校内多个公众号进行分享传播，扩大课程的影响力。四是以现代信息技术手段推动移动课堂建设。马克思主义学院率先在"形势与政策"课实施移动课堂，这也是湖北经济学院首门试水"移动课堂"的课程。由于该课堂实现了线上与线下、实时与滚动、PC 机与移动教育相结合，同时又能集电子考勤、课堂互动、资料提供、作业提交、师生交流、课程评教于一体，学生无论是在操场、足球场，或是食堂、图书馆等场合，都可以在实现了 WIFI 全覆盖的校园里，随时随地用手机访问云课堂，进行"移动学习"。新生入学后，每人分配一个学习账号，学生学习由老师全程监控，学习完一个专题后，专题后有配套的练习和测试，学生的学习效果当场可以验证，老师还可以在讨论区平台随时与学生互动。另外，学生如果出现没有及时学习的情况，老师可以通过短信、微信和 QQ 的方式进行提醒，由于听课完毕后就有随堂测试，这也有效避免了学生的"挂机"现象。学院整合校内校外各类资源，积极组织相关教师，通过录制微课的方式，将时效性的知识点嵌入到网络平台中，以弥补课程时效性不足的问题，先后录制了《从"习马会"看 2008 年以来的两岸关系》《从英国脱欧看西方的民主制度的实质》《TPP 及其对中国的影响》《十八届六中全会解读》《红军长征与长征精神》《从特朗普当选看中美关系未来走向》等十多个微课专项内容，每一次微课上线，都能引发同学们的长时段热议。

武汉纺织大学不断创新教学方法和手段，多措并举推进思想政治理论课教学改革。一是鼓励教师创新各种教学方法和手段。马克思主义学院的红歌教学法和红色资源融入教学教学法，深受学生好评。二是通过"经典导读"助推理论学习。马克思主义学院多年坚持开展"经典导读"，打造理论学习品牌。导读内容既包括马克思主义经典著作，也包括中国化马克思主义基本著作和重要文献，还包括十八大以来党中央重要会议文件文献以及习近平总书记系列重要讲话文献，此外，还涉及中外经典名著文献。思想政治理论课教师、辅导员及分管学生工作的专职副书记全员参加，开展研讨交流。三是积极探索大学生"理想信念"教育一体化模式，实现大学生四年成才需求与教育过程的一体化，建构了立体化、全方位的思想政治教育模式，实施全员、全方位和全过程育人，不断推进社会主义核心价值观和"中国梦"等进教材、进课堂、进头脑。

湖北师范大学深入推进习近平新时代中国特色社会主义思想进教材、进课堂、进头脑，进一步推进学校思想政治理论课教学改革，精心打造了"话说新时代"思政"金课"。该课堂聘请了省、市、校党政领导干部及社科理论界专家、名师大家和专业课骨干教师等，分若干专题进行讲授，每一讲内容力求有高度、有温度，聚焦重点、难点、热点、疑点，既顶天又立地，切实提高学生思想政治素养，又能帮助学生认识解决实际问题。课堂采用一人主讲多人配合、传统教学方法与现代科技相融合、学生提问与现场专家解析、案例分析等方法。在五四运动100周年之际，湖北师范大学党委书记周启红教授带头走进课堂，以《新思想、新征程、新作为——新思想引领新时代 新青年建功新时代》为题，从"辉煌的中国迈进新时代、伟大的思想引领新时代、火红的青春奋斗新时代"三个方面进行授课，为全校入党积极分子讲授"话说新时代"第一讲。教育部思想政治工作司原司长、北京师范大学冯刚教授应邀出席并作了题为《推动新时代大学生思想政治教育创新发展》的专题报告。党委副书记马列军作《全面从严治党必须以党的政治建设为统领》的专题报告。湖北师范大学打造的这一思政课堂中的多元化高素质师资队伍、模块化专题性教学内容、多样化全互动教学方式、大规模开放式和谐课堂，成为这门思政"金课"最大的特色和亮点。

武汉商学院通过多种方式提升思想政治理论课学生参与度。一是打造校外专家、校内专职教师、校内大学生小讲师三级立体式教学团队，开展"我为同学讲思政课"大赛，组建思政课"大学生讲师团"，近三年来，千余名大学生报名参与讲课比赛，近百名学生思政课老师走上了真实的大学讲台。大赛让学生转换身段走上课堂成为老师，拉近了思政课与学生的距离，告别空洞理论的"高大上"和"冷艳"，实现入耳、入脑、入心。选拔出来的30余名"大学生讲师"，深入课堂和田间地头开展宣讲。二是科学整合教学内容，将"教材体系"向"教学体系"转化。马克思主义学院面向全校大学生积极开展问卷调查，在把握应用型高校学生特点的基础上，通过集体备课，尝试将"思想道德修养与法律基础"和"毛泽东思想和中国特色社会主义理论体系概论"这两门课程的内容精心设计成若干个知识点专题，在遵循课程内容的基础上，积极补充最新时政信息，既增强了教材的思想性、时代性和可读性，又加强了教学的针对性和吸引力，同时也相应推进了教学模式方法等方面的创新，产生了良好的效果。三是举办马克思主义经典原著学习兴趣班，打造马克思主义理论教育教学团队，指导在校大学生认真学习马克思主义经典著作，深入理解马克思主义的精神实质和思想精髓，努力掌握贯穿经典著作中的马克思主义立场观点方法，自觉把学习马克思主义经典作为一种精神境界、工作习惯和价值追求，积极培养青年马克思主义者。兴趣班举办一年多来，始终坚持在师资队伍建设上校内校外相结合、教学方法上理论与实践相结合、讲授内容上经典原著学习与现代国情教育相结合、学习效果上提高理论素养和提升实践能力相结合的"四结合"原则，通过专家讲座、师生研讨、实践考察等丰富的形式，加强大学生马克思主义信仰培养，取得了较好的效果，深受学生欢迎。

湖北中医药大学创新思想政治理论课课堂组织形式，将学生从"满堂灌"式教学中解放出来。一是在课堂教学中开展"三分钟世界观"分享活动，教师拿出每堂课的前三分钟让学生上台演讲，学生根据课程内容，选取一个课程教学知识点与当前时事热点相结合发表自己对问题的看法，教师和学生参与点评和辩论。二是结合中医院校特色开展丰富的课堂活动，如在"思想道德修养与法律基础"课中开展"医学人价值观大拍卖"活动，将医德、学术水平、社会地位、个人收入、个人形象、医患关系等以商品的形式进行拍卖，引发学生对医学工作者树立正确价值观的思考；在"马克思主义基本原理概论"课中引入阴阳、五行、五脏、六腑、经络、辩证施治等中医基础知识，帮助大学生直观理解马克思主义哲学原理中的唯物辩证法内容；在"思政大讲堂"中邀请国医大师梅国强为学生讲思政课，以亲身经历激励学生努力发展中医药学，坚定中医药文化自信。三是针对医学院校女生人数较多的情况，在思想政治理论课教学中融入马克思主义妇女观教育，积极推进性别平等教育，提升人文关怀，指导女大学生在树立远大理想、就业择业中保持自信心态。

湖北理工学院通过系统规划、整体推进，扎实构架思想政治理论课"网络教学、网络作业、网络考试、网络选课"的"四网互通"教学模式，促进思政课传统教育与智慧教育、课堂教学与网络教学、线上学习与线下学习的有机融合。一是开展网络教学。顺应"互联网+思政课"的态势，按照大规模、高标准、高质量、有成效、有影响、有特色的"一大两高三有"要求，2014年开始实施"思想道德修养与法律基础"MOOC改革。2016年依托学校课程中心，自主开发建设"形势与政策"MOOC教学。二是利用网络完成作业。学校自主研发思政课网络作业平台。教师通过网络布置、批阅作业，学生通过网络做作业，成绩自动生成，运行良好。通过正误比较，学生相互学习，强化了知识点复习；教师因材施教，实现了良性互动。三是开展网络考试。开发"思政课在线考试系统"，建设思政课试题库，有单选、多选、判断、连线、填空、材料分析等题型，知识点涵盖每个章节，每门课题库量有1000道左右，原创性达80%，年更新率20%。目前，学校思政课全部实现网络机考。四是通过网络选课。在全省率先开发了"形势与政策"网络选课平台。每学期每位教师根据教育部"形势与政策"教育教学要点选定一个专题。全校2万多人次学生通过平台自由自主选择教师、专题、时间和地点，真正实现了开放式教学。

湖北美术学院针对美术院校学生的特点，在教改中注重将美术资源用于课堂教学和实践教学，探索使用动画、漫画等方式增强课堂教学效果，以贴近学生实际，追求思想政治理论课教学与专业课教学在精神层面的相互渗透，取得了明显的效果。学校多次进行展板设计比赛，引导学生用专业知识表达思政课内容，增强实践效果。

湖北民族大学将理论教学专题化。教师在对教材全面把握的基础上，围绕问题联系实际，将教材中的相关理论和知识用专题形式贯穿起来，有针对性地组织教学活动，重视对学生思想问题和现实困惑的回应。在教学方式上采取"研究型+互动型"的"两翼"教学方式，在研究型教学方面，围绕大学生所关心的思想理论热点难点问题，紧密结合"95后"

学生的身心特点和思想需求，创新内容，讲清理论；在互动型教学方面，精心设计课堂互动教学活动，倾力搭建课外互动网络平台，使思想政治理论课实现了由"让学生学"到"学生喜欢学"的转变。如将"思想道德修养与法律基础"整合为适应教育、人生教育、爱国教育、道德教育、法治教育五个专题；"毛泽东思想和中国特色社会主义理论体系概论"整合为四大板块；"形势与政策"整合为国内形势、国际形势两个专题。作为地方民族高校，学校还进一步完善在四门思政主干课程中有机融入马克思主义民族理论与政策教育教学的内容和方法，形成思政课程和思政课堂的"民族团结教育"特色；探索完善融民族团结教育于大学生日常思想政治教育之中的体制机制，提升民族团结教育的"规范化"水平。

湖北警官学院加强新媒体和微传播平台建设。该校思想政治理论课教学部与学校宣传处共同开办了"警鹰微雨"微信公众号，供在校学生学习时政热点，建设思想政治理论课线上课程。目前"警鹰微雨"已成为青年学子喜闻乐见的思政教育平台，成为开展以"忠诚·荣誉·使命"为主题的微信、微博、微视"三微"大赛活动主要载体。

湖北汽车工业学院在教学改革中提出"钻进去、跳出来、通俗化"、"理、实、近、小"等教学理念，进行思想政治理论课对分课堂、混合课堂、第二课堂等教学方法改革，将课堂一部分时间分配给教师，在课堂上广泛采取由学生讲课、演讲比赛、读书会、讨论会、辩论赛等教学方法，另一部分时间组织学生作交互式讨论学习，同时把两个过程分隔开，让学生有时间内化吸收，注重过程考核。对分课堂改革实现了把学习的权利真正还给学生，教师的角色由"保姆"转变为"引导者"与"答疑者"，教学效果显著，好评如潮。

武汉职业技术学院本着"以单点突破着手，推进联动协同发展，构建混合教学模式"的改革思想，在教学理念转变、教学空间建设、教学组织形式变革等多维度进行了综合性的教学探索。在"活动课堂""数据课堂""影视课堂""小班讨论课堂"等多方面进行了教学方法与手段的创新探索。如在"思想道德修养与法律基础"课教学改革中巧用互联网思维，破旧立新。通过创设"双线课堂"，突破传统课堂模式对学习资源和学习方式的限制，将面对面教学与虚拟教学相融合，并以混合教学模式保障线上课堂的技术、资源、环境等要素的顺畅运转，实现从传统"以教师为中心"向"主导—主体"相结合的新型教学结构转变。以互联网"用户定制"思维，编撰《法律基础实训手册》，将法律部门、法律体系等概念学习定位到使用情境，增强理论知识的视觉感、鲜活性，使学生在自主探究学习中将法治精神根植于心灵深处，实现教材体系向学生认知体系的有效转化。

武汉城市职业学院在思政课教学中采用蓝墨云班课教学APP进行教学，教师将精心准备的素材资源(如微视频，或融合图片、音频、视频、动画、3D)"搬进"该APP，做成具有交互功能的数字化课程，并发送即时通知到学生手机，提醒学生学习。通过创建投票、问卷或课堂讨论、头脑风暴等活动，收集学生对教学效果的反馈，教师根据反馈调整课堂教学内容和进度，使课堂内容更切合学生的学习需求。

武汉市委宣传部、武汉理工大学、中国地质大学(武汉)、中南财经政法大学、武汉纺织大学、武汉轻工大学等联合推出的"认识武汉"系列公选课，反响热烈，受到各界关注。"认识武汉"旨在向青年学子介绍武汉的历史文化、风土人情和当前创新创业政策和机遇，鼓励武汉大学生不断创新和探索，在武汉这片热土上积淀扎根。课程采用线上线下相结合的模式，线上课堂依托《长江日报》新闻客户端"认识武汉"频道向在汉大学生和全国网友全方位介绍武汉，线下教学分为课堂教学和课外实践两部分，讲授教师由武汉高校党政领导干部、马克思主义学院教师等了解武汉的文化名家、道德楷模担任。课外实践部分结合"百万大学生看武汉"活动，设置"走进武汉"单元，组织学生走进武汉红色革命旧址、参观如临空港"一城三港"等代表性企业和设施，加强现场教育。

以上我们简要地列举了湖北一些高校思想政治理论课教学改革的情况。总体看来，各高校都努力适应新形势下教学工作的需要，不断改进思想政治理论课的教学方式，由传统灌输式教学法向互动式教学法过渡，由纯理论教学法向理论与实践相结合的教学法过渡，由传统课堂授课法向融合信息技术教学法过渡，很好地贯彻了以人为本的教学理念。在此过程中，各高校着力打造大学生真心喜爱、终身受益的课程，有效提升了思想政治理论课的思想性、理论性、亲和力和针对性，为高校思想政治理论课今后的改革提供了宝贵经验。

二、湖北高校思想政治理论课教学探索案例

高校思想政治理论课是对大学生进行思想政治教育的主渠道，为提高教学效果，湖北各高校在思想政治理论课教学研究方面都进行了一些探索，也出了一些新成果。华中科技大学黄岭峻、景秀齐在"概论"课堂上开展了"问题导入式"教学研究。中国地质大学（武汉）朱桂莲从模式创新的角度对本科思想政治教育专业的人才培养进行了探索。湖北大学熊友华在推行系统化的思想政治理论课教育教学新模式方面进行了研究。武汉科技大学城市学院熊晶在思想政治理论课教学方法创新方面也提出了新的意见和建议。

（一）"问题导入式"专题教学在"概论"课堂的探索与应用

"毛泽东思想和中国特色社会主义理论体系概论"（以下简称"概论"）课程是中宣部、教育部于 2005 年根据《关于进一步加强和改进高等学校思想政治理论课的意见》，制定具体实施方案（简称"05 方案"）后重新调整设置的一门课程。"05 方案"根据新的发展要求，将"98 方案"中的"毛泽东思想概论"和"邓小平理论与'三个代表'"整合为"概论"。① "概论"课是对大学生进行中国特色社会主义教育的核心课程，承担着用马克思主义中国化最新理论成果武装大学生头脑的战略任务。"概论"课程的设置旨在推动毛泽东思想和中国特色社会主义理论体系进教材、进课堂、进学生头脑，使大学生能够真正理解马克思主义中国化的理论成果，坚定中国特色社会主义的理想信念。目前，思想政治理论课教师在教学模式上进行了诸多创新，教学成果也层出不穷，"特别是采用了案例教学、互动式教学、实践教学、探究式教学和创新式教学等多种教学模式，辅之以计算机、网络技术和多媒体等现代教学手段，使教学质量和教学水平有了很大的提高"。② 但是仍存在部分大学生兴趣度低、参与性弱的现象。为改善这一现象，可结合"问题导入式"专题教学的自身

---

① 蒋荣，代礼忠，胡同泽. 专题式教学法在"毛泽东思想和中国特色社会主义理论体系概论"课程中的运用[J]. 西南农业大学学报（社会科学版），2010(3)：188-192.

② 张荣. 体验式教学的创新性与实施条件[J]. 吉林省教育学院学报，2007(11)：9-10.

优势及开展成效，加强思想政治理论课的教学效果，把"概论"课建设成为大家真心喜爱、终身受益的思政课。

1. "问题导入式"专题教学的优势

问题是科学创造、理论创新的逻辑起点，而所谓问题意识，简言之是指人们自觉地认识问题的程度。① "问题导入式"专题教学，即通过调查探究，教师们以系统化、理论化的方式提出学生感兴趣的问题，并以这些问题为导入点，摈弃传统的章节教学，选取若干专题作为重点予以讲授的教学模式。在这种教学模式中，要求教师们强化问题意识，突出问题导向，以马克思主义中国化为主线，中国特色社会主义理论体系为重点，结合学生们关心的热点问题及现实需要，在全面系统把握教材内容的基础上，提出一些具体问题贯穿"概论"教材。经过教研室集体讨论，我们确定了以下13个专题，分别是马克思主义为什么要中国化、社会主义改造是多此一举吗、为什么两个30年不可分、为什么中国还处于社会主义初级阶段、中国为什么不能照搬西方三权分立、中国共产党何以能长期执政、如何认识中美关系、如何看待台湾问题、社会主义为何也要搞市场经济、如何看待我国当前的收入分配差距、经济新常态新在何处、如何践行社会主义核心价值观、如何建设美丽中国。"问题导入式"专题教学要求我们在教学过程中，重视各专题之间的结构性、系统性，以及各专题与教材的内在联系性。就目前来看，这种教学模式具有以下优势：

第一，"问题导入式"专题教学增强了课堂的趣味性，提高了学生自主学习"概论"课的动力，增强了"概论"课的实用性和针对性。对高校学生的教育方式目前多以专业学习为主，"概论"课程在学生自主学习体系中居于次要地位。从学生角度来看，教学内容的不变性、教学方式的单一性等外在客观条件，限制了学生学习的主动性和自觉性。一般教学中，往往以教师讲授为主，学生与教师的互动存在一定空缺。而"问题导入式"专题教学很好地将学生兴趣点和教师知识的传授结合起来，教师在教学过程中可以将教材中的理论知识和现实社会紧密结合，调动学生对现实社会的思考；学生在学习过程中也能够将自身兴趣点和课堂内容相结合，加强师生间的精准互动。整个教学过程把抽象的理论知识和具体的现实与时政相结合，真切地将马克思主义中国化的进程问题、理论知识与当前实际结合起来，加快探索性教学和开放式教学的建设步伐。

第二，"问题导入式"专题教学能够有效发挥教师专业优势，提高教学质量。在高校中，从事"概论"课程教学的教师们大多都有自己的研究方向和科研项目，且每个教师的专业背景不尽相同。"问题导入式"专题教学的开展，使得"概论"课教师可以结合研究方向和专业特长选择自己擅长的专题领域进行教学，教师围绕所选专题，进一步搜集资料，深入研究，选取有价值的资料和生动的案例进行备课，以深化教学内容，提高教学质量。教师发挥自身优势，并结合大纲要求，对传授内容进行取舍，可以一定程度上避免对教材"一把抓"的盲目性；同时，在引导学生思考方面，通过专题讲解，教学内容会更有深度，使学生在"概论"课堂上学到的不仅仅是书本知识，更学会了"提出问题、分析问题、解决问题"的思维方式和思辨能力，达到"授之以渔"的教学目的。

---

① 卢少求. 提高"概论"课教学效果的几点思考[J]. 思想理论教育导刊, 2010(10)：69-72.

2. "问题导入式"专题教学的实践成效

为探究"问题导入式"专题教学的实际成效。2016年6月，我们于学期末在华中科技大学本科生"概论"课堂进行随机抽样调查。此次调研采用自行研制的调查问卷，问卷主要包括三部分内容，分别是个人情况、"问题导入式"专题教学的开展及成效、个人对"概论"课程的整体评价。共发放调查问卷1000份，回收有效问卷905份，回收率90.5%。数据采用SPSS22.0进行统计分析。总体样本中，男生占68.5%（N=620），女生占31.5%（N=285）；汉族学生占90.1%（N=815），少数民族学生占9.9%（N=90）；18~20岁的学生占83.5%（N=756），21~23岁的学生占16.2%（N=146），23岁以上的学生占0.3%（N=3）；中共党员占11%（N=100），共青团员占85%（N=769），群众占4%（N=36）；大一的占0.7%（N=6），大二的占99.2%（N=898）；工科的占80.6%（N=729），文科的占18.1%（N=164），理科的占1.2%（N=11），管理科的占0.1%（N=1）。

从统计情况来看，"问题导入式"专题教学模式总体情况乐观，获得较好评价。在问到您认为当前"概论"课程的开展效果如何时，数据显示有97%的学生对当前"概论"课程的开展效果持肯定性评价，并且在问及您认为"概论"课程对您的帮助如何时，96.7%的学生不同程度上认为对自身有所帮助。从这两个数据中我们可以看出，当前"概论"课程的开展赢得了学生的一致认可。此外，调查中也涉及对"概论"课程的课程设置、教学内容、教学方法、师资水平等方面的满意度调查（最高5分，最低1分），调查数据显示四方面平均得分分别为4.06分、4.13分、4.21分、4.50分，且满意度均高于70%，不满意度维持在4%以下。具体来看，学生对师资水平的满意度最高，满意率为91.4%，不满意率为1.2%；对课程设置的满意度最低，满意率为79.7%，不满意率为3.3%。数据说明，"概论"课程的总体建设取得了一定成效，但仍存在进步空间。

3. 对"概论"课程教学的几点思考

此次调查表明，当前大学生对"概论"课程的总体满意度较高，"概论"课开展态势良好，但仍存在较大进步空间。《中共中央国务院关于进一步加强和改进大学生思想政治教育的意见》（中发〔2004〕16号文）明确指出要充分发挥课堂教学在大学生思想政治教育中的主导作用，要联系改革开放和社会主义现代化的实际，联系大学生的思想实际，把传授知识与思想教育结合起来，把系统教学与专题教育结合起来，把理论武装与实践育人结合起来，切实改革教学内容，改进教学方法，改善教学手段。当前大学生思想活动独立性日益增强，价值观念呈现出多样化和复杂化的趋势，他们不再满足于单纯的灌输讲解，日益期望通过自身的独立思考来探究问题本质。因此，结合教学实践和调查结果，笔者建议在今后的"概论"课程改革中，可以通过以下几个方面进行改进：

（1）以网络为依托，拓展教学空间。网络已成为大学生日常生活的一部分。调查显示，平均每天上网时间在2小时以上的学生占79.2%，52.8%的大学生经常运用社交软件等交流平台；网络成为43.4%的大学生获取新闻信息的主要渠道；68.8%的大学生利用网络进行休闲娱乐；49.8%的大学生运用网络进行学习工作；21.2%的学生主要进行网上购物。2016年4月，习近平总书记在《在网络安全和信息化工作座谈会上的讲话》中指出：

"互联网是一个社会信息大平台，亿万网民在上面获得信息、交流信息，这会对他们的求知途径、思维方式、价值观念产生重要影响，特别是会对他们对国家、对社会、对工作、对人生的看法产生重要影响。"①因此，"概论"课程教学应高度重视引导和教育大学生合理利用网络资源，引导大学生正确认识网络这一"双刃剑"，树立正确的"网络观"。此外，"概论"课教师可利用网络这一便利条件，创新教学模式，可通过开设"网上论坛"等形式，将原本"单向式"课堂教学拓展为全方位的"双向式"甚至是"多向式"教学。教师在论坛中，也可以将自己平时教学的大纲、课件、音频、视频等资料上传，供学生自行下载和运用，使"课堂走进生活"成为现实，增加学生学习的便利性；通过网络，教师还可以随时向学生答疑解惑，便捷双方的交流。日常教学过程中，我们要充分重视网络这一思想政治教育新阵地，进一步探索课堂教学与网络教学良性互动新模式。

（2）创新教学模式，提高课堂趣味性。面对当前日益激烈的竞争，大学生学习压力与日俱增。调查显示，41.3%的大学生认为学习压力较大，47.1%的大学生认为压力一般，仅有11.6%的大学生认为压力较小。此外，在问到您觉得自己学习状态如何时，只有32.5%的学生表示比较积极，27.6的学生认为自己不太积极。在这种高压态势下，提高大学生学习的自主性和积极性就显得尤为重要。"概论"课程的改革要高度重视教学内容和教学方法的创新，一成不变的教学内容既让大家乏味又降低大家兴趣，因此这就要求教师们在进行课堂教学时，要选取学生感兴趣的问题，引用学生感兴趣的事例，使讲课内容更加贴近生活，贴近学生实际；要避免单纯的理论灌输，更加关注运用马克思主义基本原理去分析解决问题，激发学生学习兴趣。另外，教师还可以根据大学生思想行为特点，组织学生参与课堂讨论，通过辩论赛、演讲赛、论文写作大赛等丰富多彩的活动形式，为学生提供展示自我的机会和平台，以提高课堂参与度，调动学习热情，缓解学习压力，促进学生健康成长。

（3）关注时事热点，强化案例教学。数据显示，在调查您认为"概论"课堂的教学改进重点是什么时，排在前三位的分别是：紧密关注社会热点问题（73.5%）、密切与国际时事的结合（65.0%）、强化案例教学（43.0%）。可以看出，当前大学生对社会热点、国际时事等现实问题较为关注，并且，在学期中期，我们通过问卷征集的方式，搜集并了解到学生较为关注的问题及疑问，通过分类整理发现学生一般较为关注国际时事（如中美关系、中俄关系等）、社会热点问题（如收入差距、医疗、社会公平等），这一征集结果与上述调查结果相似。这就提醒教师在教学过程中，只有做到将理论教学与学生兴趣点有机结合，才能使得教学内容更加贴近学生，从而增强教学的针对性。在了解到学生兴趣所在之后，教师在备课时就要选取生动、真实、贴切的案例，引导学生运用所学理论分析解决现实问题，案例选取宜精不宜多，避免喧宾夺主，削弱课堂教学的理论性。

总之，"问题导入式"专题教学能够有效激发学生学习兴趣，充分发挥教师专长，促进教学良性互动，真正推动毛泽东思想和中国特色社会主义理论体系进教材、进课堂、进学生头脑。在教学过程中，教师要善于运用这一教学模式，创新教学内容和教学方法，切实增强"概论"课程教学的实效性，充分发挥"问题导入式"专题教学的优势。

---

① 《习近平谈治国理政》第二卷，外文出版社2017年版，第335页。

(二)本科层次思想政治教育专业人才培养模式创新研究

思想政治教育专业是我国高等教育本科专业中最有中国特色的专业之一,始创办于20世纪80年代,至今已有223所高校拥有该专业,其中约60%为师范院校,约40%为非师范院校。尽管师范院校和非师范院校的思想政治教育专业在人才培养目标和特色定位上有所差异,但大都结合自身的办学优势,不断探索和创新思想政治教育专业人才培养模式。中国地质大学(武汉)是较早创办思想政治教育本科专业的非师范高校之一,其间经历过中止招生,又于2004年行政管理大类招生中重新申办。随着马克思主义学院和马克思主义理论一级学科的成立,思想政治教育本科专业作为马克思主义理论学科下的唯一的本科专业对马克思主义理论学科发展的重要性日益得到学校、学院领导的肯定。目前中国地质大学(武汉)本科层次思想政治教育专业虽然仍在行政管理大类招生体系下招生,但经过全体思政教师的共同努力和创新,已经初步形成了具有自身特色的人才培养模式。

1. 结合专业特色和社会需要,依托学校和地方资源,创新人才培养思路和目标

本科层次的思想政治教育专业是以马克思主义理论教育为主要内容的,不仅具有极强的学理性,而且具有极强的政治性,是科学性和意识形态性的统一。同时,本科层次的思想政治教育专业的诞生与发展,也是适应社会经济、政治、文化、教育发展需要的结果。随着马克思主义理论一级学科和经济社会的发展,本科层次的思想政治教育专业的人才培养也被赋予了更高的要求。中国地质大学(武汉)结合思想政治教育专业特色和社会对新型思政人才的需求,坚持本科层次思想政治教育专业人才培养要服务经济社会发展、服务马克思主义学科发展、服务地质类等艰苦行业的原则,依托学校和地方资源,创新了本科层次思想政治教育专业人才培养的思路和目标。

(1)依托完整的马克思主义理论学科体系,立足于马克思主义学科队伍建设培养优秀本科人才。中国地质大学(武汉)思想政治教育专业所依托的马克思主义理论学科,不仅拥有博士后流动站、博士点、硕士点,而且具有较强的比较优势,在2012年教育部第三轮学科评估的128个参评单位中,排名第31位。本学科还是湖北省重点学科。本校体系完整且发展良好的马克思主义理论学科为本科层次的思想政治教育创造了良好的学术氛围、智力资源和学习平台。中国地质大学(武汉)依托马克思主义理论学科体系,把为马克思主义理论学科发展培养和推送更多优秀专业人才作为本科层次思想政治教育的培养目标,并通过本科层次的自主招生,硕、博层次的免推入学,探索并推动思想政治教育学科本、硕、博一体化设计,把本科层次的思想政治教育人才培养与马克思主义理论学科队伍建设衔接起来。

(2)依托地大优势学科平台,培养具有地大精神的优秀本科人才。本着"既要体现马克思主义理论学科的一般要求也要办出自己特色"的理念,中国地质大学(武汉)本科层次思想政治教育在人才培养思路上,结合本校"品德高尚、基础厚实、专业精深、知行合一"的人才培养要求,依托我校以地球科学为主要代表的优势学科平台,寻求培养具有地大精神的优秀本科人才,不仅在培养目标中明确规定"具有地质大学精神特质",在课程教学和研究中体现"艰苦朴素、求真务实"的校园文化精神,并通过开设"科学技术史"等选修课程,举办环境资源、绿色发展和绿色生活等相关的学术讲座,鼓励学生申报相关的

科技项目和实践活动项目，在马克思主义视野中增进学生的科学素养，关注马克思主义与地球科学、自然资源的相关问题研究，培养他们"艰苦朴素、求真务实"的品格，为地质类等的艰苦行业培养思想政治工作专门人才。

（3）依托马院优质教学资源。中国地质大学（武汉）本科层次思想政治教育专业归口于马克思主义学院，集全院优质教学资源办本科层次思想政治教育专业是马克思主义学院一贯的立场。马克思主义学院目前共有 32 位教授、副教授，其中博士生导师 6 位，均承担本科层次思想政治教育教学和学务指导工作，50%以上教研成果与本科层次思想政治教育教学内容相关。承担本科层次思想政治教育教学任务的老师大都具有博士学位，有着较为深厚的专业知识和一定的科研创新能力。90%以上的任课教师参加过国内外学术交流活动，有较高的学术交流能力。全体专业教师师德师风高尚，具有较强的敬业奉献精神，教学效果被学生连续评优。

（4）依托地方红色资源。中国地质大学（武汉）所在地湖北省是中国红色革命的发源地之一，有着非常丰富的红色资源。充分利用这些红色资源办本科层次思想政治教育专业，从资源、规模、效用等方面形成提升思想政治教育学科教学质量和学科发展的稳定依托，促进本科层次思想政治教育师资队伍、人才培养和教学管理的整体发展，是中国地质大学（武汉）本科层次思想政治教育专业办学的基本思路之一。在具体的人才培养过程中，该校不仅在寒暑假的"三下乡"活动、专业教学实习环节利用武汉、英山、红安、巴东、大悟等革命老区进行现场体验式教学活动，并且在红安党史馆设立本科层次思想政治教育实践教学基地，在"学校与地方政府联合建设"实践教学基地的模式下，大力加强本科层次思想政治教育教学，推进教学和科研建设协同发展，培育具有中国地质大学精神特质、扎实的思想政治教育学科专业实践应用能力的思政人才。

2. 推进课程体系和教学内容改革，建设教学团队，创新教育教学模式

为了实现本科层次思想政治教育人才培养目标，培养学生实际就业能力和综合素质，中国地质大学（武汉）从理论、实践、素质三个层面推进该专业课程体系和教学内容改革，围绕核心课程群建设教学团队，探索和创新教育教学模式。

（1）推进以"广博性和专业性、层次性和衔接性、理论性和实践性"并重的课程体系和教学内容改革。本科层次思想政治教育专业的课程体系分为两大模块：理论课程和实践课程。其中，理论课程包括通识教育课程、学科基础课程、专业主干课程和专业选修课程四大模块，实践课程主要包括军事训练、信息技术课程设计、社会实践、专业实习、毕业论文。根据《中国地质大学（武汉）关于修订新一轮本科人才培养方案及教学计划的意见》并在咨询教育部马克思主义类教学指导委员会专家意见的基础上，本科层次思想政治教育课程体系和教学内容新一轮改革，在突出课程群功能模块的同时，尤其重视课程及教学内容的广博性和专业性、层次性和衔接性、理论性和实践性。比如，在重视专业基础课、专业主干课，以及与之相对应的专业实践课程的教学与设计的同时，注重通过通识课、专业选修课、文史哲艺等公选通识课及名师讲坛等活动来拓宽学生的知识面；在重视通识教育课程、学科基础课程、专业主干课程、专业选修课程的层级递进的同时，也重视本科课程与马克思主义理论硕、博学位的六个方向课程的层级衔接；在严格规定理论课程和实践课程的教学课时和学分的同时，重视具体教学中的理论与实践相结合。比如，在"教育学原

理"的教学中，会组织学生观察体验其他老师讲课，对老师的教育理念进行调查访谈，使学生把所学的教育学理论与教育实践结合起来，加深他们对理论的理解。

（2）建设以课程群和基地教学为核心的教学团队。优质的教学团队是人才培养质量工程的重要组成部分，建设优质的教学团队，是提高教学质量和培养优质人才的重要前提和保证。中国地质大学（武汉）本科层次思想政治教育专业集齐马克思主义学院全部优秀教学资源，大力推动专业教学团队建设。在马克思主义学院的支持下，通过学院精品课程立项，初步建成了以思想政治教育课程群为核心的思想政治教育教学团队和以基地教学为核心的实践教学团队。思想政治教育教学团队主要根据思想政治教育二级学科的发展趋势开展相关的课程改革与建设、教学研究和教学经验的交流，涉及课程包括思想政治教育学原理、思想政治教育方法论、比较思想政治教育学、思想政治教育心理学、教育学原理、伦理学、政治学、心理学、法学概论。目前，这两个团队正发挥着专业教学的比较优势，教学研究成果正运用于日常教学中并得到学生的广泛认可。

（3）探索"三个结合"的教育模式创新。为了实现本科层次思想政治教育人才培养目标，中国地质大学（武汉）本科层次思想政治教育在积极推进课程改革的同时，经过不断的探索与实践，形成了"三个结合"的教育模式。一是班主任制与导师制相结合的教育模式。2013年，本科层次思想政治教育正式实施班主任与学务导师制相结合的教育模式。其中，班主任主要职责是负责整个班级的班风、学风建设，并从学生个人生活方面进行关注；导师的主要职责是对自己指导的学生进行专业学习方面的指导。班主任与导师在新生入学时同时配备，并一直贯穿整个大学四年。二是本、硕、博三级培养相结合的教育模式。思想政治教育本科专业建设主要着眼于马克思主义理论学科发展，在人才培养上有着非常明确的指向，即为马克思主义理论学科输送优质生源。在本、硕、博三级培养相结合的教育模式下，本专业不仅向武汉大学、中国人民大学、浙江大学、中山大学、中国石油大学、兰州大学等免推优秀毕业生去攻读硕士学位，更是创造条件使本专业毕业生继续在本校攻读硕士，并推动硕博连读。三是课堂教学和基地教学相结合的教育模式。利用湖北资源优势，建立教学基地，构建本科层次思想政治教育的课堂教学和基地教学相结合的模式，对理论课进行课堂教学，教学实习、毕业实习则实行基地教学形式。目前，中国地质大学（武汉）本科层次思想政治教育的实践教学基地有红安档案馆实践教学基地、武汉高科实践教学基地、河南南阳油田实践教学基地、英山县红山镇乌云村实践教学基地等，并聘请有校外专家为兼职指导教授。

3. 加强教学管理及运行，促进优良学风建设，完善人才培养服务措施

建立以教学为中心的规范化和科学化教学管理及运行机制，促进优良学风建设，完善人才服务措施，是提高教学管理水平，提高教学质量和实现人才培养目标的重要保证。中国地质大学（武汉）本科层次的思想政治教育通过加强教学管理及运行，促进优良学风建设，完善人才培养服务措施，来保证优质人才培养目标的实现。

（1）教学管理及运行上突出"三个机制"。第一，规范教学环节和过程质量监控机制。坚持集体备课制度，每学期定期召开1~2次教学研讨会，交流教学中的疑点、难点、热点及教学经验。坚持学生评课和教师互评相结合的评课制度，坚持教师互相听课制度，评点得失，取长补短；开展学生评课，形成意见传达给任课老师，改进改善教学。建立新教

师上岗培训制度，新教师在第一个学期由经验丰富的老教师传帮带，跟随老教师听课。课部也会组织其他老师到新教师课堂听课，帮助新教师改进教学，使其尽快成长。建立青年教师教学评比制度，组织青年教师参加学校的教学比赛，并对获奖教师给予奖励和荣誉称号，以激励青年教师提升教学水平。规范考试考核存档制度，坚持按照学校要求组织考试，登录成绩，同时也鼓励教师创新考试考核方式。第二，完善毕业论文质量监控机制。规范了毕业论文导师指导流程监控制度，指导老师介入毕业论文指导后，要求跟学生有定题、写作过程中的问题沟通、1~3遍的论文修改、同意答辩等流程，这些流程由毕业生写进表格存档。启动毕业论文查重制度，从2014年起，启动了思想政治本科毕业论文查重机制，以提升本科论文的质量。完善毕业论文答辩专家团队制度，由院系领导、教授组成答辩专家团队，负责学生的论文答辩，评审和推荐出优秀毕业论文。第三，毕业生跟踪反馈机制。坚持实施毕业生问卷调查，了解毕业生在工作岗位的状态。同时采取毕业生不定期的意见反馈和不定期的毕业生就业单位走访活动，并将反馈意见反映给教学，用以完善教学。

（2）优良学风建设突出"三个建设"。一是完善以教师引导为主体的学风建设。坚持以课程引导学生的专业意识，对大一新生开设"思想政治教育专业导论"，帮助他们了解本专业，树立专业意识，稳定专业思想。以"班主任+导师制"引导学生的学习兴趣，在对每一名学生安排一名责任心强、专业过硬的班主任的同时，指定一名专职教师作为其学务指导，负责学生的学业辅导，稳定其专业思想，增强其专业意识。

二是建立以学生为主体的学风建设。建立学长引领制度，在院研究生和本科高年级中选取优秀学生，发挥典范作用和影响力，带动低年级学生适应大学生活，明确个人发展方向，激发学习兴趣。坚持"学习型团队"制度，每学年上学期启动，全院本科班级以团队为单位申报，组成6~8人的学习型团队，开展优秀评比活动，激发全院本科学生的学习热情。

三是围绕项目开展学风建设，实施"英才工程"、"红色之声"活动宣讲、"三下乡"活动、"科技论文"报告会等项目，鼓励学生立项申报，引导学生规划大学生活，制订不同阶段的学业发展计划，营造良好的学风。

（3）人才培养质量上突出"两个坚持"。一是坚持"四个原则"。坚持吸引优秀生源原则，优秀生源是培养优秀人才质量的基础，为了吸引热爱思想政治教育并有志于献身思想政治教育学科发展的学生，从2016年启动思想政治教育专业自主招生政策，每年15个名额，从生源上保证优质人才的培养。坚持服务地方经济社会发展的原则，在学生培养期间，秉承服务地方经济社会发展原则，开展和支持学生"三下乡"活动，对红安、英山、巴东、武汉、大悟等革命老区经济社会发展进行调研，献言献策；通过专业实习、支教等活动，服务英山乌云村美丽乡村建设、巴东基础教育等。坚持服务马克思主义学科建设原则，思想政治教育是马克思主义学科下的唯一的本科专业，承担着为马克思主义学科建设输送优质生源的重任。我校思想政治教育本科人才培养坚持服务马克思主义学科建设的原则，向中国人民大学、武汉大学、浙江大学、中山大学、厦门大学、中国石油大学、兰州大学等输送了众多的优秀生源，并得到了这些学校的认可。坚持服务地质类等艰苦行业原则，在校园文化、课程安排和教学内容、学风教风建设中，处处坚持服务地质类等艰苦行业的原则，培育学生"艰苦朴素、求真务实"的精神。

二是坚持"三位一体"的人才培养服务措施。坚持学生心理辅导措施，实施"一对一"谈话工程，确定专门的心理健康教育联系人，定期参与和开展心理健康教育活动，组织全院学生开展心理状况普查筛选和思想政治工作状况调查研究，对筛选出可能出现问题的学生进行"一对一"的沟通交流。坚持就业指导措施，服务学生的就业工作，利用本科生的就业指导课，系统加强学生就业技能训练。召开学生毕业就业动员大会、师生座谈会，帮助学生厘清就业误区，端正就业观念，增强就业意识。

三是加强学生就业督导工作，广泛收集、及时发布就业需求信息，并建立就业反馈机制等。

(三)思想政治理论课教育教学模式的系统化研究

1. 思想政治理论课教育教学模式的系统化内涵

作为教学思想与教学规律的反映，教学模式主要是将教学观念、教学内容和教学手段等融为一体的综合体系。具体而言，教学模式就是在一定的教学思想或教学理论的指导下，为达到特定的教学目的，在教学实践经验的基础上，形成的具有比较稳定的教学程序及其方法的策略体系。由教学模式的这一界定我们不难发现，教学模式实际上是由多要素、多环节构成的一个综合性体系。这种理论内涵上的综合性、集成性特点，在教学实践上同样也表现得相当明确。就具体教学模式的建构和实施而言，一定的教学模式往往就是一定的教学目标、教学方法、教学手段、教学组织以及教学考评形式等的系统集成。由此看来，要构建和有效实施一个完整的教学模式，必须首先明确其各构成要素和环节的具体设计思路，有针对性地制定或设计出彼此关联并相互促进的教学目标、教学方法、教学手段、教学组织及考评方式等。

思想政治理论课教育教学模式当然也具有这种系统性和综合性的特征，而且，由于对受教育者而言，思想政治理论课教育教学具有非专业性和政治性特征，其模式的设计就需更加精致和有效，而其各构成要素的关联性和各环节实施的衔接性就显得更加紧密和紧凑。从这个意义上讲，思想政治理论课教育教学模式所具有的系统性和综合性特征就显得更加突出了。但遗憾的是，虽然思想政治理论课的教育教学界对实施有效教学模式的必要性和迫切性有着强烈的共识，但对于如何设计并构建有效的思想政治理论课教育教学模式在认识和实践上还存在较大的问题。

为此，我们需要针对既有教学模式和教改尝试中存在的问题展开深入的研究，拓展教改的宏观视野，整合教改的微观成果，将教学改革实践系统化、模式化，还原思想政治理论课教育教学模式的系统性和综合性特征，着力构建多位一体的系统化思想政治理论课教育教学模式，以增强思想政治理论课教育教学的针对性、实效性和吸引力、感染力，切实凸显思想政治理论课教育教学在大学生思想政治教育过程中的主渠道作用。

当前，就思政课系统性、整体性教学的相关研究成果而言，学界对此问题在"为什么""是什么"层面的研究相对深入，而在"怎样做"层面的研究较为欠缺。其主要表现就是在学界和教学实践领域，很少能够从模式建构上去体现这种应有的整体性、系统性和综合性。因此，从理论上和实践中去研究、建构"高校思想政治理论课的协同育人模式"，是极具理论生长空间和重要研究价值的。基于此，全面建构思想政治理论课的协同育人模式自然也是极具实践意义的。

2. 思想政治理论课教育教学模式的多维构建

在教育教学模式的单一理解思路下，我们的教学模式改革往往是零打碎敲式的。在这一理念指导下的单向度教学改革虽然能够在一时一地取得一定的效果，但却很难持久和推广，当然也不可能真正将思想政治理论课教育教学的效果提升到一个新的境界。要切实发挥思政课教学的"主渠道"作用，就必须转换模式构建思路、创新思想政治理论课教育教学模式，切实增强思想政治理论课教育教学的吸引力、感染力以及针对性、实效性。为此，我们需要还原教学模式本身的系统性、综合性特征，将教学改革实践系统化、模式化，将教学设计、教学组织、实践教学、教学环境及教学评估等进行系统集成研究，尝试构建起系统化的思想政治理论课教育教学模式。

（1）受众的多向度特征分析。按照教育学的一般观点，"学习是知识的建构，是知识的社会协商"，学习具有社会本质、实践本质、分享本质等基本属性，思想政治理论课的教育教学，因其理论内化——个体养成——行动指南的基本发展时序特性，其学习、教育的这种本质属性就更显突出。因此，着力消除真实生活、社会实践与当前学校教学情境沟通的理论及实际制约，突破既有教学组织形式对学习资源和学习方式的限制，重构学习者之间的社会结构和对话机制，发挥社会协商对知识建构和学习创新的重要作用，还原学习与知识的建构性、社会性、复杂性等，就显得尤为重要和迫切了。为此我们强调应在充分的教学内容分析的基础上，依据学生的起点能力、学习特征、学习风格以及内容主题、内容切入、内容难易度等，以多元智能模型为指导，根据受教育者的优势智能倾向，从教学目的、教学内容、教学环节、教学情境、教学方法、教学手段等多个维度进行教学设计。这种教学设计的理念在现代教育学领域确实为一些教育专家所认同，但在思想政治理论课教学过程中，则相对还比较陌生，或者还没有这种理性的认识。在具体教学实践中，我们需要对从大学生的心理、情感、认知结构、意志、动力、思维水平和方式，学习思想政治理论课的起点、风格、态度、动机等多个角度进行系统调研、统计和分析，参考教育学学者对一般学习者特征分析的维度、因素和方法，借助于数轴、圆、图表或表格等来构建思想政治理论课学习者特征多维分析的模型，从青年大学生所处的生理阶段、社会环境、独特生存处境和个体经验等多个视角探讨大学生的主观世界。

（2）教学组织形式的多样化系统研究。教学组织形式是学校教学活动中师生相互作用的组织结构形式，它是动态教学活动得以完成的基本过程载体。作为师生互动的组织结构形式，它必然要求某一具体教学组织形式必须充分激发师生双方的参与兴趣。然而，由于不同主体的兴趣焦点不同，同样内容的教学在面向不同的学生时，其形式显然应该是不同的。当前课堂教学形式的单一是教学效果不佳的重要原因。要增强思想政治理论课教学的针对性、实效性和吸引力、感染力，就必须基于对不同学习者特征的充分分析，实现教学方式方法的多样化。为此，我们在建构系统化的思想政治理论课教育教学新模式的过程中，一方面，在班级授课制的教学组织形式之外大胆引入新的诸如分组教学、协作教学、开放教学、师生合作教学等教学组织形式；另一方面，则改变课堂教学组织形式中过于依赖授业型教学组织形式的做法，大力开展以学生为中心的发现型教学形式。为此，我们可着力研究如何在教学组织过程中选准思想政治理论课课程特点与学生实际、政治性与科学性、学科性与思想性的契合点，研究如何通过凸显学习本质属性的具体教学组织形式实现"灌输"与"自我建构"的有机结合，实行"主体互动"的教学模式。探索如何在现代化教学手段的支撑下，针对各专业、各年级学生的不同特点，广泛实行有利于师生互动的启发式、参与式、研究式、问答式、讨论式、案例式教学等多种课堂教学形式，努力使我们的教学组织形式既保证课程教学的严肃性、系统性又保证学习者个性化需求的顺利实现。

（3）教学内容的多层次整合研究。现行的思想政治理论课课程体系为4+1+1模式，即4门必修课、1门选修课和1门形势与政策课。这其中的1门选修课即"世界经济与政治"因其选修性质而基本名存实亡，1门形势与政策课又因其没有统一规范化的教学大纲内容显得五花八门。而4门必修课为保持其内容的完整性，教材编写上又都存在着内容重叠的情况。如何将该体现的予以保障和突出，将可整合的内容予以灵活处理，就显得尤为必要了。为此，我们急需在充分的学习者特征分析的基础上，根据各地、各校、各专业实际情况，有效实现课程体系、教材体系向教学体系的转变。这就要求我们强调并着力研究在思想政治理论课教学内容的选择上如何做到目的明确、重点突出、主次分明、衔接合理；如何在思想政治理论课教学中突出体现其科学性和政治性、层次性和系统性，协调各门课程之间的关系；如何使思想政治理论课体现"三贴近"原则，使大学生自觉自愿地系统接受思想政治理论教育等。

（4）教学合力的全方位集成研究。加强和改善大学生思想政治教育必须全员、全方位、全过程育人。从思想政治理论课教育教学的全方位育人来讲，就是要通过积极开发、整合和优化教学资源，大力推行思想政治理论课教育教学网络化、生活化、全程化，努力形成思想政治理论课的教育教学合力。为此应着力研究四个主要问题：一是根据每门课程的特点和要求，选择适当的切入点积极编写辅助教材包括"精彩一课""教学热点难点解析"等教学参考资料或多媒体课件。二是建设栏目丰富、更新及时、严肃而不失活泼、点击率高的思想政治理论课教育教学专题网站。三是加大对"生活德育"的研究力度和实施力度，使思想政治教育融入学生生活的各个环节。四是加大对校园文化活动与思想政治理论课教育教学活动的耦合机制研究，充分发挥校园文化活动陶冶、导向、凝聚等内化教育功能和激励、同化、辐射等社会教育功能，陶冶人们的情操，规范人们的行为，引导人们正确地选择社会信息，接受先进思想。通过各方协调，实现思想政治理论课教育教学网络化、生活化、全程化，达成时时处处皆德育的理想状态。

（5）教学管理的制度化配套研究。规范化的教学是提升教学实效的重要途径。虽然教育部印发了《高等学校思想政治理论课建设标准（暂行）》，但相当多高校对该标准的实施只是被动应付，主动出台配套制度以确保增强思政课教学效果的高校相对还比较少。当前，思想政治理论课的教育教学存在着参与上缺乏广泛性、时间上缺乏连续性、内容上缺乏规范性、实施上缺乏保障性、结果上缺乏实效性等一系列问题，而这一问题产生的深层根源又在于教育教学环节硬性约束机制的缺失，即，整体的教育教学缺乏必要的制度保证和有效的运转制度。有鉴于此，我们必须加大教学管理的制度化配套研究，在科学界定思想政治理论课教育教学效果边界的基础上，制定合理的教学效果的评估指标体系，研究、设计相关指导细则、考核标准、奖励办法等。从学生、教师、职能部门及其相互之间信息反馈的多个角度，选定系统的效果评估观测点，系统研究如何进一步丰富思想政治理论教育教学的考评指标，完善学习及教学效果的评估体系，促使管理、服务部门为思想政治理论课教育教学创造更好的保障条件，促使教育者更好地搞好思想政治理论课的教育教学，促使学生更加主动地进行思想政治理论的学习和自我建构。

3. 思想政治理论课教育教学模式的协同实践

协同理论认为，教育是一个系统，在这个系统中要素与要素之间、系统与要素之间、系统与外界之间一旦处于协调互动状态，教育系统中因果变量之间就会出现非线性的变化，即 1+1>2。作为教学思想与教学规律的反映，教学模式主要是将教学观念、教学内容和教学手段等融为一体的综合体系。由教学模式的这一界定我们不难发现，教学模式实际上是由多要素、多环节构成的一个综合性体系。高校思政课教育教学模式当然也具有系统性和综合性的特征。高校思想政治教育是一个系统工程，其各子系统不是孤立存在的，它们彼此交融、相互联系、相互影响、相互促进、相互渗透，形成有机统一的整体。其有效运作依赖于各级子系统的相互协同与配合，以及子系统内部的有序运转。为此，基于增强高校思政课教育教学效果的考虑，还原思政课教育教学的系统性、综合性特征，多视角协同各要素，谋求实现高校思政课教育教学 1+1>2 的效果，就显得尤为重要了。育人为本，德育为先，高校思想政治理论教育要根据外部环境和内部状态的变化调适好内、外部各种因素的关系，增强各子系统的协同，促进高校思想政治理论教育的整体优化，进而全面提升高校的培养质量。然而，由于高校思政课教育教学具有非专业性和政治性特征，有调查显示，只有 21% 的被调查者认为，在实践中各子系统能够主动围绕高校德育工作目标，各有侧重地开展工作。从这个意义上讲，高校思政课教育教学模式的设计就需更加精致和有效，而其各构成要素的关联性和各环节实施的衔接性就显得更加紧密和紧凑，其协同育人的理念和实践应该得到全面落实。

教育教学是一个过程，是一个"课堂教学"求知、"课外活动"感知、"社会实践"体验的"三环一体"过程。因此，构建高校思政课协同育人模式，主要还是应该以这三个方面为基本抓手，实现五个方面的系统化。

（1）创新课堂教学模式，凸显学生主体地位。说到底，思想政治理论课的教学实质上是师生之间共同的精神建构，是一种相互之间的思想交流、理解和沟通。

高校的教育教学，需要真正强调"研究性"，要从传统的强调课堂内教学转变为强调在课堂内学习以及在课堂外非正式场合学习的统一，要将学生结构化学习与非结构化学习整合起来，让学生在各种场所、通过各种形式，向社会学习，向有着不同背景与经历的人学习。这种改革，使得教师将面临新的挑战：由于课堂内教学时间与教学内容的减少，教师必须由简单的知识传授者转变为知识门径的指路人、学习兴趣的激发者和共同的研究者。教师将进一步精练课堂教学内容，改革教学方法，从而诱导学生从"学会"到"会学"，以实现"教，是为了不教"这一教育的终极目标。这种改革，使学生面临开阔的空间：学生有更多时间去图书馆查找资料，去深入地研究、体会和消化课堂教学的内容；有更多的时间按照自己的兴趣去参与科学研究，感受科研的气氛，扩大视野，扩展思路，提高创新能力；有更多的时间投入社会，在实践中学习、感悟和体验，从一个被动的学习者转变为一个更加主动、自主的学习者。

从课堂教学模式的构建来看，一是教师把研究的思想、方法和成果引入教学活动，将原有的以讲授为主转变为引导学生自学、答疑解惑、启发学生的思维、开阔学生的视野，教师的主导性加强了；二是学生真正成为学习的主人，其潜能得到充分发挥，养成独立思考的气质和批判精神，在自我调节中，符合终身教育需求的自学能力生成了；三是课堂教学是学生讨论及教师答疑解惑的交流场所，是师生间知识、智慧和想象力在教与学共同面对问题上的交汇、吸纳、撞击和新生，课堂气氛改变了；四是教材只是一门专业课知识的基本框架和大体脉络，把握教材是学生量力自行的事，而非为了考试；五是教师将面临新的挑战，只有不断地学习、研究才能提高胜任的能力，因为他面对的学生要求实在是太高太多了；六是微观具体知识和现象细节的罗列，再也不会占去大量宝贵的时间，宏观战略的学术思想、富于想象和创造的学术观点，将得到更多的阐发和培育，教师通过抓要点、释难点、讲思路、传方法、搞创新等，自始至终地充当着学生自学和自学能力成长的扶杖和引领的角色。

（2）营建校园文化氛围，丰富德育载体的形式。研究表明，人的身心发展依赖三个因素：遗传、环境和教育。环境作为客观存在，能影响人的发展。环境体现一种文化。文化是一个含义宽泛的名词，大到人类文化，中到区域文化，小到企业文化、校园文化等，在不同国家、不同历史时期、不同学者那里有着不同的阐释。文化是人类社会所特有的区分自然现象和社会现象的重要标志，文化是人的创造，包括人的创造活动本身和创造成果，并且作为人所创造的文化又创造了人自身。

校园文化一般指以学生为主体，以教师为主导，以促进学生成人成才为目标，由广大师生在教育教学实践中共同创造的一切物质和精神成果的总和。高品位校园文化在不同层面具体表现为校园环境的优美、图书馆和实验室等设施的完备、学校整体格局的有机统一；在制度文化上，以育人为本、促进学术科研发展为天职；精神文化应是科学、伦理和艺术追求的真、善、美的和谐统一。高品位校园文化的表现形式可谓北京大学王义遒教授所概括的"文、雅、序、活"四个字。"文"体现知识，学校是知识的海洋，学习的源泉，一个人置身于其中就能随处学到新知识、新学问；"雅"指学校的一切都要体现出高于社会的文明格调；"序"反映学校生活井井有条，制度严谨，管理规范；"活"即学生们朝气蓬勃，充满活力，勇于创新，处处显出青春的生气。四者相辅相成，共同构成高品位校园文化的育人环境。

要系统发挥校园文化的育人作用，一是要优化物质文化环境，增强校园文化的陶冶和感染力；二是要规范制度文化建设，引导并强化师生的价值观念；三是要加强精神文化活动，促进个体个性的发展。以上各个层面校园文化活动的开展，既陶冶了师生的情操，锻炼了师生的能力，更使学校形成一种生动活泼、奋发向上的氛围、风气，即良好的学风、教风、校风。这种风气和氛围可使师生抛开一己之私利，能为学校的发展、民族的复兴和人类的文明奉献一切，这正是一种可贵的校园精神，是一种耳濡目染的思想政治理论教育的体现。

（3）加大行为践行力度，达到知行合一的效果。知识分子从书本上得到的知识没有同实践结合的时候，其知识是不完全的，或者是很不完全的。高校参加社会实践，是拓展新形势下思想政治理论教育的有效途径。这里所说的实践，包括科学实践和社会实践。科学实践主要是科学实验和科学研究。除了正常的教学计划安排，学校还应鼓励学生积极参与老师的科研活动，以增加科学实践的机会。社会实践主要是社会调查和社会服务，它为大学生了解、认识社会创造了条件，也为大学生客观地认识、评价自我创造了条件，对大学生的素质提高和成才具有重要意义。具体实施中，应做到：一是实践课程化与主题项目化。二是管理规范化与运作机制化。三是服务日常化与活动基地化。

（四）高校思想政治理论课教学方法创新

党的十八大以来，习近平总书记系列重要讲话中阐发的青年教育思想，对做好新的历史条件下青年思想政治教育工作，具有重要的指导意义。习近平总书记关于青年理想信念教育、"中国梦"教育的论述，深刻阐明了青年思想政治教育的目标要求；关于青年中华优秀传统文化教育、社会主义核心价值观教育的论述，明确指出了青年思想政治教育的发展方向；关于青年教育意义的论述，科学揭示了青年思想政治教育的价值取向。这些重要论述，是动员当代青年为实现中华民族伟大复兴的"中国梦"奉献智慧、贡献力量的思想纲领，是新时期青年思想政治教育工作的行动指南。当前，探索高校思想政治理论课教学方法创新，对深化学习和贯彻习近平总书记系列重要讲话和"必须办好"思想政治理论课都有着重要的意义。

1. 提高教师能力是根本

提高思想政治理论课教师授课能力是帮助学生形成主流意识形态的根本所在。提升教师授课能力，应从三个方面入手：首先，时刻提醒自己矢志不渝地做一名主流意识形态的担当者和传播者。杜绝在课堂上为迎合学生喜好而放弃主流意识形态的话语权，避重就轻，把思想政治课上成心理鸡汤课、考研政治课。其次，不间断地学习专业知识。我们需要不断把握当前主流意识形态的内容，明辨当前社会中的错误意识对主流意识形态的冲击。最后，积极探索有针对性和实效性的教育模式。针对当代高校大学生个性特征，一定要从"知"入手，阐述清楚主流意识形态，让学生真正了解后，再进而内化于心，外化于行。针对学生愿意积极参加实践的特性，在课堂中加入互动实践环节，增加吸引力。

2. 依托教材载体，捕捉创新契机

教师应努力挖掘教材中有利于培养学生创新意识的因素，并融入教学过程的始终。无论是一段文字的叙述、一幅图画的展示，还是一张图标的分析，或一个多媒体动画的播放，都要让学生产生探究的欲望，成为创新的契机。这样的教学，不仅能激发学生的创新欲望，有利于培养学生的创新意识和创新精神，同时也体现出由教为主体向学为主体的转化，真正实现教程和学程、教法和学法的完美统一。思想政治教育课涉及政治、经济、文化、哲学等与生活密切相关的内容，我们可以从现实生活中选取学生感兴趣的热点问题或贴近学生实际生活的问题，结合教材知识，以激发学生的探究欲望，达到学以致用的目的。

3. 创设民主课堂，激发学习欲望

传统的教学课堂，学生往往倾向揣摩教师的心思，回答问题总是小心翼翼。长期被动式的学习方法束缚了学生自主学习意识的发展，在这种教师权威主导状态下，学生是不可能有什么创新意识的。作为政治教师，必须转变旧的教学理念，明确学生是学习的主体，是课堂教学的真正主角。教师在教学中应努力为学生创设民主、和谐的教学氛围，做到师生平等，尊重学生、宽容学生、赞美学生。教师要充分发挥自身的引导作用，在课堂教学中，针对教材，精心设计，把知识和趣味融为一体，创造读书思考、动手操作、独立探求新知的时间和空间，有效地调动学生学习的积极性，对于学生存在的思想误区、盲区，教师要细心、耐心地说服，给予客观评价，鼓励学生积极主动地探索知识。只有这样，才能为学生积极思考问题提供良好的氛围和人际关系环境，学生才能放松心情，积极思考问题，激发创新欲望，发展创造性思维。

4. 消除应试影响，营造创新环境

在应试指挥棒的束缚之下，学生往往片面追求考试分数，注重学习任务的完成，一等二靠三要，甚至认为教材上的知识是金科玉律，因而不敢越雷池半步，造成死读书、读死书的现象。这种机械单调的学习方式只会加重学生的学业负担，抑制潜能的开发，束缚创新意识的觉醒和个性的解放。因此，在思想政治课堂教学过程中，教师要善于帮助学生消除应试教育的影响，不断营造有利于学生创新思维发展的和谐氛围。如果淡化分数考评，学生可能成为"多料"全才。思想政治课应该把学生的德育、智育、审美、实践等要素都纳入对学生的综合素质考评体系，让学生的左右脑全部行动起来，引导学生学会做人、学会学习、学会劳动、学会健体、学会审美。

5. 充分利用互联网思维

思想政治教育方法要充分利用高科技手段推动思想政治教育方法科学化、现代化、最优化。应积极创建教育互联网平台，营造红色网络文化氛围，以"灌输、引导、监控"为主要方式，占领网络思想意识阵地，积极探索校园网与思想政治教育相结合的实现途径，充分利用网络技术优势加强和改进思想政治教育工作。

6. 打造教育合力

做好高校内的思想政治教育工作是一个系统工程，除了发挥思想政治教育课堂的功效，还要与学校其他部门和其他课程结合起来。思想政治教育课课堂教学要和学校党委、团委系列活动挂钩，互通有无、相辅相成。与此同时，学校要引导、监督其他课程教师利用课堂对主流意识形态进行正面教育。

教学有法，但无定法。发挥思想政治课优势，进行创新教育，其方法多种多样。教师要根据实际情况，在教学实践中大胆探索，选准切入点，注重学生学习方式的转变和教师教学方式的转变，从强调知识内容向获得知识、探究知识的过程转变。只有这样，才能不断发展，才能与时俱进。

第八章 湖北高校马克思主义学院社会服务工作

理论联系实际是马克思主义的优良学风。高校马克思主义理论学科在做好教学、人才培养和科学研究的同时，必须对当前社会提出的重大理论和实践问题，尤其是意识形态领域的重大理论和实践问题开展战略性研究，充分发挥思想库和智囊团作用，为经济建设、社会发展和巩固马克思主义在意识形态领域的指导地位，巩固全党全国人民的共同思想基础提供智力支持。2016 年，中央先后制定了《关于加快构建中国特色哲学社会科学的意见》《关于加强和改进新形势下高校思想政治工作的意见》等一系列重要政策，召开了哲学社会科学工作座谈会、高校思想政治工作会议等，对高校马克思主义理论学科积极参与社会服务产生了重要的激励作用，有力地提升了高校马克思主义理论学科社会服务质量，促使其社会影响力得到显著提升。

一、主要成绩

近年来，湖北省高校马克思主义理论学科在中央和省委精神指引和鼓舞下，社会服务意识进一步提升，紧紧围绕湖北经济社会发展中的重大理论问题、热点难点问题，通过参与决策咨询，开展理论宣讲，担任学术兼职，开展社会培训，参与文件制定，进行对口支援等，保持了各项社会服务持续增长的态势，充分发挥了思想库和智囊团的作用，社会服务影响力不断提升。

(一)充当党的理论和意识形态工作的主力军

湖北高校马克思主义学院在做好理论研究和调查研究基础上，发挥理论工作和意识形态工作的智库作用，积极建言献策。近年来，决策咨询获得批示数量持续增加，逐步建立起一些常态化、长效性的研究平台。

武汉理工大学马克思主义学院编写了《马克思主义理论简明读本》，已成为师生理论学习精品，社会科学文献出版社将其列为向十九大献礼书目，产生了较大社会影响。学院开展精品课程建设，育万千英才。目前，学院有 1 门国家精品资源共享课、1 门国家精彩视频公开课、1 门全国高校职业发展与就业指导示范课、2 门社会主义核心价值观视频展播课相继在教育部爱课程、网易等网站上线，点击量 20 万人次，辐射效果良好。

中南财经政法大学在《人民日报》《光明日报》《中国社会科学报》《湖北日报》等发表有影响的理论文章 20 余篇，出版相关理论读物 10 余部。同时积极参与决策咨询，《关于提升湖北绿色发展水平的建议》的提案被选为中共湖北省委书记督办的重点提案。

武汉科技大学马克思主义学院建设了湖北意识形态建设研究院(智库)和意识形态安全研究中心。在加强理论研究的同时,为湖北省委、省政府和相关部门提供决策咨询服务。2016 年向有关部门提交研究报告 5 份,获原湖北省委书记李鸿忠、时任副省长任世茂等同志批示。2017 年向国家安全部、湖北省委、省委宣传部呈报意识形态安全方面的专题研究报告,获中共湖北省委、国家安全部和湖北省委宣传部等采纳 14 份,其中省委采纳 5 份、国家安全部采纳 1 份、省委常委王艳玲同志批示 3 份、转发《智库成果要报》1 份。研究院主要负责人参加省委意识形态安全研判等专题会议 10 余次,所提意见和建议受到高度重视和现场采纳。学院学科团队参与创建的湖北高校思政网是湖北省教育厅思想政治教育与社会科学研究处(湖北省委高校工委宣传处)工作网站,是打造集外网信息发布、内网办公自动化、培训培养、网络课程、交流互动及远程督导等多功能于一体的全省高校思想政治教育工作综合服务平台,是湖北省高校思想政治教育工作的创新载体,是适应大数据时代特点和思想政治教育规律的重要实践,是服务全省高校思政教育教学的重要阵地。自 2015 年 11 月上线试运行以来,截至目前,整个网络的点击量超过 88 万次。团队倾力打造"WUST 武科大党的旗帜"新浪官方微博,用"活教材"教"活"党课,开辟了"人人参与,都有收获"的自我教育新途径。

湖北大学马克思主义学院积极组织教师开展调研,提交咨询报告。熊友华教授主持的湖北省纪委重点调研课题,得到时任省委书记李鸿忠同志的重视和高度评价;湖北省高校党建研究中心撰写的调研报告——《十八大以来湖北省高校党建工作发展报告》荣获湖北省委党建工作领导小组办公室和湖北省党的建设研究会联合颁发的"2017 年度全省党的建设课题优秀调研成果"。

武汉工程大学积极参与党政机关决策咨询。舒先林教授的《美国的中东石油战略与中国能源安全》论文被人民日报社《内部参阅》于 2010 年第 12 期全文刊登,并在封面作为"本期重点"编发了摘要。

武汉轻工大学马克思主义学院立足于地方经济社会文化发展,主动参与政府咨询决策,充分发挥思想库优势。学院教师主持完成湖北省思想库项目"开发湖北农村消费市场对策研究",成果入选湖北省委省政府《领导参阅》2010 年第 13 期,获得副省长的阅批和高度肯定。2014 年学院教师主持并完成湖北省委宣传部重大调研项目"如何让社会主义核心价值观'像空气一样无所不在'"研究。2017 年该院教师《关于把我省农产品加工业打造成富民强省加速器的对策建议》的调研报告被民盟省委采用作为省政协第十一届五次会议集体提案,受到中共湖北省委农村工作部的答复和重视,《发展绿色农业,助推我省农业供给侧结构改革的对策建议》调研报告获得民盟省委主要负责人的肯定性批示,并被采用为省政协第十一届十九次常委会上的发言提案。

长江大学积极组织教师围绕重大理论和现实问题开展调研,提交咨询报告。李和中教授的教育部重大课题攻关项目"基于全面从严治党的高校党内监督机制研究"的阶段性研究成果《让高校党内监督成为新常态——来自中部地区长江大学调查研究报告》获市委批阅并建议批转相关高校参阅借鉴。

(二)主动服务于湖北省发展大局

1. 理论宣讲工作

理论宣讲是马克思主义理论学科提供社会服务最普遍的形式,不仅能发挥马克思主义理论学科教师的理论优势和教学经验,同时也是对党的精神进行宣讲的有效途径,教师在宣讲中能将最新的研究成果传递给大众。近年来,湖北高校马克思主义学院理论宣讲场次数量迅速增加,在学习党章和学习习近平总书记系列重要讲话精神方面发挥了重要作用。如2012年下半年开始,省内多所高校多名专家学者参与,在全省农村、企业、社区建立了理论热点面对面示范点,搭建起理论工作者与基层群众"面对面"的平台,开启了理论与实践直接"见面"的探索。

武汉理工大学马克思主义学院广泛开展理论宣传与社会服务工作,推动马克思主义大众化。邱观建、朱喆、王智、邵献平、许传红、雷五明等一批马克思主义理论研究与宣讲专家开展理论宣讲和学术报告的脚步遍及全国20多个省市自治区。依托省委宣传部"理论热点面对面"示范点,送理论下基层30余场,受众数达万人次。发挥"三家型"队伍作用,选派教师赴学校、企业、社区和部队开展理论宣讲千余场,受众数达十万人次。

中国地质大学(武汉)马克思主义学院在湖北省英山县红山镇农讲所建立"理论热点面对面示范点",先后为当地党员群众宣讲最新理论政策100余场次,开展下乡调研30余次,提交的系列报告被中共湖北省委宣传部讲师团评为优秀调研报告。2015年学院积极参与"东方之星"沉船事故心理帮扶,受到中共湖北省委表彰。学院通过"西部计划""大学生村官""选调生""暑期社会实践调查"等形式,引导广大学生到全国各地开展服务、调研和就业。

华中师范大学马克思主义学院教师在《人民日报》《光明日报》《中国社会科学报》等主流媒体刊发30余篇理论文章,弘扬主旋律,传播正能量。承办了"2017年湖北省高校思想政治理论课骨干教师学习贯彻党的十九大精神培训班",与武昌区共建了"新时代马克思主义大众化武昌讲习所"。自党的十九大召开以来,学院教师共有100余人次深入各单位开展理论宣讲活动,受到普遍的欢迎与赞扬。

中南财经政法大学马克思主义学院十九大精神宣讲队分三批共43人次赴监利县"理论热点面对面"示范点的23个乡镇、场,采取多种形式向基层干部群众宣讲党的十九大精神,被省委讲师团评为"优秀示范点"。

武汉工程大学组建理论宣讲团,凸显理论宣讲社会服务功能。与湖北三环集团和鄂州池湖社区合作,组建了7人宣讲团深入三环集团、鄂城新区等地宣讲习近平新时代中国特色社会主义新思想。教育部2018年组织了"学习新思想千万师生同上一堂课",该校马克思主义学院舒先林教授作为巡回授课专家,已为武汉城市职业学院、湖北省体育职业学院和本校2000多名师生授课。

武汉科技大学积极开展理论政策宣讲。2017参与湖北省委宣讲团、武汉市委宣讲团专题宣讲50余场。组织12人的教授宣讲团到仙桃等地集中宣讲习近平总书记系列讲话和十九大精神等近100场,取得了很好的效果。2018年上半年已经完成省委讲师团"点单式宣讲"、省高校工委"新思想"宣讲等约50场。参与由湖北省委宣传部、省委讲师团领导的"理论热点面对面"省级示范点建设工作。从2012年底开始至今，已持续开展5年有余，所建设的武科大—仙桃示范点每年都获全省优秀示范点，取得的相关成功经验在其他示范点得到广泛推广。

三峡大学马克思主义学院结合学院特色积极为地区发展提供社会服务，学院多名教师是"理论热点面对面"省委讲师团和市委讲师团成员，他们积极开展理论宣讲；承接地方党政部门委托课题，为地方党风廉政建设、社会发展规划提供理论咨询和决策参考；学院密切校地合作，助力区域发展，主动融入三峡区域经济社会发展，与宜昌市、恩施市政府联合申报了两个省级区域社会治理研究基地，著有《现代城市社会治理创新"一本三化"模式研究：来自宜昌的中国经验》等研究报告，为地方社会治理提供重要理论指导；在传承优秀文化，弘扬主流价值方面，学院在中央电视台《法律讲堂》主讲系列讲座，同时主办宜昌市"廉政文化讲堂""市民大讲堂"，提升干群廉政意识和市民文化素养；与地方共建的"巴东野三关中国土家族文化传承院暨民族文化博物馆"，成为我省乃至全国第一家土家族文化传承研究机构。

湖北经济学院积极为湖北的经济社会发展献计献策，组织相关专家紧紧围绕《理论热点面对面示范点建设实施方案》提出的"五点合一"（理论热点宣传点、社情民意观测点、专家学者实践点、为人民群众服务点、基层文化建设点）思路，在人福医药集团、随州市曾都区草店子社区开展了理论宣讲、专题调研、服务群众、社情民意观测等方面的社会服务活动，取得了显著成效，获得了省委宣传部、省委讲师团2次"优秀"和2次"良好"评价。学院还以"示范点"来搭建理论宣传工作的新载体、新平台，充分发挥示范点的"思想引领、舆论推动、精神激励、文化支撑"作用，为实现富民强省目标提供精神动力和理论支持，取得了显著社会效益。

2. 服务地方经济和社会发展

湖北作为中部地区的重要省份，在中部崛起战略中发挥着重要的作用。2017年9月，湖北省政府办公厅印发了《湖北省促进中部地区崛起"十三五"规划实施方案》，提出了一系列重点工作任务。湖北高校马克思主义学院在助力中部崛起中发挥着重要作用，积极向党和政府提交调研报告和咨询报告、参与党和政府文件和报告的起草或修订，主动服务于湖北省地方经济和社会发展，将理论研究与湖北发展大局紧密结合起来。

华中科技大学马克思主义学院近3年共提交43件政策咨询建议，共有6项成果得到党和国家领导人指示和相关部门的采用。支持教师参与十九大精神的宣讲工作，参与各级宣讲团11人次，参加宣讲场次27场，辐射近5000人。

华中师范大学注重开展理论宣讲和提供决策咨询服务。学院积极组织教师围绕重大现实问题、重大理论问题和重大实践经验总结开展调研，提交咨询报告20多份。张耀灿教授主持的思政课教学测评体系已成为思政课教学测评的重要依据；秦在东教授主持编制了高中政治课《文化生活》课程标准；李良明教授出版的《恽代英全集》得到刘云山等国家领导人批示；刘仁忠教授提出的"连片耕种"模式得到8位省部级以上领导批示，并被写进中共中央2016年1号文件；何家伟担任副主编的《中国精准扶贫报告（2016年）》得到国务院副总理汪洋批示；谢守成教授主持编写的《湖北大学生创新创业教育现状调查》得到中共湖北省委批示等。

中南财经政法大学积极为地方发展献计献策，近年来分别在河南省巩义市、湖北省监利县新沟镇、湖北省保康县马桥镇中坪村、武汉市江汉区万松园街等地设立思政课教师实践研修基地与研究生实习基地，服务基层建设。其中《关于提升湖北绿色发展水平的建议》的提案被选为中共湖北省委书记督办的重点提案。

武汉理工大学搭平台建智库，为地方党委政府及企事业单位提供决策咨询。建高端智库，承担专项研究近 20 项，咨询报告《关于促进我省农村经济专业协会的发展建议》《湖北科技团体服务科技创新体制机制与实践路径》分获时任省委书记李鸿忠、省人大主要领导批示。与武汉市两个街道开展"街校共建"，助力社区建设。深入基层司法局和社区，为服刑人员与失独人士开展法制教育和社会援助，雷五明教授被武汉市司法局评为"司法工作志愿者先进个人"。

华中农业大学马克思主义学院注重社会服务工作，师生合作，长期开展驻村调查与服务，建设固定观测点。围绕重大理论和现实问题开展调查研究，提交咨询报告，3 份咨政报告被省部级部门采用，1 篇入选《领导参阅》，1 份调研报告获评湖北省优秀调研成果二等奖，3 份调研报告获评湖北省理论热点面对面优秀调研报告。马院围绕乡村关注的热点和难点问题，借助理论热点"面对面"政策宣讲阵地，用习近平新时代中国特色社会主义思想武装农民，获评湖北省"理论热点面对面"优秀示范点。

湖北工业大学以教学科研平台、网络信息平台为重点，开展校地合作、校企合作；围绕长江经济带和湖北地方发展，利用学院的横向合作项目和学校蹲点联系的新农村建设村镇，在精准帮扶、新农村建设、乡村振兴等方面为地方建言献策；以理论宣讲团为主体，与荆州、潜江、黄冈等地方政府，与劲酒公司、三江航天等单位开展合作，服务于社会，也提升了自身的社会影响力。

武汉科技大学马克思主义学院学科骨干张继才教授与华中师大著名历史学家严昌洪教授共同负责创建的被誉为武汉"活的近代史"之称的昙华林历史文化陈列馆，开馆第一年接待观众 19.06 万人。他们参与创建的武汉抗战纪念馆与"辛亥革命网"网站均具有全国乃至世界性影响。李敏教授牵头的团队立足"理论服务三农、助力精准扶贫"，大力开展创新性研究，研究成果被中共湖北省委、湖北省人民政府采纳 3 项，获评省政府决策调研报告优秀奖 2 项；开展涉农培训多场，直接受益近 1000 人。

中南民族大学马克思主义学院树立服务民族地区的人才培养导向，近 5 年来，马克思主义理论学科共招收研究生 160 人，招收本科生 289 人，65% 为少数民族学生，为民族地区培养了留得住、用得着的马克思主义青年人才，学院毕业生受到用人单位的普遍好评；充分发挥马院教师理论宣讲的优势，2016—2017 年学院教师每年参与校内外理论与政策宣讲 150 多场，特别是湖北省理论热点面对面中南民族大学三岔乡示范点连续 4 年获评优秀，受到社区群众欢迎和省委宣传部的表扬。湖北省中国特色社会主义理论研究中心中南民族大学分中心充分发挥学院理论研究的优势，积极在《光明日报》等权威媒体发声，连续 4 年受到省委宣传部表扬；学院还积极运用暑期三下乡活动、研究生创新创业活动及民族干部教育班、社区实习等活动参与湖北调研资政、开展恩施基层干部培训、服务龙城社区基层党建、助力半壁山农场经济发展等服务工作。近年来向各级部门提交咨询报告近20篇，其中4篇成果被省部级领导或机构批示、采纳。

湖北工程学院利用马克思主义理论学科优势，服务地方文化传承创新工作。学院鼓励教师积极研究地方文化，特别是孝文化、非遗文化、红色文化，在文化传承创新方面发挥应有的作用。如在孝感市孝文化名城建设和红色文化研究和利用工作中献计献策，进一步提升本地传统文化自信。在思想政治理论课"思想道德修养与法律基础"教学中，专门开设"孝廉文化教育"专题，受到学生的欢迎和好评。

湖北警官学院面向实战、贴近与服务"一线"，与湖北省公安厅政治部联合举办了"公安思想政治理论与实务"研讨会，出版《新时代公安思想政治工作理论与实务研究文集》一部，极大地促进了公安思想政治工作理论与实际的融合。学院教师参编了公安部统编教材2部，多位教师多次完成学院警官培训部承办的各种培训班的授课任务。

湖北师范大学马克思主义学院坚持"奉献、品牌、效益"的办学理念，不断强化服务黄石地方的功能。大力争取横向项目，服务当地经济社会发展，取得良好效益，马院已经成为黄石地区经济社会发展的重要思想库和智囊团，正朝着打造国内特色服务品牌而努力。马院以各类公益服务团队为支柱，为当地大力提供公益服务。成立于2011年，由马克思主义学院思政专业学生发起的全国首个关注失独群体的大学生志愿服务组织"献爱儿女"服务团，已经直接入户寻访帮扶了80多户失独家庭，团队荣获"湖北省大学生社会实践活动优秀服务团队""湖北省十佳公益项目""第五届大学生公益创客项目百强"等荣誉称号，团队两位成员分别入围2012年和2016年"全国大学生年度人物"。

武汉纺织大学马克思主义学院坚持服务地方经济、政治、文化、社会和生态文明建设，形成良好社会影响。喻学林教授的《"90后"大学生理想信念教育状况调查研究报告》获湖北高校智库优秀决策咨询研究成果奖，为教育决策和教育实践提供了较好的智力支持；张建林教授致力于创新人才与思想政治教育研究，受邀参加国家教改办创新人才改革组相关调研活动，参与起草30多份重要调研报告，为国家教改建言献策；商卫星教授承担"中国调查"项目，调研湖北农村空巢老人身心健康；喻学林教授、商卫星教授、姜迎春副教授、王海燕副教授、李静副教授等多次受邀为地方党委、政府宣讲中央精神，成为省级政府职能部门业务培训的骨干专家；朱丽霞教授致力于反腐倡廉制度文化研究，获得湖北省纪委的肯定和经费支持以及国内外诸多学者的认同；学院教师积极参与"东方之星"监利沉船等重大社会突发事件心理救助，赵宝富老师获得湖北省红十字会"6·1"长江沉船事故心理救援先进个人；学院师生积极参与地方社会综合治理和精准扶贫等工作，多次深入利川、团风、南漳等扶贫点指导中小学心理健康教育工作。

武汉商学院马克思主义学院与武汉经济技术开发区全力南职工社区合作共建"青年教学实践基地"，是湖北为数不多与企业职工公寓型社区建立实践教学基地的高校，旨在借助马克思主义学院学科优势，强化社区党建、心理健康建设和法制建设，同时也为马克思主义学院教师和学生走进社区开展实践教学提供平台。该院刘宗劲老师发挥自身专业优势，分别为武汉市委党校、湖北省石首市行政事业单位、华中师范大学、四川省泸州长江经济开发区、中共佛山市顺德区委等单位作"团队沟通与管理沟通培训"专题讲解，培训人次上万人，有效提升了社会服务能力。

湖北文理学院坚持"立足襄阳，扎根襄阳，融入襄阳，服务襄阳"的服务发展理念，长期坚持服务社会、服务地方，走出校门，深入到襄阳企事业单位、机关单位、城市社区和农村乡镇，宣讲党的创新理论。举办多场马克思主义中国化理论、党的方针政策、当前形势与政策及道德、文化、文明与社会主义核心价值观等方面的专题讲座，举办十九大报告解读系列讲座，影响人数 2000 多人次；为襄阳工人考试、公务员招考开展政治理论知识培训，约 6200 人次；马克思主义学院詹学德教授和团队成员周淑芳博士、沈年耀教授、熊明秀副教授、帅传系副教授接受襄阳市樊城区乔营社区邀请编修《乔营社区志》，接受樊城区王寨街道办事处邀请编修《王寨街道志》，接受樊城区柿铺街道办事处邀请编修《柿铺街道志》，接受樊城区柿铺西社区邀请编修《柿铺西社区志》，接受樊城区牛首镇邀请编修《牛首镇志》，接受樊城区洪沟社区邀请编修《洪沟社区社区志》，接受樊城区党史地方志办公室邀请编撰《樊城区党史第二卷》，均取得良好效果。

湖北理工学院依托省高校人文社会科学重点研究基地——公共文化研究中心，先后与黄石市政府、大冶市政府、西藏山南地区、黄石市文化局开展创建国家级、省级公共文化服务示范区合作研究。撰写论文 10 余篇，编撰完成了《黄石市公共文化服务理论与实践》等 100 余万字的研究报告，研究成果被政府采纳形成文件 40 余份；顺利完成西藏山南地区创建第二批国家公共文化服务体系示范区制度设计研究；完成了《黄石市文化发展"十三五"规划纲要》《黄石市公共文化服务标准化研究》；与黄石市宣传部合作的城市文明礼仪项目研究成果被黄石市政府采纳并得到广泛运用。

黄冈师范学院马克思主义学院积极开展社会服务，在黄冈市党员干部培训、黄冈各县市党史编写、黄冈市委决策提供咨询报告等方面均发挥了重大作用。学院思政课教师先后在黄冈市及下属各县市的党政机关、司法机关、企事业单位、社会组织和校外高校等，开展十八届六中全会精神、十九大精神、习近平新时代中国特色社会主义思想、宪法修正案、国家监察法等宣讲 20 余场；承担为团风县编写《中国共产党团风历史》(第二卷) 工作；提交的《黄冈市社会组织党建工作研究报告》得到黄冈市委书记的重要批示，在黄冈市组织部门、统战部门的文件中得到应用。

湖北科技学院马克思主义学院建设好咸宁市马克思主义大众化研究基地和湖北省社会科学普及教育(咸宁)基地，充分发挥基地桥梁、纽带和平台作用，先后为社区、农村、政府部门和企事业单位举办理论、政策宣讲 40 余场次。鼓励全体教师围绕重大现实问题、重大理论问题和重大实践经验开展调研。近 3 年，学院教师共参与并解题咸宁市思想库项目 16 项，提供决策咨询报告 3 份，参与调研 10 余次，在主流媒体刊发弘扬主旋律、传播正能量文章 10 余篇。

湖北汽车工业学院成立"习近平治国理政思想研究所"和"鄂西北区域发展研究所"，专门对接社会服务。近年来承担了"十堰文化简史""十堰党史""知识产权金融服务"等地方研究项目，共获研究经费 300 余万元，为地方的文化建设与经济发展做出了一定的贡献。

（三）为湖北省党政机关、高校和事业单位培训人才

开展继续教育和专业化培训是马克思主义理论学科服务社会，提高学科社会影响力的

重要途径，针对党政干部、高校行政管理人员及教师开展继续教育和培训是提升他们业务能力的重要环节，几年来，湖北高校在开展继续教育和培训工作方面发挥了重要作用。

中国地质大学(武汉)马克思主义学院按照"立足湖北、面向中部、辐射全国"的思路，积极服务社会。从 2007 年至今，以马克思主义学院为依托的湖北省辅导员培训基地，累计为湖北省各高校培训新任辅导员 4000 余人；2018 年 4 月，为了深入贯彻落实全国高校思想政治工作会议精神，全面加强高校思想政治理论课教师队伍建设，进一步推动习近平新时代中国特色社会主义思想进教材进课堂进头脑，中国地质大学(武汉)承办了全国高校思想政治理论课教师队伍建设研讨会，来自武汉大学等国内 60 多所高校的百余名专家学者紧紧围绕如何加强高校思想政治理论课教师队伍建设展开了深入的研讨。各高校马克思主义学院院长发言，分别从多个角度为高校思政课教师队伍建设提供了可供借鉴的新思路、新举措。

湖北工业大学连续多年承办全省高校思想政治理论课骨干教师暑期社会实践研修活动，活动以专题报告、学术交流为主，并进行相关实地考察。活动促进了湖北高校思想政治理论课教师进一步了解国情，开阔视野，提高认识，促进理论与实践的结合，进一步坚定中国特色社会主义道路自信、理论自信、制度自信、文化自信。同时，参与研修的教师通过所见所闻，获取了大量一手资料，极大丰富了教学内容，为加强马院建设和进一步提高思想政治理论课课堂教学效果带来极大的帮助。

中共湖北省委党校开设了《共产党宣言》《矛盾论》《实践论》《论共产党员的修养》等经典原著导读课程，在广大领导干部中开展党性教育和理论教育。为培养马克思主义后备力量，推出"青年马克思主义者"培养工程，与教育厅、团省委合作，每年遴选高校大学生组成"青马班"，每年寒暑假各学习一个月。同时加强对各市县党校的专业联系与合作，帮助地方党校教师提高理论素质和专业能力。党校成为提高领导干部马克思主义理论素养和培训轮训干部的主阵地，为提高各级领导干部马克思主义理论素养做出了贡献。

武昌理工学院成立了湖北省首家"大中小学思政课一体化建设研究中心"，学校在长期的思政课教学实践中逐步探索形成了"一主四延伸"的教学模式。"一主"即强化思政课课堂教学主阵地，"四延伸"即积极推动课堂教学向课外主题教育活动延伸、向社会实践延伸、向网络教学延伸、向中小学延伸。该研究中心着眼于分析中小学思政课建设面临的新形势，抓住制约思政课建设的突出问题，研究制定切实可行的改进举措，从师资队伍、课程教材、教育教学、考试评价等方面系统开展中小学思政课改革创新研究，同时深入推进思政课思路创优、师资创优、教材创优、教法创优、机制创优，取得了良好的社会效果。

二、主要问题与对策建议

马克思主义理论学科从创立到发展过程中，湖北高校众多师生积极投身于社会服务之中，取得了不少成效。在开展社会服务中，仍存在一些矛盾，也呈现出一系列新问题值得我们关注和进一步改进。

(一)主要问题

1. 社会服务体制机制建设不健全

通过调研，马克思主义理论学科由于其学科的特殊性，长期以面向大学生的思想政治理论教学和学术研究为主要任务，很多高校在教师队伍建设、科研工作、教育教学方面都取得了不少成果，但是在服务社会中缺乏健全体制机制的支持。一是一些高校在发展过程中盛行行政化和功利化的指导思想，认为马克思主义理论学科不如其他应用型学科能够带来实际的效益，在顶层设计上偏重于支持学校的优势学科，没有给予马克思主义理论学科太多的支持，使得马克思主义理论学科在社会服务中缺乏自主空间。二是在支持教师参加社会服务方面缺乏有效引导机制，评价教师成功与否还是以教学科研成果和职称的高低作为重要标准，部分教师对服务社会缺乏积极性和动力。当前湖北高校马克思主义理论学科社会服务工作仍处在以各高校自发参与为主，教师参与社会服务工作大都是凭自己的热情，缺乏制度化渠道、资源和激励保障措施，这样的环境制约和影响了马克思主义理论学科服务社会的成效。

2. 对马克思主义理论学科社会服务功能认识不足

马克思主义理论学科属于社会科学范畴，在服务社会的效果和影响力上很难像自然科学那样做到立竿见影。长期以来，人们对哲学社会科学的认识存在误区，社会普遍认为马克思主义理论学科的责任重在人才培养、文化传承和意识形态的塑造，参与社会服务对学术研究和学院建设产生的效益得不到认可。这种观念在不少从事马克思主义理论学科教学和科研工作的教师中普遍存在，许多教师热衷于搞纯理论研究，对现实社会问题关注不够，对重大理论和现实问题敏感性不强，导致理论研究与实践脱节。这反映出社会对马克思主义理论学科的科学性认识不足，对其社会服务功能的特点还不了解。这些高校马克思主义理论学科往往侧重以完成教学和科研任务为主，参与社会服务动力不足，而社会服务对于马克思主义理论学科建设、对于教学和科研效果提升是不可或缺的重要环节，马克思主义理论学科教师在服务社会的过程中，能促使理论和实践的有机结合，在服务社会中所产生的优秀成果又能反过来进一步推进马克思主义理论学科建设和思想政治理论课建设。

3. 社会服务功能有待进一步提升

创建高校马克思主义学院的宗旨就是努力传播马克思主义理论，坚守意识形态的前沿阵地，作为理论工作的"四大平台"之一，马克思主义理论学科在国家发展战略中大有可为。但是，马克思主义学院和马克思主义理论学科的社会服务功能仍然发挥不充分，有待进一步提升。一是在人才引进方面，由于马克思主义学院属于高校二级教学科研单位，人事权要遵守学校规定，高校尤其是重点高校都存在"唯出身论"的问题，一些有丰富实践经验的中青年人才因为毕业学校或职称问题被拒之门外。二是在教师评价体系方面主要以教学和科研成果为主，缺乏多元立体的评价机制，教师面对考核压力，也不得不将精力主要集中于应对考核，这在一定程度上影响了教师参与社会服务的积极性。三是马克思主义理论学科智库功能发挥不充分，马克思主义理论学科队伍的规模和水平虽然较之以前有了长足的发展，但是对于重大理论创新，涉及中央和湖北省地方改革发展的大局缺乏系统规划，参与度不够，影响力有限。四是随着中国特色社会主义持续深入推进，社会舆论环境日益复杂，人们的思想出现多元化的趋势，这对马克思主义理论学科教师服务社会是一个重大挑战，如何改变工作方式，坚定不移传播马克思主义，提升社会服务工作的质量是当下马克思主义理论学科教师要努力思考的问题。

（二）对策建议

1. 正确认识马克思主义理论学科服务社会的功能和特点

马克思主义理论学科属于哲学社会科学的一部分，哲学社会科学都是以人和人类社会作为研究对象，探索其中的本质和发展规律，从而达到正确指导人们认识世界和改造世界的目的。正确认识这个功能和特点对开展好马克思主义理论学科服务社会来说很重要。一是马克思主义理论学科有着其他学科无法比拟和无可替代的作用。虽然自然科学，尤其是应用型较强的学科确实在短期内能起到立竿见影的效果，迅速创造出巨大的经济效益，推动生产力的发展，马克思主义理论学科在短期内不易转化为看得见摸得着的现实生产力，但是作为一个强大的思想武器，它的成果通过各种渠道能使党和国家的新理念、新思想、新战略以"润物细无声"的方式对人们的世界观和价值观产生潜移默化的影响，从而间接地对社会发展起到推动作用。社会和高校应当正确认识马克思主义理论学科的特点，努力改变学科之间在社会服务方面不平衡的现状，从而不断提升马克思主义理论学科服务社会的功能。二是马克思主义理论学科服务社会的成果不易量化，见到实际成效的周期较长。自然科学成果产出效益可以准确计量，而马克思主义理论学科服务社会的成果需要数年甚至几十年才能看到成效，这个过程是漫长而艰辛的，这就需要马克思主义理论学科教师能克服浮躁的心理，沉下心来，专注于学术研究和社会服务，创造更大的社会效益。进入新时代，湖北在社会发展中面临着许多新情况、新问题、新矛盾，迫切需要马克思主义理论学科进行研究，提出解决方案。马克思主义理论学科要想更好地发挥社会服务功能，就必须积极回应问题，投身实践，探求解决问题的方案和对策。马克思主义理论学科及其教师通过参与社会服务，既能服务湖北经济社会发展、服务人民大众，同时也能促进理论与实践结合，有利于提升马克思主义理论学科的社会影响力，增强社会对学科的认同感。

2. 加强湖北高校马克思主义学院和马克思主义理论学科对社会服务的引导

加强和改进马克思主义理论学科服务社会的功能是一个系统的工程，目前教育主管部门和高校在引导马克思主义理论学科服务社会方面还存在一些问题，如在组织建设、成果认定和成果转化上没有统一的制度和标准，严重制约着马克思主义理论学科服务社会功能的发挥，应加强对这些方面的管理和引导，形成马克思主义理论学科服务社会的保障机制。一是教育主管部门和高校应从政策上引导湖北高校马克思主义理论学科统一认识，从变革管理制度入手，加强对马克思主义理论学科教师服务社会的激励和引导，将社会服务纳入学院建设、教师队伍建设、学科建设等总体布局当中，加强对高校马克思主义理论学科开展社会服务的顶层设计。二是各高校马克思主义学院应将社会服务纳入学院整体发展规划，不断完善马克思主义理论学科服务社会评价体系，改变过去一味以学术成果作为评定教师标准的现状，鼓励教师参与社会服务，把社会服务的成效作为教师优秀成果纳入考评体系中来，为教师参与各类社会服务提供相应的政策保障和制度保障。同时要加强马克思主义理论学科资源的整合和团队建设，优化资源配置，集中力量服务地方经济和社会发展，为推进马克思主义理论学科更好为地方经济社会发展提供坚实的人才保障。

3. 建设好马克思主义理论学科社会服务平台

近年来，湖北高校马克思主义学院在服务湖北经济和社会发展中，贡献了自己的力量。马克思主义理论学科服务社会不同于其他学科，需要较长的时间周期，这就需要建设有稳定的社会服务平台，能保证服务工作的连续性和延续性。如何把具有不同学科背景和不同专长的人才整合起来，长期在某一领域发力，以获得最大的服务成效是建设服务平台的中心任务。一是高校可以进一步结合自身学科特点和地方特色，系统建立一批研究中心、协同中心、实践基地等，为系统化、规模化进行社会服务搭建平台。还要加强马克思主义理论学科资源的整合和团队建设，不断完善马克思主义理论学科研究评价体系，建立健全教师参与社会服务的引导和保障机制建设。二是建立健全平台优秀成果转化机制。湖北高校马克思主义理论学科拥有比较丰富的资源，在服务高校方面产生了许多优秀的成果，但是这些成果在后期推广和应用方面还存在许多不足，没有发挥出应有的社会效应，社会影响力有限。高校应当转变思想观念，树立更加开放的思维，在马克思主义理论学科教师服务社会的过程中积极充当中介，为马克思主义理论学科成果的转化与应用创造良好的条件，积极与地方政府机构、企事业单位联系，以它们的实际需求为出发点，多为教师争取横向课题。同时也要积极帮助马克思主义理论学科教师将现有的优秀研究成果推向社会，不断扩大学术资源在社会发展中的作用，为马克思主义理论学科教师的发展创造更多的机会。

第九章　湖北高校"形势与政策"课调查报告

根据中宣部、教育部等有关部门的统一布置和要求,湖北省作为全国形势与政策教育的9个观测点之一,为了深入了解近年来高校大学生思想政治状况,探索"形势与政策"课的教学规律,2012—2013年,本课题组选取了中南民族大学、中国地质大学(武汉)、武汉工程大学、三峡大学和武汉交通职业学院、长江职业学院、武汉软件工程职业学院、咸宁职业技术学院、襄樊职业技术学院、武汉工业职业技术学院、仙桃职业学院、湖北生态工程职业技术学院等10多所高校,开展了"形势与政策"课的调查研究。2012年共发放问卷550份,回收问卷518份,其中有效问卷496份,有效率为95.75%。同时,访谈了部分专业的学生对"形势与政策"课有关问题的看法与认识,共访谈学生80人。2013年在本、专科院校各发放问卷800份,回收本科问卷776份,专科问卷773份,共计1549份,有效率为96.81%,同时,课题组在12所高校访谈学生共250人。课题组就这两年湖北高校大学生对形势与政策的认知情况进行了细致分析,并提出了相关建议与对策,分别于2012年4月和2013年4月形成了湖北高校"形势与政策"课调研报告3篇。这里选取其中2份调查报告,借以反映湖北高校大学生对形势与政策的认知情况,并对本、专科大学生认知情况进行对比分析。

一、本科院校大学生对"形势与政策"课的认知情况

(一)调查方法及样本特征

2012年1月,调查组在中南民族大学、武汉工程大学2所本科院校共发放问卷550份,收回问卷518份,其中有效问卷496份,有效率为95.75%。问卷收回后,课题组采用SPSS15.0软件进行了数据统计和相关分析。从性别结构上来看,男生312人,占学生调查总人数的62.9%;女生184人,占学生调查总人数的37.1%。从年级与专业分布上来看,二年级学生12人,占学生调查总人数的2.4%;三年级学生368人,占学生调查总人数的74.2%;四年级学生116人,占学生调查总人数的23.4%。从文理科学生分布情况来看,文科生176人,占学生调查总人数的35.5%;理工科生320人,占学生调查总人数的64.5%。从学生政治面貌来看,党员131人,占学生调查总人数的26.4%;团员360人,占学生调查总人数的72.6%;群众5人,占学生调查总人数的1.0%。从民族构成来看,汉族大学生227人,占学生调查总人数的45.8%;少数民族大学生269人,占学生调查总人数的54.2%(因在中南民族大学发放问卷400份,所以少数民族学生人数占的比例较大)。从生源地来看,来自县城及以上城市的大学生247人,占学生调查总人数的

49.8%；来自农村的学生 249 人，占学生调查总人数的 50.2%。

除了问卷调查，课题组还在 1 所高校访谈了部分专业的学生对"形势与政策"课有关问题的看法与认识，本次访谈调查选择中南民族大学 80 名二年级本科生作为访谈对象，问卷内容涉及"形势与政策"课中最常见的 15 个问题。

（二）大学生对形势与政策认知状况的问卷调查分析

问卷调查数据显示，大学生对"形势与政策"的认知状况良好，大多数学生对近年来国内外大事比较关注，对党和政府的重大方针与政策有较高的知晓度、认同度。调查数据也显示，大学生在"形势与政策"的认知中，其认知对象、认知方式与认知认同是有差异的。

1. 大学生对当前我国政治形势关注度的分析

（1）数据统计

问题 1：在中国共产党第十八次全国代表大会上，胡锦涛同志代表第十七届中央委员会向大会作的报告是什么？（限选 1 项）

选择正确答案"《坚定不移沿着中国特色社会主义道路前进，为全面建成小康社会而奋斗》"的有 255 人，所占比例为 51.4%。选择其他内容的有 238 人，所占比例为 48.0%，极少数学生未作选择（图 9-1）。

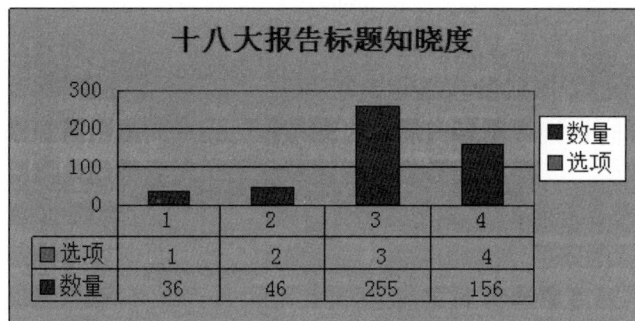

图 9-1　十八大报告标题知晓度人数统计

问题 2：总结过去 10 年特别是近 5 年党和政府取得的成就，您印象深刻的是什么？（限选 5 项）。

关注度最高的成就是"经济平稳较快发展"，有 411 人，比例为 82.9%；排序第二的是"人民生活水平显著提高"，有 375 人，比例为 75.6%；排序第三的是"改革开放取得重大进展"，有 279 人，比例为 56.3%。前 3 项选择均超过 50%。其他依次为"文化建设迈上新台阶"（33.7%）、"社会建设取得新进步"（26.2%）、"国防和军队建设开创新局面"（26.2%）、"外交工作取得新成就"（22.1%）、"党的建设全面加强"（22.0%）、"民主法制建设迈出新步伐"（20.6%）、"港澳台工作进一步加强"（15.9%）（图 9-2）。

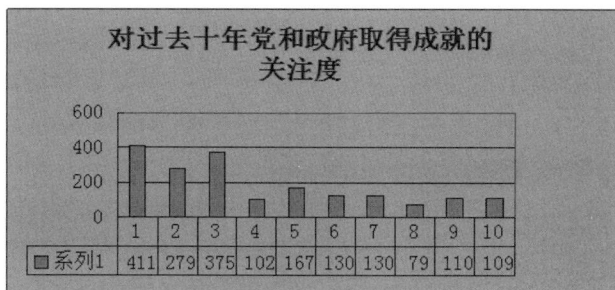

图 9-2　对过去十年党和政府取得成就的关注度人数统计

问题 3：党的十八大报告提出，建设中国特色社会主义的总依据是什么？（限选 1 项）

选择正确答案"社会主义初级阶段"的有 164 人，所占比例为 33%，选择其他内容的有 332 人，所占比例为 67%（图 9-3、图 9-4）。

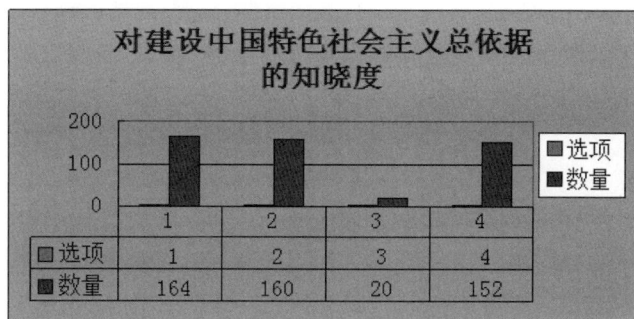

图 9-3　对建设中国特色社会主义总依据的知晓度人数统计

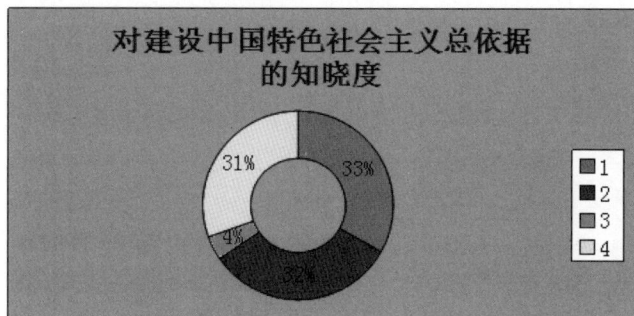

图 9-4　对建设中国特色社会主义总依据的知晓度比例统计

问题 4：党的十八大报告提出，建设中国特色社会主义的总布局是什么？（限选 1 项）

选择正确答案"经济建设、政治建设、文化建设、社会建设、生态文明建设五位一体"的有 380 人，所占比例为 76.6%；选择其他内容的有 116 人，所占比例为 23.4%（图 9-5、图 9-6）。

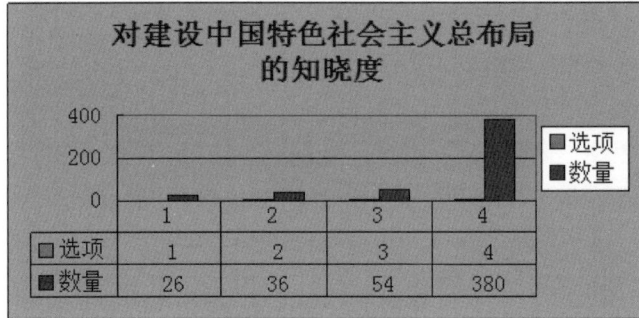

图 9-5　对建设中国特色社会主义总布局知晓度人数统计

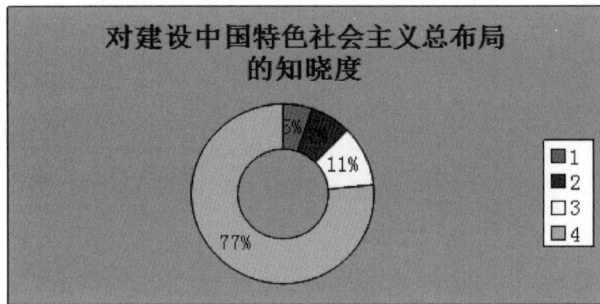

图 9-6　对建设中国特色社会主义总布局知晓度比例统计

问题 5：党的十八大报告提出，建设中国特色社会主义的总任务是什么？（限选 1 项）

选择正确答案"实现社会主义现代化和中华民族伟大复兴"的有 182 人，所占比例为 36.7%；选择其他内容的有 312 人，所占比例为 62.9%（图 9-7、图 9-8）。

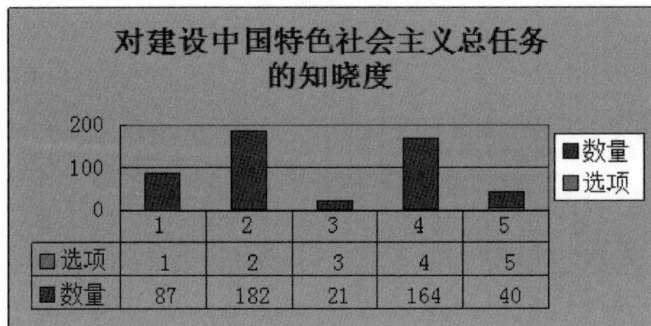

图 9-7　对建设中国特色社会主义总任务知晓度人数统计

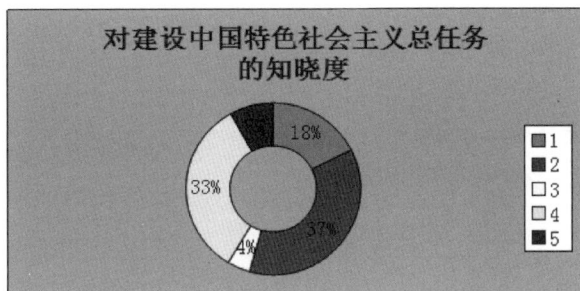

图 9-8　对建设中国特色社会主义总任务知晓度比例统计

问题 6：党的十八大报告提出，在新的历史条件下夺取中国特色社会主义新胜利，必须牢牢把握以下基本要求（限选 8 项）。

选择正确答案"必须坚持人民主体地位"的有 456 人，所占比例为 91.9%；选择正确答案"必须坚持解放和发展社会生产力"的有 418 人，所占比例为 84.3%；选择正确答案"必须坚持推进改革开放"的有 440 人，所占比例为 88.7%；选择正确答案"必须坚持维护社会公平正义"的有 362 人，所占比例为 73.0%；选择正确答案"必须坚持走共同富裕道路"的有 351 人，所占比例为 70.8%；选择正确答案"必须坚持促进社会和谐"的有 359 人，所占比例为 72.4%；选择正确答案"必须坚持和平发展"的有 326 人，所占比例为 65.7%；选择正确答案"必须坚持党的领导"的有 374 人，所占比例为 75.4%；选择其他四个内容的有 175、248、238 和 152 人，所占比例分别为 35.3%、50%、48.0% 和 30.6%（图 9-9）。

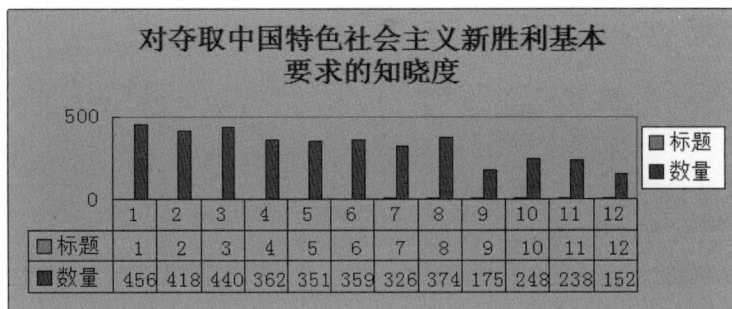

图 9-9　对夺取中国特色社会主义新胜利基本要求知晓度人数统计

问题 7：党的十八大报告提出，要在十六大、十七大确立的全面建设小康社会目标的基础上努力实现新的要求是什么？（限选 5 项）

选择正确答案"经济持续健康发展"的有 392 人，所占比例为 79.0%；选择正确答案"人民民主不断扩大"的有 268 人，所占比例为 54.0%；选择正确答案"文化软实力显著增强"的有 275 人，所占比例为 55.4%；选择正确答案"人民生活水平全面提高"的有 322 人，所占比例为 64.9%；选择正确答案"资源节约型、环境友好型社会建设取得重大进展"的有 376 人，所占比例为 75.8%；选择其他四个内容的有 204、173、304、126 人，所占比例分别为 41.1%、34.9%、61.2%、25.4%（图 9-10）。

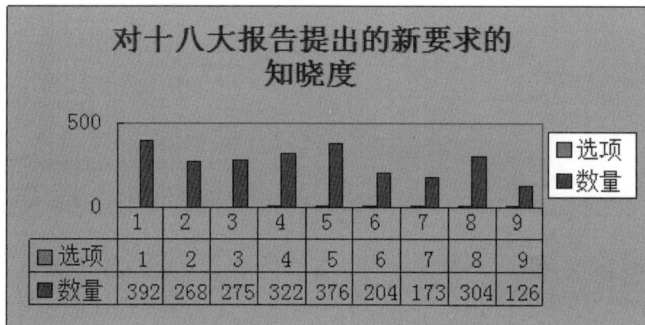

图 9-10　对十八大报告提出的新要求的知晓度人数统计

问题 8：党的十八大报告提出"两个翻一番"的新目标，即到 2020 年，国内生产总值比 2010 年再翻一番，城乡居民收入比 2010 年翻一番。你认为能够实现"两个翻一番"新目标的原因是什么？（限选 4 项）

选择正确答案"中国共产党的坚强领导"的有 290 人，所占比例为 58.5%；选择正确答案"中国特色社会主义道路是实现途径"的有 221 人，所占比例为 44.6%；选择正确答案"中国特色社会主义理论体系是行动指南"的有 242 人，所占比例为 48.8%；选择正确答案"中国特色社会主义制度是根本保障"的有 223 人，所占比例为 45.0%；选择其他六个内容的有 150、212、117、174、135、140 人，所占比例分别为 30.2%、42.7%、23.6%、35.1%、27.2%、28.2%（图 9-11）。

图 9-11　对到 2020 年实现"两个翻一番"原因的认知度人数统计

问题 9：考查对党的十八大报告中 8 个重要观点的认同度。

观点 1：中国特色社会主义道路是实现途径，中国特色社会主义理论体系是行动指南，中国特色社会主义制度是根本保障，三者统一于中国特色社会主义伟大实践，这是党领导人民在建设社会主义长期实践中形成的最鲜明特色。

对此观点非常赞同和比较赞同的有 479 人，所占比例为 96.6%（图 9-12、图 9-13）。

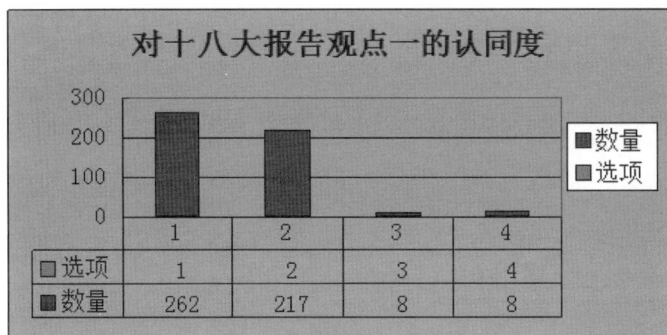

图 9-12　对十八大报告观点一的认同度人数统计

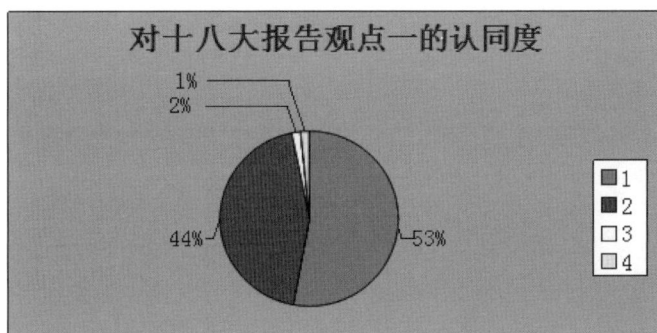

图 9-13　对十八大报告观点一的认同度比例统计

观点 2：科学发展观是中国特色社会主义理论体系最新成果，是中国共产党集体智慧的结晶，是指导党和国家全部工作的强大思想武器。

对此观点非常赞同和比较赞同的有 463 人，所占比例为 93.3%（图 9-14、图 9-15）。

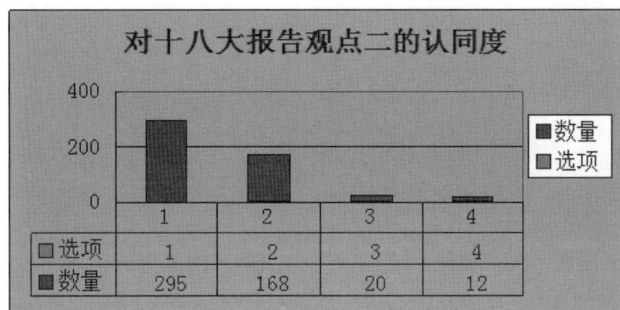

图 9-14　对十八大报告观点二的认同度人数统计

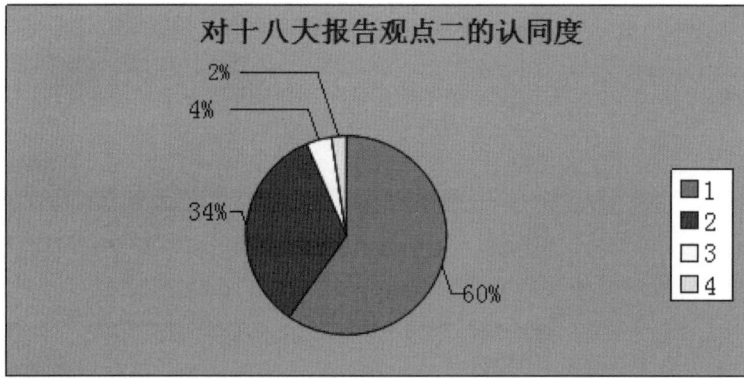

图 9-15 对十八大报告观点二的认同度比例统计

观点 3：党的基本路线是党和国家的生命线，必须坚持把以经济建设为中心同四项基本原则、改革开放这两个基本点统一于中国特色社会主义伟大实践，既不妄自菲薄，也不妄自尊大，扎扎实实夺取中国特色社会主义新胜利。

对此观点非常赞同和比较赞同的有 473 人，所占比例为 95.4%（图 9-16、图 9-17）。

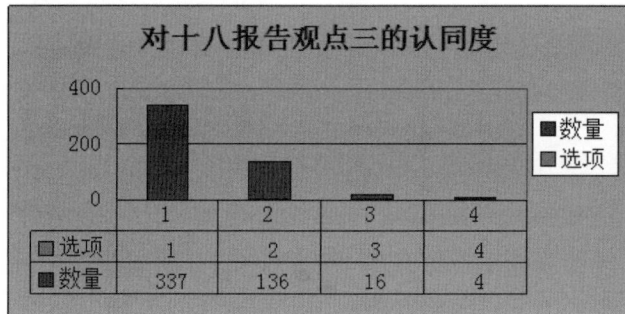

图 9-16 对十八大报告观点三的认同度人数统计

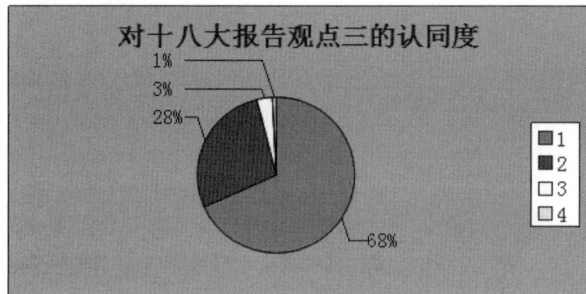

图 9-17 对十八大报告观点三的认同度比例统计

观点 4：实现发展成果由人民共享，必须深化收入分配制度改革，努力实现居民收入增长和经济发展同步、劳动报酬增长和劳动生产率提高同步，提高居民收入在国民收入分配中的比重，提高劳动报酬在初次分配中的比重。

对此观点非常赞同和比较赞同的有 475 人，所占比例为 95.8%（图 9-18、图 9-19）。

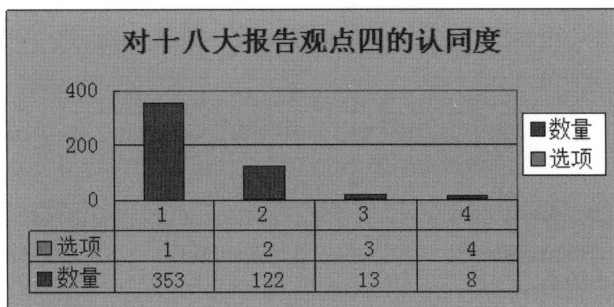

图 9-18　对十八大报告观点四的认同度人数统计

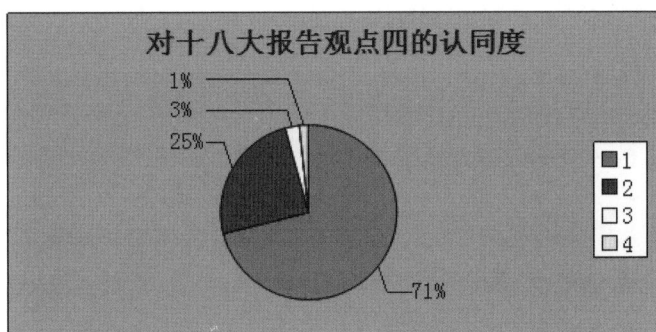

图 9-19　对十八大报告观点四的认同度比例统计

观点 5：倡导富强、民主、文明、和谐，倡导自由、平等、公正、法治，倡导爱国、敬业、诚信、友善，积极培育和践行社会主义核心价值观。

对此观点非常赞同和比较赞同的有 484 人，所占比例为 97.6%（图 9-20、图 9-21）。

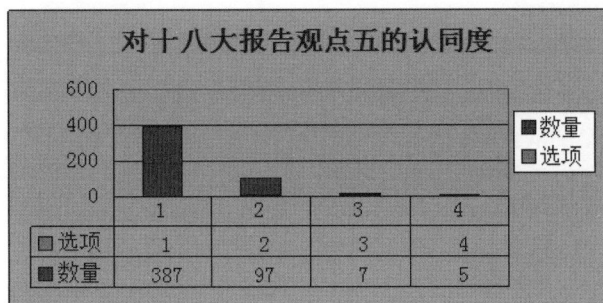

图 9-20　对十八大报告观点五的认同度人数统计

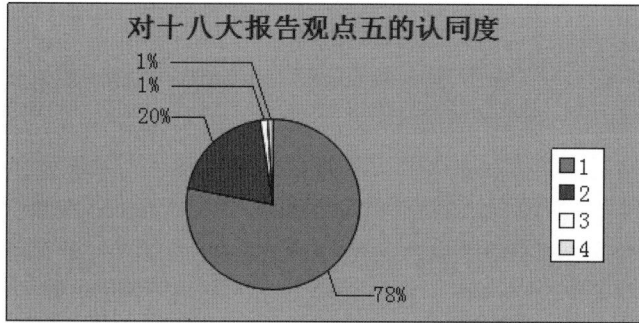

图 9-21　对十八大报告观点五的认同度比例统计

观点 6：必须树立尊重自然、顺应自然、保护自然的生态文明理念，把生态文明建设放在突出地位，融入经济建设、政治建设、文化建设、社会建设各方面和全过程，努力建设美丽中国，实现中华民族永续发展。

对此观点非常赞同和比较赞同的有 484 人，所占比例为 97.6%（图 9-22、图 9-23）。

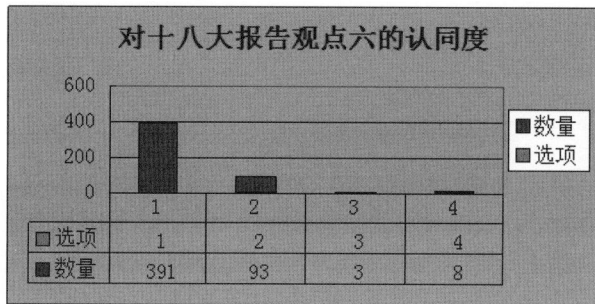

图 9-22　对十八大报告观点六的认同度人数统计

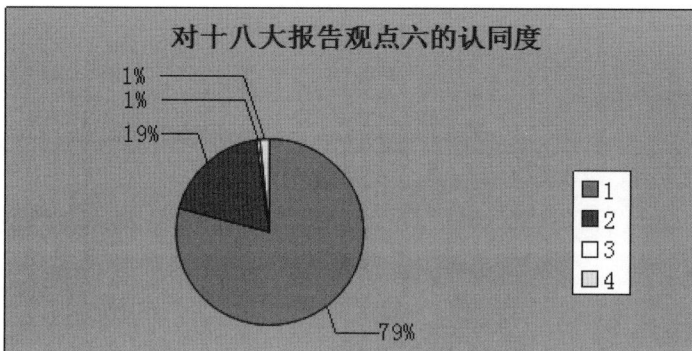

图 9-23　对十八大报告观点六的认同度比例统计

观点 7：中国奉行防御性的国防政策，加强国防建设的目的是维护国家主权、安全、领土完整，保障国家和平发展。

对此观点非常赞同和比较赞同的有 465 人，所占比例为 93.8%（图 9-24、图 9-25）。

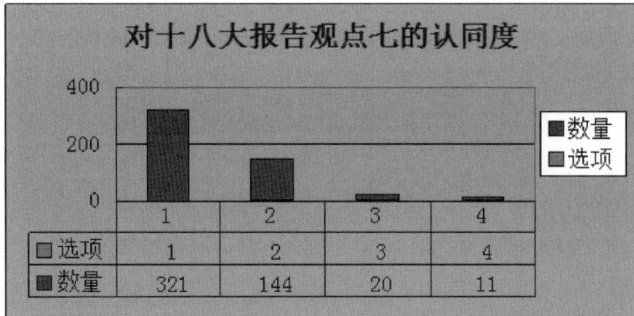

图 9-24　对十八大报告观点七的认同度人数统计

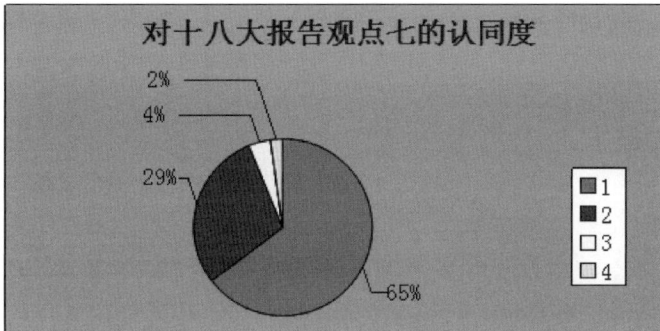

图 9-25　对十八大报告观点七的认同度比例统计

观点 8：中国将始终不渝走和平发展道路，坚定奉行独立自主的和平外交政策。我们坚决维护国家主权、安全、发展利益，决不会屈服于任何外来压力。

对此观点非常赞同和比较赞同的有 480 人，所占比例为 96.8%（图 9-26、图 9-27）。

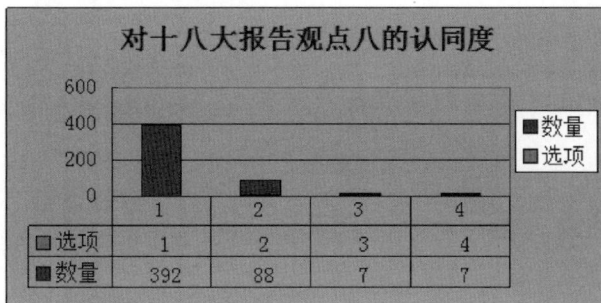

图 9-26　对十八大报告观点八的认同度人数统计

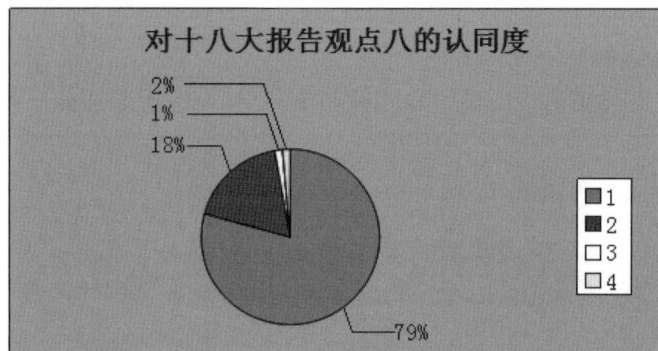

图 9-27　对十八大报告观点八的认同度比例统计

问题 10：考查对 2012 年发生的政治、经济、文化、社会、外交、军事等重大事件的关注度。

对"中国共产党第十八次全国代表大会召开"这一事件非常关注和比较关注的有 368 人，所占比例为 74.2%（图 9-28）。

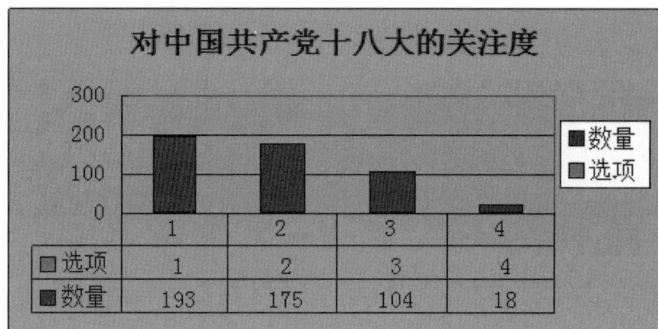

图 9-28　对中国共产党十八大的关注度人数统计

对"国务院设立地级三沙市，管辖西沙群岛、中沙群岛、南沙群岛的岛礁及其海域"这一事件非常关注和比较关注的有 351 人，所占比例为 70.8%（图 9-29）。

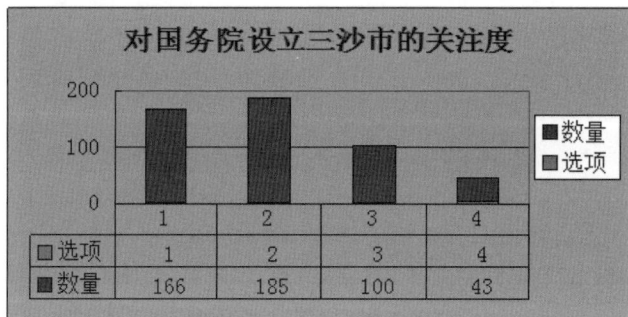

图 9-29　对国务院设立三沙市的关注度人数统计

对"神舟九号载人飞船，顺利将 3 名航天员送上太空，并顺利与天宫一号目标飞行器交会对接成功"这一事件非常关注和比较关注的有 385 人，所占比例为 77.6%（图 9-30）。

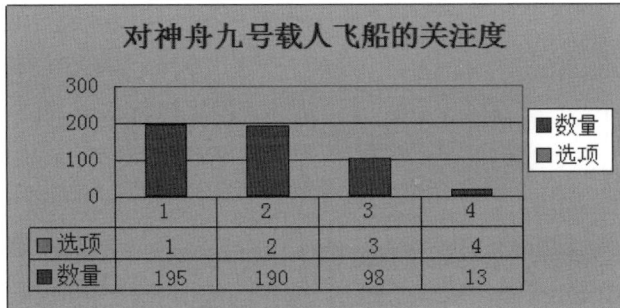

对神舟九号载人飞船的关注度

选项	1	2	3	4
数量	195	190	98	13

图 9-30　对神舟九号载人飞船的关注度人数统计

对"第一艘航母'辽宁舰'投入使用，中国国防和军队现代化水平大幅提升"这一事件非常关注和比较关注的有 396 人，所占比例为 79.8%（图 9-31）。

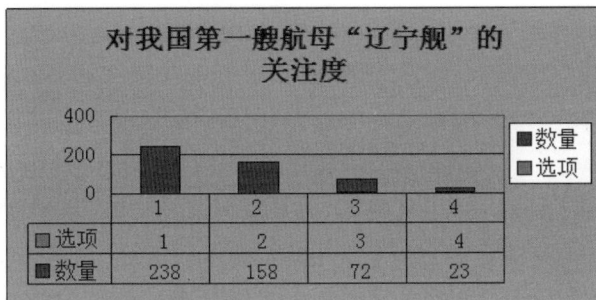

对我国第一艘航母"辽宁舰"的关注度

选项	1	2	3	4
数量	238	158	72	23

图 9-31　对我国第一艘航母"辽宁舰"的关注度人数统计

对"日本宣布购买钓鱼岛。中国公布钓鱼岛及其附属岛屿领海基点基线，并持续巡航钓鱼岛"这一事件非常关注和比较关注的有 467 人，所占比例为 94.2%（图 9-32）。

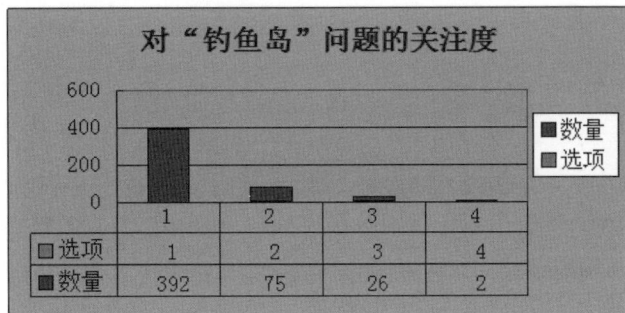

对"钓鱼岛"问题的关注度

选项	1	2	3	4
数量	392	75	26	2

图 9-32　对"钓鱼岛"问题的关注度人数统计

对"开除薄熙来党籍、公职，对其涉嫌犯罪问题及犯罪问题线索移送司法机关依法处理"这一事件非常关注和比较关注的有 406 人，所占比例为 81.9%（图 9-33）。

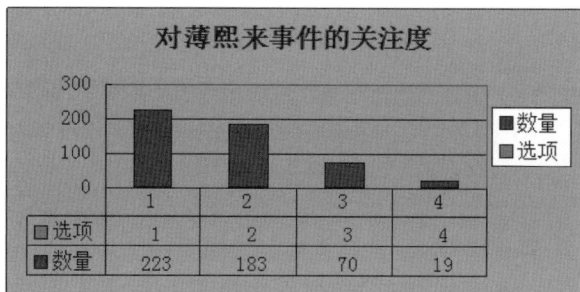

选项	1	2	3	4
数量	223	183	70	19

图 9-33 对薄熙来事件的关注度人数统计

对"台湾地区领导人选举，中国国民党候选人马英九、吴敦义获胜"这一事件非常关注和比较关注的有 294 人，所占比例为 59.3%（图 9-34）。

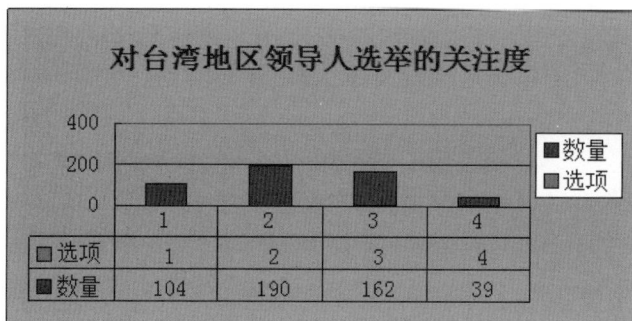

选项	1	2	3	4
数量	104	190	162	39

图 9-34 对台湾地区领导人选举的关注度人数统计

对"《重大节假日免收小型客车通行费实施方案》对社会公布并实施"这一事件非常关注和比较关注的有 251 人，所占比例为 50.6%（图 9-35）。

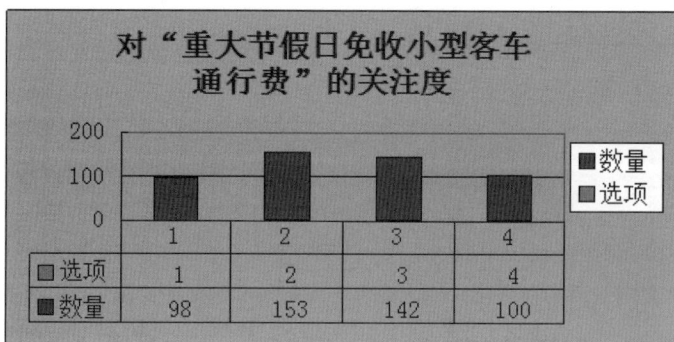

选项	1	2	3	4
数量	98	153	142	100

图 9-35 对"重大节假日免收小型客车通行费"的关注度人数统计

对"瑞典文学院 10 月 11 日宣布，将 2012 年诺贝尔文学奖授予中国作家莫言"这一事件非常关注和比较关注的有 431 人，所占比例为 86.9%（图 9-36）。

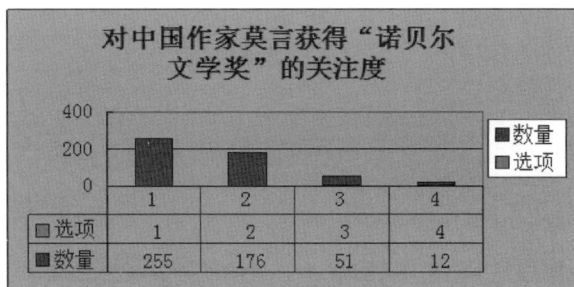

图 9-36　对中国作家莫言获得"诺贝尔文学奖"的关注度人数统计

对"奥巴马连任美国总统"这一事件非常关注和比较关注的有 372 人，所占比例为 75.0%（图 9-37）。

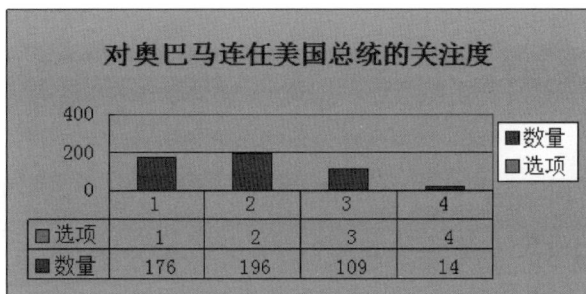

图 9-37　对奥巴马连任美国总统的关注度人数统计

对"美日联合军演，美国加速推进重返亚太战略"这一事件非常关注和比较关注的有 309 人，所占比例为 62.3%（图 9-38）。

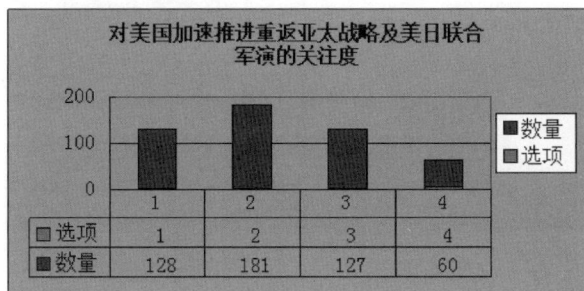

图 9-38　对美国加速推进重返亚太战略及美日联合军演的关注度人数统计

对"普京当选俄罗斯总统"这一事件非常关注和比较关注的有289人,所占比例为58.3%(图9-39)。

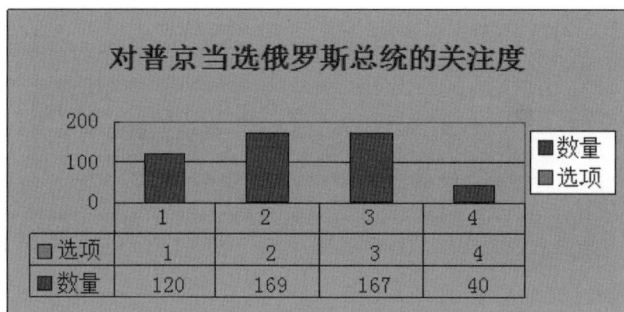

图9-39 对普京当选俄罗斯总统的关注度人数统计

问题11:考查大学生对我国未来发展趋势的态度。

对"2020年全面建成小康社会"这一发展趋势非常乐观和比较乐观的有379人,所占比例为76.4%(图9-40、图9-41)。

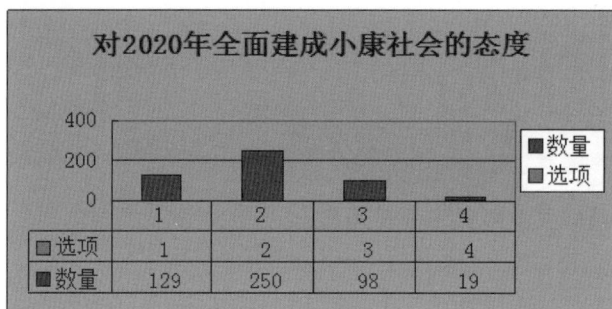

图9-40 对2020年全面建成小康社会的态度人数统计

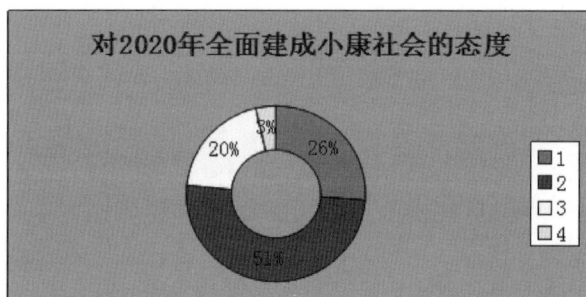

图9-41 对2020年全面建成小康社会的态度比例统计

对"新中国成立 100 年时建成富强民主文明和谐的社会主义现代化国家"这一发展趋势非常乐观和比较乐观的有 364 人，所占比例为 73.4%（图 9-42、图 9-43）。

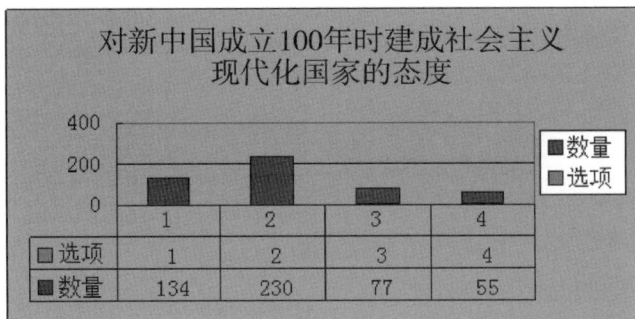

图 9-42　对新中国成立 100 年时建成社会主义现代化国家的态度人数统计

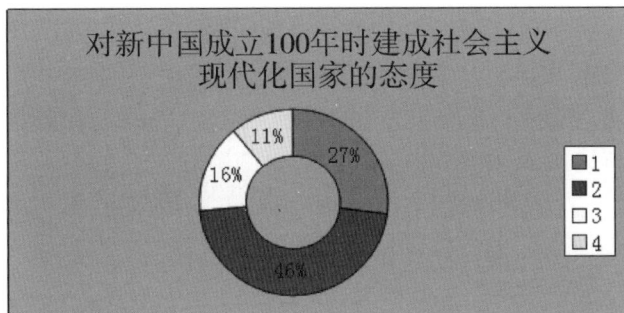

图 9-43　对新中国成立 100 年时建成社会主义现代化国家的态度比例统计

对"中国在国际社会的影响力进一步增强"这一发展趋势非常乐观和比较乐观的有 451 人，所占比例为 90.9%（图 9-44、图 9-45）。

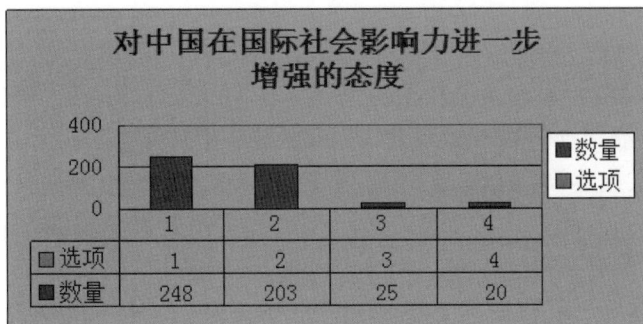

图 9-44　对中国在国际社会影响力进一步增强的态度人数统计

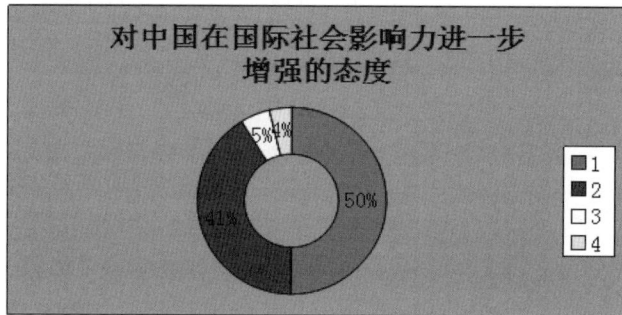

图 9-45 对中国在国际社会影响力进一步增强的态度比例统计

问题 12：您认为推进政治建设和政治体制改革要抓好的重要任务是？

选"支持和保证人民通过人民代表大会行使国家权力"的有 437 人，所占比例为 88.1%；选"健全社会主义协商民主制度"的有 378 人，所占比例为 76.2%；选"完善基层民主制度"的有 445 人，所占比例为 89.7%；选"全面推进依法治国"的有 451 人，所占比例为 90.9%；选"深化行政体制改革"的有 441 人，所占比例为 88.9%；选"健全权力运行制约和监督体系"的有 441 人，所占比例为 88.9%；选"巩固和发展最广泛的爱国统一战线"的有 355 人，所占比例为 71.6%（图 9-46）。

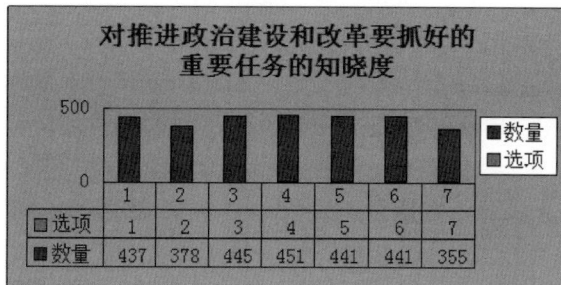

图 9-46 对推进政治建设和改革要抓好的重要任务的知晓度人数统计

问题 13：反对腐败，建设廉洁政治，您认为当前的工作重点是（限选 4 项）。

选"全面推进惩治和预防腐败体系建设"的有 406 人，所占比例为 81.9%；选"加强反腐倡廉教育和廉政文化建设"的有 259 人，所占比例为 52.2%；选"严格执行党风廉政建设责任制"的有 288 人，所占比例为 58.1%；选"坚决查处大案要案，着力解决发生在群众身边的腐败问题"的有 333 人，所占比例为 67.1%；选"严格规范权力行使，加强对领导干部特别是主要领导干部行使权力的监督"的有 375 人，所占比例为 75.6%；选"加强反腐败国际合作"的有 130 人，所占比例为 26.2%；选"严格执行领导干部重大事项报告制度"的有 158 人，所占比例为 31.9%（图 9-47）。

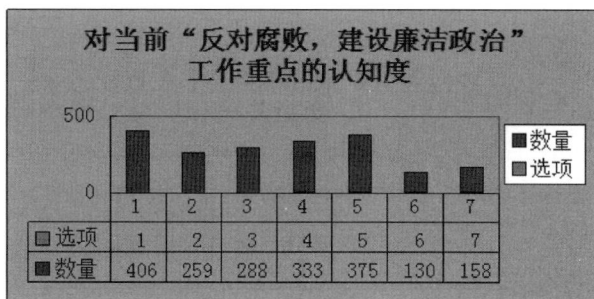

图 9-47　对当前"反对腐败，建设廉洁政治"工作重点的认知度人数统计

（2）数据分析

通过对以上 13 项问题的数据统计和分析，我们对当前大学生对国际和国内政治形势的认知情况有了比较全面的认识。一方面，从认识的广度来看，大学生对我国当前的政治形势的知晓程度良好。另一方面，从认识的深度来看，大学生对当前我国政治形势的认知还不够深入，有待进一步深化。

第一，大学生对我国当前的政治形势的知晓程度良好。第 1、3-8 题是考查大学生对党十八大的知晓程度。毫无疑问，党的十八大是 2012 年我国政治生活中最重要的事件。对于这一事件的了解程度，直接关涉到我们"形势与政策"课教育的实效性。从这 7 道题的调查结果来看，有 51.4%的大学生能正确回答出党的十八大报告的标题，有 33%的大学生能正确回答出建设中国特色社会主义的总依据，有 76.6%的大学生能正确回答出建设中国特色社会主义的总布局，也就是说，大部分大学生对十八大给予了关注并知晓十八大的相关内容。第 9 题是考查大学生对党的十八大报告中八个观点的认同度，从统计数据可以看到大学生对这八个观点的认同度普遍在 90%以上。第 10 题是考查大学生对 2012 年国内外事件的关注度。从统计数据可以看到，大学生关注度最高的问题是"钓鱼岛问题"，达到 94.2%，其次是莫言获得诺贝尔文学奖（86.9%）和"薄熙来事件"（81.9%），而党召开十八大在列出的 12 个事件中仅排在第七位。这表明，大学生所关注的政治热点与社会热点是一致的，但大学生对党重大会议的关注度不如一些热点新闻事件。第 11 题主要考查大学生对我国未来发展趋势的预测度。三个预测中，大学生对中国在国际社会的影响力进一步增强最有信心，对此发展趋势非常乐观和比较乐观者达 90.9%，对 2020 年全面建成小康社会乐观的有 76.4%，对新中国成立 100 年时实现现代化乐观的有 73.4%。对这一问题的测试，最能反映大学生的政治认知水平。从数据可知，大学生对我国持续发展的趋势是基本认同的，但部分同学对能否如期全面建成小康社会和实现现代化持保留态度。第 12 题主要考查大学生对推进政治建设和政治体制改革要抓好的重要任务的知晓度，除了"健全社会主义协商民主制度"和"巩固和发展最广泛的爱国统一战线"外，其他五个选项的正确率都在 90%左右，这说明大学生对推进政治建设和政治体制改革要抓好的重要任务的知晓度较高。第 13 题主要考查大学生对当前"反对腐败，建设廉洁政治"工作重点的认知度。选"全面推进惩治和预防腐败体系建设"最多，所占比例为 81.9%；其次是"严格规范权力行使,加强对领导干部特别是主要领导干部行使权力的监督",所占比例为75.6%;"坚决查处大案要案,着力解决发生在群众身边的腐败问题",所占比例为67.1%,其他选项的比例都不到60%,这说明大学生对当前"反对腐败,建设廉洁政治"工作重点的认知度不是太一致。

第二,大学生对我国政治形势的认知还不够深入。从第1、3-8题对党的十八大报告标题和内容的问卷调查数据来看,尚有48%的大学生不能正确回答党的十八大报告标题,67%的大学生不能正确回答建设中国特色社会主义的总依据,63.3%的大学生不能正确回答建设中国特色社会主义的总任务,44.6%的大学生能全部正确回答出到2020年实现"两个翻一番"新目标的四个原因。这表明,大学生对党的十八大报告缺乏学习,如何宣传和学习党的十八大精神应是"形势与政策"课教学的题中应有之义。从第11题对2012年发生的国内外事件关注程度的调查数据来看,关注的问题较集中体现在"外交国防"和"反腐倡廉"问题上,而党的十八大召开在列出的12个事件中仅排在第七位。这表明,大学生对一些重大政治问题的关注度不够,政治素养还有待提高。

2. 大学生对当前我国经济形势关注度的分析

(1)数据统计

问题14:您最关注的我国经济问题是什么?(限选4项)

排在首位的是"物价波动",有407人,比例为82.1%;排在第2位的是"房价波动",有367人,比例为74.0%;排在第3位的是"居民收入",有337人,比例为67.9%。3项选择均超过60%(图9-48)。

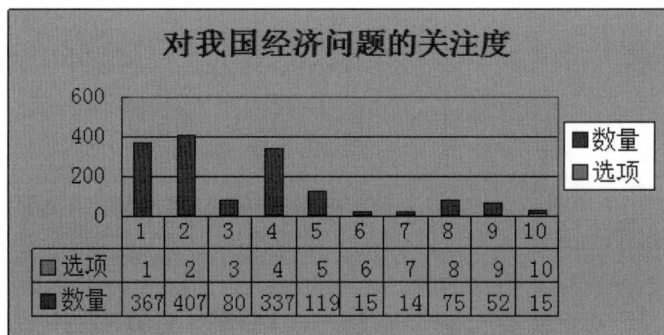

图 9-48 对我国经济问题的关注度人数统计

问题15:您对2012年我国经济形势总体状况的判断是什么?(限选1项)

排在首位的是"经济保持平稳较快增长",有278人,比例为56.0%;排在第2位的是"通货膨胀严重影响经济发展",有118人,比例为23.8%;选"经济增速严重放缓"和"经济保持较快增长"的分别为13.1%和6.7%(图9-49、图9-50)。

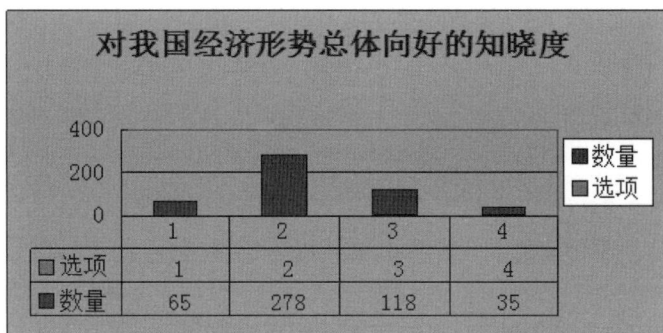

图 9-49　对我国经济形势总体向好的知晓度人数统计

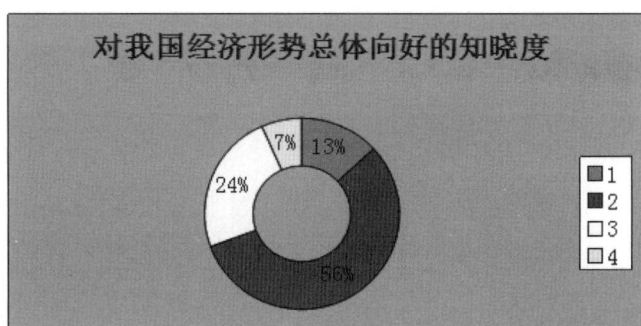

图 9-50　对我国经济形势总体向好的知晓度比例统计

问题 16：当前居民收入分配差距较大，您认为造成这一问题的原因是(限选 3 项)。

排在首位的是"资源配置不合理"，有 440 人，比例为 88.7%；排在第 2 位的是"经济分配制度有待调整"，有 356 人，比例为 71.8%；排在第 3 位的是"垄断和权力寻租"，有 333 人，比例为 67.1%(图 9-51)。

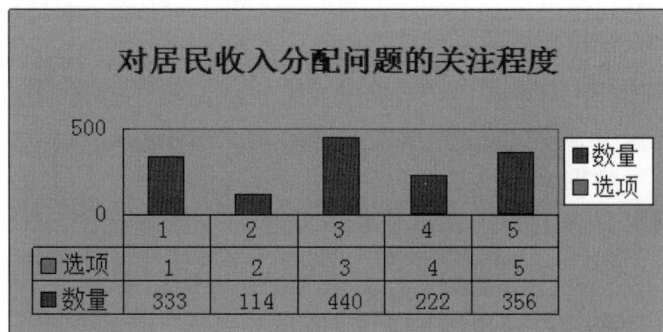

图 9-51　对居民收入分配问题的关注程度人数统计

问题 17：当前国家解决"三农问题"的基本方针是什么？

此题正确答案有 3 项，选择正确答案"工业反哺农业"、"城市支持农村"、"多予、少取、放活"的分别有 403 人、420 人、289 人，所占比例分别为 81.3%、84.7%、58.3%。选择其他内容"实现土地的合理流转"的有 342 人，所占比例为 69.0%（图 9-52）。

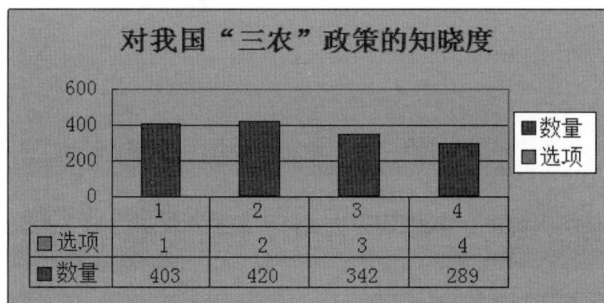

图 9-52　对我国"三农"政策的知晓度人数统计

（2）数据分析

通过对以上 4 项问题的数据统计和分析，我们对当前大学生在我国经济形势上的认知情况有了比较全面的认识。一方面大学生对我国当前的经济整体运行情况和当前我国经济政策的认知度较高。另一方面，大学生对我国经济形势的认识还不够全面，有待进一步深化。

第一，大学生对我国当前的经济整体运行情况和当前我国经济政策的认知度较高。从第 15 题的调查数据来看，56.0% 的大学生认为 2012 年我国经济形势总体状况是"经济保持平稳较快增长"，这表明多数大学生能够正确认识我国当前的经济整体运行情况。从第 16 题的调查数据来看，"资源配置不合理"、"经济分配制度有待调整"、"垄断和权力寻租"是大学生认为造成居民收入分配差距较大的主要原因，比例分别是 88.7%、71.8% 和 67.1%，3 项指标均超过 60%，这表明，大学生对居民收入分配问题的关注程度很高，对收入分配差距产生的原因有自己的思考和认识。

第二，大学生对我国经济形势的认识还有待深化。从第 15 题的统计数据来看，有 23.8% 的大学生认为"通货膨胀严重影响经济发展"，选"经济增速严重放缓"和"经济保持较快增长"的分别为 13.1% 和 6.7%。这表明，还有一部分大学生对我国经济安全持怀疑态度。第 17 题主要考查大学生对我国政府解决"三农问题"的基本方针的认知度。从统计数据来看，选择"实现土地的合理流转"的有 69.0%，能够全部选对三个选项的同学只有 31.0%。这表明大学生对我国政府关于"三农问题"的方针的认知度不高。

3. 大学生对当前我国社会形势关注度的分析

（1）数据统计

问题 18：请在下列各项中选择您最关注的民生问题（限选 3 项）。

排在首位的是"就业问题"，有 336 人，比例为 67.7%；排在第 2 位的是"城乡医疗保障体系建设",有 310 人,比例为 62.5%;排在第 3 位的是"教育问题",有 238 人,比例为 48.0%。以下依次为:"食品安全"、"人口老龄化与养老问题"、"贫富悬殊"、"弱势群体的社会保障问题"、"保障房建设",所占比例分别为 35.5%、28.8%、28.4%、17.7%、9.1%(图 9-53)。

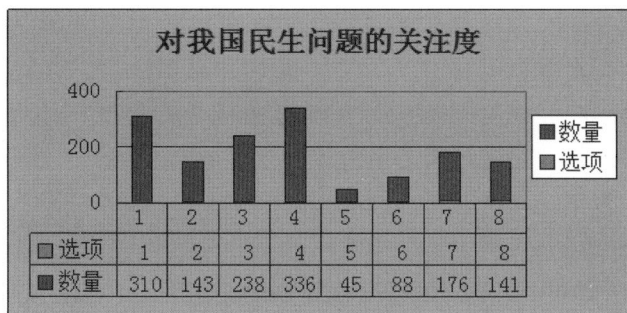

图 9-53　对我国民生问题的关注度人数统计

问题 19:中国特色社会主义社会建设是以什么为重点?(限选 1 项)

选择正确答案"以保障和改善民生为重点"的有 313 人,所占比例为 63.1%。选择其他内容的有 181 人,所占比例为 36.5%,还有个别同学未作选择(图 9-54、图 9-55)。

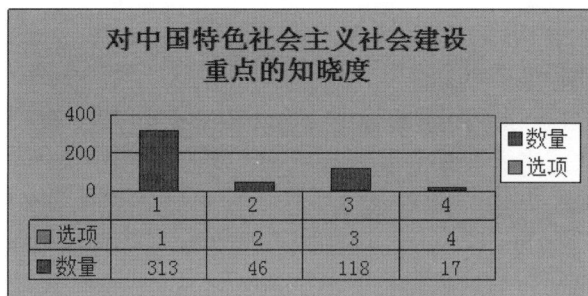

图 9-54　对中国特色社会主义建设重点的知晓度人数统计

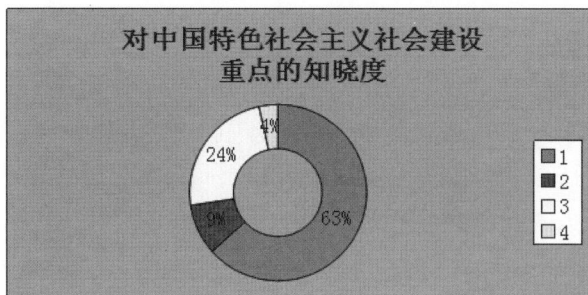

图 9-55　对中国特色社会主义建设重点的知晓度比例统计

（2）数据分析

通过对以上 2 项问题的数据统计和分析，我们对当前大学生在我国社会形势上的认知情况有了比较全面的认识。一方面大学生对当前我国社会形势的关注度较高，尤其是事关自身发展的方面，如就业问题学生的知晓度比较高。另一方面，大学生对我国社会形势的认识还不够全面，有待进一步深化。

第一，大学生对当前我国社会形势的关注度较高。第 18 题是考查大学生对我国民生问题的关注程度。从调查数据可知，大学生关注的民生问题的前 3 项分别是就业问题、城乡医疗保障体系建设问题和教育问题，比例分别为 67.7%、62.5% 和 48.0%，就业问题置于首位。这表明，就业是大学生最关心的民生问题。就业虽然也是全社会最关注的社会热点问题之一，但对于大学生来讲，就业问题更是一个非常具体而现实的问题，大学生所有的问题都可以从就业问题上反映出来。由于武汉地区高校在校大学生已经纳入了城镇居民基本医疗保险范围，因此大学生对城乡医疗保障体系建设问题关注度较高。由于大学生本身就处在受教育的过程中，对教育的关注就是顺理成章的事情了。当然，大学生对教育的关注可能与社会对教育的关注的侧重点不一样。对于大学生来说，研究生招生改革、课程改革、各种等级考试等具体的教育改革是其关注的中心。从第 18 题可知，关注保障房建设和弱势群体的社会保障问题的大学生并不多，只有 45 人和 88 人，所占比例只有 17.7% 和 9.1%。这从一个侧面说明大学生对自己的能力还是比较有信心。第 19 题主要考查对中国特色社会主义社会建设重点的知晓度。从调查数据可知，选择正确答案"以保障和改善民生为重点"的有 63.1%。这表明，大部分学生知道中国特色社会主义社会的建设重点。

第二，大学生对社会形势的认知有的还较低，反映了部分大学生对社会问题关注不够。第 18 题就涉及贫富悬殊、人口老龄化与养老等重要社会问题，这些问题也是重要的民生问题，但从调查数据来看，关注度远低于就业问题。这说明，大学生对与自己没有直接利益关系的问题关注度不高。第 19 题是一个关于中国特色社会主义社会建设重点的常识性问题，但仍有 36.9% 的大学生在这一问题出现错误。这说明，我们政治理论课的教学效果还有待加强。

4. 大学生对当前我国科技文化教育形势关注度的分析

（1）数据统计

问题 20：党中央提出要努力办好人民满意的教育，您对当前高等教育现状的看法是什么？（限选 1 项）

排在首位的是"不满意"，有 245 人，比例为 49.4%；排在第 2 位的是"基本满意"，有 184 人，比例为 37.1%；排在第 3 位的是"满意"，有 47 人，比例为 9.5%；排在第 4 位的是"很满意"，有 20 人，比例为 4.0%（图 9-56、图 9-57）。

问题 21：扎实推进社会主义文化强国建设的基本要求是什么？（限选 4 项）

此题正确答案有 4 项，选择正确答案"加强社会主义核心价值体系建设"、"全面提高公民道德素质"、"丰富人民精神文化生活"、"增强文化整体实力和竞争力"的分别有 360

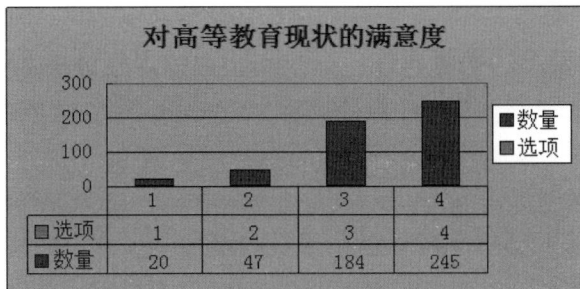

图 9-56 对高等教育现状的满意度人数统计

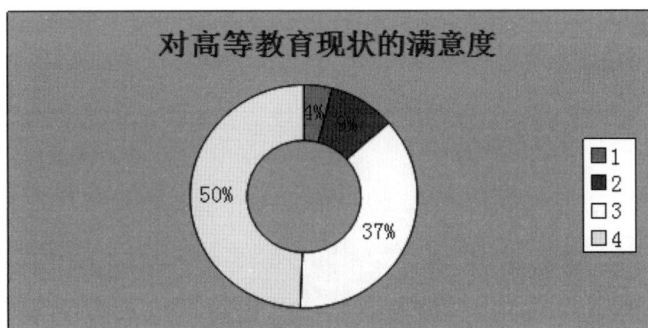

图 9-57 对高等教育现状的满意度比例统计

人、393 人、359 人、357 人,所占比例分别为 72.6%、79.2%、72.4%、72.0%。选择其他内容"文化产品更加丰富,公共文化服务体系基本建成"和"文化产业成为国民经济支柱性产业"的有 318 人和 144 人,所占比例为 64.1% 和 29.0%(图 9-58)。

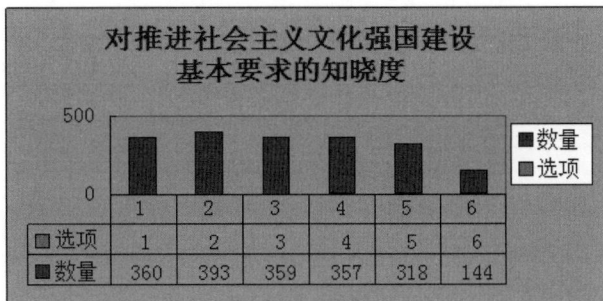

图 9-58 对推进社会主义文化强国建设基本要求的知晓度人数统计

问题 22:繁荣我国文化事业的方针是什么?(限选 1 项)

选择正确答案"百花齐放,百家争鸣"的有 247 人,所占比例为 49.8%。选择其他内容如"推进文化科技创新""一手抓繁荣,一手抓管理""繁荣发展哲学社会科学"的共有

249 人，所占比例为 50.2%（图 9-59、图 9-60）。

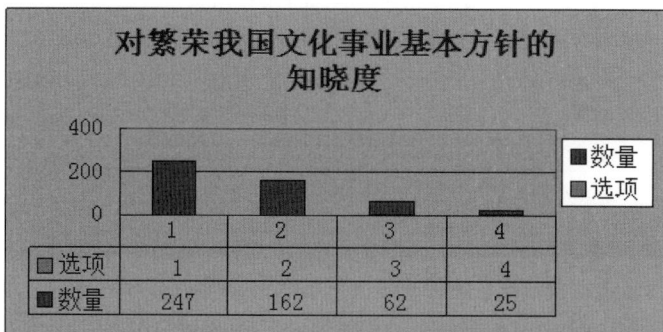

图 9-59 对繁荣我国文化事业基本方针的知晓度人数统计

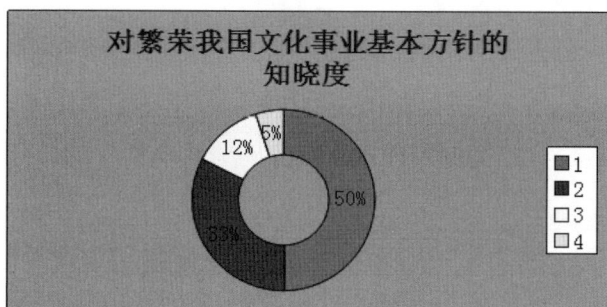

图 9-60 对繁荣我国文化事业基本方针的知晓度比例统计

问题 23：您认为当前文化体制改革中最迫切需要改革的是什么？（限选 1 项）

选择正确答案"转变政府职能，进一步规范管理体制机制"的有 223 人，所占比例为 45.0%。选择"进一步加大对文化企业的扶持力度""完善市场体系"和"完善各种相关配套改革"的共有 273 人，所占比例为 55.0%（图 9-61、图 9-62）。

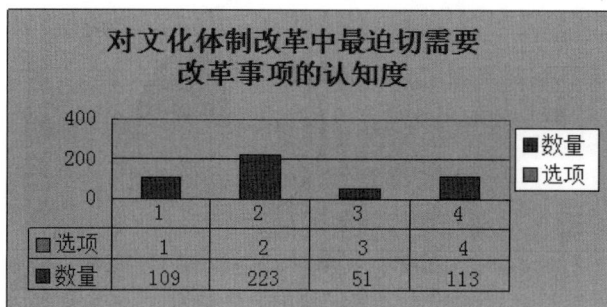

图 9-61 对文化体制改革中最迫切需要改革事项的认知度人数统计

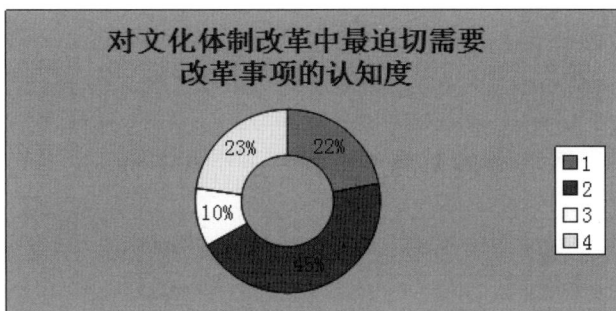

图 9-62　对文化体制改革中最迫切需要改革事项的认知度比例统计

（2）数据分析

通过对以上 4 项问题的数据统计和分析，我们对当前大学生在我国科技文化发展上的认知情况有了比较全面的认识。一方面大学生对我国科技文化发展的关注度较高；另一方面，大学生对我国文化建设的认知度比较低，大学生对我国高等教育状况的满意度不高。

第一，大学生对我国科技文化发展的关注度较高。从前面第 10 题调查数据来看，莫言获得诺贝尔文学奖、"辽宁舰"投入使用和"神舟九号"的成功发射关注比例分别是86.9%、79.8%、77.6%。这表明，大学生对我国近年来的科技文化发展与成就是认可的，体现了大学生对科技文化发展的重视和对科教兴国战略的认可。

第二，大学生对我国文化建设的认知度较低。相比大学生对科技文化的关注度而言，大学生对文化建设的认知度并不高。第 21 题主要是考查对推进社会主义文化强国建设基本要求的知晓度。从调查的数据来看，选对全部四个正确答案的不到四成。第 22 题考查对繁荣我国文化事业基本方针的知晓度，选择正确答案"百花齐放，百家争鸣"只有49.8%。第 23 题考查对文化体制改革中最迫切需要改革事项的认知度，选择正确答案"转变政府职能，进一步规范管理体制机制"只有 45.0%。选择其他内容如"进一步加大对文化企业的扶持力度""完善市场体系"和"完善各种相关配套改革"的共有 273 人，所占比例为 55.0%。这表明，我国的文化建设特别是大学校园的文化建设有待加强，要对大学生普遍开展社会主义先进文化的教育，要教育大学生正确认识文化在经济和社会发展中的重要地位与作用。

第三，大学生对我国高等教育的满意度不高。第 20 题是考查大学生对高等教育现状的满意度。排在首位的是"不满意"，有 245 人，比例为 49.4%，几乎占被调查对象的一半，这说明目前我国高等教育的质量与大学生的期望值还存在一定的差距，这也提醒我们教育工作者要付出更多的努力以提升我国高等教育的质量。

5. 大学生对当前我国生态环境形势关注度的分析

（1）数据统计

问题 24：您对目前我国资源和生态环境形势的判断是什么？（限选 1 项）

排在首位的是"形势比较严峻"，有 270 人，比例为 54.4%；排在第 2 位的是"形势严峻"，有 164 人，比例为 33.1%；排在第 3 的是"形势一般"，有 52 人，比例为 10.5%；选"形势大有改善"的有 10 人，比例为 2.0%（图 9-63、图 9-64）。

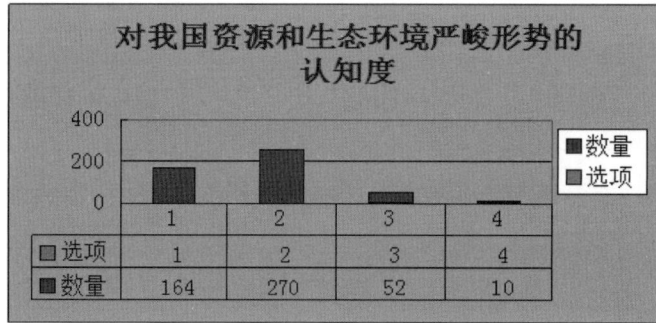

图 9-63　对我国资源和生态环境严峻形势的认知度人数统计

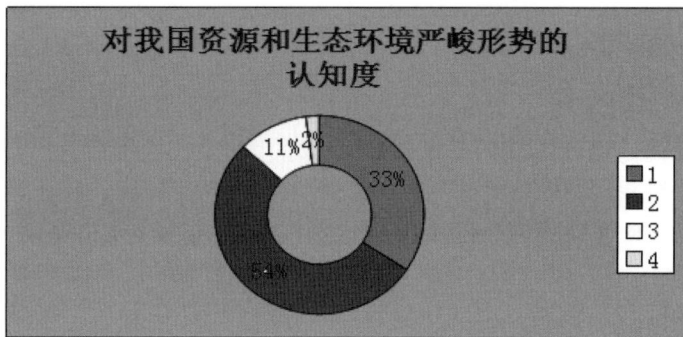

图 9-64　对我国资源和生态环境严峻形势的认知度比例统计

问题 25：建设生态文明，您最关注的是什么？（限选 3 项）

排在首位的是"推进绿色发展、循环发展、低碳发展"，有 390 人，比例为 78.6%；排在第 2 位的是"树立尊重自然、顺应自然、保护自然的生态文明理念"，有 374 人，比例为 75.4%；排在第 3 位的是"健全生态环境保护责任追究制度和环境损害赔偿制度"，有 220 人，比例为 44.4%；排在第 4 位的是"重点解决损害群众健康的突出环境问题"，有 206 人，比例为 41.5%。选"建设美丽中国"、"提高海洋资源开发能力，建设海洋强国"、"加快水利建设，增强城乡防洪抗旱排涝能力"的分别有 98 人、95 人和 93 人，所占比例差不多(图 9-65)。

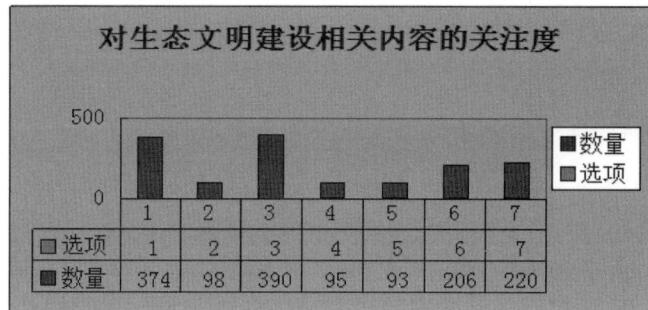

图 9-65　对生态文明建设相关内容的关注度人数统计

（2）数据分析

通过对以上两项问题的数据统计和分析，大学生对生态环境形势关注度较高，而且对目前我国资源和生态环境所面临的严峻形势也有一定的认识。第24题是考查大学生对目前我国资源和生态环境形势的判断，选"形势比较严峻"和"形势严峻"的比例高达87.5%；第25题是考查对生态文明建设相关内容的关注度，从数据可以看出关注度最高的是"推进绿色发展、循环发展、低碳发展"和"树立尊重自然、顺应自然、保护自然的生态文明理念"，比例都超过了75%；其次是"健全生态环境保护责任追究制度和环境损害赔偿制度"和"重点解决损害群众健康的突出环境问题"，比例都超过了40%。这说明绿色、循环、低碳等生态文明发展理念得到了大学生的普遍认同，同时大学生也特别关注环保的法律制度建设和实质性环境问题的解决。

6. 大学生对当前两岸形势关注度的分析

（1）数据统计

问题26：您认为两岸双方坚持"九二共识"共同立场的核心内容是什么？（限选1项）

选择正确答案"认同一个中国"的有280人，所占比例为56.5%。选择其他内容的有216人，所占比例为43.5%（图9-66、图9-67）。

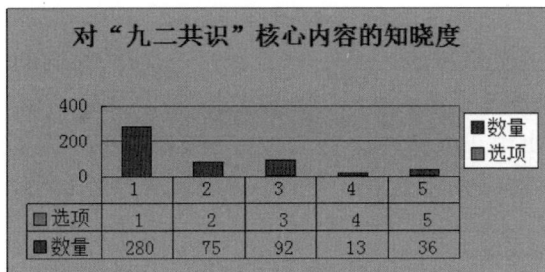

图9-66　对"九二共识"核心内容的知晓度人数统计

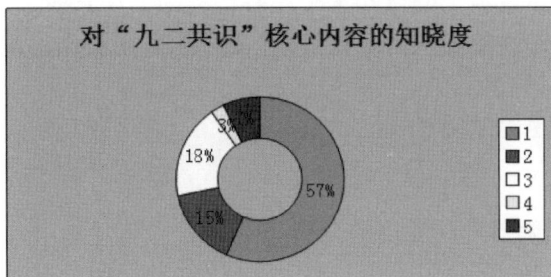

图9-67　对"九二共识"核心内容的知晓度比例统计

问题27：您认为实现和平统一首先要确保的是什么？（限选1项）

选择正确答案"两岸关系和平发展"的有238人，所占比例为48.0%。选择其他内容的有 251 人，所占比例为 50.6%，其他选项分别是"反对台独"（32.5%），"扩大文化交流"（9.5%），"深化经济合作"（8.6%），如图 9-68 所示。

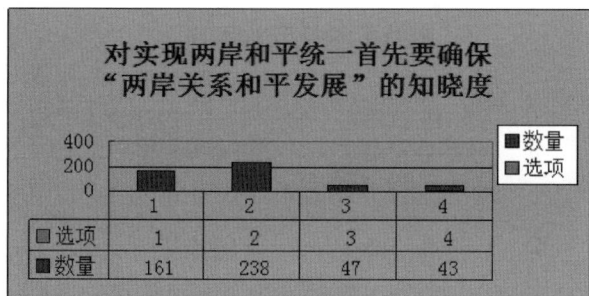

图 9-68 对实现两岸和平统一首先要确保"两岸关系和平发展"的知晓度人数统计

（2）数据分析

通过对以上两项问题的数据统计和分析，我们对当前大学生在两岸关系的问题上的认知情况有了比较全面的认识。一方面，大学生在两岸关系问题上态度是明确的，对我们目前的两岸方针、政策与思路是认可的。另一方面，大学生在两岸政策上的认知水平还有待提高。

第一，大学生在两岸关系问题上态度是明确的，对我们目前的两岸方针、政策与思路是认可的。第 26 题主要是考查大学生对"九二共识"核心内容的知晓程度。从调查数据来看，有 56.5% 的学生做出了正确选择，认为"九二共识"的核心内容是"认同一个中国"。第 25 题主要是考查大学生对实现两岸和平统一首先要确保"两岸关系和平发展"的知晓程度。从统计数据来看，有 48.0% 的大学生做出了正确选择，认为实现两岸和平统一首先要确保"两岸关系和平发展"。尽管还有 50.6% 的大学生做出了其他选择，但在两岸关系上态度是明确的，认为可以通过文化交流、经济合作等方式发展两岸关系，促进两岸和平发展。

第二，大学生在两岸政策上的认知水平还有待提高。尽管大学生在两岸关系问题上态度是明确的，但在具体的政策上则不是很清晰。从第 26 题可知，有 43.5% 的大学生对于作为两岸关系政治基础的"九二共识"缺乏认知。从第 27 题可知，一些大学生对于实现和平统一需要确保的重点也是缺乏认知的。这表明，在具体的两岸关系问题上，大学生的认知还比较模糊。

7. 大学生对当前国际形势关注度的分析

（1）数据统计

问题 28：您认为 2012 年中国外交最重大的事件是什么？（限选 1 项）

排在首位的是"中国严重抗议日本将中国领土钓鱼岛'国有化'，并采取了反制措施"，有 398 人，比例为 80.2%；排在第 2 位的是"2012 年 2 月 13 日时任国家副主席的习近平访问美国"，有 40 人，比例为 8.1%；选"多名中国人在埃及、尼日利亚等地遭到绑架"，

"中国执法船与菲律宾军舰在南海黄岩岛发生对峙"各有 29 人，比例都为 5.8%（图 9-69、图 9-70）。

图 9-69　对 2012 年中国外交最重大事件的关注度人数统计

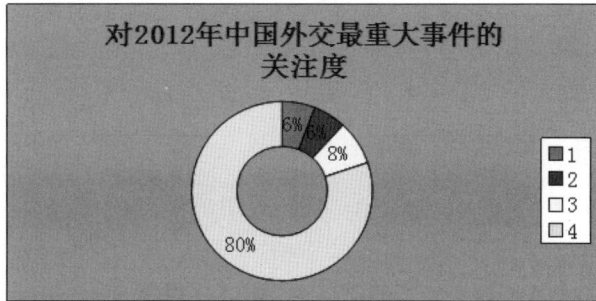

图 9-70　对 2012 年中国外交最重大事件的关注度比例统计

问题 29：中国对钓鱼岛拥有主权的国际文件包括什么？（限选 2 项）

选择正确答案《开罗宣言》和《波茨坦公告》的分别有 347 人和 371 人，所占比例为 70.0%和 74.8%；选择《旧金山和约》和《日美安保条约》的有 113 人和 125 人，所占比例为 22.8%和 25.2%（图 9-71）。

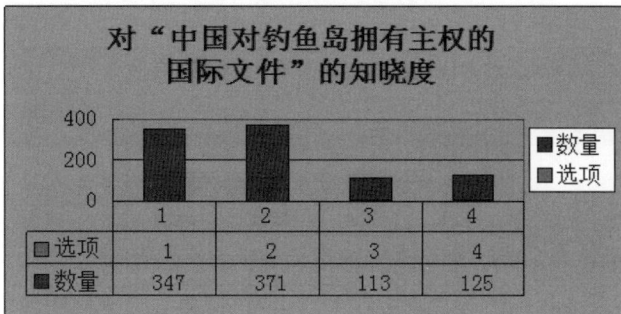

图 9-71　对"中国对钓鱼岛拥有主权的国际文件"的知晓度人数统计

（2）数据分析

通过对以上 2 项问题的数据统计和分析，我们对当前大学生在国际形势方面的认知情况有了比较全面的认识。一方面，由于国际形势风云变幻，大学生在了解国际形势时会首先关注与中国联系最紧密的问题。另一方面，由于大学生在历史知识储备方面差异较大，对国际形势的本质和历史背景认知能力还有待提高。

第一，大学生比较关注国际形势，对当前国际形势有一定的认知度。从前面第 10 题和第 28 题来看，在关于大学生对哪些国际问题更关注的测试中，排在首位的是"钓鱼岛"问题，比例分别是 94.2% 和 80.2%。这表明，大学生之所以首选"钓鱼岛"问题，不仅是因为"钓鱼岛"问题关涉我国国家主权安全，是事关国家根本利益的大事，而且也表达了大学生对日本挑起"钓鱼岛"事件的行径的不满。

第二，大学生对国际形势的本质和历史背景认知能力还有待提高。第 29 题主要是考查大学生对"中国对钓鱼岛拥有主权的国际文件"的知晓度。但从调查的数据来看，仍有 113 人和 125 人选择《旧金山和约》和《日美安保条约》，所占比例为 22.8% 和 25.2%，选对正确答案《开罗宣言》和《波茨坦公告》的不到 75%。这表明，还有部分学生仅仅只看表象，对"钓鱼岛"问题的实质与根源缺乏正确的认识和了解。

8. 大学生对当前我国外交的认同情况

（1）数据统计

问题 30：您对中国外交的评价？（限选 1 项）

在"中国政府对美国的外交"这一问题的看法上，对中美外交评价非常好和比较好的有 241 人，所占比例为 48.6%；评价一般的有 226 人，所占比例为 45.6%；28 人持负面的评价，所占比例为 5.6%（图 9-72）。

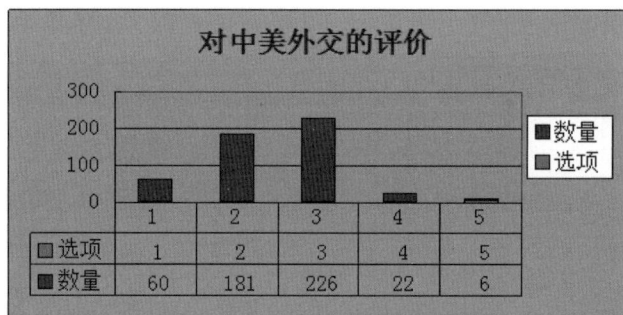

图 9-72　对中美外交的评价情况统计

在"中国政府对日本的外交"这一问题的看法上，对中日外交评价非常好和比较好的有 121 人，所占比例为 24.4%；评价一般的有 201 人，所占比例为 40.5%；173 人持负面的评价，所占比例高达 34.9%（图 9-73）。

在"中国政府对欧盟国家的外交"这一问题的看法上，对中欧外交评价非常好和比较

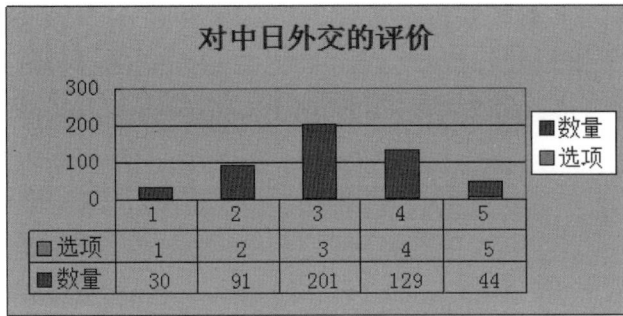

图 9-73　对中日外交的评价情况统计

好的有 313 人，所占比例为 63.1%；评价一般的有 172 人，所占比例为 34.7%；10 人持负面的评价(图 9-74)。

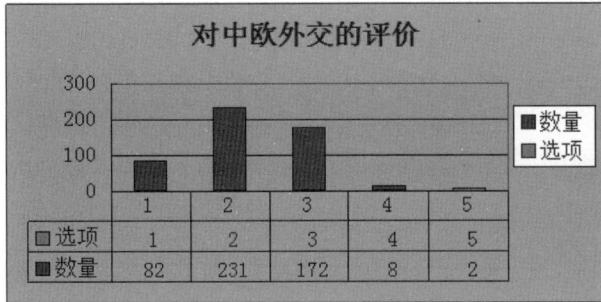

图 9-74　对中欧外交的评价情况统计

在"中国政府对其他'金砖国家'的外交"这一问题的看法上，对中国政府对其他"金砖国家"的外交评价非常好和比较好的有 355 人，所占比例为 71.6%；评价一般的有 129 人，所占比例为 26.0%；9 人持负面的评价(图 9-75)。

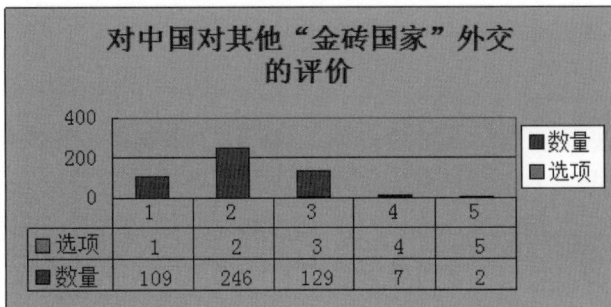

图 9-75　对中国对其他"金砖国家"外交的评价情况统计

在"中国政府对第三世界国家的外交"这一问题的看法上，对中国政府对第三世界国家的外交评价非常好和比较好的有 422 人，所占比例为 85.1%；评价一般的有 62 人，所占比例为 12.5%；11 人持负面的评价(图 9-76)。

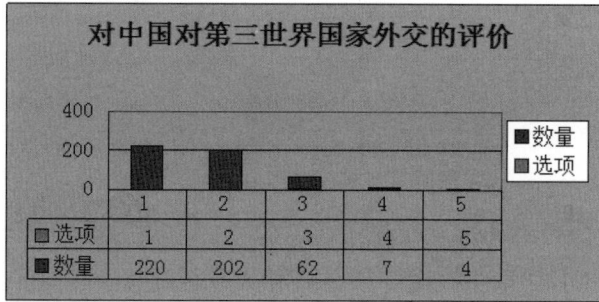

图 9-76 对中国对第三世界国家外交的评价情况统计

在"中国政府对周边国家的外交"这一问题的看法上，对中国政府对周边国家的外交评价非常好和比较好的有 292 人，所占比例为 58.9%；评价一般的有 165 人，所占比例为 33.3%；有 38 人持负面的评价，所占比例为 7.7%(图 9-77)。

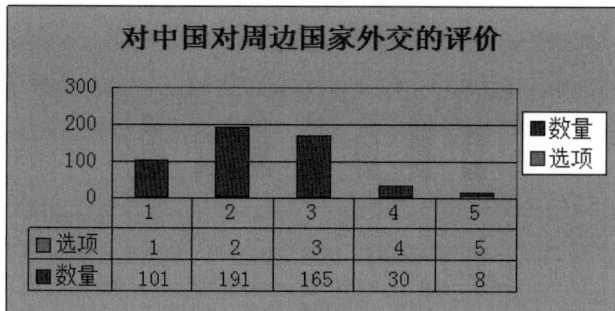

图 9-77 对中国对周边国家外交的评价情况统计

（2）数据分析

通过对以上 6 项问题的数据统计和分析，我们对当前大学生在我国外交方面的认知情况有了比较全面的认识。一方面，大学生对当前我国外交的评价出现了分化。另一方面，大学生对我国外交事务也表现出一些值得重视的倾向。

第一，大学生对当前我国外交的评价出现了分化。认同度较高的(即评价为非常好和比较好的)有对第三世界国家、对其他"金砖国家"和对欧盟国家的外交，比例分别为 85.1%、71.6%和 63.1%，对周边国家的外交认同度为 58.9%，对中美外交的认同度为 48.6%，对中日外交的认同度仅为 24.4%。这表明，大学生对中国的外交形势是非常关注

154

的，对于中国与欧盟国家和发展中国家的良好关系给予了充分的肯定，而对中美外交和中日外交认同度较低正好反映了大学生对中美、中日之间复杂的矛盾和斗争的认知，对周边国家的外交认同度不是太高应该是受南海问题和"钓鱼岛"问题的影响。

第二，大学生对我国外交事务也表现出一些值得重视的倾向。在六个对外关系的评价中，大学生对中美外交和中日外交认同度较低，分别只有48.6%和24.4%，都不到50%，特别是对中日外交持负面评价（即评价为比较差和非常差）的多达34.9%，这表明部分大学生并不认同我国对美国和日本的外交政策，这一倾向值得我们高度重视和注意，这也提醒学校老师要引导大学生理性地看待中美和中日关系，对于某些过于偏激的观点需要老师予以纠正。

9. 大学生对当前形势与政策方法论的认知情况

（1）数据统计

问题31：您了解国内外形势的主要途径有哪些？（限选4项）

排在首位的是"通过手机、电脑上网"，有489人，比例为98.6%；排在第2位的是"通过收看收听电视、广播"，有388人，比例为78.2%；排在第3位的是"通过阅读报纸、杂志"，有374人，比例为75.4%。其余选项依次为："通过身边人的谈论获知"327人，所占比例是65.9%；"上课时听老师讲述"314人，所占比例是63.3%（图9-78）。

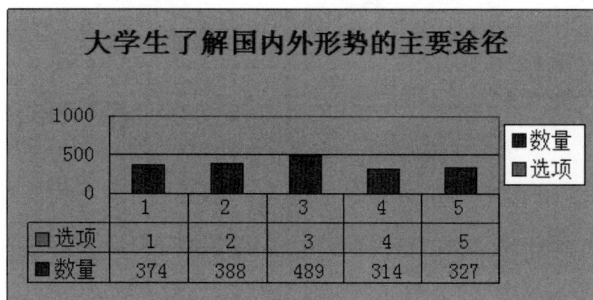

图9-78 大学生了解国内外形势的主要途径统计

问题32：上网关注时政消息时，您喜欢的方式是什么？（限选3项）

排在首位的是"使用即时通信工具（如QQ、MSN、人人桌面等）"，有346人，比例为69.8%；排在第2位的是"空间、微博、个人主页（通过转载，分享新鲜事）"，有317人，比例为63.9%。两项均超过50%。排在第3位的是"使用社交网络（如人人网、开心网等）"，有241人，比例为48.6%。其余选项依次为："使用新闻媒体网站（如人民网、凤凰网等）"177人，比例为39.7%；"上论坛看帖（如猫扑、天涯）"138人，比例为25.4%；"使用网络点播视频（如优酷网、土豆网等）"128人，比例为4.8%；"使用网络直播媒体

(如网络电视台)100人,比例为4.8%"(图9-79)。

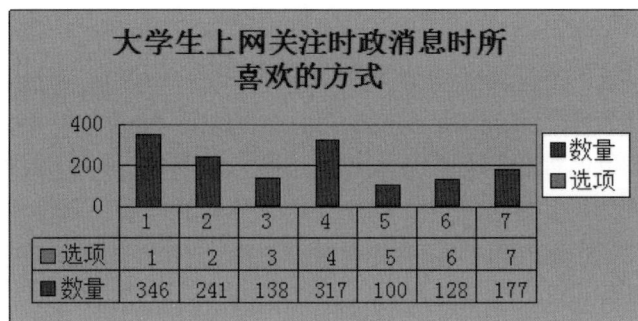

图9-79 大学生上网关注时政消息时所喜欢的方式统计

问题33:您经常到哪些网站了解时事信息?(限选3项)

排在首位的是"新浪网、搜狐网、腾讯网等门户网站",有449人,比例为90.5%;排在第2位的是"人民网、新华网、央视网等官方媒体网站",有373人,比例为75.2%;排在第3位的是"凤凰网等境外中文媒体网站",有371人,比例为74.8%。3项均超过70%。其余选项依次为:"国家政府部门网站"123人,比例为24.8%;"境外外文网站"65人,比例为13.1%(图9-80)。

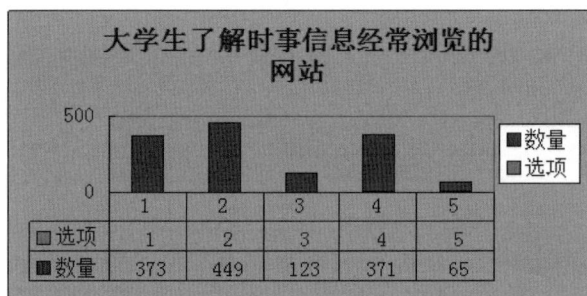

图9-80 大学生了解实事信息经常浏览的网站统计

问题34:影响您对国内外时政问题看法的主要因素是什么?(限选4项)

排在首位的是"国内媒体宣传",有364人,比例为73.4%;排在第2位的是"网络观点",有358人,比例为72.2%;排在第3位的是"国家领导人的讲话",有224人,比例为45.2%;排在第4位的是"境外媒体观点",有216人,比例为43.5%;排在第5位的是"老师的课堂教学",有215人,比例为43.3%;选"同学之间的交流讨论"和"不受外来因素影响,是自己的观点"同为194人,比例都为39.1%;选"亲友观点"的最少,仅为64人(图9-81)。

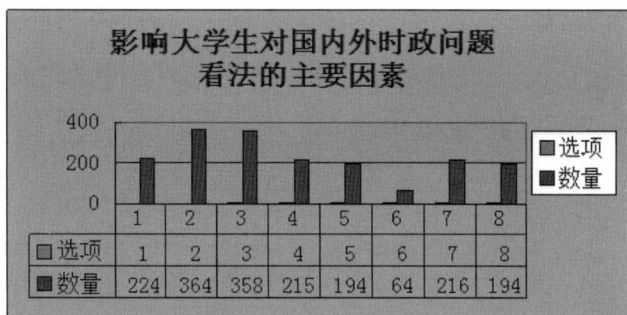

图 9-81　影响大学生对国内外时政问题看法的主要因素统计

（2）数据分析

通过对以上 4 项问题的数据统计和分析，我们对当前大学生关于形势与政策方法论的认知情况有了比较全面的认识。一方面，大学生对当前形势与政策方法论认知情况比较令人满意。另一方面，大学生对当前形势与政策认知的途径有待引导。

第一，大学生对当前形势与政策方法论认知情况比较令人满意。从第 31 题来看，在了解国内外形势的主要途径的问卷调查中，排在前 3 位的分别是"手机、电脑上网"，"收看收听电视、广播"和"阅读报纸、杂志"，比例分别是 98.6%、78.2% 和 75.4%，均超过 75%。这表明，现代化的传播手段和工具已成为大学生认知形势与政策的主要途径。从第 32 题来看，大学生上网关注时政消息时所喜欢的方式排在前三位的是"使用即时通信工具（如 QQ、MSN、人人桌面等）"、"空间、微博、个人主页（通过转载，分享新鲜事）"、"使用社交网络（如人人网、开心网等）"，比例分别为 69.8%、63.9% 和 48.6%。这表明大学生在网上关注时政信息时更偏好能与他人交流互动的形式。从第 33 题可知，大学生了解时事信息的主要网站是新浪网、搜狐网、腾讯网等门户网站，其次是人民网、新华网、央视网等官方媒体网站，再次是凤凰网等境外中文媒体网站，比例分别是 90.5%、75.2% 和 74.8%。这表明，大学生上网了解时事信息的主要网站还是国内知名网站，但境外中文网站的影响力不容小觑，浏览境外外文网站的人数也有上升的趋势（相比去年的数据）。从第 34 题可知，影响大学生对国内外时政问题看法的主要因素是"国内媒体宣传"和"网络观点"，两者的比例非常接近，分别为 73.4% 和 72.2%。这表明，传统媒体和网络对大学生关于时政问题的看法和观点具有相当大的影响，这也提醒我们可以利用网络开展对大学生形势与政策课的教育。

第二，大学生对当前形势与政策认知的途径有待引导。第 31 题的调查数据表明，大学生了解国内外形势的途径主要是通过网络、电视和手机等，而传统的课堂教学等则退居其次。从理论上讲，杂志和电视虽然都是现代传媒途径，但二者在思想表达、叙事方式等方面还是有重要的差别；网络虽然信息量大，但如果不加以正确引导，很容易被误导。第 33 题的调查数据表明，虽然大学生也通过新华网、人民网等官方网站关注国内外形势，但是，更多是通过新浪网、搜狐网、腾讯网等门户网站。这表明，加强非官方网站的舆论导向很有必要。第34题的调查数据表明，影响大学生对国内外时政问题看法的主要因素是"国内媒体宣传"和"网络观点"，"老师的课堂教学"（43.3%）还排在"境外媒体观点"（43.5%）之后，这表明，"形势与政策"课的课堂教学效果还有待加强。

10. 大学生对"形势与政策"课的认知情况

（1）数据统计

问题35：您在一学期中上过几次"形势与政策"课？（限选1项）

排在首位的是"6次"，有170人，比例为34.3%；排在第2位的是"4次"，有84人，比例为16.9%；排在第3位的是"1次"，有62人，比例为12.5%。其余选项依次为："3次"，有61人，比例为12.3%；选"0次""5次"的同为43人，比例共17%；选2次的有31人（图9-82、图9-83）。

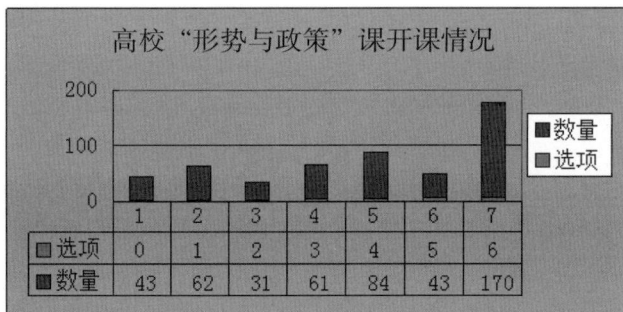

图 9-82　高校"形势与政策"课开课情况统计

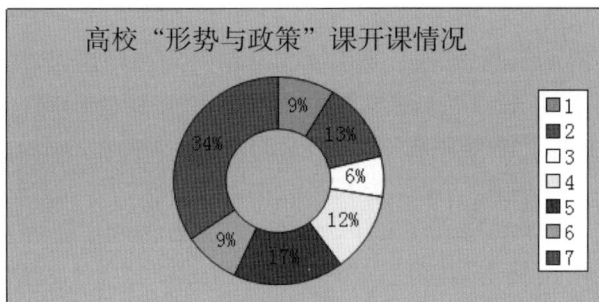

图 9-83　高校"形势与政策"课开课情况比例统计

问题36：促使您上"形势与政策"课的原因是什么？（限选3项）

排在首位的是"学校规定"，有383人，比例为77.2%；排在第2位的是"教学纪律约束"，有277人，比例为55.8%；排在第3位的是"多少有用"，有225人，比例为45.4%。其余选项依次为："学有收获"189人，比例为38.1%；"不确定的原因"129人，比例为26.0%；"喜爱这门课"121人，比例为24.4%；"教师个人魅力"62人，比例为

158

12.5%（图 9-84）。

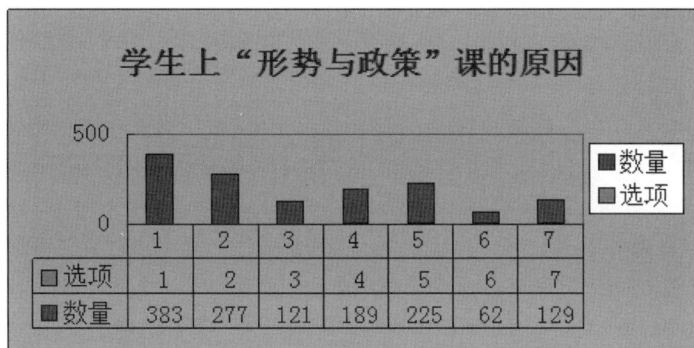

图 9-84   学生上"形势与政策"课的原因统计

问题 37：您喜欢哪种"形势与政策"课的教学形式？（限选 3 项）

排在首位的是"讲述与视频相结合"，有 427 人，比例为 86.1%；排在第 2 位的是"专题讲述"305 人，比例为 61.5%；排在第 3 位的是"讲述与讨论相结合"，有 274 人，比例为 55.2%。其余选项依次为："几种形式结合"203 人，比例为 40.9%；"内容综述"154人，比例为 31.1%（图 9-85）。

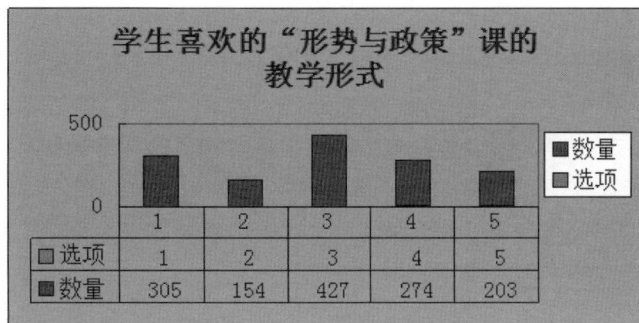

图 9-85   学生喜欢的"形势与政策"课的教学形式统计

问题 38：您学习"形势与政策"课的主要收获有哪些？（限选 3 项）

排在首位的是"开阔了视野、拓展了知识"，有 366 人，比例为 73.8%；排在第 2 位的是"加深对方针政策的理解"，有 322 人，比例为 64.9%；排在第 3 位的是"提高了分析、判断形势的能力"，有 278 人，比例为 56.0%。其余选项依次为："培养关心时事的兴趣和习惯"220 人，比例为 44.4%；"增强了自身的责任感和使命感"196 人，比例为 39.5%；"解决了心中疑问"48 人，比例为 9.7%（图 9-86）。

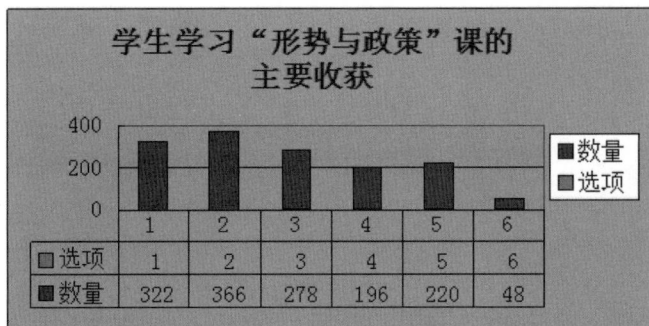

图 9-86   学生学习"形势与政策"课的主要收获统计

问题 39：您对"形势与政策"课的建议有哪些？（限选 4 项）

排在首位的是"发挥学生的主体作用"，有 389 人，比例为 78.4%；排在第 2 位的是"增加实践环节"，有 358 人，比例为 72.2%；排在第 3 位的是"改进教学方式"，有 354 人，比例为 71.4%。其余选项依次为："提高教师素质"238 人，比例为 48.0%；"提供教材"223 人，比例为 45.0%；"增加课时"146 人，比例为 29.4%；"严格考核"120 人，比例为 24.2%（图 9-87）。

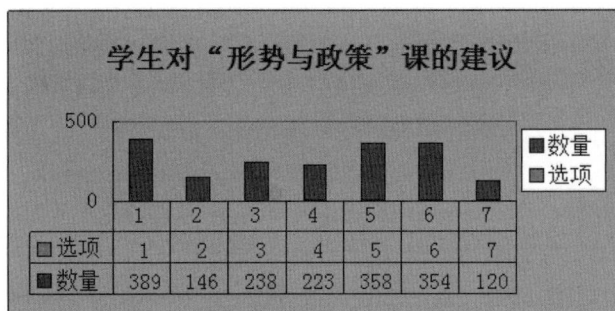

图 9-87   学生对"形势与政策"课的建议统计

（2）数据分析

通过对以上 5 项问题的数据统计和分析，我们对当前大学生关于"形势与政策"课的认知情况有了比较全面的认识。一方面，大学生对"形势与政策"课的总体认知情况较好。另一方面，大学生在问卷中提出的对"形势与政策"课的意见和建议值得我们重视。

第一，大学生对"形势与政策"课的总体认知情况较好。从第 35 题可知，高校都正常开设了"形势与政策"课，但一学期的上课次数有较大差异，这可能与被调查学生的年级有一定关系。从第 37 题可知，讲述与视频相结合、专题讲述在"形势与政策"课的学习形式中最受欢迎。这表明，我们要提高"形势与政策"课教学的实效性、生动性，必须在教学手段方面加以改进，而不能仅仅依赖于传统的课堂教学这一种方式。从第 38 题可知，大学生对"形势与政策"课的教学效果评价总体上是予以肯定的。有 73.8% 的学生认为"形势与政策"课使他们开阔了视野、拓展了知识，还有 64.9% 和 56.0% 的学生分别认为"形势与政策"课加深了他们对方针政策的理解，提高了他们分析、判断形势的能力。这表明，"形势与政策"课对于大学生的形势与政策教育起到了重要的作用，产生了多方面的正面效应。从第 39 题可知，大学生对"形势与政策"课提出了多方面的合理建议。在这些建议中，发挥学生的主体作用占据首位，比例为 78.4%；增加实践环节的，比例为 72.2%；改进教学方式的，比例为 71.4%。此外，还有提高教师素质、提供教材、增加课时等合理化建议。

第二，大学生对"形势与政策"课的意见和建议值得我们重视。第 36 题是促使学生上"形势与政策"课的原因，排在首位的是"学校规定"，比例为 77.2%；排在第 2 位的是"教学纪律约束"，比例为 55.8%。这两个数据表明大多数学生还是把上"形势与政策"课作为一项任务，缺乏学习的积极性和主动性，这也从一个侧面说明"形势与政策"课的吸引力还有待提高。第 37 题的数据表明，"内容综述"这种学习方式不受学生欢迎。第 39 题表明，要想加强"形势与政策"课教学的针对性，将"形势与政策"课教学落到实处，不仅要改进教学方式、增加实践环节，而且还必须提供教材、增加课时，不断提高教师的专业素质和教学水平。

（三）大学生对当前形势与政策认知状况的访谈调查分析

除了问卷调查，课题组设计了 15 项开放式问题，以访谈调查的方式对中南民族大学 80 名二年级学生进行了访谈。访谈结果表明，大学生对当前形势与政策的认知状况良好。

1. 您对党的十八大会议有哪些了解和认识？

访谈结果表明，大学生对党的十八大召开的时间、地点和领导人换届选举等基本情况比较了解，但对十八大报告的具体内容了解不多。他们期待新的领导班子能够在改善民生、反腐倡廉、推进政改等方面有更大作为。对于党的十八大报告提出的新思想新观点新论断，如政治体制改革是我国全面改革的重要组成部分，大力推进生态文明建设，建设社会主义文化强国，经济建设、政治建设、文化建设、社会建设和生态文明建设"五位一体"总体布局，对保障和改善民生提出新的更高要求，推动实现更高质量的就业等，对这些新思想、新观点大学生普遍表示非常认同。

2. 您如何判断 2012 年我国经济形势的总体趋势？

访谈结果表明，大多数学生认为 2012 年我国经济形势的总体趋势保持平稳较快增长，得出这一结论的原因主要是我国 GDP 持续增长，人们收入水平稳步提高，通货膨胀得到有效控制。他们同时也认为，目前的通货膨胀、房价过高、贫富差距大和国际金融危机等国内外不稳定因素将对我国经济产生负面影响。

3. 您认为当前我国社会建设最急需解决的问题是什么？

访谈结果表明，大学生认为当前我国社会建设最急需解决的问题有：贫富差距问题，腐败问题，社会保障、教育、就业、医疗、住房等民生问题，食品安全问题，通货膨胀问题，环境污染问题，城乡发展不平衡问题等。

4. 您对政治体制改革和反腐倡廉工作有哪些想法？

访谈结果表明，大学生认为政治体制改革和反腐倡廉工作是十分必要的，要从根本上解决腐败问题就必须深化政治体制改革。很多同学认为政治体制改革的力度不大，反腐倡廉工作的效果也不是太好，为此提出了很多建议，如加强政治体制建设，完善对权力的制约和监督机制，加强媒体监督特别是发挥网络舆论的监督作用，实行官员财产申报制，加大打击腐败力度等。

5. 您如何看待当前两岸关系的发展与前景？

访谈结果表明，大部分同学认为当前两岸关系的发展相对稳定，但对祖国统一的前景认识出现了分化。有些同学持乐观态度，认为随着中国大陆经济持续高速发展，两岸经济交流和人员往来日益密切，海峡两岸必将实现统一。另一些同学对统一前景持保留态度，其理由主要是两岸意识形态不同，大陆在经济发展水平上也落后于台湾。

6. 您对当前国家外交政策的总体评价如何？

访谈结果表明，多数大学生对当前国家外交政策的总体评价良好。主要原因在于中国与世界上绝大多数国家建立了良好的外交关系，国际地位稳步提高，国际环境有较大改善，今年也较好地处理了黄岩岛和钓鱼岛的争端，有效维护了国家的主权和领土完整。但也有部分学生对当前我国的外交政策总体评价不高，还有一些学生提出中国外交不够全面，除了政府外交之外，还应该大力发展公共外交、经济外交，加强民间的交流与沟通。

7. 您对 2012 年我国的国际形象总体评价如何？

访谈结果表明，绝大多数大学生对 2012 年我国的国际形象总体评价为良好。主要原因在于 2012 年中国经济持续健康发展，在国际上的地位越来越高，影响力越来越大，对第三世界国家的无条件援助展示了中国负责任大国的形象，中国一直以来坚持的和平发展战略也赢得了其他国家的好感和认同，还有 2012 年伦敦奥运会中国运动员的良好表现，作家莫言获得诺贝尔文学奖对提升中国的国际形象都有加分。此外也有少数学生表示中国在国际事务上应表现得更强硬一些。

8. 您对中国政府处理钓鱼岛问题的方式有何评价？

访谈结果表明，所有学生都认为，钓鱼岛是我国的固有领土，钓鱼岛事件是日本对我国领土和主权的公然挑衅，我国政府应该予以坚决回击。大多数学生对中国政府处理钓鱼岛问题的方式表示支持和肯定，认为对日方的挑衅行为我方应对有理有利有节，但也有少数学生认为中国政府的态度还要强硬一点。

9. 您认为我国在新的发展阶段会遇到哪些机遇与挑战？

访谈结果表明，大学生们普遍认为，我国在新的发展阶段面临的机遇主要有：中国的经济实力和综合国力得到提升，国际影响力不断增强，国际形势总体趋于和平，经济全球化进一步深化，科学技术飞速发展，人口素质稳步提高等。面临的挑战主要有：资源环境对经济社会发展的约束加剧，社会发展滞后于经济发展，经济发展面临更加激烈的国际竞争，国家经济安全存在隐患，特别是对国内的贫富差距过大等社会矛盾问题不少同学表示出担忧。

10. "形势与政策"课对您了解国内外形势有哪些帮助？

访谈结果表明，大学生获得党和国家的方针政策与国内外形势的信息的途径和方式很多，最主要的途径和方式是上网，特别是通过手机上网。除此以外，电视、广播、报纸、杂志仍是大学生获取时事信息的重要途径。特别是中央电视台的《新闻联播》节目是获取时事信息的主渠道。此外，也有大学生认为，自己获取时事信息的途径是通过时事讲座、上课和与同学交流。就获取时事信息的权威性而言，大学生一致认为，相对从网络上获取时事信息而言，新华网、人民网等官方网站具有权威性；从日常交往来看，通过听时事报告、专家讲座和上课所获取的信息具有可信性。大学生普遍认为"形势与政策"课对他们有帮助，这主要表现在：开阔了视野、拓展了知识，加深了对国家方针政策的理解，提高了分析和判断形势的能力。对于课程改进则提出了发挥学生的主体作用、增加实践环节、改进教学方式等好的建议。

11. 您是如何理解中国特色社会主义文化的地位的？

访谈结果表明，大学生对中国特色社会主义文化的地位理解还是非常正确的，认为它是中国特色社会主义的组成部分，是社会主义现代化建设的重要内容，它是凝聚和激励全国各族人民的重要力量，是综合国力的重要标志，它为社会主义现代化建设提供智力支持、精神动力和思想保证，对中国特色社会主义发展具有重要的指导意义。

12. 您怎样理解中国特色社会主义文化建设的根本任务和主要内容？

访谈结果表明，大学生对中国特色社会主义文化建设的根本任务和主要内容的理解较为准确，认为中国特色社会主义文化建设的根本任务是培育有理想有道德有文化有纪律的社会主义新人，提高整个中华民族的思想道德素质和科学文化素质，主要内容包含思想道德建设和教育科学文化建设两个大的方面。

13. 您如何认识必须坚持中国先进文化的前进方向？

访谈结果表明，大学生对为什么必须坚持中国先进文化的前进方向有各自不同的理解，比较集中的主要有以下两种观点：一是从先进文化的性质来分析，认为它符合人类社会发展方向，体现先进生产力发展要求，代表最广大人民根本利益，反映时代进步潮流。二是从先进文化的作用来分析，认为坚持先进文化的前进方向，有利于为社会主义建设提供精神动力和智力支持，有利于指导和推进我国文化事业的发展，引导正确的价值观，有利于经济发展和综合国力的提升。没有先进文化的引领，就没有人民精神世界的极大丰富，没有全民族创造精神的充分发挥，就有可能造成思想混乱甚至社会动荡。

14. 您怎样认识加强社会主义核心价值体系建设的现实意义？

访谈结果表明，大学生对加强社会主义核心价值体系建设的现实意义有一定的认识，但不是很深刻。多数学生认识到加强社会主义核心价值体系建设有利于提高中国公民的思想道德素质，但能够进一步提升到巩固全党全国人民团结奋斗的共同思想基础，引导全社会在思想道德上共同进步和增强民族凝聚力高度的则非常少。

15. 你对文化强国有什么样的认识，有什么好的意见和建议？

访谈结果表明，大学生对文化强国的理念还是非常认同的，认为文化软实力是一个国家综合实力的重要组成部分，只有大力发展教育科技文化事业才能实现国家富强和民族昌盛。关于文化强国的意见和建议主要有：加大教育经费投入，普及高中阶段教育，提高教师素质，大力发展文化产业，坚持社会主义先进文化，弘扬我国优秀传统文化，学习外国先进文化，抵御外来文化冲击，加强知识产权保护，提高知识分子待遇，鼓励创新并重视人才培养，完善人才培养机制，适当放宽对思想文化的控制，支持多元文化的发展等。

（四）大学生对形势与政策认知方面存在的问题及其原因分析

1. 大学生对形势与政策认知方面存在的主要问题

通过问卷调查和访谈调查，我们对当前大学生在形势与政策方面的认知情况有了比较全面和系统的了解，从中也发现存在的一些亟待解决的问题。第一，大学生对社会热点关注较多，对政策层面关注较少。比如，对腐败问题、房价问题、物价问题都有很高的关注度，而对2012年11月召开的党的十八大的关注相对较少。第二，大学生对基本理论知识把握不够准确。比如，关于中国对钓鱼岛拥有主权的两个国际文件全部选对的不到75%。此外，对于两岸关系的政治基础的认知也比较模糊。知道"九二共识"核心内容的人数只有56.5%，知道实现和平统一需要确保的重点是两岸关系和平发展的人数只有50.6%。第三，大学生对基本国情缺乏认知。比如，有67.0%的大学生还不清楚建设中国特色社会主义的总依据是社会主义初级阶段，只有56.0%的大学生知道2012年我国的经济是保持平稳较快增长。第四，大学生政策意识不强。比如，对当前国家解决"三农问题"的基本方针全部选对的仅有31.0%，对中国特色社会主义社会建设的重点选对的也只有63.1%。从党的十八大报告知晓度的调查数据来看，有相当部分的大学生没有真正学习和领会党的十八大报告的精神实质和重大意义。第五，部分大学生学习"形势与政策"课的积极性不高。比如，在回答促使您上"形势与政策"课的原因这个问题时，77.2%的学生选择了学校规定，55.8%的学生选择了教学纪律约束。部分学生获取时事信息的方式和途径主要是通过腾讯网、人人网等网络，而不是通过课堂教学，随意性大，有时往往被网络上一些不当甚至是一些错误的舆论所引导。

2. 大学生在形势与政策认知上存在问题的原因

在"形势与政策"的教育教学中，大学生之所以存在上述5个方面的问题，主要有以下几个方面的原因。第一，没有认识到形势与政策教育的重要地位与意义。"形势与政策"课是高校思想政治理论课体系的重要组成部分。该课程旨在帮助大学生及时、准确了解国内外重大时事，正确理解和把握党的基本路线、方针政策，为将来参加社会主义现代化建设作好准备。从调查和访谈的情况来看，有些大学生对此认识不足。第二，在认知方式中存在着自我中心主义倾向。凡是与自己利益相关的事情，就给予关注；凡不和自己切身利益相关的事情，就不予以关注。比如：大学生对就业问题、教育问题、医疗保障体系建设问题都非常关注，而对保障房建设和弱势群体的社会保障问题关注度明显偏低，对祖国统一的政治基础、文化强国建设的基本要求的知晓度也比较低。第三，过分依赖网络获取时事信息。网络是现代新型的传播工具。但是，网络没有也不可能完全取代其他的传播渠道和途径。从调查数据来看，大学生比较依赖网络是不争的事实。比如有98.6%的大学生是通过"手机、电脑上网"了解国内外形势的，排在五个选项的首位；影响大学生对国内外时政问题看法的主要因素中，选"网络观点"的有72.2%，仅次于国内媒体宣传。

（五）加强大学生"形势与政策"课教育教学的对策与建议

1. 正确认识大学生的认知规律与特点

当代大学生处在求知欲旺盛时期，不仅对体育、娱乐等消息感兴趣，而且也对政治、经济、社会、文化等新闻感兴趣。对于重大事件的关注，往往能及时跟进。比如许多学生关注钓鱼岛争端，关注第一艘航母"辽宁舰"投入使用，关注莫言获得诺贝尔文学奖。在关注的热点上，一些关系国家主权、关乎百姓民生的事件更容易引起学生的关注，比如钓鱼岛问题、第一艘航母"辽宁舰"投入使用、神舟九号飞船等，学生的关注度都在70%以上。同时，学生对反映社会深层次问题的一些新闻事件也较为关注，比如腐败、物价上涨、房价上涨等，最典型的例子就是对薄熙来事件的高度关注。此外，与大学生切身利益有关的重大事件与政策也备受大学生的关注，比如教育问题、就业问题、食品安全问题等。当然，现实中也仍有极少数学生对大的形势及国家政策不太关心，认为与己无关，虽然是少数人，但应对他们给予重点关注。

大学生对当前形势与政策的认知主流是值得肯定的，但也出现一些不容忽视的倾向。一方面，当代大学生在党的基本政策、发展路线等重大原则问题上，有较高的觉悟和认识水平，能与党中央保持一致，认可我国改革开放的大好局面。能关注国内外重大事件，表现了当代青年的开阔胸怀与求知意识，有较高的爱国主义荣誉感、集体主义意识。对于一些热点问题、焦点问题或重大问题，他们往往会主动跟进，比如，对于"神舟九号"成功发射、中国航母制造，大部分学生都十分关注并表现出强烈的民族自豪感。另一方面，由于大学生的世界观、价值观还处于形塑之中，对社会的认知和判断能力还不是很强，对党和政府具体政策缺乏深入认识，尤其是对一些复杂问题还不能很好地予以辨识。所以，当他们接触到大量的时事信息和社会发展中一些暂时困难时，特别是这些时事信息与课堂上老师讲的不一样的时候，大学生往往表现出不理智心态，容易放大问题的消极面，出现冲动情绪，以致得出相反的认识。比如在钓鱼岛问题上，一些大学生将复杂的国际关系简单化情绪化，不能从国家大局思考问题，对于政府的应对策略和处理方式缺乏理性认识，有时甚至会受到社会舆论的影响，产生偏激的思想。

2. 创新"形势与政策"课教育教学方式与方法

要增强大学生学习"形势与政策"课的积极性，提高教学的实效性，我们就必须不断加强和改进"形势与政策"课教育教学方式方法。一是要将马克思主义理论贯穿于教育教学的全过程。马克思主义世界观和方法论是我们认识事物的理论基础，也是我们开展"形势与政策"课教育教学的理论基础。当代大学生在"形势与政策"课教育教学中所出现的一些问题，从根本上讲，与其世界观、价值观有着不可分离的关系。"形势与政策"课的教育教学，实质上就是要帮助大学生在马克思主义世界观、方法论的指导下正确认识当今世界和中国所发生的重大事件，正确理解党所制定的一系列路线方针政策，学会辩证地思考问题、分析问题、解决问题，不断增强社会责任感、集体荣誉感和历史担当意识。二是要进一步强化实践教学环节。要鼓励和带动大学生深入基层、深入生活，感受改革开放和社会主义现代化建设的伟大成就，正视社会发展过程中所出现的种种问题。要将问题带进基层、带进生活。在实践中教育学生，提高学生认知形势与政策的能力。三是要规范教学内容。目前，"形势与政策"课虽然有教育部思政司统一编制的教学要点。但在具体的教学环节中，教学内容却难以规范。建议教育主管部门和高校统一编制时事手册，这样教学效果会更好。四是适当增加"形势与政策"课课时。从调研结果可以看出，大学生对"形势与政策"课喜爱程度较高，从目前来看，这门课程的教学时数还是有点偏少，建议适当增加课时。五是适当控制教学班级人数规模。从目前高校的教学实际来说，"形势与政策"课的课堂都较大，有的课堂超过 250 人甚至 300 人。这样大的教学班级，对于老师来说，教学也很吃力，不仅课堂纪律难以维持，而且也难以达到教学目的。对于学生来说，不仅难以集中注意力专心听讲，而且与教师进行交流互动的机会也大大减少。六是创新课程考核方式。要提高"形势与政策"课教学的实效性、针对性，就必须探索符合"形势与政策"课程特点的新的考核方式。尝试将知识的考查与认识的考查统一起来，不仅考查大学生对形势与政策的认知能力，而且也考查大学生对形势与政策的认识水平。

二、专科院校"形势与政策"课相关情况调查报告

专科院校较之普通本科院校在生源特点、培养目标、课程标准和教学要求等诸方面具

有独立性和特殊性，并制约着"形势与政策"课教学目标、内容构成、教育教学形式及管理方式的选择。为了深入了解专科院校与本科院校大学生对形势与政策在认知情况方面的差异及其规律，以进一步加强专科院校"形势与政策"课教育教学的针对性和有效性，课题组采用问卷调查和访谈调查的方法开展本项研究。

（一）调查方法及样本特征

2013 年 1 月，课题组采取问卷调查的方式对中南民族大学、中国地质大学（武汉）、三峡大学 3 所本科院校和武汉交通职业学院、长江职业学院、武汉软件工程职业学院、咸宁职业技术学院、襄樊职业技术学院、武汉工业职业技术学院、仙桃职业学院、湖北生态工程职业技术学院等 8 所专科院校各发放问卷 800 份。回收本科问卷 776 份，专科问卷 773 份，共计 1549 份，有效率为 96.81%。

在性别结构上，本科中男性 433 人，女性 343 人；专科中男性 386 人，女性 387 人。男性占总人数的 52.88%，女性占总人数的 47.12%。在年龄分布上，本科院校一年级学生 12 人，占总人数的 1.55%；二年级学生 306 人，占总人数的 39.43%；三年级学生 303 人，占总人数的 39.05%；四年级学生 155 人，占总人数的 19.97%。专科院校一年级学生 635 人，占总人数的 82.15%；二年级学生 125 人，占总人数的 16.17%；三年级学生 13 人，占总人数的 1.68%。在学生专业结构上，本科院校理工科类学生 461 人，占总人数的 59.41%；文科类学生 315 人，占总人数 40.59%。专科院校理工科类学生 546 人，占总人数的 70.63%；文科类学生 227 人，占总人数 29.37%。在受访者政治面貌分布情况上，本科院校党员 236 人，占总人数的 30.41%；团员 531 人，占总人数的 68.43%；其他 9 人，占总人数的 1.16%。专科院校党员 16 人，占总人数的 2.07%；团员 742 人，占总人数的 95.99%；其他 15 人，占总人数的 1.94%。在受访者民族分布上，汉族共计 937 人，占总人数的 60.49%；少数民族共计 612 人，占总人数的 39.51%。在受访者家庭居住地分布上，本科院校中，来自县级及以上城市的学生 376 人，占总人数的 48.45%；来自农村的学生 400 人，占总人数的 51.55%。专科院校中，来自县级及以上城市的学生 230 人，占总人数的 29.75%；来自农村的学生 543 人，占总人数的 70.25%。

同时课题组采取访谈的方式在 10 多所高校选取 250 名学生进行了访谈调查，其中本科院校 129 人，专科院校 121 人。考虑到访谈的特殊性，对访谈对象年级、专业、政治面貌、民族及家庭住址等个人信息未纳入调查内容。

（二）专科与本科学生对形势与政策认知状况的问卷比较分析

问卷调查数据显示，专科学生与本科学生由于相同的年龄、相同的成长环境，他们对国内外形势和党的方针政策有较高的关注度、知晓度和认知度，在思想和行动上与党和政府保持了高度一致，表现出良好的思想政治素质。由于生源的不同、学校的层次不同、教育体系的不同，专科学生与本科学生在一些问题的认识上存在差别。分析中我们用表格和模型详细地列出了两者的具体情况和两者之间的差异。对于数据中出现的差率，我们处理的基本原则是：以专科学生为基点，对于差异率在正负 10 个百分点以内的项目，视为趋同的情形，一般不作具体分析；对于差异率在 10～20 个百分点的项目，作具体分析；对于差异率在 20 个百分点以上的项目，作重点分析。

1. 专科与本科学生对形势与政策认知状况的数据统计比较

问题 1：2011 年 10 月召开的党的十七届六中全会审议的中央文件是什么？（限选 1 项）

本题考查学生对党的十七届六中全会通过的《决定》的知晓程度。数据显示，专科学生和本科学生在这个问题上的知晓程度高，并且知晓度趋同。在选择正确答案（《关于深化文化体制改革，推动社会主义文化大发展大繁荣若干重大问题的决定》）的人数中，专科学生和本科学生人数都超过了 60%（表 9-1、图 9-88）。

表 9-1　对党的十七届六中全会审议的中央文件内容认识情况

党的十七届六中全会通过的决议	(1) 和谐社会若干问题的重大决定		(2) 关于深化文化体制改革，推动社会主义文化大发展大繁荣若干重大问题的决定		(3) 加强和改进党的作风建设的决定		(4) 加强社会主义精神文明建设若干问题的决定	
专科学生	121	16%	468	61%	133	15%	51	7%
本科学生	87	11%	517	67%	123	16%	49	6%
两者比较		+5%		−6%		−1%		+1%

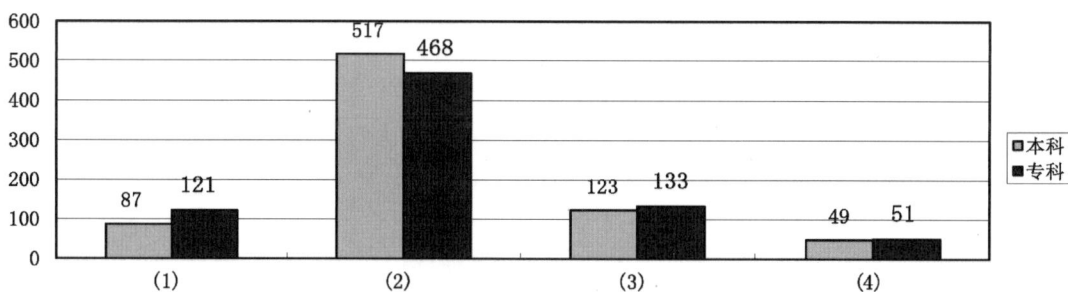

图 9-88　对党的十七届六中全会审议的中央文件内容的认识情况

问题 2：请在下列我国政治发展所面临的问题中，选择你最关心的问题？（限选 3 项）

本题考查学生对我国政治发展的关注程度。数据显示，专科学生和本科学生一样，对我国政治发展所面临的问题的关注度高。其中对反腐倡廉的选项关注度高达 87% 以上，两者的关注度趋同。对民主选举问题和公务员考试的选项，两者的关注度相差超过 20 个百分点（表 9-2、图 9-89）。

表 9-2　对我国政治发展所面临的问题的认识情况

最关心的政治问题	（1）体制改革问题	（2）反腐倡廉问题	（3）党的建设问题	（4）民族问题	（5）民主选举问题	（6）宗教问题	（7）公务员考试问题	（8）干部公选问题
专科学生	426	669	236	230	426	50	230	52
	55%	87%	31%	30%	55%	7%	30%	7%
本科学生	295	730	98	309	220	96	408	172
	38%	94%	13%	40%	28%	12%	53%	22%
两者比较	+17%	−7%	+18%	−10%	+27%	−5%	−23%	−15%

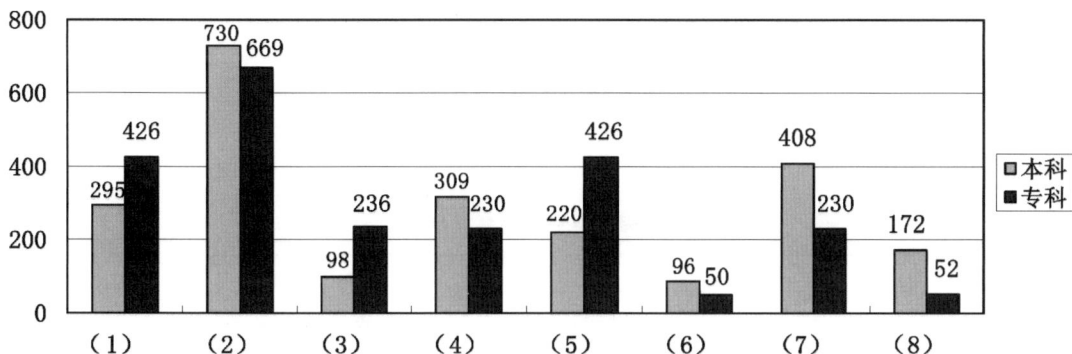

图 9-89　对我国政治发展所面临的问题的认识情况

问题 3：您关注这些问题的原因是什么？（限选 1 项）

本题考查学生关注政治问题的原因。数据显示，专科学生和本科学生关注政治体制改革的原因差别较大。在三个选项中，专科学生有两项比本科学生少 14 个百分点以上。在课堂上学过相关内容的选项上，专科学生比本科学生高出 33 个百分点（表 9-3、图 9-90）。

表 9-3　对热点问题关注的原因

关注政治问题的原因	（1）与自己的切身利益相关		（2）在媒体上看到过相关的内容		（3）在课堂上学过相关内容	
专科学生	308	40%	193	25%	272	35%
本科学生	419	54%	345	44%	12	2%
两者比较		−14%		−19%		+33%

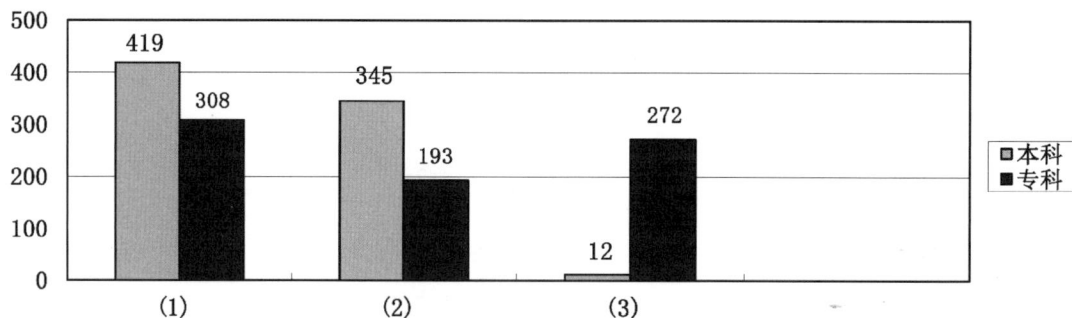

图 9-90 对热点问题关注的原因

问题 4：您认为当前我国经济形势总体状况如何？（限选 1 项）

本题考查学生对我国经济形势总体向好的知晓程度。数据显示，专科学生和本科学生一致认同当前我国总体的经济形势是保持平稳较快增长的，在知晓程度上，专科学生比本科学生减少 13 个百分点。

表 9-4 对当前我国经济形势总体状况的认识

当前我国经济形势的总体状况	(1)受国际金融危机的影响严重		(2)通货膨胀严重影响经济发展		(3)经济保持平稳较快增长		(4)经济增速严重放缓	
专科学生	220	28%	143	18%	258	33%	152	20%
本科学生	123	16%	258	32%	357	46%	38	5%
两者比较		+12%		−14%		−13%		+15%

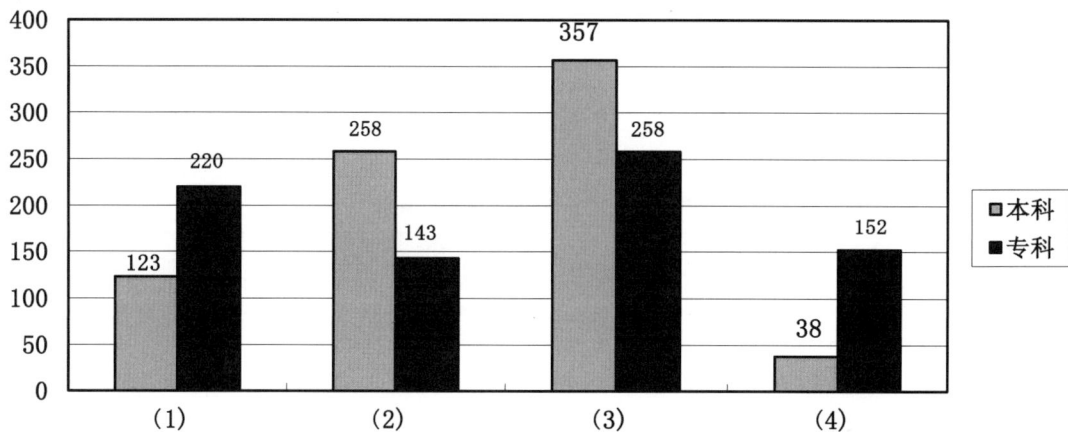

图 9-91 对当前我国经济形势总体状况的认识

问题5：请在下列各项中选择您最关心的经济问题。（限选3项）

本题考查学生对我国经济发展的关注程度。数据显示，专科学生和本科学生一样，对经济问题的关注度很高，最关注的三种经济问题为房价、物价和居民收入，在物价波动方面，专科学生比本科学生减少38个百分点（表9-5、图9-92）。

表9-5　当前大学生最关心的经济问题

当前你最关心的经济问题	（1）股市波动	（2）房价波动	（3）物价波动	（4）人民币升值	（5）油价波动	（6）居民收入	（7）外贸出口	（8）扩大内需	（9）通货膨胀	（10）减税
专科学生	99	615	342	185	112	447	149	124	133	113
	13%	80%	44%	24%	14%	58%	19%	16%	17%	17%
本科学生	19	603	634	234	80	469	37	30	126	96
	3%	78%	82%	30%	11%	60%	5%	4%	16%	12%
两者比较	+10%	+2%	−38%	−6%	+3%	−2%	+14%	+12%	+1%	+5%

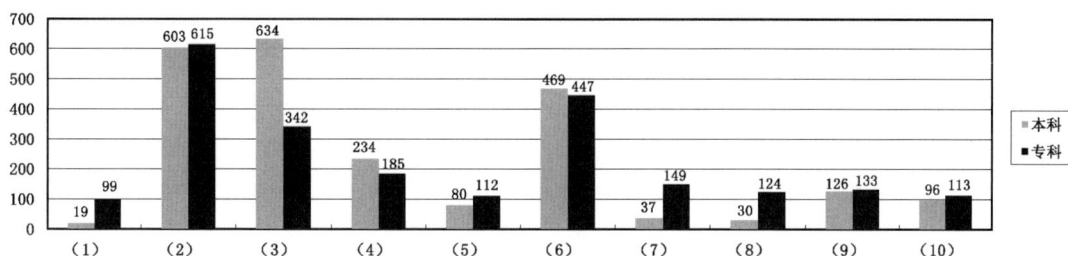

图9-92　当前大学生最关心的经济问题

问题6：您关注这些经济问题的原因？（限选1项）

本题考查学生关注经济问题的原因。数据显示，专科学生和本科学生一样关注经济问题的原因主要是与自己的切身利益相关，其中专科学生比本科学生高出16个百分点。而另外两个选项中，专科学生和本科学生的关注度趋同（表9-6、图9-93）。

表9-6　当前大学生关心经济问题的原因

关心经济问题的原因	（1）与自己切身利益密切相关		（2）在媒体上看到过相关内容		（3）在课堂上学过相关内容	
专科学生	629	81%	141	18%	3	0.4%
本科学生	502	65%	204	26%	70	9%
两者比较		+16%		−8%		−8.6%

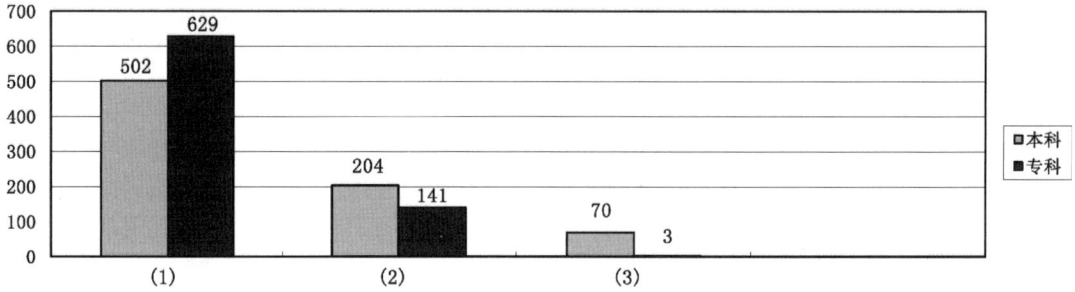

图 9-93　当前大学生关心经济问题的原因

问题 7：请在下列各项中选择您最关注的民生问题？（限选 3 项）

本题考查学生对我国民生问题的关注程度。数据显示，专科学生和本科学生一样，对民生问题的关注度高，最关注民生问题中的教育问题、社会治安、医疗保障和就业问题。两者对教育问题和社会治安问题的关注度趋同，在养老问题上，专科学生比本科学生高出 26 个百分点，在就业问题上，专科学生比本科学生减少 22 个百分点（表 9-7、图 9-94）。

问题 8：请在下列项目中选择您最关注的热点问题？（限选 3 项）

表 9-7　当前大学生最关心的民生问题

最关心的民生问题	（1）医疗保障	（2）养老问题	（3）社会治安	（4）教育问题	（5）就业问题	（6）保障房建设	（7）弱势群体	（8）环境污染	（9）食品安全	（10）贫富悬殊
专科学生	284	276	286	333	299	165	147	189	186	154
	37%	36%	37%	43%	37%	21%	19%	24%	24%	20%
本科学生	320	77	360	386	460	89	84	186	221	145
	41%	10%	46%	50%	59%	11%	11%	24%	28%	19%
两者比较	-4%	+26%	-9%	-7%	-22%	+10%	+8%	0	-4%	+1%

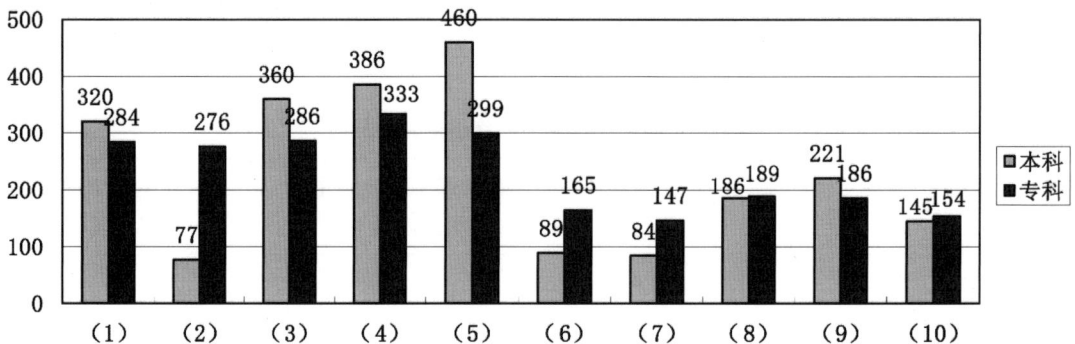

图 9-94　当前大学生最关心的民生问题

本题考查学生对我国政治、经济和民生问题的关注度。数据显示，专科学生和本科学生一样，关注度最高的热点问题是经济发展。专科学生关注的后两项热点问题依次是考研就业和社会民生，本科学生关注的后两项热点问题依次是反腐倡廉和考研就业。在反腐倡廉方面，专科学生比本科学生减少 24 个百分点，在考研就业方面，专科学生比本科学生减少 15 个百分点，在民主问题上，专科学生比本科学生高出 15 个百分点(表 9-8、图 9-95)。

表 9-8　当前大学生最关心的热点问题

最关心的 热点问题	(1)民 主问题	(2)经 济发展	(3)社 会民生	(4)科 教文化	(5)反 腐倡廉	(6)考 研就业	(7)民 族宗教	(8)国 际形势	(9)交 通事故	(10)公 民道德	(11)环 境保护
专科学生	203	357	251	169	219	259	140	162	198	213	148
	26%	46%	32%	22%	28%	34%	18%	21%	26%	28%	19%
本科学生	86	360	271	204	406	378	49	241	86	185	62
	11%	46%	35%	26%	52%	49%	6%	31%	11%	24%	8%
两者比较	+15%	0	−3%	−4%	−24%	−15%	+12%	−10%	+15%	+4%	+11%

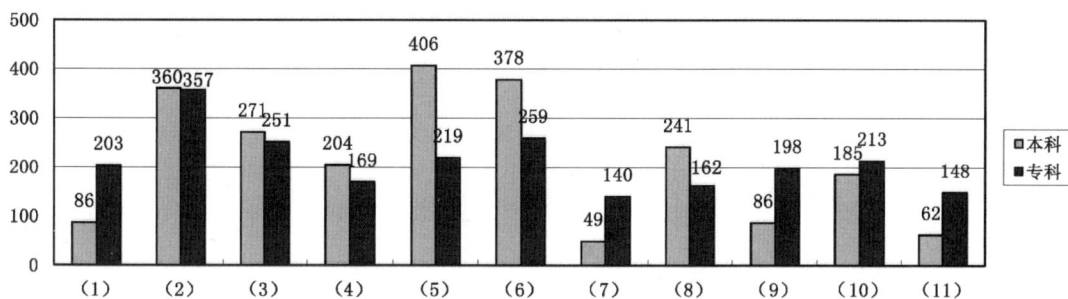

图 9-95　当前大学生最关心的热点问题

问题 9：2011 年 4 月公布的第六次人口普查的数据显示，目前全国总人口是_____(限选 1 项)

本题考查学生对我国总人口的知晓度，正确答案为 13.7 亿。数据显示，本科学生对这个问题的知晓度较高，专科学生比本科学生减少 15 个百分点(表 9-9、图 9-96)。

表 9-9　大学生对第六次人口普查结果知晓度

第六次人口 普查的总人数	(1)12.9 亿		(2)13 亿		(3)13.3 亿		(4)13.7 亿	
专科学生	24	3%	66	9%	318	41%	365	47%
本科学生	12	2%	37	5%	247	32%	480	62%
两者比较		+1%		+4%		+9%		−15%

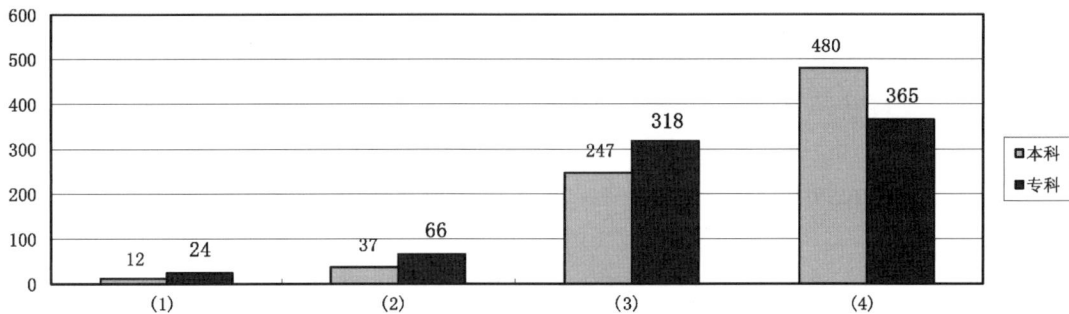

图 9-96　大学生对第六次人口普查结果知晓度

问题 10：2011 年我国科技发展取得重大进步，请选择您关注的项目。（多选）

本题考查学生对我国近期取得科技成果的知晓度。数据显示，专科学生和本科学生最关注的科技进步项目均为"天宫一号"成功发射和中国航母制造，这两项的知晓度趋同。在"蛟龙"号深海试验的知晓程度上，专科学生比本科学生高出 33 个百分点（表 9-10、图 9-97）。

表 9-10　大学生对我国科技发展取得成果的关注度

最关心的我国科技发展项目	(1)"蛟龙"号深海试验	(2)"天宫一号"成功发射	(3)大飞机的研发制造	(4)中国火星探测器	(5)中国航母制造	(6)神舟系列飞船	(7)超级计算机"天河一号"
专科学生	489	563	157	152	507	300	201
	63%	73%	20%	20%	66%	39%	26%
本科学生	255	653	160	222	468	271	261
	33%	84%	21%	29%	60%	35%	34%
两者比较	+30%	−11%	−1%	−9%	+6%	+4%	−8%

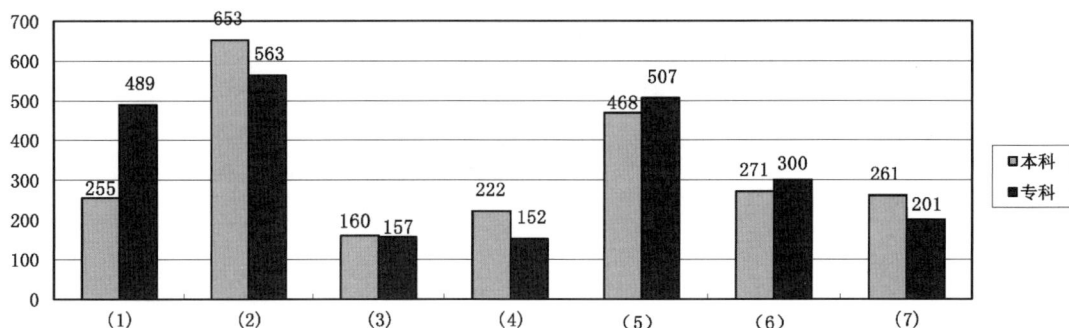

图 9-97　大学生对我国科技发展取得成果的关注度

问题 11：您认为当前我国文化建设中最迫切的任务是什么？（限选 1 项）

本题考查学生对我国当前文化建设中存在问题的认知程度。数据显示，专科学生和本科学生对这个问题的认知程度比较低，在构建文化繁荣发展体制的认知程度上，专科学生比本科学生少 18 个百分点（表 9-11、图 9-98）。

表 9-11　大学生对我国文化建设最迫切任务的认识情况

我国文化建设中最迫切的问题	(1)发展公益性文化事业		(2)发展文化产业建设		(3)推进核心价值体系建设		(4)构建文化繁荣发展体制		(5)建设宏大文化人才队伍		(6)为人民提供更好更多精神食粮	
专科学生	137	18%	109	14%	136	18%	105	14%	140	18%	146	19%
本科学生	128	16%	97	13%	148	19%	251	32%	62	8%	90	12%
两者比较		+2%		+1%		−1%		−18%	62	+10%	90	+7%

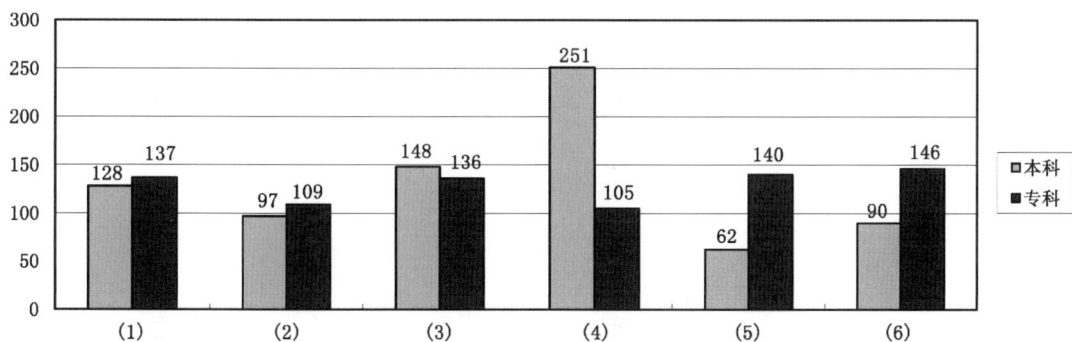

图 9-98　大学生对我国文化建设最迫切任务的认识情况

问题 12：2011 年 3 月，全国人大十一届四次会议批准的《"十二五"规划纲要》中提出，今后五年我国国民生产总值年均增长的目标是什么？（限选 1 项）

本题考查学生对《"十二五"规划纲要》中关于经济增长率的知晓度。数据显示，专科学生的知晓度明显高于本科学生，在选择正确答案(7%)的人数中，专科学生比本科学生高出 40 个百分点（表 9-12、图 9-99）。

表 9-12　大学生对"十二五"规划国民生产总值增长目标的认识情况

今后五年国民生产总值年均增长目标	(1)7%		(2)8%		(3)9%		(4)10%	
专科学生	390	50%	121	16%	134	17%	128	17%
本科学生	74	10%	308	40%	160	21%	234	30%
两者比较		+40%		−24%		−4%		−13%

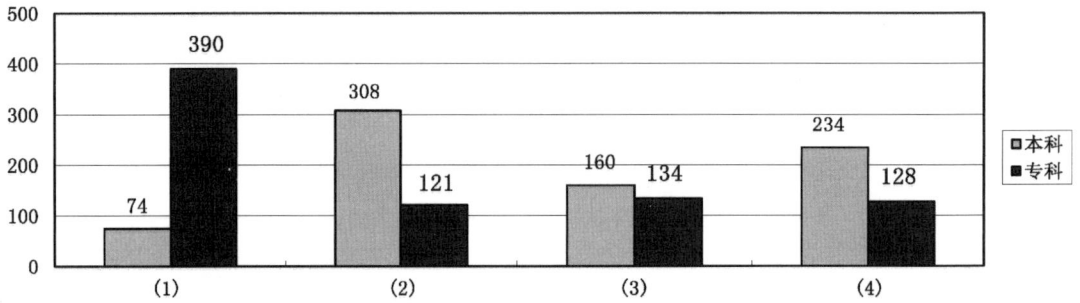

图9-99　大学生对"十二五"规划国民生产总值增长目标的认识情况

问题13：您认为我国的经济增长方式应该是什么？（限选1项）

本题考查学生对我国经济实现可持续增长的认知程度，正确答案为"适度增长、注重可持续发展"。数据显示，专科学生和本科学生对这个问题的认知度很高，两者的认知度趋同（表9-13、图9-100）。

表9-13　大学生对我国经济增长方式的认识情况

我国经济增长的方式	(1)高速增长，争当世界第一		(2)适度增长，注重可持续发展		(3)低速增长，以减少能源消耗	
专科学生	33	4%	687	89%	53	7%
本科学生	98	13%	653	84%	25	3%
两者比较		−9%		+5%		+4%

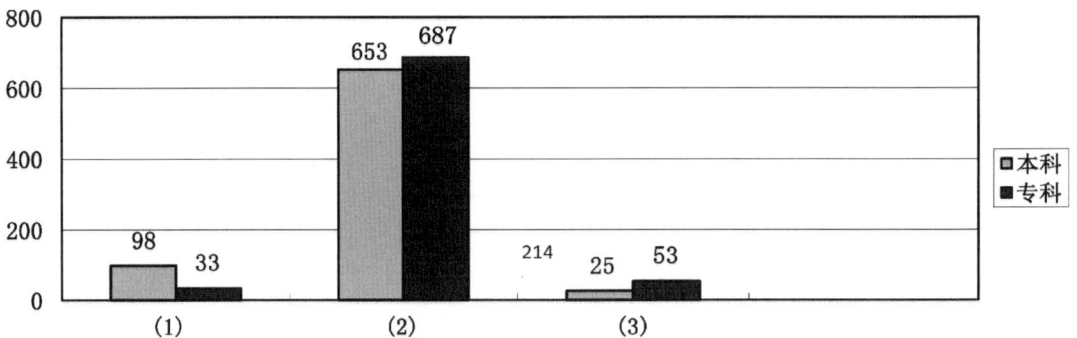

图9-100　大学生对我国经济增长方式的认识情况

问题14：当前国家解决"三农"问题的基本方针是什么？（限选3项）

本题考查学生对我国当前"三农"政策的知晓度，正确答案为前三项。数据显示，专科学生和本科学生对"三农"政策的知晓度很低，两者的知晓度趋同（表9-14、图9-101）。

表 9-14　大学生对国家解决"三农"问题基本方针的认识情况

国家解决"三农"问题的基本方针	(1)工业反哺农业		(2)城市支持农业		(3)多予、少取、放活		(4)实现土地的合理流转	
专科学生	94	12%	240	31%	308	40%	131	17%
本科学生	90	12%	246	32%	308	40%	132	17%
两者比较		0		−1%		0		0

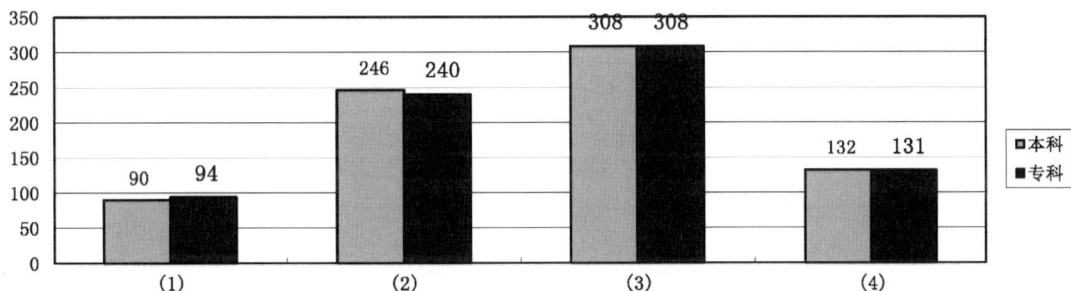

图 9-101　大学生对国家解决"三农"问题基本方针的认识情况

问题 15：您认为我国"三农问题"中最迫切需要重视的问题是什么？（可多选）

本题考查学生对我国"三农"问题的关注度。数据显示，专科学生和本科学生一致认同农民的社会保障是"三农"问题中最需要重视的问题，两者的关注度基本相同(表 9-15、图 9-102)。

表 9-15　大学生对我国"三农"问题中最迫切需要重视的问题的认识情况

"三农"问题最需要重视的问题	(1)保持粮食生产稳定		(2)农民增收		(3)农民社会保障		(4)农村教育问题		(5)农村治安问题		(6)农民工的社会保障		(7)留守儿童问题	
专科学生	38	5%	121	16%	290	38%	73	10%	61	8%	52	7%	138	18%
本科学生	62	8%	134	17%	270	35%	164	21%	16	2%	25	3%	105	13%
两者比较		−3%		−1%		+3%		−11%		+6%		+4%		+5%

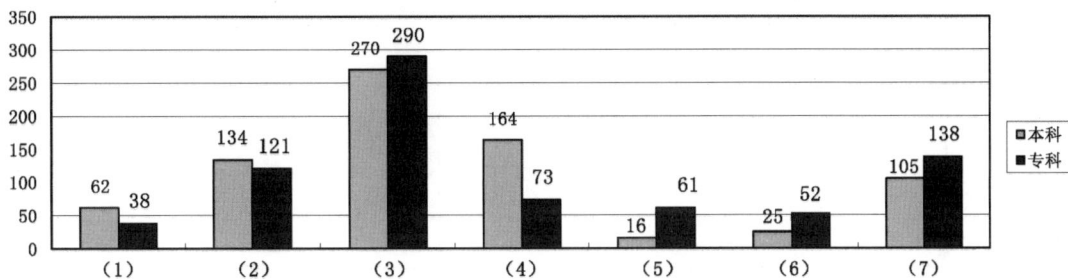

图 9-102　大学生对我国"三农"问题中最迫切需要重视的问题的认识情况

问题16：您认为当前发展两岸关系的政治基础是什么？（限选1项）

本题考查学生对发展两岸关系政治基础的知晓度，正确答案为"九二共识"。数据显示，专科学生和本科学生对这个问题的知晓度比较高，两者的关注度趋同（表9-16、图9-103）。

表9-16　大学生对两岸关系的政治基础的认识情况

发展两岸关系的政治基础	(1)一国两制		(2)九二共识		(3)反对台独	
专科学生	262	34%	353	46%	158	20%
本科学生	209	27%	436	56%	131	17%
两者比较		+7%		−10%		+3%

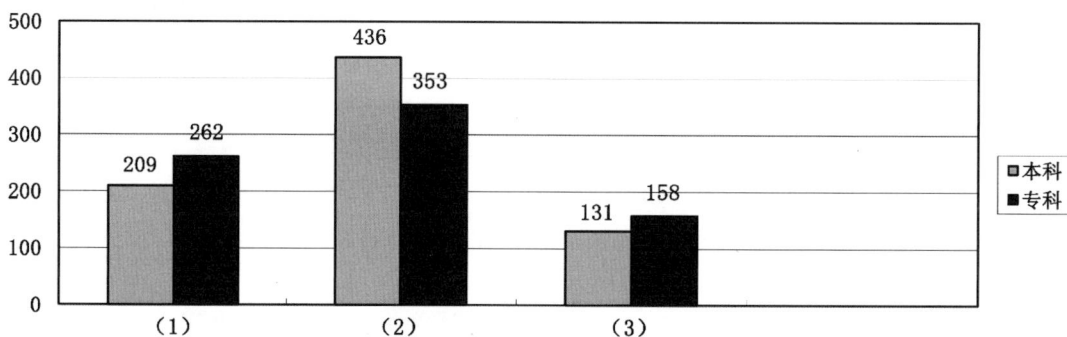

图9-103　大学生对两岸关系的政治基础的认识情况

问题17：您认为当前两岸关系的主要基调是什么？（限选1项）

本题考查学生对两岸关系和平发展状况的认知程度，正确答案为"和平发展"。数据显示，专科学生和本科学生对这个问题的认知度不高，两者的认知度趋同（表9-17、图9-104）。

表9-17　大学生对两岸关系主要基调的认识情况

当前两岸关系的主要基调	(1)和平发展		(2)反对台独		(3)文化交流		(4)和平统一	
专科学生	139	18%	96	12%	151	20%	387	50%
本科学生	185	24%	41	5%	140	18%	410	53%
两者比较		−6%		+7%		+2%		−3%

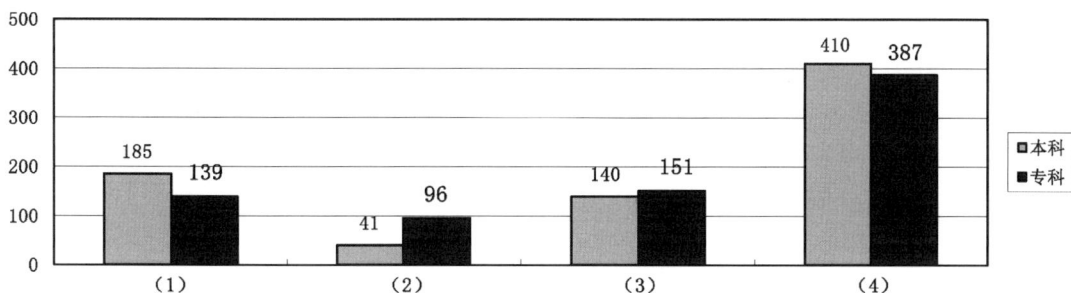

图 9-104　大学生对两岸关系主要基调的认识情况

问题 18：您认为在中华民族伟大复兴中，中国应该走什么样的道路？（限选 1 项）

本题考查学生对和平发展道路的认知程度，正确答案为"和平发展"。数据显示，专科学生和本科学生对这个问题的认知度在 32% 以上，专科学生比本科学生减少 20 个百分点（表 9-18、图 9-105）。

表 9-18　大学生对中国道路的认识情况

如何实现中华民族伟大复兴	(1)军事崛起		(2)和平发展		(3)经济立国		(4)与外国建立同盟		(5)文化强国	
专科学生	159	21%	247	32%	134	17%	136	18%	105	14%
本科学生	74	10%	406	52%	185	24%	25	3%	86	11%
两者比较		+11%		−20%		−7%		+15%		+3%

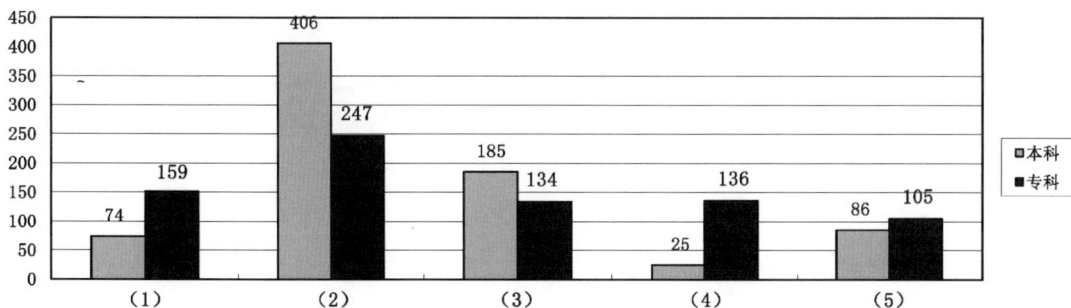

图 9-105　大学生对中国道路的认识情况

问题 19：您认为在中华民族的复兴历程中，所面临的主要风险是什么？（限选 3 项）

本题考查学生对我国崛起的外部环境状况的认知程度。数据显示，专科学生和本科学生对这个问题的认知程度存在着很大的差别。专科学生认为面临的主要风险依次是腐败现象严重、贫富悬殊和道德滞后；本科学生认为面临的主要风险依次是区域经济发展不平衡、人口就业压力和贫富悬殊。其中在区域经济发展不平衡方面，专科学生比本科学生的认知度减少40个百分点(表9-19、图9-106)。

表 9-19　大学生对中华民族复兴历程所面临风险的认识情况

中华民族复兴历程中面临的主要风险	(1)经济结构难以转型	(2)人口就业压力	(3)贫富悬殊	(4)资源短缺及环境污染	(5)外敌入侵	(6)道德滞后	(7)政治体制束缚	(8)腐败现象严重	(9)自然灾害频发	(10)区域经济发展不平衡	(11)人才资金外流	(12)中小企业赋税重
专科学生	137	296	331	200	164	331	295	399	17	97	28	24
	18%	38%	43%	26%	21%	43%	38%	52%	2%	13%	4%	3%
本科学生	86	409	344	221	51	163	98	307	65	414	130	39
	11%	53%	44%	28%	6%	21%	13%	40%	8%	53%	17%	5%
两者比较	+7%	-15%	-1%	-2%	+15%	+22%	+25%	+12%	-6%	-40%	-13%	-2%

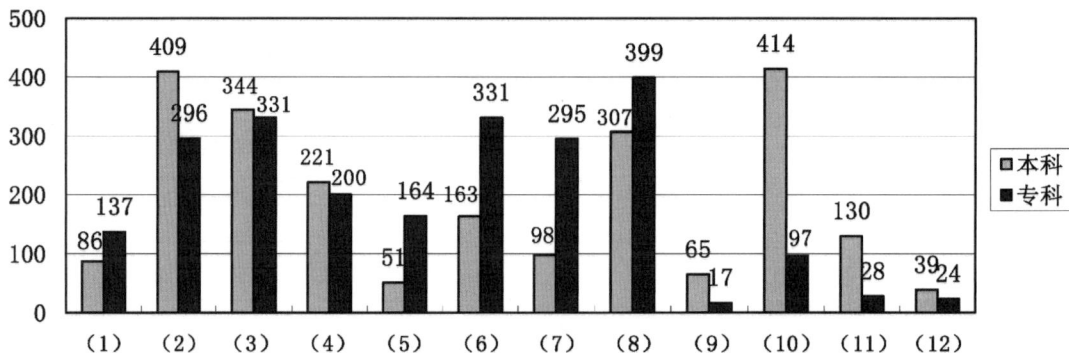

图 9-106　大学生对中华民族复兴历程所面临风险的认识情况

问题 20：最近您对哪些国际问题比较关注？（限选 3 项）

本题考查学生对国际问题的关注度。数据显示，专科学生和本科学生首先高度关注的是亚洲的形势，但关注的内容有较大差别。专科学生最关心的问题依次是日本核事故、欧洲主权债务和美国的反恐行动；本科学生最关注的问题依次是美日插手南海、欧洲主权债务和利比亚局势。其中，在日本核事故问题上，专科学生比本科学生高出 45 个百分点，在美日插手南海问题上，专科学生比本科学生减少 58 个百分点(表9-20、图9-107)。

表 9-20　大学生对国际问题的关注情况

关注的国际问题	（1）利比亚局势	（2）欧洲主权债务	（3）20国集团峰会	（4）伊朗核问题	（5）占领华尔街运动	（6）日本核事故	（7）朝鲜核问题	（8）叙利亚、埃及动乱	（9）美日插手南海	（10）美国的反恐行动
专科学生	166	260	104	233	194	563	169	160	199	273
	21%	34%	13%	30%	25%	73%	22%	21%	26%	35%
本科学生	283	308	140	86	222	220	146	101	655	165
	36%	40%	18%	11%	29%	28%	19%	13%	84%	21%
两者比较	−15%	−6%	−5%	+19%	−4%	+45%	+3%	+8%	−58%	+14%

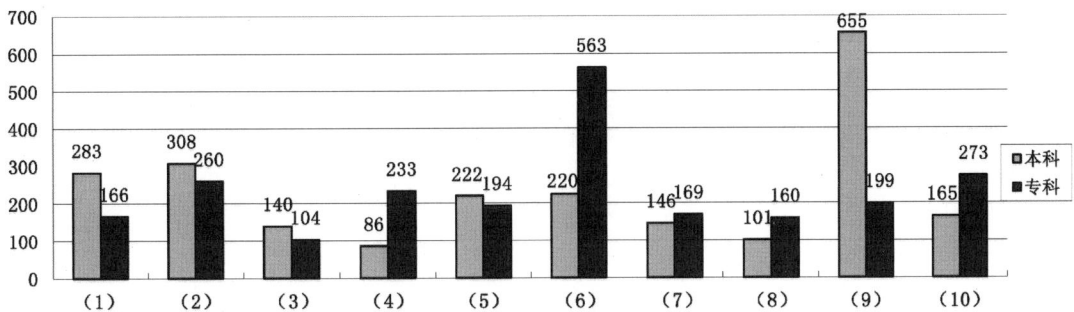

图 9-107　大学生对国际问题的关注情况

问题 21：您关注这些问题的原因是什么？（限选 1 项）

本题考查学生关注国际问题的原因。数据显示，专科学生和本科学生关注国际问题的原因主要都是在媒体上看到过相关内容，但专科学生比本科学生减少 19 个百分点；在课堂上学过相关内容方面，专科学生高出本科学生 30 个百分点（表 9-21、图 9-108）。

表 9-21　大学生关注国际问题的原因

关注的原因	（1）与自己切身利益密切相关		（2）在媒体上看到过相关内容		（3）在课堂上学过相关内容	
专科学生	118	15%	403	52%	252	33%
本科学生	197	25%	554	71%	25	3%
两者比较		−10%		−19%		+30%

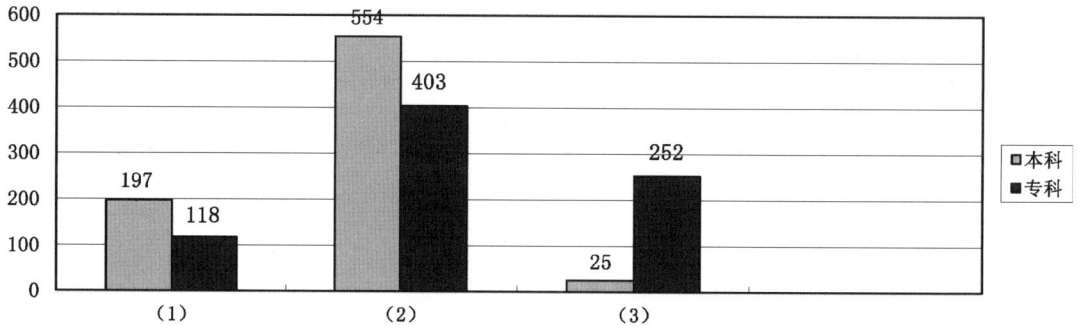

图 9-108　大学生关注国际问题的原因

问题 22：您如何看待在美国发生的"占领华尔街"运动？（限选 1 项）

本题考查学生对"占领华尔街"运动的知晓和认知程度，正确答案为"预示着资本主义世界面临严重的危机"。数据显示，在这个问题上，专科学生比本科学生减少 21 个百分点（表 9-22、图 9-109）。

表 9-22　大学生对美国发生的"占领华尔街"运动的看法

"占领华尔街"运动发生的原因	(1) 华尔街金融高管薪酬太高		(2) 银行倒闭，失业人员举行抗议		(3) 民主党的竞选招数		(4) 预示着资本主义世界面临严重的危机		(5) 民众不满华尔街的金融炒作	
专科学生	201	26%	89	12%	85	11%	178	23%	220	28%
本科学生	160	21%	124	16%	12	2%	341	44%	139	18%
两者比较		+5%		−4%		+9%		−21%		+10%

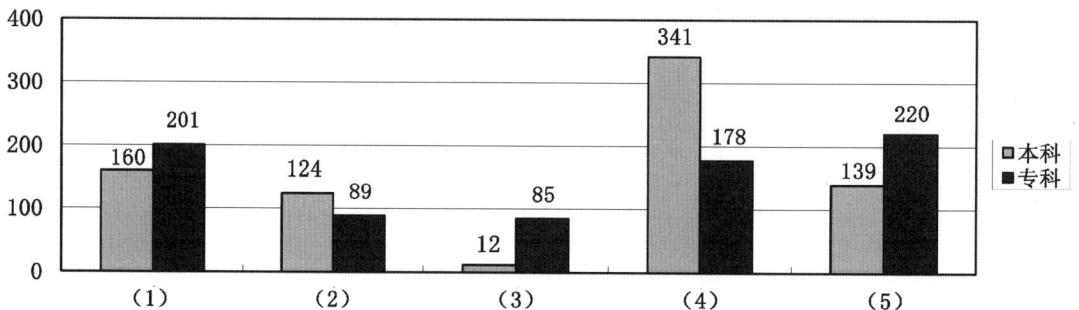

图 9-109　大学生对美国发生的"占领华尔街"运动的看法

问题 23：当今世界的时代潮流是什么？（限选一项）

本题考查学生对当前世界大势的知晓度，正确答案是"求和平、谋发展、促合作"。

数据显示，专科学生和本科学生对这个问题的知晓度较高，两者的知晓度趋同（表9-23、图9-110）。

表9-23　大学生对当今世界的时代潮流的认知

时代潮流	（1）多极化		（2）共存共赢		（3）在竞争中求发展		（4）求和平、谋发展、促合作	
专科学生	102	13%	157	20%	143	18%	371	48%
本科学生	98	13%	25	3%	246	32%	407	52%
两者比较		0%		+17%		−14%		−4%

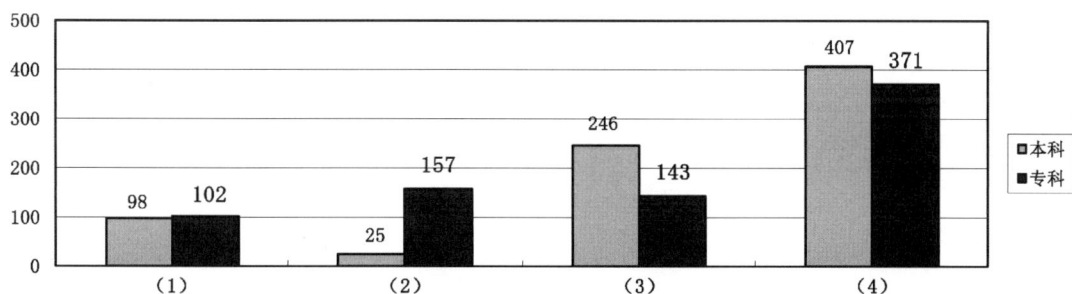

图9-110　大学生对当今世界的时代潮流的认知

问题24：在下列世界经济面临的主要问题中，您最关心哪一个问题？（限选1项）

本题考查学生对国际经济形势的认知度，无固定答案。数据显示，专科学生和本科学生一致认同世界经济面临的主要问题是各国普遍存在的国内通货膨胀问题，两者的认知度趋同（表9-24、图9-111）。

表9-24　大学生最关心的世界经济问题

世界经济面临的主要问题	（1）美国多家银行倒闭		（2）国际油价高涨		（3）欧洲主权债务危机		（4）各国存在的国内通货膨胀问题		（5）气候变化带来的损失		（6）美国量化宽松政策		（7）各国之间的贸易摩擦	
专科学生	49	7%	191	25%	57	7%	258	33%	86	11%	51	7%	81	10%
本科学生	12	2%	185	24%	49	6%	320	41%	62	8%	25	3%	122	16%
两者比较		+5%		+1%		+1%		−8%		+3%		+4%		−6%

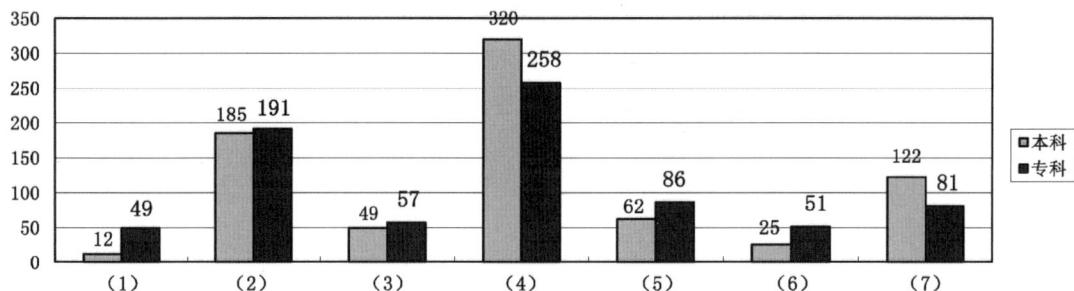

图 9-111　大学生最关心的世界经济问题

问题 25：您关注这些问题的原因是什么？（限选 1 项）

本题考查学生关注国际经济问题的原因。数据显示，专科学生和本科学生关注国际问题的原因存在较大的差异。专科学生关注的主要原因是与自己切身利益密切相关，本科学生关注的主要原因是在媒体上看过相关内容。在媒体上看过相关内容的专科学生比本科学生减少 25 个百分点，在课堂上学过相关内容的专科学生高出本科学生 14 个百分点（表 9-25、图 9-112）。

表 9-25　大学生关心的世界经济问题的原因

关注原因	(1)与自己切身利益密切相关		(2)媒体上看过相关内容		(3)课堂上学过相关内容	
专科学生	420	54%	205	27%	148	19%
本科学生	332	43%	407	52%	37	5%
两者比较		+11%		−25%		+14%

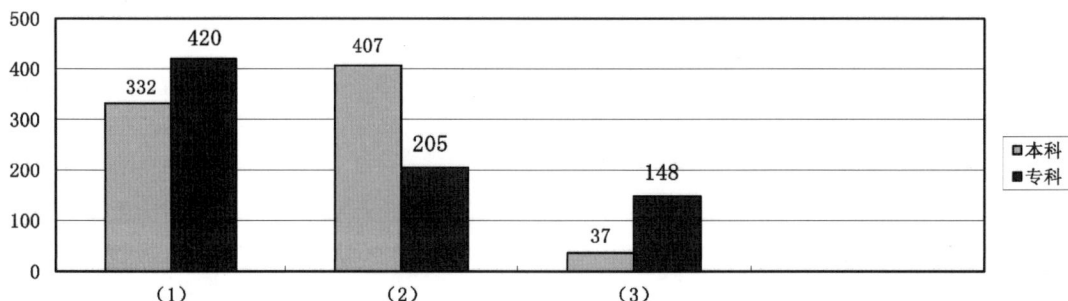

图 9-112　大学生关心的世界经济问题的原因

问题 26：被称为"金砖国家"的是哪几个国家？（多选题）

本题考查学生对"金砖国家"的知晓度，正确答案为中国、巴西、俄罗斯、印度和南非。数据显示，专科学生和本科学生对中国、巴西、俄罗斯、印度的知晓度高，但对南非的知晓度较低，两者的知晓度趋同（表9-26、图9-113）。

表9-26　大学生对"金砖国家"的认识

金砖国家	(1)中国		(2)巴西		(3)俄罗斯		(4)印度		(5)埃及		(6)阿根廷		(7)南非	
专科学生	594	77%	643	83%	406	53%	507	66%	628	81%	108	14%	223	29%
本科学生	510	66%	535	69%	387	50%	416	54%	332	43%	98	13%	283	36%
两者比较		+11%		+14%		+3%		+12%		+38%		+1%		−7%

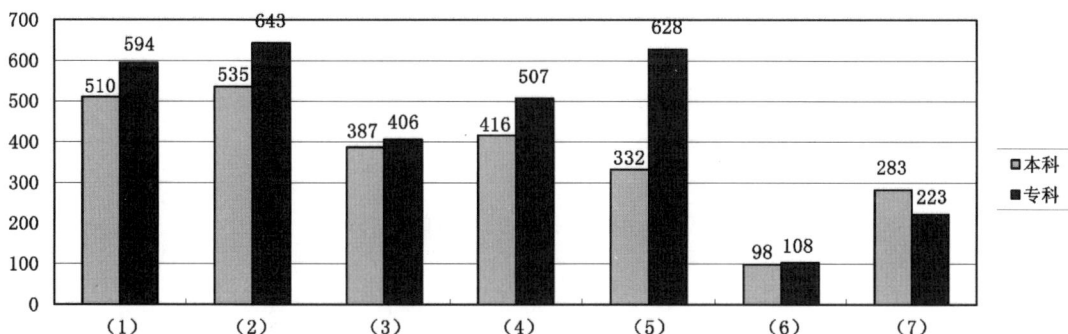

图9-113　大学生对"金砖国家"的认识

问题27：您认为当前世界上最重要的国际多边合作机制是什么？（限选1项）

本题考查学生对二十国集团影响的知晓度和认知程度，正确答案为"二十国集团"。数据表明，专科学生和本科学生对这个问题的知晓度和认知度较低，两者的知晓度和认知度趋同（表9-27、图9-114）。

表9-27　大学生对国际多边合作机制的认识

最重要的国际多边合作机制	(1)亚太经济合作组织		(2)八国集团		(3)二十国集团		(4)东盟与中日韩10+3合作机制		(5)上海合作组织		(6)欧盟首脑会议	
专科学生	283	37%	59	8%	259	34%	42	5%	48	6%	82	11%
本科学生	231	30%	17	2%	305	39%	28	4%	69	9%	126	16%
两者比较		+7%		+6%		−5%		+1%		−3%		−5%

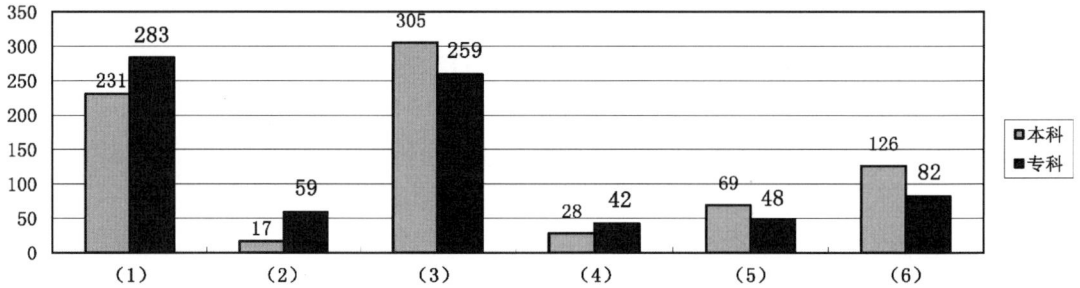

图 9-114　大学生对国际多边合作机制的认识

问题 28：对于目前的南海争端，您认为中国政府应该采取什么样的策略？（限选 1 项）

本题考查学生对我国在南海问题上应采取何种立场的认知程度。专科学生和本科学生一致认同我国政府应保持冷静，利用适当的手段沉着应对，但专科学生比本科学生少了15 个百分点（表 9-28、图 9-115）。

表 9-28　大学生对南海争端的认识

中国对南海争端的策略	(1)主要通过外交途径解决		(2)对有关国家进行经济制裁		(3)积极进行军事斗争准备		(4)顺其自然，留给后人解决		(5)保持冷静，利用适当的手段沉着应对	
专科学生	206	27%	96	12%	136	18%	5	0.6%	330	43%
本科学生	188	24%	35	5%	91	12%	14	2%	448	58%
两者比较		+3%		+7%		+6%		−1.4%		−15%

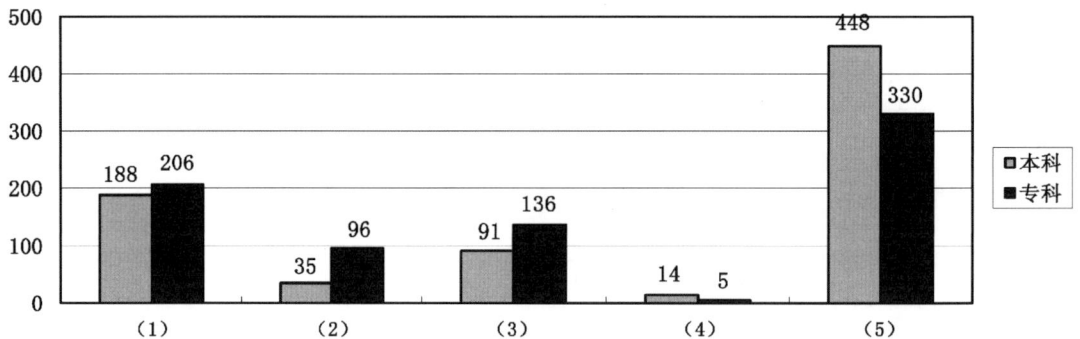

图 9-115　大学生对南海争端的认识

问题 29：您认可我国政府在许多国际争端中采取不干涉内政的立场吗？

本题考查学生对我国和平外交政策的认知度。数据显示，专科学生与本科学生对于我国和平外交政策是高度认同的，认同度高达 74% 以上，两者的认知度基本相同（表 9-29、图 9-116）。

表 9-29　大学生对中国政府在国际争端中的立场的认识

我国在国际争端中的立场	(1)认可		(2)不认可	
专科学生	569	74%	204	26%
本科学生	606	78%	170	22%
两者比较		−4%		+4%

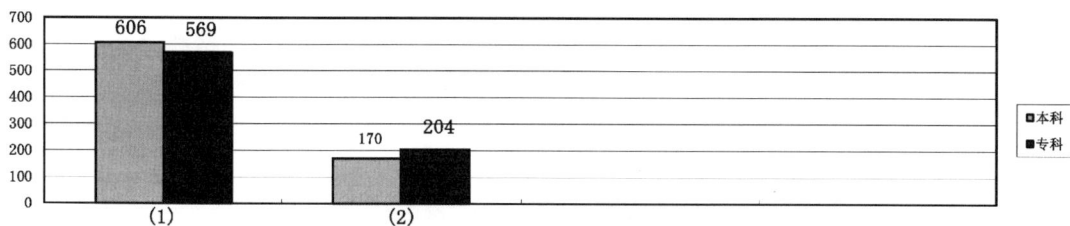

图 9-116　大学生对中国政府在国际争端中的立场的认识

问题 30：您了解国内外形势的主要途径有哪些？（限选 3 项）

本题考查学生接触媒体的情况。数据显示，专科学生和本科学生一样，接触媒体的主要途径为网络、电视和手机。其中在网络选项中，专科学生比本科学生减少 32 个百分点；在电视选项中，专科学生比本科学生减少 16 个百分点；在手机选项中，两者的使用程度趋同（表 9-30、图 9-117）。

表 9-30　大学生了解国内外形势的主要途径

了解形势的主要途径	(1)报纸	(2)广播	(3)电视	(4)网络	(5)手机	(6)"形势与政策"课	(7)同学谈论	(8)亲友谈论	(9)街谈巷议	(10)杂志	(11)图书
专科学生	325	275	350	459	365	248	203	3	2	85	5
	42%	36%	45%	59%	47%	32%	26%	0.4%	0.3%	11%	0.6%
本科学生	293	129	470	705	418	97	91	12	0	101	12
	38%	17%	61%	91%	54%	13%	12%	1.5%	0%	13%	1.5%
两者比较	+4%	+19%	−16%	−32%	−7%	+19%	+14%	−1.1%	+0.3%	−2%	−0.9%

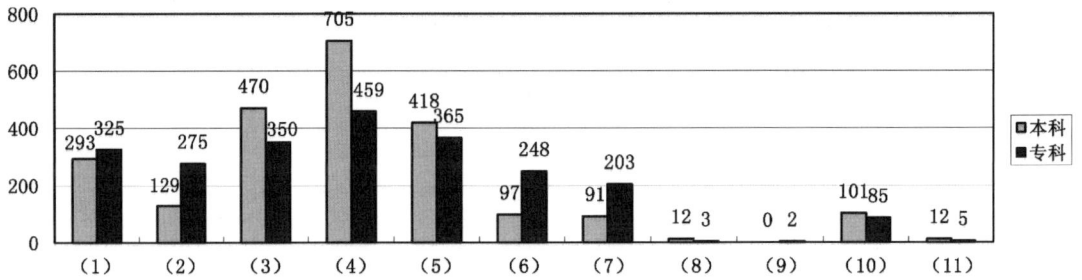

图 9-117 大学生了解国内外形势的主要途径

问题 31：您经常到哪些网站了解时事信息？（多选题）

本题考查学生接触媒体的情况。数据显示，专科学生和本科学生经常浏览的网站主要是人民网、新华网、央视等官方网站，腾讯、新浪、搜狐等国内门户网站和凤凰网等境外中文媒体网站。关注境外中文媒体网站的专科学生比本科学生高出 25 个百分点，关注腾讯网的专科学生比本科学生减少 15 个百分点（表 9-31、图 9-118）。

表 9-31 大学生了解时事信息经常访问的网站

了解时事信息的网站	(1) 人民网、新华网、央视等官方网站		(2) 腾讯网		(3) 人人网		(4) 新浪、搜狐等门户网站		(5) 凤凰网等境外中文媒体网站		(6) 境外外文网站	
专科学生	460	60%	410	53%	103	13%	385	50%	499	65%	20	3%
本科学生	443	57%	529	68%	197	25%	492	63%	308	40%	37	5%
两者比较		+3%		−15%		−12%		−13%		+25%		−2%

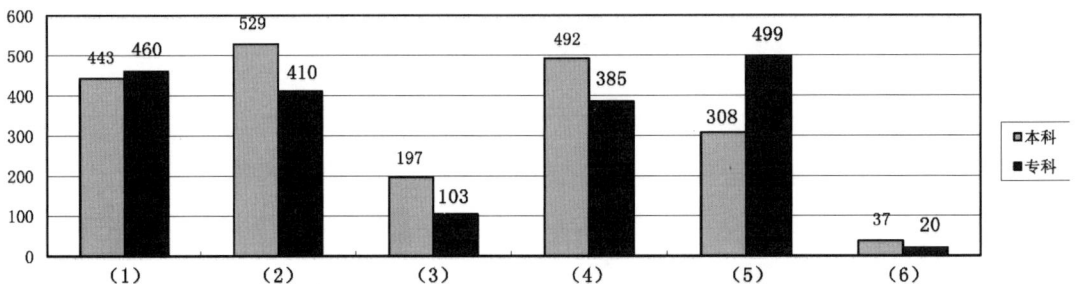

图 9-118 大学生了解时事信息经常访问的网站

问题 32：您对国内外时政问题的看法主要受哪些方面因素影响？（可多选）

本题考查影响学生对形势看法的因素。数据显示，影响专科学生和本科学生对时政认识的因素存在较大的差别。影响专科学生看法的主要因素依次是老师的课堂教学、同学之间的交流探讨和自己的观点。影响本科学生看法的主要因素是国内媒体宣传、网络观点和同学之间的交流探讨。在老师的课堂教学这一项，专科学生比本科学生高出 10 个百分点。在自己的观点这一项，专科学生比本科学生高出 34 个百分点(表 9-32、图 9-119)。

表 9-32　大学生对时政问题看法的影响因素

影响看法的因素	(1)国家领导人讲话	(2)国内媒体宣传	(3)网络观点	(4)老师的课堂教学	(5)同学之间的交流探讨	(6)亲友观点	(7)境外媒体观点	(8)自己的观点
专科学生	320	283	281	431	360	141	221	35
	41%	37%	36%	56%	47%	18%	29%	45%
本科学生	208	372	324	358	335	119	201	83
	27%	48%	42%	46%	43%	15%	26%	11%
两者比较	+14%	−11%	−6%	+10%	+4%	+3%	+3%	+34%

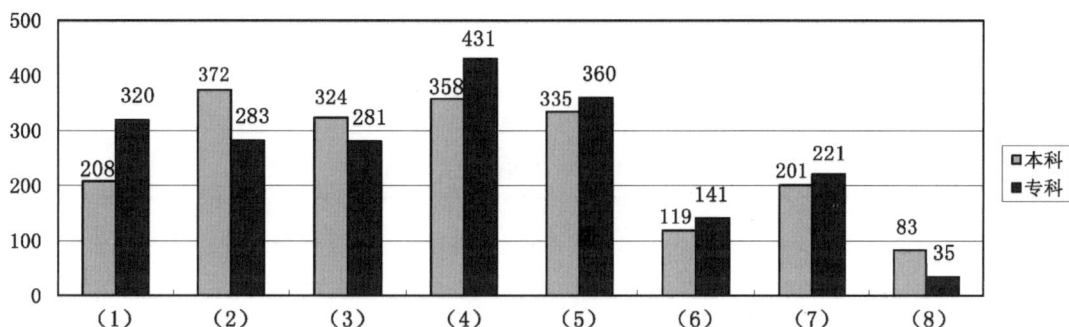

图 9-119　大学生对时政问题看法的影响因素

问题 33：您对国内外形势的关注方式有哪些?（可多选）

本题考查学生关注当前形势与政策的方式。数据显示，专科学生和本科学生关注的方式相同，两者关注的程度趋同(表 9-33、图 9-120)。

表 9-33　大学生对国外形势的关注方式

关注的方式	(1)随意浏览		(2)网上发帖评说		(3)与同学交流		(4)付诸行动	
专科学生	361	47%	120	16%	297	38%	3	0.4%
本科学生	414	53%	133	17%	246	32%	26	3%
两者比较		−6%		−1%		+6%		−2.6%

189

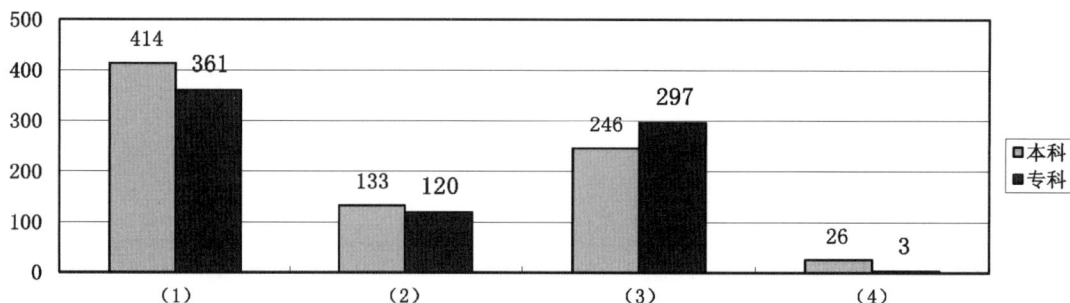

图 9-120　大学生对国外形势的关注方式

问题 34：你在关注今年以来热点问题的持续性上有哪些特点？（可多选）

本题考查学生对当前形势与政策的关注特点。数据显示，专科学生和本科学生关注的特点趋同，都是随事态的发生时有关注，但"事态平复后不再关注"的专科学生比本科学生少 16 个百分点（表 9-34、图 9-121）。

问题 35：您喜欢哪种"形势与政策"课的学习方式？（可多选）

本题考查学生喜欢的学习方式。数据显示，专科学生和本科学生喜欢的学习方式是专题讲座、视频教学和课堂讨论。在视频教学方面，专科学生比本科学生减少 23 个百分点（表 9-35、图 9-122）。

表 9-34　大学生对热点问题关注的频度

关注特点	(1)偶尔关注		(2)随事态的发生时有关注		(3)事态平复后不再关注		(4)事后仍然积极参与讨论	
专科学生	195	25%	356	46%	36	5%	186	24%
本科学生	221	28%	399	51%	165	21%	185	24%
两者比较		−3%		+5%		−16%		0

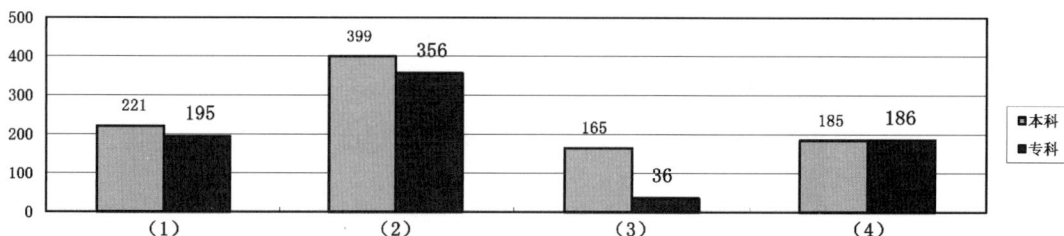

图 9-121　大学生对热点问题关注的频度

表 9-35　大学生喜爱的"形势与政策"课学习方式

喜欢的学习方式	(1)课堂教学	(2)专题讲座	(3)形势报告	(4)网络教学与学习	(5)视频教学	(6)课堂讨论	(7)几种形式的结合
专科学生	153	360	186	140	196	252	136
	18%	47%	24%	18%	25%	33%	18%
本科学生	172	293	113	208	370	230	275
	22%	38%	15%	27%	48%	30%	35%
两者比较	−4%	+9%	+9%	−9%	−23%	+3%	−17%

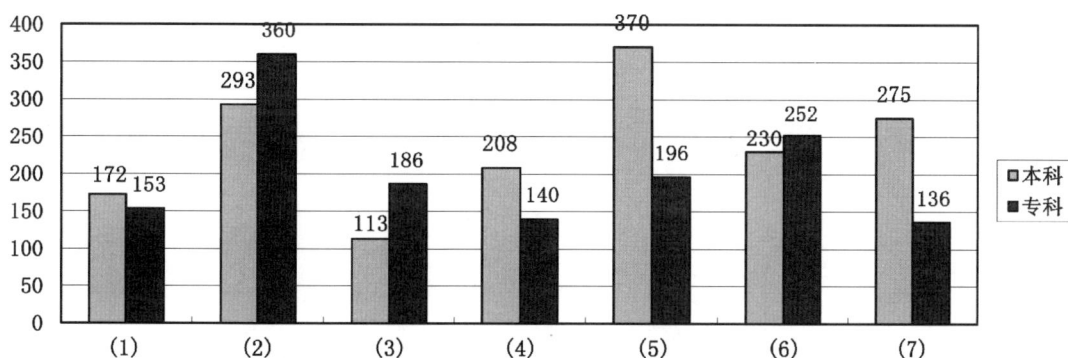

图 9-122　大学生喜爱的"形势与政策"课学习方式

问题 36：您喜欢哪种"形势与政策"课的教学形式？（可多选）

本题考查学生喜欢的教学方式。数据显示，专科学生和本科学生最喜欢的教学形式都是讲述与视频相结合、几种形式相结合和专题讲述。两者喜欢方式的程度趋同（表 9-36、图 9-123）。

问题 37：您学习"形势与政策"课的收获有哪些？（可多选）

本题考查学生学习课程的收获。数据显示，专科学生和本科学生对课程学习的收获基本相同。在增强了自身责任感和使命感方面，专科学生比本科学生减少 15 个百分点；在提高了分析判断形势的能力方面，专科学生比本科学生高出 13 个百分点（表 9-37、图 9-124）。

表 9-36　大学生喜爱的"形势与政策"课教学形式

喜欢的教学形式	(1)专题讲述		(2)内容综述		(3)讲述与视频相结合		(4)讲述与讨论相结合		(5)几种形式结合	
专科学生	436	56%	146	19%	631	82%	243	31%	480	62%
本科学生	364	47%	131	17%	599	77%	255	33%	439	57%
两者比较		+9%		+2%		+5%		−2%		+5%

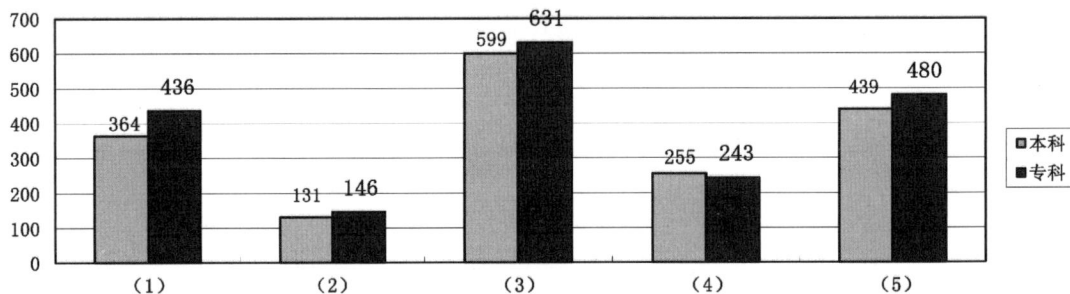

图 9-123 大学生喜爱的"形势与政策"课教学形式

表 9-37 大学生学习"形势与政策"课的收获

学习课程的收获	（1）加深对方针政策的理解		（2）开阔了视野，拓展了知识		（3）提高了分析判断形势的能力		（4）增强了自身责任感和使命感		（5）培养关心时事的兴趣和习惯	
专科学生	395	51%	588	76%	474	61%	264	34%	440	57%
本科学生	341	44%	640	82%	370	48%	382	49%	416	54%
两者比较		+7%		−6%		+13%		−15%		+3%

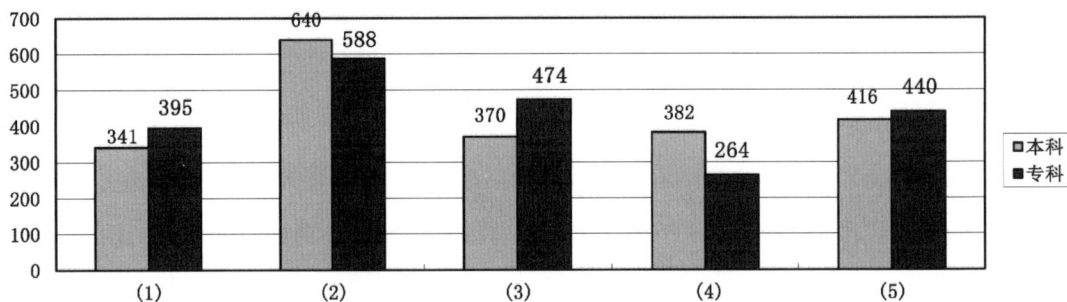

图 9-124 大学生学习"形势与政策"课的收获

问题 38：您对"形势与政策"课的建议有哪些？（可多选）

本题考查学生对课程的建议。数据显示，专科学生和本科学生一致希望增加实践环节、增加课时和发挥学生的主体作用。在增加课时和增加实践环节方面，专科学生比本科学生分别高出 33 个百分点和 15 个百分点；在改进教学方式方面，专科学生比本科学生减少 22 个百分点(表 9-38、图 9-125)。

表 9-38　大学生对"形势与政策"课的建议

对本课程的建议	(1)发挥学生的主体作用		(2)增加课时		(3)提高教师素质		(4)提供教材		(5)增加实践环节		(6)改进教学方式	
专科学生	442	57%	454	59%	116	15%	172	22%	488	63%	208	27%
本科学生	361	47%	204	26%	185	24%	246	32%	370	48%	377	49%
两者比较		+10%		+33%		-9%		-10%		+15%		-22%

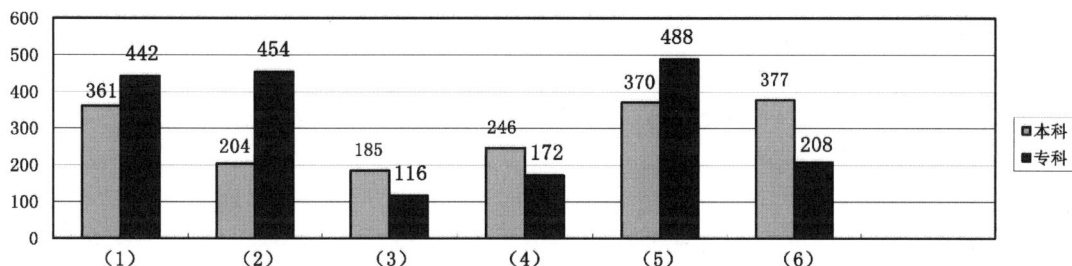

图 9-125　大学生对"形势与政策"课的建议

2. 专科与本科学生对形势与政策认知状况的比较分析

调查组将专科学生与本科学生的问卷调查数据进行梳理和总结，分别通过对形势与政策的关注度、知晓度、认知度、认知途径和认知状况等五个维度展开对比分析。

(1)专科与本科学生对形势与政策关注度的比较分析

通过对调查结果的分析，我们认为，专科学生对形势与政策的关注度总体上低于本科学生，专科学生与本科学生在关注的问题上各有侧重。如调查问卷中涉及大学生对"形势与政策"关注度的选题一共有 6 道题，内容涉及政治、经济、民生、"三农"问题和国际形势五个方面，其中，专科学生有 6 项关注度超过 50%，本科学生有 9 项关注度超过 50%。同时，专科学生关注度低于 50% 的选项也明显多于本科学生，这表明专科学生的关注度总体上低于本科学生。在问卷涉及的政治、经济、民生、"三农"问题、科技发展和国际形势方面，专科学生和本科学生在关注的侧重点上有所差异。专科学生的关注度总体上比本科学生低，但在政治体制改革(专科 55%、本科 38%)、党的建设(专科 31%、本科 13%)、民主问题(专科 26%、本科 11%)、养老问题(专科 36%、本科 10%)、交通事故(专科 26%、本科 11%)和日本核事故(专科 73%、本科 28%)方面，专科学生的关注度超过本科学生，而在公务员考试(专科 30%、本科 53%)、物价波动(专科 44%、本科 82%)、就业问题(专科 37%、本科 59%)、反腐倡廉(专科 28%、本科 52%)和美日插手南海问题(专科 26%、本科 84%)上，关注度明显低于本科学生。

在政治方面，专科学生更多关注与自身利益联系不太紧密的问题，如党的建设、政治体制改革和民主选举问题，本科学生更多关注与自身利益相关的政治层面的问题，如干部选举和公务员考试；在经济方面，专科学生最关注的是房价，本科学生最关注的是物价；在民生方面，专科学生最关注经济发展、考研就业和社会民生，本科学生最关注经济发展、反腐倡廉和考研就业；专科学生就业压力比本科学生小，但养老压力比本科学生大；在国际问题上，专科学生最关注的是日本核事故，本科学生最关注的是美日插手南海问题。

（2）专科与本科学生对形势与政策知晓度的比较分析

通过对调查结果的分析，我们认为，专科学生对形势与政策的知晓度总体低于本科学生，专科学生对形势与政策的知晓度呈现出不平衡状态。如在选题中考查大学生对"形势与政策"知晓度的选题一共有12题，内容涉及政治、经济、民生和国际形势四个方面，其中有固定选项的11题，不固定选项1题。在11题中，专科学生知晓度高于50%的有2题，低于50%的有9题，这表明，专科学生对我国形势与政策的知晓度不高。数据还显示，本科学生知晓度在50%以上的有4题，低于50%的有7题，专科学生对形势与政策的知晓度总体上低于本科学生。专科学生在政治、"三农"方面的知晓度与本科学生趋同，在经济、对台政策、科技成就和国际形势方面的知晓度低于本科学生。在极个别问题的知晓度上又明显高于本科学生，如在今后五年内我国国民生产总值年均增长目标为7%的问题上，专科学生高出本科学生40个百分点。

专科学生对形势与政策的知晓度的不平衡状态表现出"两高两低"的特点。"一高"是对于政治的知晓度高，其中知晓度最高的是党的十七届六中全会通过的《关于深化文化体制改革，推动社会主义文化大发展大繁荣若干重大问题的决定》，知晓率达61%；另"一高"是对我国最新科技发展的知晓度高，在最关注的科技项目中，对"天宫一号"和中国航母制造的知晓度达66%以上。这表明专科院校在教学中能及时把党的方针政策和国家建设的成就进课堂、进教材、进头脑，课堂教学效果明显。"一低"是对形势与政策的完整性的知晓度低。如对"三农"问题中的"工业反哺农业"的选项知晓度明显低于其他选项，只有12%。对于"金砖5国"的南非知晓度明显低于其他四个选项，低至29%。另"一低"是对我国周边安全动态知晓度低。如专科学生对于美日插手南海问题的知晓度明显低于本科学生，减少58个百分点，这表明专科学生获取形势政策信息的视野仍相对狭窄。

（3）专科与本科学生对形势与政策认知度的比较分析

通过对调查结果的分析，我们认为，专科学生对形势与政策认知度总体低于本科学生，专科学生对形势与政策认知度呈现出不平衡状态。如在选题中考查大学生对形势与政策认知度的选题一共有9题，内容涉及经济发展、文化建设、对台政策和国际形势等。其中专科学生认知度高于50%的有4题，低于50%的有5题。本科学生认知率超过50%的选题有6题，50%以下的有3题。这表明，专科学生总体的认知水平低于本科学生。产生差异的原因在于生源不同、教育环境不同及教育理念、教学目标和教学体系不同带来的专科学生理论底蕴不足和获取信息的渠道相对狭小。通过"形势与政策"课的教学，专科学生在思想、认识、行动上都有较大提高，但尚嫌不足，更应加大"形势与政策"课教学的强度与力度。

专科学生对形势与政策认知度的不平衡表现在专科学生对学习过的相关问题的认知度

高，对尚未学过的、比较复杂的形势与政策认知度低。如通过课堂学习，专科学生对我国的经济增长方式的认知度高达89%，对于我国政府在许多国际争端中采取的不干涉内政立场的认知度达74%。而对我国文化建设中最迫切任务、当前两岸关系的主要基调认知度正确率仅为18%。

（4）专科与本科学生对形势与政策认知途径的比较分析

通过对调查结果的分析，我们认为，专科学生了解形势与政策的途径相对狭窄，专科学生比本科学生更偏爱官方网站，传统传媒对专科学生的影响比本科学生大，课堂教学方式对专科学生的影响比本科学生更大。专科学生了解形势与政策的途径比较广泛，其中主要的途径有网络、手机和电视。在这三种途径中，通过网络途径了解信息的专科学生比本科学生减少32个百分点；通过电视途径了解信息的专科学生比本科学生减少16个百分点；即使是非常普及的手机，专科学生也比本科学生减少7个百分点。这表明专科院校网络、电视和手机的普及程度和畅通程度不如本科院校。在经常浏览的网站中，人民网、新华网和央视等官方网站，腾讯、新浪、搜狐等国内门户网站，凤凰网等境外中文媒体网站对专科学生和本科学生的影响都很大，其中专科学生更偏爱官方网站（人民网、新华网、央视）和境外中文媒体网站（凤凰网），而本科学生更偏爱腾讯网和新浪、搜狐等门户网站。这表明专科学生更愿意接触官方网站，本科学生更愿意接触门户网站。传统传媒手段中的报纸和广播对专科学生的影响仅次于网络、电视和手机，也成为专科学生获取信息的主要途径。其中广播对专科学生的影响高出本科学生19个百分点，报纸对专科学生的影响高出本科学生4个百分点。而网络、电视、手机等现代传媒对本科学生的影响分别高出专科学生32、16和7个百分点。专科院校应该充分发挥传统传媒的作用，以弥补现代传媒手段的不足。在影响学生对国内外形势看法的因素中，老师的课堂教学对专科学生影响最大（专科56%、本科46%），而国内媒体宣传对本科学生的影响最大（专科37%、本科48%），这表明课堂教学对专科学生的影响至关重要。

（5）专科与本科学生对"形势与政策"课教学的认知状况比较分析

通过对调查结果的分析，我们认为，专科学生对课程的教学形式满意度更高，获得感更强，且能对课程改革提出符合专科院校实际的合理化建议。专科学生对目前"形势与政策"课教学采取的专题讲座、视频教学、几种形式的结合等形式都很满意，尤其喜欢讲述与视频相结合的方式，满意度高达82%，比本科院校高出5个百分点。这表明专科院校的"形势与政策"课教学形式是深受学生欢迎的。通过课程学习，绝大多数专科学生普遍感到开阔了视野，拓展了认识，加深了对党和国家方针和政策的理解，提高了分析和判断形势的能力，培养了关心时事的兴趣和习惯，增强了自身的责任感和使命感。专科学生在提高了分析和判断形势的能力方面收获较大（专科61%、本科48%），本科学生在增强了自身责任感和使命感方面收获较大（本科49%、专科34%）。针对目前"形势与政策"的教学现状，专科学生和本科学生一致认为应该增加实践教学环节、发挥学生主体作用。所不同的是，专科学生更多要求增加实践环节（专科63%、本科48%）和增加课时（专科59%、本科26%），本科学生更多要求改进教学方式（本科49%、专科27%）。这表明，专科院校和本科院校在今后的教学改革中，需要在不同的方面进行改进。

（三）本专科学生对形势与政策认知状况的访谈比较分析

除了问卷调查，课题组还采取访谈的方式在 10 多所高校选取 250 名学生进行了访谈调查，其中本科院校 129 人，专科院校 121 人。通过访谈，我们了解到大学生对我国的社会主义建设持积极肯定态度，关注的问题和话题范围广泛，获取时事信息渠道多元并对"形势与政策"课有较高的期盼。

1. 大学生对我国的社会主义建设持积极肯定态度

访谈结果显示，大学生对 2011 年我国政治、经济、社会、文化和党的建设等评价良好。本科学生满意度达 75.19%，专科学生满意度达 85.95%，专科学生对我国社会主义建设总体评价满意度高出本科学生 10.76%。访谈中，绝大部分本科、专科学生充分肯定我国的经济发展，对建设中国特色社会主义充满信心，同时对政治、文化、社会和党建等方面也提出了自己的意见，主要是认为制度建设不完善，导致相应问题产生，并热切期待加快改革步伐，进一步促进我国社会有序发展、民族团结和社会稳定。

2. 大学生关注的问题范围广泛

访谈结果显示，当代大学生思维多元，视野较宽，敏感性强，兴趣广泛，关注的时事信息涵盖各个方面。在政治、社会方面，他们关注党的十七届六中全会、建党九十周年、辛亥百年纪念、大运会、政府的反腐倡廉、温州动车追尾事故、上海地铁追尾事故、小悦悦事件、武汉银行爆炸案、校车事故、武汉高校大学生遇害案等。在我国空间科技发展方面，他们主要关注天宫一号、神舟八号发射成功、蛟龙号深潜成功、中国航母试航等。在民生方面，学生比较关注与自己切身利益相关的形势信息，如大学生就业、教育政策的变化、食品安全、物价上涨、房价调控、新婚姻法的颁布等。在国内外重大自然灾害方面，他们关注日本大地震及核泄漏、西南干旱等。在国际局势方面，他们最关注的问题有利比亚局势、拉登之死、乔布斯去世、欧债危机等。在我国周边安全方面，他们比较关注南海问题、湄公河中国船员遇害问题、钓鱼岛事件等。同时，当代大学生在关注社会发展过程中出现的一系列问题时，能积极思考，梳理成因，形成自己的看法、意见和建议，能够理性地看待和思考问题。

3. 大学生获取时事信息的渠道多元

访谈结果显示，多种新兴网络媒体和互联网工具被学生青睐，如腾讯网、人人网、校内网、微博、微信、博客、QQ 等。其中，作为新兴媒介的微博，逐渐成为大学生获取信息的新方式。调查发现，本科学生微博使用率为 61.24%，专科学生微博使用率为 53.72%，本科学生微博使用率比专科学生高 7.52%。使用微博的主要用途是了解新闻、时事，关注名人、明星对时事的评论，显示自己的想法和动态。另外，随着智能手机的兴起，手机网络、短信、微信、手机报等可以让学生随时随地、方便、简单、迅速地获取国内外要闻与信息。伴随着互联网产业的飞速发展，大学生使用手机上网呈上升趋势。本科学生使用手机上网占94.57%，专科学生使用手机上网占86.78%，本科学生手机上网使用率比专科学生高7.79%。使用手机上网依次用于看新闻、聊天、查找资料、联系朋友和家人等。而传统媒体，如电视、广播、报纸主要分布在食堂、图书馆、道路等公共场所，学生同样可以及时从中获取信息，特别是CCTV新闻频道比较权威，学生一般会主动留意收看。对于平面媒体，学生比较喜欢的报纸有《人民日报》《南方周末》《参考消息》《楚天都市报》等。通过访谈统计结果的对比，本科学生使用现代媒体比较普及，而专科学生利用传统媒体的比率比本科学生高。

4. 大学生对形势与政策教育有较高的期盼

访谈结果显示，本科有93.79%、专科有96.69%的学生认为形势与政策教育对自己有帮助。在认为有帮助的学生中，84.29%的本科学生和80.34%的专科学生认为开阔了视野，提升了思想，提高了分析判断问题的能力。有的学生坦言"形势与政策"课能使自己进一步了解国内外局势，深度知晓当前国家的大政方针。有的学生说，通过课程的学习，自己获得了正确分析形势和理解政策的能力及判断力，并且能够进一步反思时事背后的根源问题，而不仅仅是停留于事件本身。有的学生表示，通过"形势与政策"课的学习，不仅对坚定自己的政治立场，树立正确的人生观和价值观有很大的帮助，还能唤起自己的使命感和责任感。

无论本科还是专科学生都希望学校加大对形势与政策教育的力度，通过多种渠道及形式传递时事信息。具体建议有：增加课时，满足学生了解世情、国情和社情的需求；增加视频教学，利用视觉冲击和海量信息，保证信息的及时、准确性和课堂的鲜活性；发挥学生主体性作用，加强课堂互动；加强社会实践环节，提高实际应用能力；配备风趣幽默、讲课生动、有自己的观点、能活跃课堂气氛的老师。

(四)专科学生在形势与政策认知方面存在的问题及其成因

1. 专科学生在形势与政策认知方面存在的问题

(1)专科学生对形势与政策的认知程度比本科学生低，认知途径也比本科学生狭窄。专科学生与本科学生的差异，我们可以通过数据进行分析。如在我们设计的问题中，考查专科生对"形势与政策"知晓度的题目一共有12题，内容涉及政治、经济、民生和国际形势四个方面。为便于说明问题，我们以其中的8个单选题为例：如第9题，错误率39%；第12题，错误率66.6%；第17题，错误率52.7%；第20题，错误率50%；第24题，错误率54.3%；第26题，错误率61.8%；第31题，错误率52%；第35题，错误率54.2%。这些充分说明专科学生的视野不够宽阔。在考查知晓度的8个单选题中，在正确率方面，专科学生有6道题低于本科学生，只有2道题是高于本科学生的(第20、35题)。总体来看，专科学生对形势与政策的总体知晓度比本科学生略低4个百分点。在考查认知度的9道题中，内容涉及经济发展、文化建设、对台政策和国际形势几个方面，除去不定项选择的第27题，剩下的8道题里，同样，有6道题专科学生正确率低于本科学生，只有2道题正确率高于本科学生。数据分析显示，专科学生对形势与政策的平均认知率为43%，而本科学生的平均认知率为52%。在认知途径方面，问卷第30题显示，在了解国内外形势的途径方面，网络对专科学生的影响比本科学生减少了32个百分点，电视和手机也分别减少了16个和7个百分点。第32题显示，在影响学生对时政看法的诸因素中，对专科学生而言排首位的是老师的课堂教学，而对本科学生而言是国内媒体宣传。这说明专科学生了解形势与政策的途径或载体没有本科学生多。这也许与专科院校的硬件设施和电脑普及程度不如本科院校有关。

（2）专科学生对课堂教学依赖性更高，学习主动性不足。调查显示，在影响学生对时政看法的8项因素中，对专科学生而言，老师的课堂教学是第一因素，而对本科学生来说则不是。这充分说明专科学生对课堂教学、对老师的依赖性更高，这也许与专科学生缺乏学习的主动性、了解形势政策的渠道相对较窄相关。当然，这也不尽然是坏事，从另一个角度来看，这说明专科学生可塑性更大，凸显了"形势与政策"课因材施教的必要性和重要性。

（3）专科学生的理论底蕴相较本科学生更显不足。专科学生对政治和经济方面的理论解读缺乏深度。如关于政治方面的第2题："请在下列我国政治发展所面临的问题中，选择您最关心的问题"（限选3项）。毫无疑问，在8项选题中，第一项"体制改革问题"当属首选，后面的7项只不过是政治体制改革的展开而已。但调查问卷显示，"体制改革问题"并不是学生的首选，这反映出学生不能从宏观上把握问题，本末倒置。第11题："您认为当前我国文化建设中最迫切的任务是什么？"只有14%的学生是选择"构建文化繁荣发展体制"（低于本科学生18个百分点），大部分学生没有意识到体制是一切问题的根本。在经济方面，专科学生对很多问题是一知半解，如第14题，三个选项的正确率均未超过50%，暴露出学生对"三农"政策的不甚了解；第4题："您认为当前我国经济形势总体状况如何？"只有33%的学生是选择"经济保持平稳较快增长"（低于本科学生13个百分点），大部分人判断错误。问卷中有一道题是考查学生对金砖国家的知晓程度，居然有高达81%的学生认为埃及也是金砖国家。这些说明专科学生的经济常识有待普及。

2. 专科学生对形势与政策的认知出现上述差异的原因

（1）专科学生与本科学生在生源质量方面存在着一定的差异。毋庸讳言，专科学生与本科学生在文化基础、学习兴趣与习惯以及思维活跃度等方面存在着客观的差异。专科院校的学生录取分数线较低，可以说是普通本科院校的落榜生。总的来说，一方面这些学生学习的兴趣与习惯以及自律性可能较本科学生差，是被动学习；另一方面这些学生相对来说文化基础较差，而"形势与政策"课的学习需要具备一定的理论水平与一定的知识面，故越是不了解的东西越不感兴趣，越是不能解读的东西越缺乏认同。文化基础相对较差，知识面相对不广，学习的主动性和积极性相对较弱，这是造成其关注度、知晓度和认知度较低的主要原因。在学习方式上，专科学生更依赖于老师和课堂教学，这也是一个因素。由于课时限制，老师不可能面面俱到，而形势与政策又有很强的时效性，这时候就需要学生借助网络和其他媒介去主动了解时政。在这方面，专科学生就显得较为弱势。

（2）专科学生对"形势与政策"课的重要性认识不足。"形势与政策"课是高校思想政治理论课的重要组成部分。该课程对于帮助大学生了解国内外重大时事，全面认识和正确理解党的路线、方针和政策，激发爱国主义精神和社会责任感具有重要意义。与其他思想政治理论课相比，"形势与政策"课具有极强的时代性和时效性，结合了当下热点的"形势与政策"课虽然在专科院校广受学生好评，然而有部分学生对全面发展和培养人文素质的认识不足，片面地认为自己上专科院校是为了学一门专业技术或专业技能，"形势与政策"课跟自己今后的职业生涯无关。在专科院校，与专业无关的课程不太受学生欢迎和重视是不争的事实，如何端正专科学生的学习态度，学好"形势与政策"课和其他思想政治理论课是专科院校长期面临的难题。

（3）专科院校的软硬件设施和学习条件存在差距。不可否认，专科院校在政府扶持、办学条件、师资建设、财政经费和科研支持等方面与本科院校存在着较大的差距。一是专科院校的电脑、电视、网络资源、多媒体等硬件设施方面明显逊色于本科院校，因此专科院校学生获取时政信息的途径比本科学生狭窄。当然，从生源地角度来看，专科院校学生来自农村的比例确实高于本科院校，总体而言家庭经济条件比本科学生稍差，因此学生个人的电脑拥有率也比本科学生低。二是"形势与政策"课因其课程内容的多元化，需要不同学科背景和领域的专家来授课。专题讲授虽然是最受学生欢迎的教学方式之一，但是专科院校由于资源不如本科院校，师资和经费短缺，学生这一要求难以得到满足。三是专科学生对该课教学的诸项建议中，要求最多的是"增加实践环节"。可是不论是建立实践教学基地还是组织学生外出参观，都需要大量经费投入。这些，对专科院校来说都是勉为其难的。四是师资力量的差别。总体而言，专科院校的师资力量还是稍逊于普通本科院校。近年来职业教育发展很快，但师资建设并没有跟上，专科院校的师生比也远低于本科院校。在很多专科院校，由于专任教师短缺，"形势与政策"课教学工作主要由行政干部或辅导员兼任。行政干部和辅导员均有其本职工作，无论从知识结构还是从精力上都较专任教师更加艰辛。五是落实课时方面的问题。按国家规定，"形势与政策课按平均每学期16周，每周1学时计算。专科期间的学习，计1个学分"、"每学年考核一次"。事实上，中宣部、教育部的这个规定并没有得到真正落实。在很多专科院校，"形势与政策"课往往是集中讲一二个专题就完事，考核也没有落到实处。专科学生因其专业特殊性，实习时间长，学习该课的课时和学制相较于本科学生更少。由于课时少，容量小，学生在学习过程中浅尝辄止，其知晓度、认知度自然就比本科学生低。

（五）加强专科院校大学生"形势与政策"课教育教学的对策

尽管专科院校学生对国内外形势与政策的关注度、知晓度和认知度较之本科院校学生都略有不足，但是专科院校学生有较强的实践意识，他们对"形势与政策"课课堂和教师的依赖程度更甚于本科院校学生，具有较强的可塑性。因此，在专科院校占高等教育半壁江山的现今，加强专科院校学生形势与政策的教育教学显得尤为重要。

1. 准确定位课程目标，加强课程的针对性

人才培养目标的差异性决定了普通高校本科教育与高等职业教育的课程目标和课程内

容是不一样的。专科院校与本科院校大学生对形势与政策的认知状况确实存在诸多方面的明显差异。针对院校定位的差异,应当正确定位和科学建构专科院校的"形势与政策"课程,充分考量课程定位的三个基本原则:一是专科教育培养目标要求。"形势与政策"课要服从并服务于"为经济和社会发展培养高端高素质技能型人才"这一培养目标。二是教育对象特殊性要求。专科院校与本科院校大学生在认知水平上有明显差异,课程目标必须与学生的认知水平与能力相契合。三是专科教育的整体发展状况。尽管专科教育在近十年时间里实现了跨越式发展,但是,专科院校在政府扶持、办学条件、师资建设、财政经费、教学管理和科研支持等方面仍与普通本科院校有较大差距,因此,课程目标定位不能脱离高等职业教育的整体发展阶段和水平,不能脱离专科院校的现实基础和条件。

针对不同层次院校学生关注问题的差异,教师在课程主题的选择和讲课方式上必须符合学生的需求。如相较于本科院校大学生,专科学生对经济形势的关注度明显高于政治形势(专科学生最关注的是经济发展,本科学生最关注的是反腐倡廉);专科学生就业压力相对较小,更关注社会民生问题(而本科学生更关注考研就业问题);专科学生对"形势与政策"课堂老师教育教学的依赖度比本科学生高 10%;专科学生对"形势与政策"教育具有较高的知行统一性;专科学生获取形势与政策信息的途径与条件具有一定局限性等。专科院校教师必须加强课程内容的针对性,关注学生的认知状况和现实需要。如,针对专科学生职业发展需求增加国家经济形势与政策等内容,针对学生对社会生活的较高关注度增加弘扬社会道德与职业道德的形势与政策教育内容,针对学生知行统一的行为习惯增加实践的教学内容等。总之,把体现专科学生特质、贴近职业发展、适应时代气息和现实生活需要的内容纳入"形势与政策"课教学内容中来,寻求课程内容的基础性与发展性、知识性与现实性、科学性与人文性的融合。

2. 激发专科学生学习的积极性和主动性

尽管没有权威的数据显示专科学生与普通高校大学生在自我认同度上的差异,但是,专科学生比普通高校大学生的自我认同度低是一个普遍现象。陈兰剑在《关于专科学生自我认同的调查分析》中认为,超过七成受调查的专科学生都认为普通本科教育要优于专科教育,超过八成受调查的专科学生认为职业教育应该有本科、研究生层次的教育。由此可见,构建终身教育体系,把职业教育摆在更加突出的位置,尽快实现职业教育和普通教育相互融通,才能真正提升专科学生的自我认同感。搭建职业教育与普通教育之间灵活开放的"立交桥",赋予职业教育新内涵,增强专科学生的社会责任感和时代使命感,才能使专科学生不仅仅是把关注当前国内外的形势与政策当做一种兴趣或爱好,更积极主动地关注国家的前途与命运,将其与个人发展成就紧密联系。同时,应对在校大学生开展广泛调查,深入了解他们的需求。掌握不同年级,不同专业学生的知识结构、兴趣点、思维特点等,有针对性地设置课程内容、教授方式、考核方式,特别是要避免"填鸭式满堂灌"的教育方法,采用灵活多样的教学方式,尊重学生主体地位,增加课堂讨论和交流,使学生真正感觉到教育的"以人为本",激发其学习积极性和主动性。

3. 加大专科院校硬件投入，改善课程资源环境

通过调查问卷和访谈，我们发现专科与普通本科大学生接触媒体的情况存在显著差异，获取形势与政策知识、信息的途径和方式也存在明显不同。造成以上差异的原因固然是多方面的，但是，其中一个重要因素在于专科院校在电脑、电视、网络资源等硬件基础设施条件上明显逊色于普通本科院校。因此，要建立和完善专科院校形势与政策教育保障机制，确保教育所需各项经费落到实处。政府和社会各界要进一步加大对专科院校办学资金投入和财政支持，改善专科院校的办学基础和条件；学校要为形势与政策教育提供必要的场所和设备，畅通校内网络、电视、有线广播和电子显示屏，及时宣传报道重大方针政策；学校要加强正面引导，采取切实有效的措施，鼓励、引导专科学生合理、高效利用校园资源了解时事信息。改善专科院校有限的硬件条件和设施将会极大提升专科学生对国内外形势与政策的关注度，为提升他们在形势上的判断力、政策上的理解力、政治上的成熟度打下良好的基础。

4. 强化专科院校形势与政策教育实践育人特色

高等职业教育具有鲜明的实践育人特色，培养的是生产、建设、服务、管理第一线的高端高素质技能专门型人才。本课题调查显示，专科学生对"形势与政策"课建议增加"实践环节"的比例达到63%，比本科院校学生高出15个百分点；专科学生选择对热点问题"事后仍然积极参与讨论"的比例达24个百分点。这些调查结果表明，专科教育的实践育人观念已经得到深入贯彻，并充分地体现到专科学生的意识和行为中。基于专科学生的实践意识和行为习惯，本课题组认为，应该在"形势与政策"课程教学中发挥专科院校教育优势，进一步强化实践教学环节，深化教育教学的效果。一方面加强作为课堂教学延伸的实践教学力度。如可以结合各类专业实习、实践活动，利用校企合作、实习基地和顶岗锻炼等机会，让学生通过了解企业、了解社会提高对形势与政策变化的关注度。二是建立和完善实践教学保障机制。要制订相对独立的实践教学计划，根据不同的教学内容来设计实践教学环节，规定学时，提供必要经费，统筹安排，并用教学文件的形式固定下来。三是把课程教学与学生专业实习、社会调查、志愿服务、勤工助学、择业创业等实践活动结合起来，通过形式多样的实践环节帮助学生提高思想政治素质和观察分析社会现象的能力，帮助其深刻理解党和国家的方针政策，并内化为奋发向上的强大动力。

5. 重视课堂教学作用，深化课堂教学效果

此次调查显示，课堂教学在专科学生形势与政策教育中处于主导地位，发挥着思想政治教育主渠道的重要作用。有近六成的受访专科学生承认对时政的看法主要受"老师的课堂教学"影响（比普通高校学生高出10个百分点），并且建议"增加课时"（比普通高校学生高出33个百分点）。这充分说明加强课堂教学，进一步巩固、发挥课堂教学的作用，对提升课堂教学效果而言十分必要。

要深化形势与政策课堂教学效果，必须精心设计并组织教学活动。一是要培养一支高

素质的专职教师队伍负责"形势与政策"课的教学和研究工作;二是学校要编制教学计划、明确教学要求、优化教学组织、建立成绩档案、反馈教学信息,全面加强课程建设,强化"形势与政策"课教学管理;三是开展集体备课,通过名师示范等积极推广教学经验;四是认真探索专题讲授、案例教学等多种教学方法,大力推进多媒体和网络技术的应用,努力实现教学方式多样化和教学手段现代化;五是发挥学生主体地位和作用,培养自主、创造性、研究性学习的大学生,使课堂教学效果进一步得到延伸。

6. 加快教学资源共享,促进教育教学交流

形势与政策教育是高等学校学生思想政治教育的重要内容,它与其他思想政治理论课相比具有政策性强、时效性明显、涉猎广博等突出特点。因此,教师准确把握课程、讲好课程的难度大。在调研之前,我们认为提高"形势与政策"课教学实效及教学质量的关键在教师身上。但是调研中,当学生被问及"对形势与政策课的建议"时,认为"提高教师素质"的仅约占五分之一(本科学生24%、专科学生15%)。调研显示,大学生喜欢的教学方式和学习方式是多样化的,如视频教学、专题讲述、学习讨论等,甚至有超过六成的受访专科学生选择"几种形式结合"的教学方式。综合以上两方面因素,我们认为"形势与政策"课教学中师资队伍建设固然重要,但是,在教学中是否拥有丰富的教学资源并合理运用它可能比教师素质本身更深远地影响着课程整体教学水平和效果。因此,建立并实现教学资源的共享和交流,对保证和提升专科院校"形势与政策"课整体水平至关重要。一是建立教师人才资源库。"形势与政策"课专任教师应该纳入思想政治理论课教师编制,建立完整的专任教师人才库。同时,国家机关负责人、先进典型和英雄人物、学术泰斗、商界精英、学生楷模等都是备受大学生欢迎的形势与政策报告员,应纳入"形势与政策"师资人才库中来。学校党政领导、学生辅导员和班主任、思想政治理论课教师、哲学社会科学相关学科的思想政治工作干部和科研人员等都可以作为兼职教师,建立兼职教师人才库。二是建立教学资料数据库。各级主管部门和高校要为"形势与政策"课教学提供内容丰富、针对性和时效性强的教学资料,编写形势与政策教育宣讲专题、教学参考资料,制作音像、视频资料,建立和维护"形势与政策"课程资料信息网络,建立形势与政策教育资源库,努力实现资源共享。三是建立学术交流平台。促进形势与政策教育教学交流,定期召开教学研讨会。鼓励开展教育教学方面的学术研究,通过各种途径推广研究成果。开展教学观摩活动,组织制作"精彩一课""精彩教案"和多媒体课件,为教学提供有力支撑。

7. 树立大德育观,搭建立体教育框架

高校思想政治教育并非是单纯的课堂教育,它既包括课堂教育,又包括非课堂教育,它是多方主体依托多种形式、多种途径、全方位的思想政治教育活动。因此,必须围绕高校培养目标,努力改变专科学生对形势与政策认知途径狭窄、视野不够开阔、理论底蕴不足的现状,树立以"形势与政策"课为主体结构,各职能部门协调统一运作,教育载体活泼有效,校园文化厚重的新的形势与政策立体化教育观。作为一个系统工程,各专科院校党委应根据培养目标做好思想政治教育的科学规划,明确党委宣传部、教务处、科研处、

学工部、团委、思想政治理论课部等各职能部门的职责和任务，使其各司其职，各尽其能。学校应成立大学生形势与政策教研室，负责课程教学的具体实施；宣传部负责教学参考资料的提供、审查以及网络思想阵地建设、维护；教务处负责核心课程与辅助课程教学管理；学工部、团委负责与第二课堂、校园文化的有机结合；科研处负责组织和落实相关领域的教育教学科研等。专科院校思想政治教育各机构和部门应互相配合、协调统一，成为形势与政策教育教学共同作用的有机整体。

高校应当在全校各部门齐抓共管、协同努力下不断拓展形势与政策教育载体，通过生动活泼的形式，新颖高效的途径，调动学生学习的积极性、主动性、创造性，从而实现思想政治教育目的。如通过成立学生理论社团的方式让学生在课余主动进行思想理论和形势政策学习；发挥校园网络平台的优势，开通在线学习交流平台，及时了解学生观点并交流沟通，增强"形势与政策"课程教育教学的时效性和针对性；大力推进"第二课堂"的实施，借用这一载体，通过主题鲜明、形式新颖的活动，把形势与政策教育巧妙地渗透到大学生的日常生活中去。

文化育人也是思想政治教育的重要方面，营造厚重超前的校园文化对专科院校大学生将起到潜移默化的教育作用。高校校园文化在许多地方承载着思想政治教育的功能，特别是对起步较晚、基础薄弱的高等职业院校，更要积淀和培育厚重、超前的校园文化，使学生增强自身的责任感和使命感，关心时政，胸怀祖国，放眼天下，把自己的命运与社会、国家和人类的命运联系起来。

8. 发挥政府职能，加强教育教学的监督和指导

高等职业院校较之本科院校起步晚、基础薄弱，因此，从总体上看，专科院校"形势与政策"课程建设的状况更加滞后于时代的需要和学生的需求，与国家对高素质人才培养的目标要求仍存在一定的差距。各级教育行政部门要加强对专科院校"形势与政策"课的监督和指导，把专科学生形势与政策教育工作作为对专科院校办学质量和水平评估考核的重要指标。一是建立统一的课程评价指导标准。各级教育行政部门和教学质量监控组织要遵照《中共中央、国务院关于进一步加强和改进大学生思想政治教育的意见》（中发〔2004〕16 号）、《中共中央宣传部、教育部关于进一步加强高等学校学生形势与政策教育的通知》（教社政〔2004〕13 号）、《中共中央宣传部、教育部关于进一步加强和改进高等学校思想政治理论课的意见》（教社政〔2005〕5 号）、《〈中共中央宣传部、教育部关于进一步加强和改进高等学校思想政治理论课的意见〉实施方案》（教社政〔2005〕9 号）等文件精神，调研新时期专科院校思想政治理论课的实际情况，尽快出台"形势与政策"课程的评价标准体系，实现对专科院校"形势与政策"课建设的积极干预。二是教育行政部门要加强对专科院校的扶持和服务。教育行政部门对专科院校"形势与政策"课的监督，不应仅体现为指导、命令和评价的权力作用，同时，更应体现为发挥服务、协调作用。政府教育行政部门要从偏重于鉴定与奖惩功能向注重于激励与发展功能转变，研究出台评估后的激励措施和扶持办法，为专科院校提供契合其需要的资金、项目、合作信息和资源等，引导高校自发推进"形势与政策"教育教学的改革。

第十章　湖北高校开展治国理政新理念新思想新战略教育教学状况调查报告

党的十八大以来，以习近平同志为核心的党中央毫不动摇地坚持和发展中国特色社会主义，勇于实践、善于创新，深化对共产党执政规律、社会主义建设规律、人类社会发展规律的认识，形成一系列治国理政新理念新思想新战略，为在新的历史条件下深化改革开放、加快推进社会主义现代化建设提供了科学理论指导和行动指南，开创了党和国家事业发展的新局面。在党和国家事业发展新局面中，高校思想政治教育工作承担着将习近平同志治国理政新理念新思想新战略融入大学生教育教学过程、培养党和国家接班人的重要作用。为积极响应习近平总书记系列重要讲话精神，全面掌握现阶段高校开展治国理政新理念新思想新战略教育教学的实际情况，总结高校在扎实推进讲话精神进教材、进课堂、进头脑过程中取得的经验和面临的主要问题，课题组于 2016 年 10 月至 2017 年 3 月在全省范围内，对华中师范大学、武汉理工大学、武汉工程大学、湖北经济学院等高校开展了相应的问卷调查。本次调查分两个部分进行，第一部分调查对象是以上高校的教师，第二部分调查对象是以上高校的在校学生。通过前期问卷调查和后期的问卷分析，课题组最终形成了湖北高校开展治国理政新理念新思想新战略教育教学状况调查报告教师卷和学生卷。

一、湖北高校开展治国理政新理念新思想新战略教育教学状况调查报告(教师卷)

(一)调查方法及主要内容

在本次"深入开展治国理政新理念新思想新战略教育教学研究状况(教师卷)"的调查过程中，我们主要采用了问卷调查法和访谈法。这次抽样调查采取有针对性地发放，并采取不记名方式，确保问卷的真实性和有效性。本次调查累计发放 200 份问卷，共回收有效问卷 187 份，回收率为 93.5%。

问卷共设有 31 道题。问卷内容主要围绕高校是否将习近平总书记系列重要讲话精神纳入思政课教学内容；是否就如何开展习近平总书记系列重要讲话精神进行过集体备课、教学研讨等活动；将哪些方面列为开展习近平总书记系列重要讲话精神的教学专题；获得宣讲材料的途径；以何种考评方式获得学生对习近平总书记系列重要讲话精神的学习反馈，考评方式能否反映学生的真实学习水平；对于在"形势与政策"课中开展治国理政新理念新思想新战略教育教学有何意见和建议等。

(二)开展治国理政新理念新思想新战略教育教学的基本情况

1. 教师队伍结构合理

在这 187 份有效问卷中,男女教师性别比例基本持平,其中男性 92 名,占总人数的 49.2%;女性共 95 名,占总数的 50.8%(表 10-1)。

表 10-1　参加问卷调查教师的人数及性别比例

性别	频率	百分比	有效百分比	累积百分比
男	92	49.2	49.2	49.2
女	95	50.8	50.8	100.0
合计	187	100.0	100.0	

在被调查者的政治面貌方面,中共党员占绝大多数,达到 176 名,占总数的比例高达 94.1%;其次是民主党派和群众各 4 名,占总数的百分比均为 2.1%;其余被调查者的政治面貌为无党派 2 人、共青团员 1 人,分别占总数的 1.1%和 0.6%(表 10-2)。

表 10-2　参加问卷调查教师的政治面貌

政治面貌	频率	百分比	有效百分比	累积百分比
中共党员	176	94.1	94.1	94.1
共青团员	1	0.6	0.6	94.7
民主党派	4	2.1	2.1	96.8
无党派	2	1.1	1.1	97.9
群众	4	2.1	2.1	100.0
合计	187	100.0	100.0	

在被调查者的年龄方面,31~40 岁的被调查者人数最多,有 79 人,占总数的 42.3%;30 岁及以下的被调查者为 53 人,占总数的 28.3%;41~50 岁的被调查人数为 38 人,占总数的 20.3%;50 岁以上的被调查者为 17 人,占总数的 9.1%(表 10-3)。

表 10-3　参加问卷调查教师的年龄分布

年龄	频率	百分比	有效百分比	累积百分比
30 岁及以下	53	28.3	28.3	28.3
31~40 岁	79	42.3	42.3	70.6
41~50 岁	38	20.3	20.3	90.9
50 岁以上	17	9.1	9.1	100.0
合计	187	100.0	100.0	

从被调查者的职称来看，具有正高级职称的教师有 24 人，占总数的 12.8%；副高级职称的有 57 人，占总数的 30.5%；中级职称的有 63 人，占总数的 33.7%；初级职称的有 26 人，占总数的 13.9%；无职称的仅有 17 人，占总数的 9.1%（表 10-4）。

表 10-4　参加问卷调查教师的职称分布

职称	频率	百分比	有效百分比	累积百分比
正高	24	12.8	12.8	12.8
副高	57	30.5	30.5	43.3
中级	63	33.7	33.7	77.0
初级	26	13.9	13.9	90.9
无职称	17	9.1	9.1	100.0
合计	187	100.0	100.0	

从被调查者在高校的身份来看，党政干部有 29 人，占总数的 15.5%；政治理论课教师有 44 人，占总人数的 23.5%；专业课教师有 58 人，占总人数的 31.1%；辅导员有 55 人，占总数的 29.4%；其他身份的有 1 人，占总数的 0.5%（表 10-5）。

表 10-5　参加问卷调查教师的身份

教师身份	频率	百分比	有效百分比	累积百分比
党政干部	29	15.5	15.5	15.5
政治理论课教师	44	23.5	23.5	39.0
专业课教师	58	31.1	31.1	70.0
辅导员	55	29.4	29.4	99.5
其他	1	0.5	0.5	100.0
合计	187	100.0	100.0	

从所学专业的学科类别来看，文科类人数达到了 136 人，占总数的 72.7%；理科类有 23 人，占总数的 12.3%；工科类有 17 人，占总数的 9.1%；艺术类有 9 人，占总数的 4.8%；其他类有 2 人，占总数的 1.1%（表 10-6）。

表 10-6　参加问卷调查教师的学科类别

学科类别	频率	百分比	有效百分比	累积百分比
文科	136	72.7	72.7	72.7
理科	23	12.3	12.3	85.0

续表

学科类别	频率	百分比	有效百分比	累积百分比
工科	17	9.1	9.1	94.1
艺术类	9	4.8	4.8	98.9
其他	2	1.1	1.1	100.0
合计	187	100.0	100.0	

从被调查者当前的最高学历来看，高学历教师所占比重较大，其中博士67人，占总数的35.8%；硕士105人，占总数的56.2%；学士14人，占总数的7.5%；其他学历仅有1人，占总数的0.5%(表10-7)。

表10-7 参加问卷调查教师的最高学历

最高学历	频率	百分比	有效百分比	累积百分比
博士	67	35.8	35.8	35.8
硕士	105	56.2	56.2	92.0
学士	14	7.5	7.5	99.5
其他	1	0.5	0.5	100.0
合计	187	100.0	100.0	

在所有被调查者中，大部分教师不是"形势与政策"课的专职教师，是"形势与政策"课专职教师的有40人，占总数的21.4%；不是"形势与政策"课专职教师的有147人，占总数的78.6%(表10-8)。

表10-8 参加问卷调查教师是否为"形势与政策"课专职教师

是否专职	频率	百分比	有效百分比	累积百分比
是	40	21.4	21.4	21.4
否	147	78.6	78.6	100.0
合计	187	100.0	100.0	

从被调查者所属高校来看，此次调查对象中，985、211等部属高校的教师共计60人，占总数的32.1%；一般本科高校的教师共计88人，占总数的47.0%；民办高校的教师为20人，占总数的10.7%；高职高专的教师为19人，占总数的10.2%(表10-9)。

表 10-9 参加问卷调查教师的学校层次

学校层次	频率	百分比	有效百分比	累积百分比
985、211 高校	60	32.1	32.1	32.1
一般本科高校	88	47.0	47.0	79.1
民办高校	20	10.7	10.7	89.8
高职高专	19	10.2	10.2	100.0
合计	187	100.0	100.0	

从被调查者所在高校分布来看，以湖北省高校为主，共有 183 名教师来自这一地区，占总数的 97.9%；江苏省有 1 名教师，占总数的比例为 0.5%；湖南省有 1 名教师，占总数的 0.5%；重庆市有 2 名教师，占总数的 1.1%（表 10-10）。

表 10-10 参加问卷调查教师的省份

所在省份	频率	百分比	有效百分比	累积百分比
江苏省	1	0.5	0.5	0.5
湖北省	183	97.9	97.9	98.4
湖南省	1	0.5	0.5	98.9
重庆市	2	1.1	1.1	100.0
合计	187	100.0	100.0	

2. 课堂组织有序

从教师所授课的课堂规模来看，50~100 人规模的有 76 人，占总数的 40.6%；101~200 人规模的有 71 人，占总数的 38%；201 人以上规模的有 15 人，占总数的 8.0%；其他人数的有 25 人，占总数的 13.4%（表 10-11）。

表 10-11 参加问卷调查教师课堂授课规模

课堂规模	频率	百分比	有效百分比	累积百分比
50~100 人	76	40.6	40.6	40.6
101~200 人	71	38.0	38.0	78.6
201 人以上	15	8.0	8.0	86.6
其他	25	13.4	13.4	100.0
合计	187	100.0	100.0	

在问及"您所在高校是否将习近平总书记系列重要讲话精神纳入思政课教学内容"时，将习近平总书记系列重要讲话精神"已纳入教学内容"的被调查者数量共计 157 名，占总数的 84%；回答"尚未纳入教学内容"的有 11 名，占总数的 5.8%；有 19 名被调查者回答"不清楚"，占总数的 10.2%(表 10-12)。

表 10-12　参加问卷调查高校将习近平总书记系列重要讲话精神纳入思政课教学情况

是否纳入教学内容	频率	百分比	有效百分比	累积百分比
已纳入教学内容	157	84.0	84.0	84.0
尚未纳入教学内容	11	5.8	5.8	89.8
不清楚	19	10.2	10.2	100.0
合计	187	100.0	100.0	

将习近平总书记系列重要讲话精神"已纳入教学内容"的所有被调查者中，占用 1~2 学时的有 34 人，占总数的 18.2%；占用 3~4 学时的有 44 人，占总数的 23.5%；占用 5~6 学时的有 29 人，占总数的 15.5%；占用 6 学时以上的有 50 人，占总数的 26.7%；调查缺失数为 30，占总数的 16.1%(表 10-13)。

表 10-13　参加问卷调查高校纳入教学内容的课时数

学时占用数	频率	百分比	有效百分比	累积百分比
1~2 学时	34	18.2	21.7	21.7
3~4 学时	44	23.5	28.0	49.7
5~6 学时	29	15.5	18.5	68.2
6 学时以上	50	26.7	31.8	100.0
合计	157	84.0	100.0	
缺失	30	16.1		
合计	187	100.0		

在问及"您所在高校如何确定开展习近平总书记系列重要讲话精神的教育教学内容"时，有 119 人回答是"根据近期社会热点确定"开展习近平总书记系列重要讲话精神的教育教学内容，占总数的 63.6%；"根据老师喜好确定"的有 4 人，占总数的 2.1%；"根据已有资料确定"的有 23 人，占总数的 12.3%；"根据教材内容确定"的有 39 人，占总数的 20.9%；根据其他方式确定的有 2 人，占总数的 1.1%(表 10-14)。

表 10-14　参加问卷调查高校确定教学内容的方式

教学内容确定方式	频率	百分比	有效百分比	累积百分比
根据近期社会热点确定	119	63.6	63.6	63.6
根据老师喜好确定	4	2.1	2.1	65.7
根据已有资料确定	23	12.3	12.3	78.0
根据教材内容确定	39	20.9	20.9	98.9
其他	2	1.1	1.1	100.0
合计	187	100.0	100.0	

在问及"您所在高校是否使用统一的习近平总书记系列重要讲话精神教育教学的材料"时，有 132 人回答正在使用，占总数的 70.6%；不使用的有 19 人，占总数的 10.1%；偶尔使用的有 36 人，占总数的 19.3%（表 10-15）。

表 10-15　参加问卷调查高校是否使用统一教学材料

统一教学材料	频率	百分比	有效百分比	累积百分比
使用	132	70.6	70.6	70.6
不使用	19	10.1	10.1	80.7
偶尔使用	36	19.3	19.3	100.0
合计	187	100.0	100.0	

(三) 开展治国理政新理念新思想新战略教育教学的过程分析

通过对高校进行的治国理政新理念新思想新战略教育教学的现状调查结果进行汇总与分析，我们发现大多数高校能扎实推进习近平总书记系列讲话精神进教材、进课堂、进头脑，能积极教育引导学生正确认识世界和中国发展大势，通过比较能正确认识中国特色社会主义道路的正确性，正确认识时代责任和历史使命。

1. 各高校重视治国理政新理念新思想新战略精神教育教学

从教师所在高校是否针对教师开展过学习习近平总书记系列重要讲话精神的培训情况来看，选择"经常"对教师进行培训的学校占总数的 69%，选择"偶尔"培训的占 29.9%，选择"从不"培训的占 1.1%（表 10-16）。总体来看，大部分高校都非常重视师资培训的开展。

表 10-16 参加问卷调查教师接受培训的频率

培训频率	频率	百分比	有效百分比	累积百分比
经常	129	69.0	69.0	69.0
偶尔	56	29.9	29.9	98.9
从不	2	1.1	1.1	100.0
合计	187	100.0	100.0	

在"您所在学校是否就如何开展习近平总书记系列重要讲话精神进行过集体备课、教学研讨等活动"一问中，调查显示"经常"进行集体备课、教学研讨的学校占比为 59.4%，"偶尔"进行集体备课、教学研讨的学校占比为 38.5%，"从不"进行集体备课、教学研讨的学校占比为 2.1%(表 10-17)。调查情况表明学校都能与时俱进，重视对教师的培训和教学研讨。在学习型社会，教师更应该经常学习，不断提高自身的业务水平，只有教师具备较高水平教学能力的情况下，教师的性格、认知风格、行为等才能对教育效能起到重要的作用。

表 10-17 参加问卷调查高校是否就讲话精神进行过教研活动

教研活动频率	频率	百分比	有效百分比	累积百分比
经常	111	59.4	59.4	59.4
偶尔	72	38.5	38.5	97.9
从不	4	2.1	2.1	100.0
合计	187	100.0	100.0	

2. 各高校治国理政新理念新思想新战略精神教育教学工作准备充分，设计科学

教学是有目的、有计划的活动，在进课堂前，教师需要积极做好教学准备工作。在"获取宣讲材料的途径"一问中，"网上下载"占比为 22.5%，"购买所得"占比为 10.7%，"某位教师提供"占比为 2.1%，"教研室共同编写"占比为 10.2%，"学校或上级部门提供"占比为 54.5%(表 10-18)。

表 10-18 参加问卷调查教师获取宣讲材料的途径

获取宣讲材料途径	频率	百分比	有效百分比	累积百分比
网上下载	42	22.5	22.5	22.5
购买所得	20	10.7	10.7	33.2
某位教师提供	4	2.1	2.1	35.3
教研室共同编写	19	10.2	10.2	45.5
学校或上级部门提供	102	54.5	54.5	100.0
合计	187	100.0	100.0	

在回答"您所希望的习近平总书记系列重要讲话精神教育教学的材料应该有哪些特点"一问中，希望"有简明的大纲"占比为4.8%，"有严谨的专题"占比为19.3%，"有翔实的内容"占比为16%，"以上都需要"占比为59.9%（表10-19）。

表10-19　参加问卷调查教师对教育教学材料的要求

教学材料特点	频率	百分比	有效百分比	累积百分比
有简明的大纲	9	4.8	4.8	4.8
有严谨的专题	36	19.3	19.3	24.1
有翔实的内容	30	16.0	16.0	40.1
以上都需要	112	59.9	59.9	100.0
合计	187	100.0	100.0	

在"优化习近平总书记系列重要讲话精神的教学设计，关键在于"这一题中，认为"教师对精神的入脑入心"占比为11.8%，"找准与思政课教材的结合点"占比为25.6%，"以上都是"占比为62.6%（表10-20）。

表10-20　参加问卷调查教师对优化教学设计关键的认识

教学设计的关键	频率	百分比	有效百分比	累积百分比
教师对精神的入脑入心	22	11.8	11.8	11.8
找准与思政课教材的结合点	48	25.6	25.6	37.4
以上都是	117	62.6	62.6	100.0
合计	187	100.0	100.0	

"在习近平总书记系列重要讲话精神教育教学中，您使用的主要参考书籍是"一问中，使用《习近平谈治国理政》占比为89.8%，没有使用该书的占10.2%；使用《之江新语》的占比为37.4%，没有使用该书的占比为62.6%；使用《平易近人》一书的占比为34.2%，没有使用该书的占比为65.8%；使用《摆脱贫困》一书的占比为26.2%，没有使用该书的占比为73.8%；使用其他书籍的占比为3.7%，没有使用其他书籍的占比为96.3%（表10-21）。

表10-21　参加问卷调查教师使用的主要参考书籍

主要参考书籍使用情况		频率	百分比	有效百分比	累积百分比
《习近平谈治国理政》	是	168	89.8	89.8	89.8
	否	19	10.2	10.2	100.0
	合计	187	100.0	100.0	

主要参考书籍使用情况		频率	百分比	有效百分比	累积百分比
《之江新语》	是	70	37.4	37.4	37.4
	否	117	62.6	62.6	100.0
	合计	187	100.0	100.0	
《平易近人》	是	64	34.2	34.2	34.2
	否	123	65.8	65.8	100.0
	合计	187	100.0	100.0	
《摆脱贫困》	是	49	26.2	26.2	26.2
	否	138	73.8	73.8	100.0
	合计	187	100.0	100.0	
其他	是	7	3.7	3.7	3.7
	否	180	96.3	96.3	100.0
	合计	187	100.0	100.0	

对"更倾向将下列哪些方面列为开展习近平总书记系列重要讲话精神的教学专题"这一问题的选择情况是：选择"如何坚持和发展中国特色社会主义?"专题占比为69%，没有选择此专题的占比为31%；选择"如何实现中华民族伟大复兴的中国梦?"专题占比为78.1%，没有选择此专题的占比为21.9%；选择"如何激发全社会的发展动力和创造活力?"专题占比为67.4%，没有选择此专题的占比为32.6%；选择"如何进一步促进经济社会持续健康发展?"专题占比为67.9%，没有选择此专题的占比为32.1%；选择"如何走好中国特色社会主义政治发展道路?"专题占比为64.2%，没有选择此专题的占比为35.8%；选择"如何牢牢把握意识形态工作主动权?"专题占比为65.8%，没有选择此专题的占比为34.2%；选择"如何为我国发展争取良好外部环境?"专题占比为57.8%，没有选择此专题的占比为42.2%；选择"如何确保党始终成为坚强领导核心?"专题占比为64.2%，没有选择此专题的占比为35.8%（表10-22）。

表10-22　参加问卷调查教师选择专题的倾向

专题的选择		频率	百分比	有效百分比	累积百分比
如何坚持和发展中国特色社会主义?	是	129	69.0	69.0	69.0
	否	58	31.0	31.0	100.0
	合计	187	100.0	100.0	
如何实现中华民族伟大复兴的中国梦?	是	146	78.1	78.1	78.1
	否	41	21.9	21.9	100.0
	合计	187	100.0	100.0	

续表

专题的选择		频率	百分比	有效百分比	累积百分比
如何激发全社会的发展动力和创造活力？	是	126	67.4	67.4	67.4
	否	61	32.6	32.6	100.0
	合计	187	100.0	100.0	
如何进一步促进经济社会持续健康发展？	是	127	67.9	67.9	67.9
	否	60	32.1	32.1	100.0
	合计	187	100.0	100.0	
如何走好中国特色社会主义政治发展道路？	是	120	64.2	64.2	64.2
	否	67	35.8	35.8	100.0
	合计	187	100.0	100.0	
如何牢牢把握意识形态工作主动权？	是	123	65.8	65.8	65.8
	否	64	34.2	34.2	100.0
	合计	187	100.0	100.0	
如何为我国发展争取良好外部环境？	是	108	57.8	57.8	57.8
	否	79	42.2	42.2	100.0
	合计	187	100.0	100.0	
如何确保党始终成为坚强领导核心？	是	120	64.2	64.2	64.2
	否	67	35.8	35.8	100.0
	合计	187	100.0	100.0	

在回答"宣讲习近平总书记系列重要讲话精神最有效的方式是"这一问题时，认为"课堂讲授"是最有效的方式占比为24.6%，认为"专题讲座"是最有效的方式占比为53.5%，认为"网络教学"是最有效的方式占比为4.8%，认为"课堂讨论"是最有效的方式占比为15.5%，认为"其他"是最有效的方式占比为1.6%（表10-23）。

表10-23　参加问卷调查教师认为最有效的宣讲方式

最有效的宣讲方式	频率	百分比	有效百分比	累积百分比
课堂讲授	46	24.6	24.6	24.6
专题讲座	100	53.5	53.5	78.1
网络教学	9	4.8	4.8	82.9
课堂讨论	29	15.5	15.5	98.4
其他	3	1.6	1.6	100.0
合计	187	100.0	100.0	

除了课堂教学，大部分教师还通过其他平台或渠道（如社区、网络媒体等）积极宣传习近平总书记系列重要讲话精神。在"除了课堂教学，是否通过其他平台或渠道（如社区、网络媒体等）积极宣传习近平总书记系列重要讲话精神"这一问题中，选择"经常"使用其他平台或渠道宣传的占比为 58.8%，选择"偶尔"使用其他平台或渠道宣传的占比为 39%，选择"从不"使用其他平台或渠道宣传的占比为 1.1%，选择使用"其他"平台或渠道宣传的占比为 1.1%（表 10-24）。

表 10-24　参加问卷调查教师通过其他渠道宣讲的频率

通过其他渠道宣讲的频率	频率	百分比	有效百分比	累积百分比
经常	110	58.8	58.8	58.8
偶尔	73	39.0	39.0	97.8
从不	2	1.1	1.1	98.9
其他	2	1.1	1.1	100.0
合计	187	100.0	100.0	

在问及"宣读习近平总书记系列重要讲话精神主要应该由谁来讲"时，认为应当安排"党政干部"来讲的占比为 24.6%，认为应当安排"政治理论课教师"来讲的占比为 52.9%，认为应当安排"外聘专家"来讲的占比为 16.6%，认为应当安排"辅导员"来讲的占比为 5.4%，选择"其他"的仅占 0.5%，如表 10-25 所示。术业有专攻，思想政治理论课教师具有专业素养，对问题的认识比较深刻和全面，他们应当是宣讲成员的主体，而多岗位人员协同教学有助于拓宽宣讲的广度，如此安排宣讲人员是一个较为合理的方法。

表 10-25　参加问卷调查教师认为最有效的宣讲主体

宣讲主体	频率	百分比	有效百分比	累积百分比
党政干部	46	24.6	24.6	24.6
政治理论课教师	99	52.9	52.9	77.5
外聘专家	31	16.6	16.6	94.1
辅导员	10	5.4	5.4	99.5
其他	1	0.5	0.5	100.0
合计	187	100.0	100.0	

在"宣讲习近平总书记系列重要讲话精神要求教师具备的素质有哪些？"这一问题中，选择"深厚的马克思主义理论素养"占比为 89.3%，认为不需要深厚的马克思主义理论素养的占比为 10.7%；认为需要"坚定的政治信仰"的占比为 89.8%，认为不需要坚定的政治信仰的占比为 10.2%（表 10-26）。

表 10-26　参加问卷调查教师认为宣讲者最重要的素质

教师素质要求		频率	百分比	有效百分比	累积百分比
深厚的马克思主义理论素养	是	167	89.3	89.3	89.3
	否	20	10.7	10.7	100.0
	合计	187	100.0	100.0	
坚定的政治信仰	是	168	89.8	89.8	89.8
	否	19	10.2	10.2	100.0
	合计	187	100.0	100.0	
强烈的责任感	是	155	82.9	82.9	82.9
	否	32	17.1	17.1	100.0
	合计	187	100.0	100.0	
强大的人格魅力	是	129	69.0	69.0	69.0
	否	58	31.0	31.0	100.0
	合计	187	100.0	100.0	
较强的教学能力	是	158	84.5	84.5	84.5
	否	29	15.5	15.5	100.0
	合计	187	100.0	100.0	

在回答"除教师素质外，提高习近平总书记系列重要讲话精神教学实效亟待解决的是什么"这一问题时，认为需要"缩小课堂规模"的占比为 63.1%，认为不需要"缩小课堂规模"的占比为 36.9%；认为需要"设计科学的教学专题"的占比为 49.7%，认为不需要"设计科学的教学专题"的占比为 50.3%；认为需要"改革考评方式"的占比为 79.7%，认为不需要"改革考评方式"的占比为 20.3%；认为需要"运用灵活多样的教学方法"的占比为 51.9%，认为不需要"运用灵活多样的教学方法"的占比为 48.1%。以上问题也是当前思想政治理论课所面临的亟待解决的问题(表 10-27)。

表 10-27　参加问卷调查教师对提高学习实效性所亟待解决的问题的认识

提高学习时效性亟待解决的问题		频率	百分比	有效百分比	累积百分比
缩小课堂规模	是	118	63.1	63.1	63.1
	否	69	36.9	36.9	100.0
	合计	187	100.0	100.0	
设计科学的教学专题	是	93	49.7	49.7	49.7
	否	94	50.3	50.3	100.0
	合计	187	100.0	100.0	

提高学习时效性亟待解决的问题		频率	百分比	有效百分比	累积百分比
改革考评方式	是	149	79.7	79.7	79.7
	否	38	20.3	20.3	100.0
	合计	187	100.0	100.0	
运用灵活多样的教学方法	是	97	51.9	51.9	51.9
	否	90	48.1	48.1	100.0
	合计	187	100.0	100.0	

（四）开展治国理政新理念新思想新战略教育教学存在的问题

通过调查，我们认为当前高校对开展治国理政新理念新思想新战略教育教学工作非常重视，在教学保障、师资队伍配备、教学研究与改革等方面做出了努力，在宣传党的政策理论等方面发挥了主阵地、主渠道的良好作用，取得了一些成绩。但是，我们在这次调查中也发现了一些问题和不足，需要进一步加以改进。

1. 阵地意识不强

就"高校是否组建学习习近平总书记系列重要讲话的教育教学宣讲团"这一问题，调查结果显示，选择"已经组建"的占比为 57.2%，选择"尚未组建，正在筹备"的占比为 31%，对组建完全"没有计划"的占比为 11.8%（表 10-28）。一些高校还没有将宣讲工作列入学校的工作计划，没有意识到积极抢占高校意识形态高地的重要性，这也从另一个角度说明部分高校对思想政治理论课的重视度不够。

表 10-28　参加问卷调查高校组建宣讲团的情况

宣讲团组建情况	频率	百分比	有效百分比	累积百分比
已经组建	107	57.2	57.2	57.2
尚未组建，正在筹备	58	31.0	31.0	88.2
没有计划	22	11.8	11.8	100.0
合计	187	100.0	100.0	

2. 思想政治理论课教学改革创新不足

思想政治理论课在授课方式上应该与时俱进，不断创新。当前高校学生多为"95后"，他们思想活跃，对当前社会形势的认知需求比以往更强烈，而伴随着互联网飞速发展成长起来的这一代，必然对授课方式的要求更高。而在"提高习近平总书记系列重要讲话精神教学实效亟待解决的问题"这一问题中,只有 51.9%的教师认为课堂教学方法应运用灵活多样的教学方法,48.1%的教师的教学方法基本上是一成不变、不懂变通、缺乏创新的(表 10-29)。空洞乏味的传统"说教式"教学和陈旧落后的教学形式会严重制约思想政治理论课的教学效果。

表 10-29　参加问卷调查高校对创新教学形式的认识

提高教学实效亟待解决的问题		频率	百分比	有效百分比	累积百分比
缩小课堂规模	是	118	63.1	63.1	63.1
	否	69	36.9	36.9	100.0
	合计	187	100.0	100.0	
设计科学的教学专题	是	93	49.7	49.7	49.7
	否	94	50.3	50.3	100.0
	合计	187	100.0	100.0	
改革考评方式	是	149	79.7	79.7	79.7
	否	38	20.3	20.3	100.0
	合计	187	100.0	100.0	
运用灵活多样的教学方法	是	97	51.9	51.9	51.9
	否	90	48.1	48.1	100.0
	合计	187	100.0	100.0	

在"以何种方式对学生进行学习考评"这一问题中,选择"课堂考试"的占比 11.2%,选择"小论文"的占比 19.8%,选择"提交学习心得"的占比 50.3%,选择"调研报告"的占比 17.1%,选择其他考核方式的占比 1.6%(表 10-30)。这说明传统课堂考核方式对考查学生对知识的掌握度不具备吸引力,而开放式的学习心得考核模式更受教师青睐。

表 10-30　参加问卷调查教师获得学习反馈的形式

考核方式	频率	百分比	有效百分比	累积百分比
课堂考试	21	11.2	11.2	11.2
小论文	37	19.8	19.8	31.0
提交学习心得	94	50.3	50.3	81.3
调研报告	32	17.1	17.1	98.4
其他	3	1.6	1.6	100.0
合计	187	100.0	100.0	

在回答"上述考评方式能否反映学生的真实学习水平"一问中，认为"能"的占比为87.2%，认为"否"的占比为12.8%(表10-31)。

表10-31　参加问卷调查教师对考评方式的认可度

考核方式认可度	频率	百分比	有效百分比	累积百分比
能	163	87.2	87.2	87.2
否	24	12.8	12.8	100.0
合计	187	100.0	100.0	

3. 宣讲传播渠道过于狭窄

高校肩负着对大学生进行科学的世界观、人生观和价值观塑造的重要使命，是意识形态工作的前沿阵地，而思想政治理论课则是这一使命中关键的一个环节。当前，一些高校对习近平总书记系列重要讲话精神的宣讲方式多以课堂讲授为主，但是单一的思想政治理论课教学模式在保证党的最新理论入脑入心上是远远不够的。当前中国互联网用户已接近8亿，青年学生又是互联网用户的主力军，互联网已经成为思想和知识传播的重要领域、师生学习生活的新空间、高校教学和管理的重要平台。在互联网蓬勃发展的大势下，很多不良信息也掺杂其中，潜移默化对大学生的价值观产生不良影响。但是调查结果显示，思想政治理论课教师利用QQ工作群、微博、微信平台等方式进行理论传播及推送消息的仅占0.5%，与庞大的互联网用户量形成鲜明的反差，传统的传播手段显得有些被动和滞后，跟不上信息网络时代的节奏变化。供给与需求的失衡也导致宣传工作的主阵地被一些非主流意识形态所侵占。如何利用好互联网平台这一新兴工具，抢占思想政治教育的话语权，是当前高校和思想政治理论课教师应当思考的问题。

二、湖北高校开展治国理政新理念新思想新战略教育教学状况调查报告(学生卷)

(一)调查方法及主要内容

在本次"深入开展治国理政新理念新思想新战略教育教学研究状况(学生卷)"的调查过程中，我们主要采用了问卷调查法和访谈法。这次抽样调查采取有针对性地发放，并采取不记名方式，确保问卷的真实性和有效性。本次调查共发放问卷2800份，回收有效问卷2466份，有效回收率为88%。通过此次问卷调查可以看出当前各高校高度重视治国理政新理念新思想新战略教育教学工作，在各校党委的领导下，对这一工作作了科学的部署，教育教学工作准备较为充分，大学生对习近平总书记系列讲话精神兴趣比较浓厚，有强烈的学习积极性。通过教学进一步坚定了大学生对中国特色社会主义道路的信心，总体上取得了比较好的教育教学效果。调查同时显示，各高校也普遍存在学时和规模设置不足的问题。有部分大学生对习近平总书记系列讲话精神缺乏重视，学习积极性仍然有待提高，一些关键性的工作难题解决得不尽如人意，亟待进一步改进和加强。

（二）大学生对开展治国理政新理念新思想新战略教育教学的认知

参加调研的有效问卷共涉及 2466 名大学生，性别比例均衡。在参与调查的学生中，男生共 1039 名，占总数的 42.1%；女生共 1427 名，占总数的 57.9%（表 10-32）。

表 10-32 参加问卷调查学生的人数及性别比例

性别	频率	百分比	有效百分比	累积百分比
男	1039	42.1	42.1	42.1
女	1427	57.9	57.9	100.0
合计	2466	100.0	100.0	

从被调查者的政治面貌来看，共青团员数量最多，达到 2000 名，占总数的比例达 81.1%；其次是中共党员（包括中共预备党员）共 350 名，占总数的 14.2%；其余被调查者的政治面貌分别为群众（3.8%）、无党派（0.5%）和民主党派（0.4%），如表 10-33 所示。

表 10-33 参加问卷调查学生的政治面貌

政治面貌	频率	百分比	有效百分比	累积百分比
中共党员	350	14.2	14.2	14.2
共青团员	2000	81.1	81.1	95.3
民主党派	9	0.4	0.4	95.7
无党派	14	0.5	0.5	96.2
群众	93	3.8	3.8	100.0
合计	2466	100.0	100.0	

从所学的专业门类来看，人文科学类专业的被调查者为 378 人，占总数的 15.3%；社会科学类专业的被调查者为 1003 人，占总数的 40.7%；自然科学类专业和其他专业的被调查人数分别为 788 人和 297 人，占比分别为 32% 和 12%（表 10-34）。

表 10-34 参加问卷调查学生所学专业

学科门类	频率	百分比	有效百分比	累积百分比
人文科学	378	15.3	15.3	15.3
社会科学	1003	40.7	40.7	56.0
自然科学	788	32.0	32.0	88.0
其他	297	12.0	12.0	100.0
合计	2466	100.0	100.0	

从被调查者的学习阶段以及具体所在年级来看，此次调查共选取大一学生671人，占总数的27.2%；大二学生604人，占总数的24.5%；大三和大四学生分别为561人和217人，占总数的比例分别为22.7%和8.8%；研究生人数为413，占总数的16.7%(表10-35)。

表10-35　参加问卷调查学生所处学习阶段

所处学习阶段	频率	百分比	有效百分比	累积百分比
大一	671	27.2	27.2	27.2
大二	604	24.5	24.5	51.7
大三	561	22.8	22.8	74.5
大四	217	8.8	8.8	83.3
研究生	413	16.7	16.7	100.0
合计	2466	100.0	100.0	

从所属高校来看，此次调查对象中，985、211高校的学生共计810人，占总数的32.8%；一般本科高校的学生共计1302人，占总数的52.8%；民办高校和高职高专的学生人数分别为188人和166人，占比分别为7.7%和6.7%(表10-36)。

表10-36　参加问卷调查学生所在学校的层次

学校层次	频率	百分比	有效百分比	累积百分比
985、211高校	810	32.8	32.8	32.8
一般本科高校	1302	52.8	52.8	85.6
民办高校	188	7.7	7.7	93.3
高职高专	166	6.7	6.7	100.0
合计	2466	100.0	100.0	

从被调查者来源地来看，以湖北省高校为主，共有2378名学生来自这一地区，占总数的96.4%；上海、江苏、江西、湖南、重庆、河南等省、直辖市以及其他地区共有88名学生参与调查，占总数的比例为3.6%(表10-37)。

表10-37　参加问卷调查学生的来源地

生源地	频率	百分比	有效百分比	累积百分比
上海市	11	0.4	0.4	0.4
江苏省	1	0	0	0.4
江西省	14	0.6	0.6	1.0

生源地	频率	百分比	有效百分比	累积百分比
湖北省	2378	96.4	96.4	97.4
湖南省	25	1.0	1.0	98.4
重庆市	4	0.2	0.2	98.6
河南省	19	0.8	0.8	99.4
其他	14	0.6	0.6	100.0
合计	2466	100.0	100.0	

　　总体而言，绝大多数被调查者都认为高校大学生有必要学习习近平总书记系列讲话精神，并且有必要把这一内容融入"形势与政策"课程当中。大学生学习习近平总书记系列讲话精神的兴趣比较浓厚，具体情况如下：

　　在问及"您认为高校大学生是否有必要了解习近平总书记系列讲话精神"时，认为"很有必要"和"有一定必要"的被调查者数量共计2405名，占总数的97.5%；仅有61名被调查者认为"没有必要"，占总数的2.5%（表10-38）。

表10-38　参加问卷调查学生对学习习近平总书记系列讲话精神必要性的认识

对学习讲话精神的必要性认识	频率	百分比	有效百分比	累积百分比
很有必要	1586	64.3	64.3	64.3
有一定的必要	819	33.2	33.2	97.5
没有必要	61	2.5	2.5	100.0
合计	2466	100.0	100.0	

　　在习近平总书记讲话精神融入教学内容方面，有90.8%的被调查者认识准确，认为高校有必要将"习近平总书记系列讲话精神融入'形势与政策'课程"当中；有9.2%的被调查者认为"没有必要"（表10-39）。

表10-39　参加问卷调查学生对习近平总书记讲话精神融入课程必要性的认识

对讲话精神融入课程的必要性认识	频率	百分比	有效百分比	累积百分比
有必要	2240	90.8	90.8	90.8
没有必要	226	9.2	9.2	100.0
合计	2466	100.0	100.0	

对以上调查结果进行进一步发问,在认为"有必要"将习近平总书记系列讲话精神融入"形势与政策"课程的所有被调查者中,30.3%的学生认为此举可以"加深对系列讲话精神的理解",20%的学生认为可以"开阔眼界,拓展思路",另有20%的学生认为有助于"提高分析、判断形势的能力",18.9%的学生认为学习习近平总书记系列讲话精神可以"增强自身的责任感和使命感",还有10.8%的学生是为了"培养关心时事的兴趣和习惯"。

学生对于学习习近平总书记系列讲话精神兴趣浓厚,认为"很有兴趣"和"比较有兴趣"的学生共1997人,占总数的81%;对此感兴趣程度"一般"的被调查者共398人,占比16.1%;对此"没有兴趣"的学生共71人,占比2.9%(表10-40)。

表10-40 参加问卷调查学生对讲话精神感兴趣程度

兴趣度	频率	百分比	有效百分比	累积百分比
很有兴趣	1023	41.5	41.5	41.5
比较有兴趣	974	39.5	39.5	81.0
一般	398	16.1	16.1	97.1
没有兴趣	71	2.9	2.9	100.0
合计	2466	100.0	100.0	

(三)各高校整体上重视治国理政新理念新思想新战略的教育教学工作

通过对参加调研的数据分析,各高校在整体上都比较重视治国理政新理念新思想新战略的教育教学工作,有82%的高校有专门部门负责组织开展教育教学工作。其中专门部门负责组织开展这项工作的高校呈现出多部门协调、共同参与组织的特点。如学校的党委宣传部、思想政治理论课教学机构、教务处、团委、学生工作部都有参与。其中,由党委宣传部开展这项工作的高达70.2%,思想政治理论课教学机构开展这项工作的有63.1%(图10-1)。

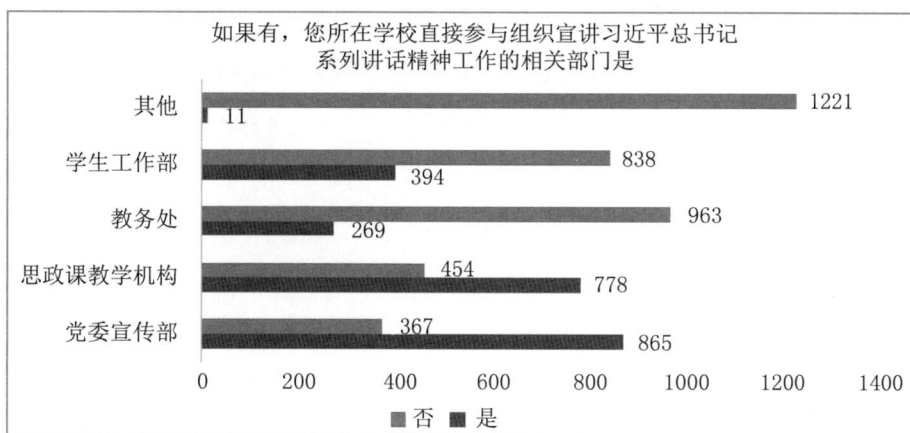

图10-1 高校组织开展治国理政新理念新思想新战略教育教学的部门

从高校宣讲习近平总书记系列讲话精神的教学主体来看，各高校也呈现多样化和领导重视的两个特点。学校党政领导、形势与政策课教师、思想政治辅导员和思想政治理论课教师四个方面的主体都达到一定比例，其中选择"学校党政领导"宣讲的占总数的 25.5%，这反映了学校领导的重视。选择"形势与政策课教师"的占 40.2%，选择"思想政治理论课教师"的占 20.5%，这两个群体是宣讲主体的主力军。辅导员占 12%，也有一定比例，如图 10-2 所示。

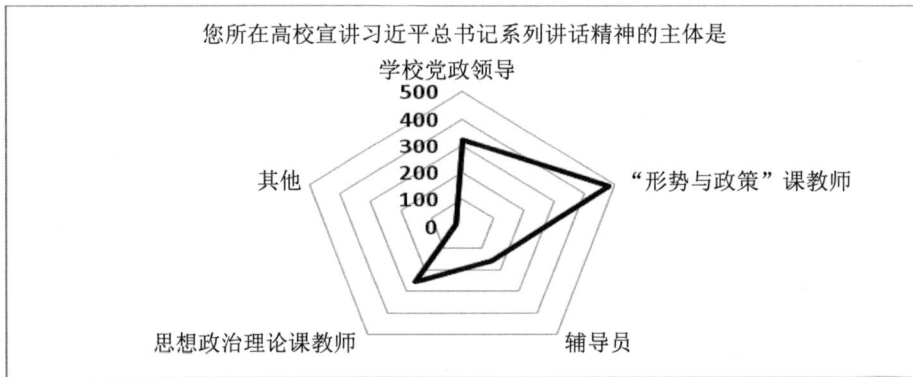

图 10-2　参加问卷调查学生所在高校组织宣讲的主体

通过调查，我们看到各高校在课程设置、宣讲内容的准备和宣讲形式上都下了功夫，为开展治国理政新理念新思想新战略教学工作的顺利推进进行了科学规划，课程开展井然有序。

一是课程设置科学。有 69.5% 的高校把习近平总书记系列讲话精神设为"形势与政策"课的专题内容，对学生进行了系统、有效的宣讲；仅有 11.8% 的学生认为其所在高校没有在"形势与政策"课教学中把习近平总书记系列讲话精神设为专题；另有 18.7% 的学生对这一问题"说不清楚"（表 10-41）。

表 10-41　在"形势与政策"课中是否有讲话精神的专题设置

是否设置专题	频率	百分比	有效百分比	累积百分比
有	1715	69.5	69.5	69.5
没有	291	11.8	11.8	81.3
不清楚	460	18.7	18.7	100.0
合计	2466	100.0	100.0	

二是宣讲内容准备充分。调查显示，绝大部分高校在"开展习近平总书记系列讲话精神教育教学的内容"方面进行了充足准备。有 76.1% 的高校选择"结合社会热点确定"，这

些属于准备最充分的。有 10% 的高校是由"学校自编资料确定"。选择"完全是讲话原文"的高校准备稍欠充分，但比例只有 12.3%(图 10-3)。

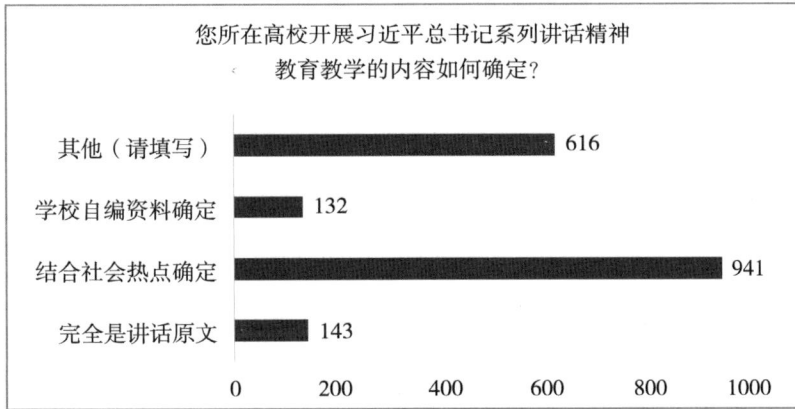

图 10-3　参加问卷调查学生所在高校确定教学内容的方式

三是宣讲形式多样化。调查显示，各高校为了有效进行教育教学，开展了多种丰富的课堂组织形式。其中，选择"专题讲座"的最多，占总数的 52.2%；选择"课堂讲授"的占总数的 33.8%；选择"网络教学"的占总数的 6.0%；选择"课堂讨论"的占总数的 6.0%(图 10-4)。

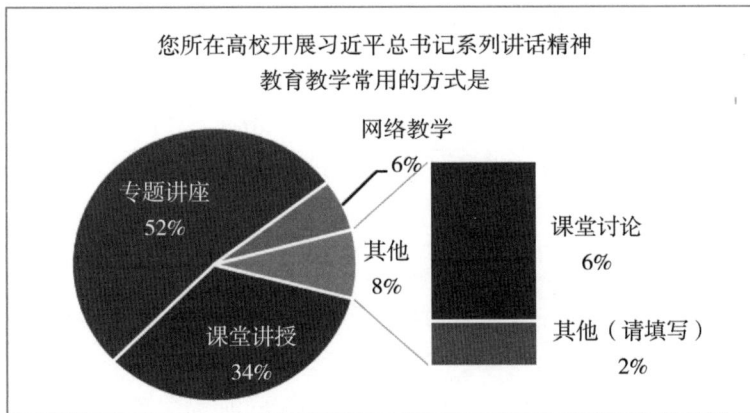

图 10-4　参加问卷调查学生所在高校常用的教学方式

多样化的教学方式得到了较好的落实，并在学生中产生了较好的反响。调查显示，受访学生在回答最喜欢的教学方式时，四种形式都在学生中有一定喜爱度。其中，选择"专题讲座"的人数最多，占总数的 37.8%；选择"课堂讲授"的人数最少，占总数的 19.5%；选择"网络教学"的占总数的 22%；选择"课堂讨论"占总数的 20.2%(图 10-5)。

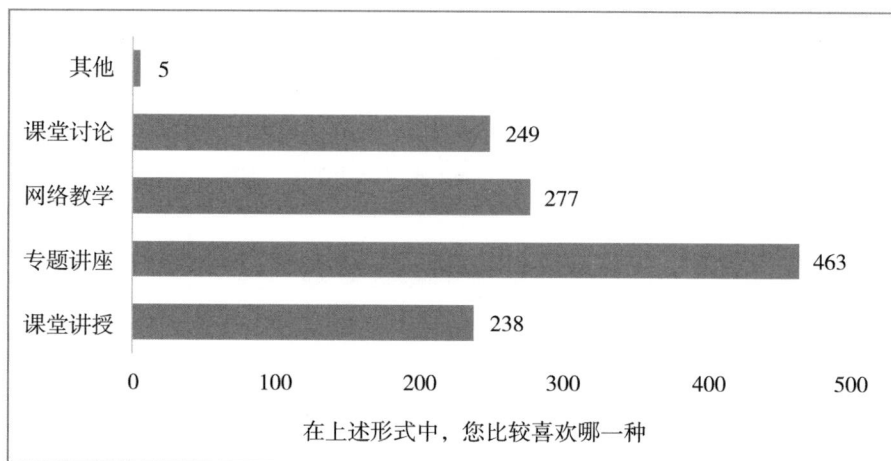

图 10-5　参加问卷调查学生最喜爱的教学方式

在教育教学工作上，各高校都能最大限度地让学生参与到学习中来。调查显示，受访者所在高校将全体学生作为这项工作开展对象的占 70%，以学生党员作为对象的占 21.3%，以学生干部作为对象的占 7%，不清楚的人占 0.5%。

在教学效果的反馈上，有 62.1% 的被调查者在学习习近平总书记系列讲话精神时的学习状态良好，能够"全程认真听"；仅有 4.3% 的学生"完全不想听"；另有 1.4% 的学生处于其他听课状态（表 10-42）。

表 10-42　参加问卷调查学生学习时的精神状态

学习时的精神状态	频率	百分比	有效百分比	累积百分比
全程认真听	1532	62.1	62.1	62.1
听一会儿觉得没有意思就做自己的事情	792	32.1	32.1	94.2
完全不想听	107	4.4	4.4	98.6
其他	35	1.4	1.4	100.0
合计	2466	100.0	100.0	

在学习的收获方面，66.2% 的人认为通过教育教学"加深了对党的路线、方针、政策的理解"，有 62.0% 的人认为"提高了分析、判断形势的能力"，有 45.0% 的人认为"培养了关心时事的兴趣和习惯"（图 10-6）。

经过专门的教育教学，受访大学生对习近平总书记治国理政新理念新思想新战略熟悉程度达到较好的程度。调查显示，对于所列举的 23 个习近平总书记治国理政新理念新思想新战略中的主要问题，大家选择"非常熟悉"和"熟悉"的比例总数都超过了 60%。其中，大家最熟悉的是"中国特色社会主义是历史的结论、人民的选择"，这一问题大家认为"非常熟悉"和"熟悉"的达到 80%。此外，"中国特色社会主义是由道路、理论体系、制度三

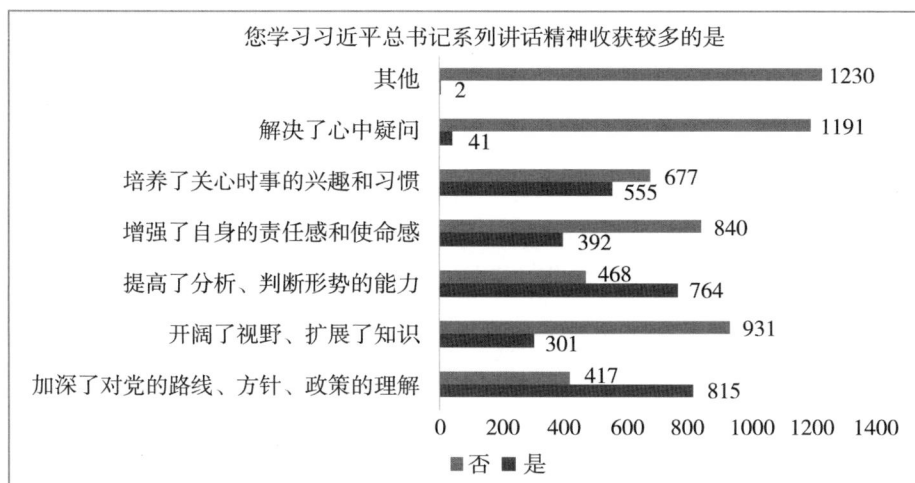

图 10-6　参加问卷调查学生学习最大的收获

位一体构成的""坚持中国道路、弘扬中国精神、凝聚中国力量""实干才能梦想成真""和平、发展、合作、共赢成为时代潮流""全力推进法治中国建设""坚守我们的核心价值体系和核心价值观""中华文化是我们民族的'根'和'魂'"和"坚持走中国特色社会主义政治发展道路"八个问题,大家回答"熟悉"以上的比例都超过了 70%。

在回答"您对高校开展宣讲习近平总书记系列讲话精神的建议是什么?"这一问题时,73.8%的人认为不需要"提高教师授课能力",有 63.5%的人认为不需要"改进教学方式",有 66.7%的人认为不需要"提供丰富的教材"。值得注意的是,有 64.4%的人选择要"发挥学生的主体作用"(图 10-7)。这说明学生对教师在课堂的表现和提供给学生的教材都比较满意,但是学生对于课堂互动、发挥自身的主观能动性、更好融入学习中有更高的要求。

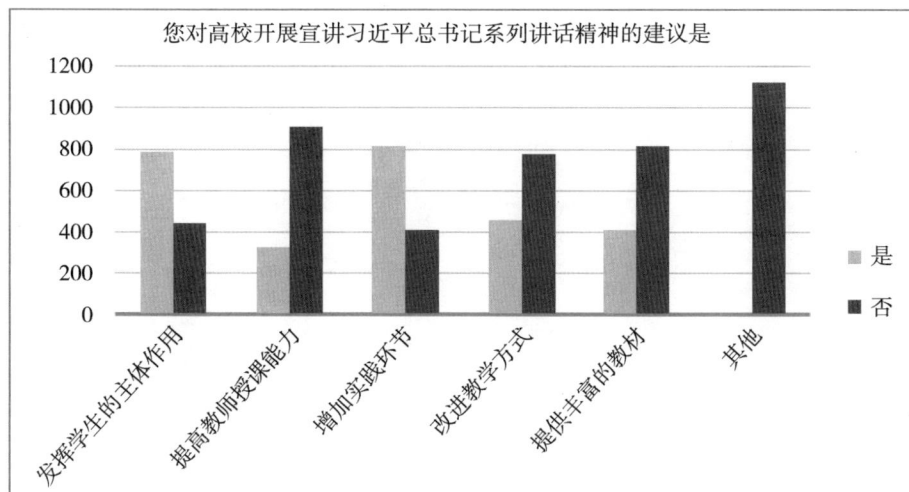

图 10-7　参加问卷调查学生对教学工作的期望

（四）大学生在治国理政新理念新思想新战略学习中存在的问题

一是各高校普遍存在学时和规模设置不足的问题。调查显示，各高校学生在回答"您所在高校开展习近平总书记系列讲话精神教育教学周学时平均数"这一问题时，选择"不清楚"的受访者占到28.3%，与选择"1~2学时"（29.4%）和"3~4学时"（28.8%）的比例接近，这些都属于学时设置不足的表现。反过来看安排学时为"5~6学时"的比例只有13.5%。这从侧面反映出不少高校在学时安排上的问题较为严重(图10-8)。

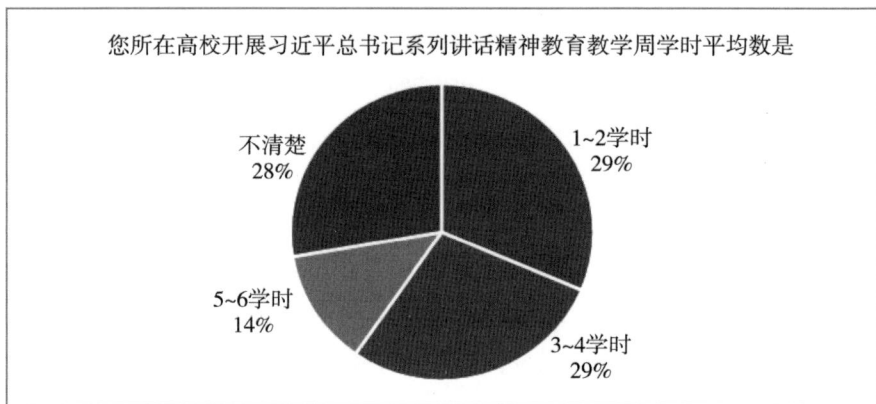

图 10-8　参加问卷调查高校开展教学的周学时平均数

在回答"您所在高校开展习近平总书记系列讲话精神教学是否排入课表?"这一问题时，选择"尚未排入学校课表"的高校占到44.2%，远高于"已排入学校课表"高校的比例（31.1%），甚至"不清楚"也有24.8%的比例(图10-9)。

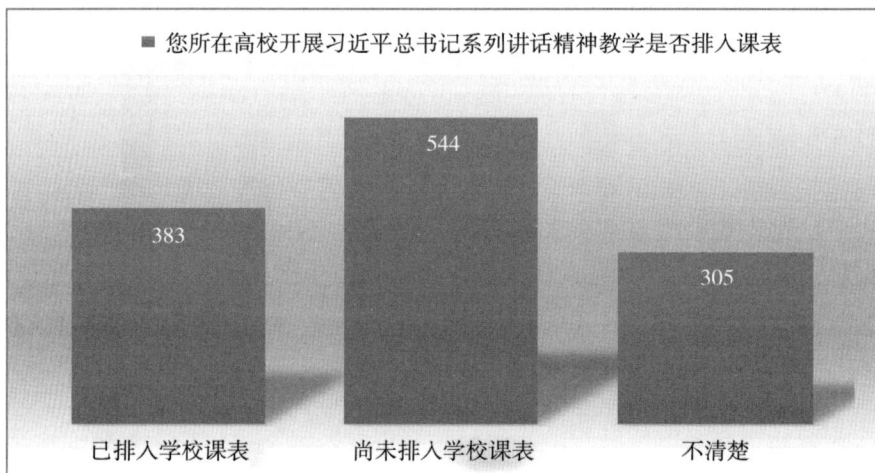

图 10-9　参加问卷调查高校将系列讲话精神教学排入课表的情况

关于"您所在高校开展习近平总书记系列讲话精神教育教学活动的规模是怎样的?"这一问题时,受访者的回答也不尽如人意。开展习近平总书记系列讲话精神教育教学活动时,为了达到授课效果、保证良好的互动,人数规模应该保持在"50~100人",但在调查过程中选择该规模的高校只占33.4%。"201人以上"的规模应该说效果不太好,而这样做的高校却占到25.9%。将这两项数据进行对比凸显高校在设置课堂人数方面还有改进空间。

同时,实践环节的缺失也是一个共性的问题。实践教学是理论教学的有益补充,能够帮助学生理论联系实际,加深对课堂知识的理解,在调查中,我们发现只有53.2%的学校设有实践教学环节(图10-10)。

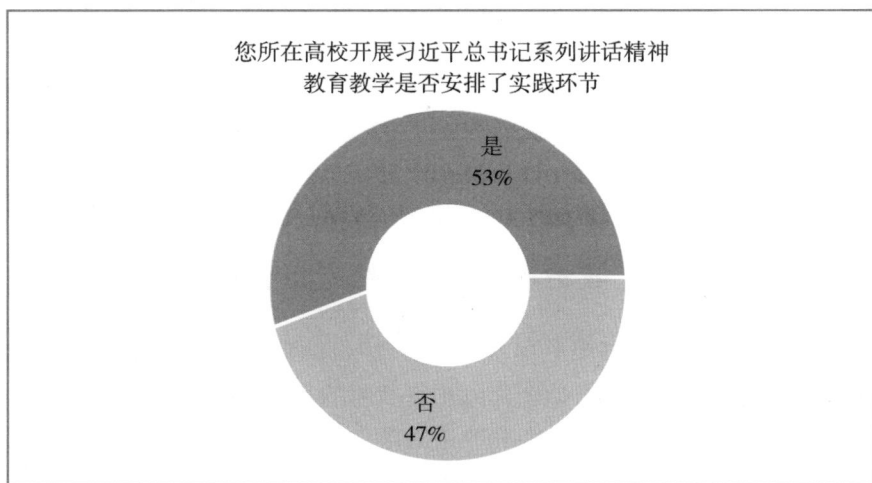

图 10-10 参加问卷调查高校实践教学安排情况

二是对习近平总书记系列讲话精神的熟悉程度有欠缺。调查显示,习近平总书记讲话精神中有六个问题受访者"不熟悉"和"很不熟悉"的比例都在8%以上。其中,"补足共产党人精神上的'钙'",不熟悉的人数比例占12.2%。另外几个问题,依次是"以踏石留印、抓铁有痕的劲头抓作风建设"(10.5%)、"夯实依法治军、从严治军这个强军之基"(9.9%)、"按照亲、诚、惠、容理念推进周边外交"(9.8%)、"实行最严格的生态环境保护制度"(9.3%)和"创新社会治理"(8.9%)。

三是课程教学的主要目标落实不够。调查显示,关于学习收获的问题,75.6%的学生选择并没有"开阔了视野、扩展了知识",68.2%的学生认为并没有"增强了自身的责任感和使命感",尤其需要注意的是,有96.7%的学生认为并没有"解决了心中疑惑"。思想政治理论课教学的主要目标就是提高大学生对党的路线、方针、政策的知晓度,并学会用马克思主义的立场、观点和方法去解决现实问题,此次调研也在很大程度上为高校和教学工作者提供了今后努力的方向(图10-11)。

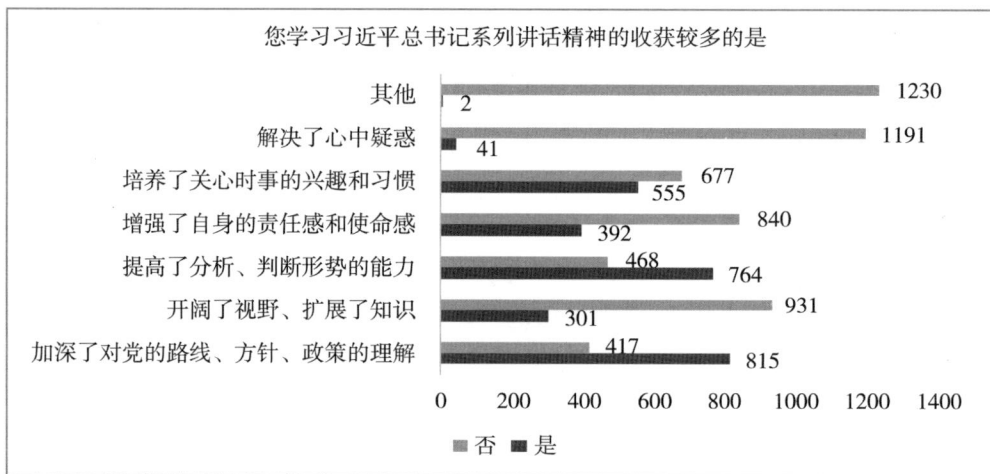

图 10-11　参加问卷调查学生学习最大的收获

三、对加强和改进治国理政新理念新思想新战略教育教学工作的建议

习近平总书记治国理政新理念新思想新战略是党的十八大以来所形成的重要理论成果，推进习近平总书记治国理政新理念新思想新战略的教育教学不仅对当前及今后中国社会发展意义重大，也是在新形势下加强和改进大学生思想政治工作的重要议题，是落实习近平总书记在高校思想政治工作讲话精神的重要举措。调查显示，湖北省高校在推进习近平总书记治国理政新理念新思想新战略教育教学方面的工作整体开展较好，接受教育教学的高校学生整体收获丰硕，思想觉悟水平和知识视野都有一定程度的提高。湖北省高校开展这项工作，有效地落实了关于社会主义高校"培养什么人、如何培养人、为谁培养人"的问题，扎实推进了高校"立德树人"的根本任务，把思想政治工作贯穿教育教学全过程，实现了全程育人、全员育人、全方位育人。在今后的教育教学中，应当重点做好以下工作：

（一）推动教学改革，激发学生学习兴趣

教学方法是教学的灵魂，在教学过程中起着"穿针引线"的作用，教学方法的合理与否直接影响着教学效果的好坏。教师应当在宣讲中不断开拓创新，改进教学方法。一是要以学生为本，关注和关心学生的需要，不断对传统的课堂讲授方法进行扩充，采用更先进的教学手段，设计科学的教学专题，运用灵活多样的教学方法。二是逐步缩小课堂学生的规模，学生人数太多，互动性就下降了，不利于教学效果的提升。三是发掘较为生动灵活的教学案例，激发学生的学习兴趣，增进学生对治国理政新理念新思想新战略的理解。四是积极运用互联网技术，丰富教学资源，创新方法手段，拓展教育空间，以信息化带动教育方式的现代化，不断拓宽学生的视野，不断提升课程的时效性和时代感。五是改革考评方式，高校应协同教师广泛开展各类校园文化活动，把对学生的考评与学生的实践活动结

230

合起来，提高学生对课程的认同感，把学生从死记硬背、生搬硬套的考试中解放出来，通过灵活多样的考评方式，激发学生的创新力、想象力，这样才能更有利于课堂知识入脑入心。

(二) 强化队伍建设，建设高素质教师队伍

教师是思想政治理论课教学工作的主体，教师素质的高低直接影响着思想政治理论课的教学效果。开展治国理政新理念新思想新战略教育教学，对教师素质的要求更高更全面，需要教师在马克思主义理论、中共党史等方面有丰富的知识储备，也需要对国内国际热点时事和形势有深刻的理解和认识。如何运用马克思主义的立场、观点和方法去传授知识、分析现实问题，让大学生真懂、真信，考验着教师的教学能力和水平。我们认为可以从以下三个方面努力：一是打造一支专业的师资队伍，理论联系实际，让教师在实践中加强认识，并把自己的心得体会和研究成果融入课堂教学，有效加强治国理政新理念新思想新战略教育教学。二是努力实现授课教师队伍多元化，使不同学科背景的优秀教师能一起配合，协同发力。如将有着深厚研究功底的资深教授和高校党政领导纳入进来，让他们担纲教学，通过自己的亲身经历和对社会现象的宏观掌控能力现身说法，这样有利于课堂讲授的实际效果。三是马克思主义理论随着世界的变化发展也在不断变化发展着，这就要求授课教师不断学习、充实自我，努力提升自己的思想和教学水平。高校应当建立完善的学习和培训机制，定期组织授课教师以校外集中培训、实践研修、进修培养等方式提高他们的综合素质和授课水平。

(三) 提高教学针对性，引导学生将理想信念与实践相结合

当代大学生思想活跃，关心国家大政方针和国内国际形势，有强烈的爱国热情和报国之心，这些特点对于开展好治国理政新理念新思想新战略教育教学是一个有利的条件。如何激发学生的学习兴趣，提高教学的针对性，让学生能完整、全面和及时地了解我国当前政治、经济、文化、外交和军事等方面的政策和形势，充分理解党和国家的大政方针，让学生的需求与教师的供给形成良性的互动是当下教学工作要考虑的主要问题。一是要充分尊重学生在教学中的主体性，教师应当以学生为中心，结合热点问题，聚焦时事政治，紧紧抓住与青年学生成长成才密切相关的内容，以听得懂、喜闻乐见的方式吸引他们参与到教学活动中来，从而深刻理解关于理想信念、爱国主义、社会主义核心价值观等相关论述。学生的需求得到满足后，才会身体力行把知识转化为现实的行动。二是要结合历史讲清楚贯穿其中的坚定信仰追求、历史担当精神、真挚为民情怀和科学的方法论，展现新形势下党中央治国理政的思想脉络和实践逻辑。通过对政策的详细解读，唤起大学生关注国家发展的责任感和使命感。

此外，治国理政新理念新思想新战略的"三进"不仅是高校宣传部门和思想政治理论课教师的事，也应当成为高校各个部门、所有高校教师共同的责任。在这一问题上，我们应积极构建大思政工作机制，密切关注社会热点和焦点，坚定政治方向，找准问题要害，不断增强阵地意识，发挥高校基层党组织的作用，推动形成专业教师、学工战线、群团组织协调分工，共同做好治国理政新理念新思想新战略的"三进"工作。

附录　高校马克思主义学院建设相关重要文献选编

关于加强和改进新形势下高校思想政治工作的意见

近日，中共中央、国务院印发了《关于加强和改进新形势下高校思想政治工作的意见》（以下简称《意见》）。

《意见》强调指出，高校肩负着人才培养、科学研究、社会服务、文化传承创新、国际交流合作的重要使命。加强和改进高校思想政治工作，事关办什么样的大学、怎样办大学的根本问题，事关党对高校的领导，事关中国特色社会主义事业后继有人，是一项重大的政治任务和战略工程。

《意见》分为七个部分：一、重要意义和总体要求；二、强化思想理论教育和价值引领；三、发挥哲学社会科学育人功能；四、加强对课堂教学和各类思想文化阵地的建设管理；五、加强教师队伍和专门力量建设；六、推进高校思想政治工作改革创新；七、加强和改善党对高校的领导。

《意见》指出，我们党历来高度重视高校思想政治工作，探索形成了一系列基本方针原则和工作遵循。党的十八大以来，以习近平同志为核心的党中央把高校思想政治工作摆在突出位置，做出一系列重大决策部署，各地区各有关部门各高校采取有力有效措施，积极主动开展工作，创造了许多成功做法，积累了许多宝贵经验。大学生思想政治教育成效显著，教师思想政治素质明显提高，各类思想文化阵地建设和管理不断加强，中国特色社会主义理论体系进教材、进课堂、进头脑工作扎实有效，社会主义核心价值观建设持续推进，高校意识形态领域主流积极健康向上，广大师生对以习近平同志为核心的党中央拥护信任，对党中央治国理政新理念新思想新战略高度认同，对中国特色社会主义和中华民族伟大复兴中国梦充满信心。总体上看，高校思想政治工作持续加强和改进，呈现出良好发展态势，为保证高等教育改革发展、服务党和国家工作大局做出了重要贡献。

《意见》指出，加强和改进高校思想政治工作的指导思想是：高举中国特色社会主义伟大旗帜，全面贯彻党的十八大和十八届三中、四中、五中、六中全会精神，以马克思列宁主义、毛泽东思想、邓小平理论、"三个代表"重要思想、科学发展观为指导，深入学习贯彻习近平总书记系列重要讲话精神和治国理政新理念新思想新战略，全面贯彻党的教育方针，坚持社会主义办学方向，扎根中国大地办大学，以立德树人为根本，以理想信念教育为核心，以社会主义核心价值观为引领，切实抓好各方面基础性建设和基础性工作，切实加强和改善党的领导，全面提升思想政治工作水平，紧密团结在以习近平同志为核心的党中央周围，牢固树立政治意识、大局意识、核心意识、看齐意识，坚定不移维护党中央权威和党中央集中统一领导，为实现"两个一百年"奋斗目标、实现中华民族伟大复兴的中国梦，培养又红又专、德才兼备、全面发展的中国特色社会主义合格建设者和可靠接班人而努力。

《意见》指出，加强和改进高校思想政治工作的基本原则是：（1）坚持党对高校的领导。落实全面从严治党要求，把党的建设贯穿始终，着力解决突出问题，维护党中央权威，保证党的团结统一，牢牢掌握党对高校的领导权。（2）坚持社会主义办学方向。坚持马克思主义指导地位，坚持以人民为中心的发展思想，更好为改革开放和社会主义现代化建设服务、为人民服务。（3）坚持全员全过程全方位育人。把思想价值引领贯穿教育教学全过程和各环节，形成教书育人、科研育人、实践育人、管理育人、服务育人、文化育人、组织育人长效机制。（4）坚持遵循教育规律、思想政治工作规律、学生成长规律。把握师生思想特点和发展需求，注重理论教育和实践活动相结合、普遍要求和分类指导相结合，提高工作科学化精细化水平。（5）坚持改革创新。推进理念思路、内容形式、方法手段创新，增强工作时代感和实效性。

《意见》指出，要强化思想理论教育和价值引领。把理想信念教育放在首位，切实抓好马克思列宁主义、毛泽东思想学习教育，广泛开展中国特色社会主义理论体系学习教育，深入学习习近平总书记系列重要讲话精神，引导师生深刻领会党中央治国理政新理念新思想新战略，坚定中国特色社会主义道路自信、理论自信、制度自信、文化自信。要培育和践行社会主义核心价值观，把社会主义核心价值观体现到教书育人全过程，引导师生树立正确的世界观、人生观、价值观，加强国家意识、法治意识、社会责任意识教育，加强民族团结进步教育、国家安全教育、科学精神教育，以诚信建设为重点，加强社会公德、职业道德、家庭美德、个人品德教育，提升师生道德素养。要弘扬中华优秀传统文化和革命文化、社会主义先进文化，实施中华文化传承工程，推动中华优秀传统文化融入教育教学，加强革命文化和社会主义先进文化教育，深化中国共产党史、中华人民共和国史、改革开放史和社会主义发展史学习教育，利用我国改革发展的伟大成就、重大历史事件纪念活动、爱国主义教育基地、国家公祭仪式等组织开展主题教育，弘扬以爱国主义为核心的民族精神和以改革创新为核心的时代精神。要进一步办好高校思想政治理论课，充分发挥思想政治理论课的主渠道作用，深入实施高校思想政治理论课建设体系创新计划，完善教材体系，提高教师素质，创新教学方法，增强教学的吸引力、说服力、感染力。要加强高校马克思主义学院建设，打造马克思主义理论教学、研究、宣传和人才培养的坚强阵地，支持有条件的高校设置马克思主义理论专业，深入实施马克思主义理论研究和建设工程。

《意见》指出，要发挥哲学社会科学育人功能。强调要加强哲学社会科学学科体系建设，积极构建中国特色、中国风格、中国气派的哲学社会科学学科体系，强化马克思主义理论学科的引领作用，支持有条件的高校在马克思主义理论一级学科下设置党的建设二级学科，实施高校马克思主义理论人才支持培养计划，积极推进学术话语体系创新，加快完善具有中国特色和国际视野的哲学、历史学、经济学、政治学、法学、社会学、民族学、新闻学、人口学、宗教学、心理学等学科，努力建设一批中国特色、世界一流的哲学社会科学学科。加快建设一批哲学社会科学专业核心课程教材。要规范哲学社会科学教材选用，建立国家优秀教材评选奖励制度，完善学术评价体系和评价标准，建立科学权威、公开透明的哲学社会科学成果评价体系，健全优秀成果评选推广机制，提高高校学术委员会建设水平。

《意见》指出，要加强对课堂教学和各类思想文化阵地的建设管理。充分发掘和运用各学科蕴含的思想政治教育资源，健全高校课堂教学管理办法。要加强对校园各类思想文化阵地的规范管理，加强校园网络安全管理，营造风清气正的网络环境。

《意见》指出，要加强教师队伍和专门力量建设。强调要提升教师思想政治素质，加强思想政治工作，建立中青年教师社会实践和校外挂职制度，加强师德师风建设，增强教师教书育人的责任担当。要完善教师评聘和考核机制，增加课堂教学权重，引导教师将更多精力投入到课堂教学上，完善教师职业道德规范，实施师德"一票否决"。高校思想政治工作队伍和党务工作队伍具有教师和管理人员双重身份，要纳入高校人才队伍建设总体规划，形成一支专职为主、专兼结合、数量充足、素质优良的工作力量。

《意见》指出，要推进高校思想政治工作改革创新。强调要贴近师生思想实际，以改革创新精神做好高校思想政治工作，建立健全校领导、院（系）领导联系师生、谈心谈话制度，在平等沟通、民主讨论、互动交流中进行思想引导，有的放矢、生动活泼地开展工作，发挥师德楷模、名师大家、学术带头人等的示范引领作用。要加强互联网思想政治工作载体建设，加强学生互动社区、主题教育网站、专业学术网站和"两微一端"建设，运用大学生喜欢的表达方式开展思想政治教育。要强化社会实践育人，提高实践教学比重，组织师生参加社会实践活动，完善科教融合、校企联合等协同育人模式，加强实践教学基地建设，建立健全国家机关、企事业单位、社会团体接收大学生实习实训制度，开设创新创业教育专门课程，增强军事训练实效，建立健全学雷锋志愿服务制度。要在服务引导中加强思想教育，把解决思想问题与解决实际问题结合起来，做到既讲道理又办实事，加强学生学业就业指导，帮助大学生顺利完成学业，加强人文关怀和心理疏导，促进大学生身心和人格健康发展，加强对家庭经济困难学生的资助工作，积极帮助解决教师的合理诉求。积极发挥共青团、学生会组织和学生社团作用。要健全高校思想政治工作评价体系，研究制定内容全面、指标合理、方法科学的评价体系，推动高校思想政治工作制度化。

《意见》最后强调，要加强和改善党对高校的领导。要完善高校党的领导体制，坚持和完善普通高校党委领导下的校长负责制，高校党委对本校工作实行全面领导，履行管党治党、办学治校的主体责任，切实发挥领导核心作用。按照社会主义政治家、教育家标准，选好配强高校领导班子特别是党委书记和校长。高校党委书记主持党委全面工作，履行高校思想政治工作和党的建设第一责任人的职责。校长是学校的法人代表，在党委领导下组织实施党委有关决议，行使高等教育法等规定的各项职权。其他党委班子成员履行"一岗双责"，结合业务分工抓好思想政治工作和党的建设工作。要强化院（系）党的领导，发挥院（系）党委（党总支）的政治核心作用，履行政治责任，保证监督党的路线方针政策及上级党组织决定的贯彻执行。认真执行民主集中制原则，通过院（系）党政联席会议讨论和决定本单位重要事项，健全院（系）集体领导、党政分工合作、协调运行的工作机制，提升班子整体功能和议事决策水平。要加强高校基层党建工作，建立健全高校基层党组织，加强教师党支部、学生党支部特别是研究生党支部建设，充分发挥党支部战斗堡垒作用。坚持党的组织生活各项制度，组织党员深入开展"两学一做"学习教育，认真做好在高校优秀青年教师、高校学生中发展党员工作，加强党员日常管理监督。要健全地方党委抓高校思想政治工作制度，切实加强组织领导和工作指导，坚持和完善党委定期研究、领导干部联系高校等制度，建立部门协作常态机制，形成党委统一领导、党政齐抓共管、职能部门组织协调、社会各方积极参与的工作格局。高度重视民办高校、中外合作办学中党的建设和思想政治工作，探索党组织发挥政治核心作用的有效途径，完善政策保障和经费支持，为加强和改进高校思想政治工作创造良好条件。

教育部关于印发
《高等学校思想政治理论课建设标准（2021年本）》的通知

各省、自治区、直辖市教育厅（教委），新疆生产建设兵团教育局，有关部门（单位）教育司（局），部属各高等学校、部省合建各高等学校：

　　为进一步加强高校思想政治理论课的宏观指导，规范组织管理、教学管理、队伍管理和学科建设，我部对2015年颁布的《高等学校思想政治理论课建设标准（暂行）》（教社科〔2015〕3号）进行了修订。现将修订后的《高等学校思想政治理论课建设标准（2021年本）》印发给你们，请遵照执行。原《高等学校思想政治理论课建设标准（暂行）》（教社科〔2015〕3号）同时废止。

教育部

2021年11月30日

高等学校思想政治理论课建设标准

（2021 年本）

一级指标	二级指标	三级指标	指标类型	责任部门
组织管理	领导体制	1. 学校党委直接领导，支持校行政负责实施。分管校领导具体负责，并成立相应的领导机构。坚持把从严管理和科学治理结合起来，增强"四个意识"、坚定"四个自信"、做到"两个维护"	A*	学校党委、行政领导
	工作机制	2. 校党委（常委）会议、校长办公会每学期至少召开一次专题会议研究思想政治理论课建设，解决突出问题，在工作格局、队伍建设、支持保障等方面采取有效措施，会议决议能够及时落实	A	学校党委、行政领导
		3. 建立学校党委书记、校长带头抓思想政治理论课机制。党委书记、校长作为第一责任人，带头听课讲课，带头推动思想政治理论课建设，带头联系思想政治理论课教师，每学年到思想政治理论课教研部门开现场办公会至少 1 次，听取思想政治理论课教学工作汇报，解决实际问题。学校党政主要负责同志每学期至少给学生讲授 4 个课时思想政治理论课。高校领导班子其他成员每学期至少给学生讲授 2 个课时思想政治理论课。党委书记、校长及分管思想政治理论课建设、教学、科研工作的校领导每学期至少听 1 课时思想政治理论课	A*	学校党委、行政领导
		4. 把思想政治理论课建设列入学校事业发展规划，纳入学校党的建设工作考核、办学质量和学科建设评估标准体系，作为学校重点课程加以建设。有条件的本科院校同时应作为重点学科加以建设，每年至少进行一次专项督察。思想政治理论课建设情况纳入领导班子考核和政治巡视之中	A	学校党委、行政领导及有关部门
		5. 学校宣传、人事、教务、研究生院（处）、财务、科研、学生处、团委等党政部门和思想政治理论课教学科研机构各负其责，相互配合，落实思想政治理论课教育教学、学科建设、人才培养、科研立项、社会实践、经费保障等各方面政策和措施	A	学校党委、行政领导及有关部门

一级指标	二级指标	三级指标	指标类型	责任部门
组织管理	机构建设	6. 独立设置直属学校领导的、与学校其他二级院（系）行政同级的思想政治理论课教学科研组织二级机构，承担全校本、专科学生和研究生思想政治理论课教学任务，统一管理思想政治理论课教师。有马克思主义理论学科点的机构同时应作为马克思主义理论学科点的依托单位，承担马克思主义理论科学研究、学科建设、研究生培养等工作	A*	学校党委、行政领导
		7. 配齐二级机构领导班子，思想政治理论课教学科研机构负责人应当是中共党员，并有长期从事思想政治理论课教学或者马克思主义理论学科研究的经历，不得兼任其他二级院（系）的主要负责人	A*	学校党委、行政领导及有关部门
		8. 与专业院系同等配备办公用房和教学设备、基本图书资料、国内外主要社科期刊、声像资料、教学课件以及办公设备等，满足教学及办公需要	B	
	专项经费	9. 学校在保障思想政治理论课教学科研机构正常运转的各项经费的同时，本科院校按在校本硕博全部在校生总数每生每年不低于 40 元，专科院校每生每年不低于 30 元的标准提取专项经费，用于教师学术交流、实践研修等，并随着学校经费的增长逐年增加。专项经费安排使用明确，专款专用	A*	学校党委、行政领导及财务部门
教学管理	管理制度	10. 教学管理制度健全，建立备课、听课制度以及教学内容和教学质量监控制度，认真执行各项管理规章制度，检查、评价制度等。教学档案齐全	B	教务处思想政治理论课教学科研机构
	课程设置	11. 按照中央确定的最新方案，落实课程和学分及对应的课堂教学学时，无挪用或减少课时的情况	A*	教务处研究生院（处）
		12. 积极创造条件开设本科生和研究生层次思想政治理论课选修课。要重点围绕习近平新时代中国特色社会主义思想，党史、新中国史、改革开放史、社会主义发展史，宪法法律，中华优秀传统文化等设定课程模块，开设系列选择性必修课程	A	
	教材使用	13. 使用最新版马克思主义理论研究和建设工程重点教材为思想政治理论课统编教材	A	教务处研究生院（处）
		14. "形势与政策"课要根据教育部下发的教学要点组织教学，选用中宣部和教育部组织制作的《时事报告（大学生版）》和《时事》DVD 作为学生学习辅导资料	B	

一级指标	二级指标	三级指标	指标类型	责任部门
教学管理	课堂教学	15. 课堂规模一般不超过 100 人，推行中班教学，倡导中班上课、小班研学讨论的教学模式	A	教务处
		16. 合理安排课堂教学时间	B	
	实践教学	17. 实践教学纳入教学计划，统筹思想政治理论课各门课的实践教学，落实学分(本科 2 学分，专科 1 学分)、教学内容、指导教师和专项经费。实践教学覆盖全体学生，建立相对稳定的校外实践教学基地	B	教务处 财务处 学生处 团委 思想政治理论课教学科研机构
	改革创新	18. 深化思想政治理论课改革创新，坚持政治性和学理性相统一、价值性和知识性相统一、建设性和批判性相统一、理论性和实践性相统一、统一性和多样性相统一、主导性和主体性相统一、灌输性和启发性相统一、显性教育和隐性教育相统一，积极探索教学方法改革、优化教学手段，不断增强思想政治理论课的思想性、理论性和亲和力、针对性	A	思想政治理论课教学科研机构 教务处
		19. 建设"大思政课"，调动各种资源用于思想政治理论课建设，把思政小课堂与社会大课堂相结合，突出实践教学，将生动鲜活的实践引入课堂教学，将课堂设在生产劳动和社会实践一线，全面提升育人效果	A	
		20. 改革考试评价方式，建立健全科学全面准确的考试考核评价体系，注重过程考核和教学效果考核	B	
	教学成果	21. 列入校级教学成果类奖系列评选之中，并积极组织推荐参评校级以上教学评选活动	B	教务处
队伍管理	政治方向	22. 建设一支政治强、情怀深、思维新、视野广、自律严、人格正的思想政治理论课教师队伍。思想政治理论课教师应坚持正确的政治方向，有扎实的马克思主义理论基础，在政治立场、政治方向、政治原则、政治道路上同以习近平同志为核心的党中央保持高度一致	A*	人事处 思想政治理论课教学科研机构
	师德师风	23. 思想政治理论课教师具有良好的思想品德、职业道德、责任意识和敬业精神，无学术不端、教学违纪现象	A	人事处 思想政治理论课教学科研机构

一级指标	二级指标	三级指标	指标类型	责任部门
队伍管理	教师选配	24. 学校应建设专职为主、专兼结合、数量充足、素质优良的思想政治理论课教师队伍，严格按照师生比不低于1∶350 的比例核定专职思想政治理论课教师岗位，在编制内配足，且不得挪作他用	A	人事处
		25. 兼职教师具有硕士研究生以上学历(专科院校兼职教师具有本科以上学历)和相关专业背景，按学校有关规定考核合格	B	
		26. 新任专职教师原则上应是中共党员，并具备马克思主义理论相关学科背景硕士以上学位	A	
		27. 实行不合格思想政治理论课教师退出机制	B	
	培养培训	28. 统一实行集体备课，集中研讨提问题、集中培训提素质、集中备课提质量。新任专职教师必须参加省级岗前培训；所有专职教师应积极参加省级或中宣部、教育部组织的示范培训或课程培训或骨干研修。学校每年对全体教师至少培训一次	B	人事处思想政治理论课教学科研机构
		29. 每学年至少安排 1/4 的专职教师开展学术交流、实践研修或学习考察活动。有条件的学校可以开展国(境)外学术交流和实践研修，但不作为评聘职称的硬性要求	B	
		30. 安排专职教师进行脱产或半脱产进修，每人每 4 年至少一次	B	
		31. 鼓励支持专职教师攻读马克思主义理论相关学科学位。实施好思想政治理论课教师在职攻读马克思主义理论博士学位专项计划	B	
	职务评聘	32. 学校在专业技术职务(职称)评聘工作中，要单独设立马克思主义理论类别，校级专业技术职务(职称)评聘委员会要有同比例的马克思主义理论学科专家。按教师比例核定思想政治理论课教师专业技术职务(职称)各类岗位占比，高级专业技术职务(职称)岗位比例不低于学校平均水平，指标不得挪作他用	A	人事处
		33. 制定实施符合思想政治理论课教师职业特点的(职务)职称评聘标准，提高教学和教学研究占比。要将思想政治理论课教师在中央和地方主要媒体上发表的理论文章纳入学术成果范畴。被有关部门采纳并发挥积极作用的理论文章、调研报告等应作为专业技术职务(职称)评定的依据	B	

一级指标	二级指标	三级指标	指标类型	责任部门
队伍管理	经济待遇	34. 思想政治理论课教师的岗位津贴和课时补助等纳入学校内部分配体系统筹考虑，思想政治理论课教师工作量、课酬计算标准与其他专业课教师一致，教师的实际平均收入不低于本校教师的平均水平，相应核增学校绩效工资总量	A	人事处 教务处
	表彰评优	35. 纳入学校各类教师表彰体系中，并为思想政治理论课教师确定一定比例，进行统一表彰	B	人事处
学科建设	学科点建设	36. 马克思主义理论学科点设在思想政治理论课教学科研机构，首要任务是为思想政治理论课教育教学服务。紧紧围绕马克思主义理论一级学科及其所属二级学科开展科研，从整体上研究马克思主义基本原理和科学体系，深入研究马克思列宁主义、毛泽东思想、邓小平理论、"三个代表"重要思想、科学发展观，深入研究习近平新时代中国特色社会主义思想；深入研究中国特色社会主义重大理论和实践问题；深入研究思想政治理论课教学重点难点问题和教学方法改革创新	A*	人事处 科研处 教务处 研究生院（处）
		37. 除马克思主义理论学科下属的本科专业外，马克思主义理论学科点不办其他本科专业。统筹推进马克思主义理论学科本硕博一体化人才培养，积极承担"高校思想政治理论课教师队伍后备人才培养专项支持计划"任务	A*	
		38. 马克思主义理论学科的学术骨干必须是思想政治理论课的教学骨干。每一位导师至少承担一门思想政治理论课的教学任务	A	
	科研工作	39. 设立思想政治理论课教育教学研究专项课题。创造条件支持思想政治理论课教师申报各级各类课题，参评各种科研成果奖等，鼓励教师围绕教材和教学中的重点、难点问题发表论文、出版专著。在校报、校刊设置思想政治理论课教研科研专栏	B	教务处 科研处 思想政治理论课教学科研机构
特色项目	教学改革特色项目	40. 开展思想政治理论课教学改革与创新，并取得显著成果，其经验在全国或全省得到一定推广	B	宣传部 教务处 思想政治理论课教学科研机构
	其他	41. 能够推动思想政治理论课建设工作的其他有特色的项目	B	

说明：

1. 关于指标类型。建设指标分 A*、A、B 三类，共 41 项，其中 A* 为核心指标(9 项)，A 为重点指标(14 项)，B 为基本指标(18 项)。

2. 关于评价标准。本科院校 A* 指标 9 项、A 类指标 12 项以上、B 类指标 14 项以上达标方可认定合格；专科院校 A* 指标 7 项、A 类指标 10 项以上、B 类指标 13 项以上达标方可认定合格。

3. 关于教师类别。专职教师是指编制在思想政治理论课教学科研机构且从事思想政治理论课教学科研工作的教师；兼职教师是指编制属其他教学机构或管理部门(单位)的教师。

中共中央宣传部　教育部关于进一步加强高等学校思想政治理论课教师队伍建设的意见

各省、自治区、直辖市党委宣传部、教育厅(教委)、新疆生产建设兵团党委宣传部、教育局，有关部门(单位)教育司(局)，教育部属各高等学校：

为深入贯彻落实党的十七大精神，落实《中共中央 国务院关于进一步加强和改进大学生思想政治教育的意见》(中发〔2004〕16号)，充分发挥思想政治理论课作为大学生思想政治教育主渠道的作用，进一步推动中国特色社会主义理论体系进教材、进课堂、进学生头脑工作，不断提高大学生的思想政治素质，现就进一步加强高等学校思想政治理论课教师队伍建设提出如下意见。

一、加强高等学校思想政治理论课教师队伍建设的重要性紧迫性和总体要求

1. 思想政治理论课教师是高等学校教师队伍的一支重要力量，是党的理论、路线、方针、政策的宣讲者，是大学生健康成长的指导者和引路人。进一步加强思想政治理论课教师队伍建设，提高教学水平，用中国特色社会主义理论体系武装大学生，用社会主义核心价值体系引领各种社会思潮，把他们培养成德智体美全面发展的社会主义建设者和接班人，对于全面实施科教兴国战略和人才强国战略，确保实现全面建设小康社会、加快推进社会主义现代化的宏伟目标，确保中国特色社会主义事业兴旺发达、后继有人，具有十分重大而深远的意义。

2. 改革开放以来特别是党的十六大以来，各地各高等学校采取多种措施加强思想政治理论课教师队伍建设，取得了较好成效，积累了一定经验。广大思想政治理论课教师爱岗敬业、勤奋工作，取得了明显成绩。但是，从总体上看，思想政治理论课教师队伍的状况，还不能很好地适应新形势新任务的需要。特别是一些学校不同程度地存在对思想政治理论课认识不足、重视不够；教师队伍整体素质有待提高，数量不足，优秀中青年学术带头人缺乏；学科支撑薄弱，教学科研组织亟待规范等问题。在思想政治理论课新方案全面实施，教材建设取得突破性进展的情况下，加强教师队伍建设、提高教师队伍的素质和水平，显得尤为迫切。

3. 要把思想政治理论课教师队伍建设纳入教育事业发展和人才队伍建设的总体规划，加强领导，统筹安排。坚持以马克思列宁主义、毛泽东思想、邓小平理论和"三个代表"重要思想为指导，深入贯彻落实科学发展观，以教学科研组织建设为平台，以选聘配备为基础，以培养培训为抓手，以学科建设为支撑，以制度建设为保障，以实现教学状况明显改善为目标，培养一批坚持正确的政治方向、理论功底扎实、善于联系实际的教学领军人物、中青年学术带头人和骨干教师，努力建设一支政治坚定、业务精湛、师德高尚、结构合理的教师队伍。

4. 思想政治理论课教师要全面提高思想政治素质和业务素质。要以方永刚同志为榜样，牢固树立坚定的理想信念，不断提高为思想政治理论教育事业服务的责任感和使命

感；努力学习、刻苦钻研，不断增强马克思主义理论素养和人文社会科学知识基础；深入实践，了解学生，提高教学艺术和教学能力；注重道德修养，提升精神境界，做教书育人的典范。

二、大力加强高等学校思想政治理论课教学科研组织建设

5. 建立健全教学科研组织机构。各高等学校应当建立独立的、直属学校领导的思想政治理论课教学科研二级机构。该机构是思想政治理论课教学部门和马克思主义理论研究机构，又是马克思主义理论学科点的依托单位。其职责是：统一管理思想政治理论课教师，负责思想政治理论教学、科研、社会服务和相关管理工作；负责马克思主义理论学科建设、人才培养和教学科研梯队建设等工作。

6. 选配好教学科研组织负责人。将思想政治理论课教学科研组织负责人遴选配备和培养培训工作，纳入学校干部队伍建设规划。要选拔政治强、业务精、作风正、懂管理的学术带头人和骨干教师，作为思想政治理论课教学科研组织负责人。

三、认真做好高等学校思想政治理论课教师的选聘配备工作

7. 各高等学校要根据专任为主、专兼结合的原则，按照学生人数以及实际教学、科研和社会服务的需要，合理核定专任教师编制，配备足够数量和较高质量的思想政治理论课教师。本专科思想政治理论课专任教师要总体上按不低于师生1∶（350~400）的比例配备。

8. 实行教师任职资格准入制度。思想政治理论课教师必须坚持正确的政治方向，热爱马克思主义理论教育事业，具有良好的思想品德，有扎实的马克思主义理论基础和相应的教学水平、科研能力。新任教师原则上应是中国共产党党员，具备相关专业硕士以上学位，工作期间应兼职从事班主任或辅导员工作。在事关政治原则、政治立场和政治方向问题上不能与党中央保持一致的，不得从事思想政治理论课教学。

9. 不断充实教师队伍。马克思主义理论学科点教学科研人员，应当从事思想政治理论公共课教学；学科带头人应当成为思想政治理论公共课程的教学带头人。建立开放、灵活的人才配置机制，吸引、鼓励校内相关专业学术带头人和教学骨干，专职或兼职承担思想政治理论课教学任务，积极争取从社会各界聘任理论研究、教学单位和实际部门的专家学者和领导干部承担一定的思想政治理论课教学。注意发挥离退休哲学社会科学著名专家学者在思想政治理论课教育教学中的作用。有条件的高等学校应积极探索建立校际的教学协作机制。

四、切实加强高等学校思想政治理论课教师队伍的培养培训工作

10. 建立和完善培训体系。各地各高等学校要制定教师培训规划，建立和完善有重点、分层次、多形式的培训体系，努力使培训工作经常化、制度化。重点深化岗前培训、课程轮训、骨干教师研修和在职培训。坚持先培训后上岗，着力提高新任教师适应岗位要求、胜任本职工作的能力。坚持每次开课前的全员再培训，做到先培训后开课。继续做好

高校思想政治理论课骨干教师和全国高校哲学社会科学教学科研骨干研修工作。各地各高等学校要从实际出发，开展形式多样的教师培养培训工作，努力提高教师的理论素养、教学水平和科研能力。

11. 切实提高教学水平。思想政治理论课教师要以教材为教学基本遵循，在教材体系向教学体系转化上下功夫，真正做到融会贯通、熟练驾驭、精辟讲解。要紧密联系改革开放和社会主义现代化建设的伟大实践，了解和掌握大学生思想政治状况，探索符合教育教学规律和大学生特点的教学方法，提倡启发式、参与式、互动式、案例式、研究式教学。多用喜闻乐见的语言、生动鲜活的事例、新颖活泼的形式，活跃课堂气氛、启发学生思考，把科学理论讲清楚、说明白。定期评选思想政治理论课"精彩一课"和"精品课程"，定期组织教学观摩活动，推广先进教学方法，促进优质教学资源建设和共享。重视发挥多媒体和网络等信息技术的重要作用，倡导在教学中使用新技术新手段，逐步实现教学手段现代化，开发网络教育资源，形成网上网下教学互动、校内校外资源共享。积极探索科学的考试考核方法，重点考查学生的思想政治素质和道德品质。

12. 组织开展社会实践和学习考察活动。各地各高校要积极创造条件，组织教师开展社会实践、学习考察和学术交流活动，使教师进一步了解国情，了解世界，开阔视野，丰富教学素材。

13. 开展继续教育，提高教师整体素质。各高等学校要制订教师继续教育计划，把组织教师在职学习作为主要途径，使广大教师边工作边提高。适时安排教师通过脱产或半脱产进修、名师指导、国内外学术交流等形式到重点高等学校进修深造。鼓励支持教师脱产或在职攻读博士、硕士学位，提升队伍的学位学历层次。每年安排指标招收思想政治理论课专任教师在职攻读马克思主义理论学科博士学位。力争经过几年的努力，使全国高等学校思想政治理论课教师的学历层次和整体素质有明显提高。

五、为高等学校思想政治理论课教师队伍建设提供学科支撑

14. 大力加强马克思主义理论学科建设。根据马克思主义理论学科的性质、特点和要求，进一步凝练学科方向，把为思想政治理论课教学服务作为学科建设的重要任务，做好硕士生、博士生和专业学位研究生的培养及教师培训工作，为马克思主义理论研究和思想政治理论课教育教学培养高水平的人才。完善二级学科体系，为思想政治理论课提供对应支撑。进一步汇聚学科队伍，建设优秀教学团队，使思想政治理论课教师工作有条件、干事有平台、发展有空间，增强责任感和归属感。

15. 加强科研能力的培养。将思想政治理论课的课程建设、教材建设、教学方法改革、教师队伍建设、学科建设以及教学中重要理论和实际问题的研究等作为重要选题，列入国家教育科学研究和人文社会科学研究规划中，项目单列，单独评审，单独检查，推出一批高水平的思想政治理论教育教学研究成果。各地各高等学校要设立专门项目，开展科学研究，不断提高思想政治理论课教师的科研能力。

六、切实为高等学校思想政治理论课教师队伍建设提供政策和制度保障

16. 完善教学管理制度，建立健全教学保障机制。按照学分学时对应原则，确保思想政治理论课的教学时数。要以中班教学（每班 100 名学生左右）为主体，组织开展教学活动。建立教学督导制度，加强教学质量的管理和监督。各地各高等学校要建立思想政治理论课教学专项经费，列入预算，并随着学校经费的增长逐年增加。各高等学校要根据本校实际，将思想政治理论课教师的岗位津贴和课时补助等纳入内部分配体系统筹考虑，确保思想政治理论课教师的实际平均收入不低于本校相关专业院系教师的平均水平。

17. 完善实践教学制度。要从本科思想政治理论课现有学分中划出 2 个学分、从专科思想政治理论课现有学分中划出 1 个学分开展本专科思想政治理论课实践教学。要探索实践育人的长效机制，提供制度、条件和环境保障，确保不流于形式。各类博物馆、纪念馆、展览馆、烈士陵园等有教育意义的场所，要对开展思想政治理论课实践教学实行免票。

18. 完善教师队伍建设的考核评价体系和教师职务评聘体系。各高等学校要制定思想政治理论课教师工作考核的具体办法，健全考核体系。考核结果要与教师的职务聘任、晋级、奖惩等挂钩。考核不合格的，要待岗学习；不能胜任的，要转岗分流。根据思想政治理论课教师岗位职责要求，进一步完善专业技术职务评聘标准，注重考核教学能力和教学实绩。教学研究成果和社会调研报告凡被有关部门采纳、发挥了积极作用的，应作为职称评定的依据。

19. 完善教师表彰奖励机制。在教育系统各类教师表彰体系中，要对思想政治理论课教师的评比确定相应比例，进行统一表彰，增强教师的责任感和荣誉感。要及时发现、树立思想政治理论课教师先进典型，加大宣传、推广力度。

20. 要建立高等学校思想政治理论课教育教学测评体系，进一步完善《普通高等学校本科教学水平评估方案（试行）》，把思想政治理论课建设作为高等学校教学水平评估体系的重要组成部分，列为二级指标，加大其权重和显示度。凡思想政治理论课教学达不到基本要求的，该校教学水平测评不能评为优秀等级。要将思想政治理论课教师队伍建设作为考核高等学校工作的一项重要内容，作为考核高等学校领导班子工作水平和工作绩效的重要依据。要充分发挥高校各级党组织和广大党员在思想政治理论课教育中的政治核心、战斗堡垒作用和先锋模范作用。

各地各高等学校要根据本意见，结合实际，制定具体实施意见和细化方案。

中共中央宣传部

教育部

二〇〇八年九月二十三日

新时代高校思想政治理论课教学工作基本要求

思想政治理论课承担着对大学生进行系统的马克思主义理论教育的任务，是巩固马克思主义在高校意识形态领域指导地位、坚持社会主义办学方向的重要阵地，是全面贯彻党的教育方针、落实立德树人根本任务的主干渠道和核心课程，是加强和改进高校思想政治工作、实现高等教育内涵式发展的灵魂课程。党的十八大以来，以习近平同志为核心的党中央高度重视思想政治理论课建设，做出一系列重大决策部署，思想政治理论课建设在改进中不断加强，课堂教学状况显著改善，大学生学习思想政治理论课的获得感明显增强。中国特色社会主义进入新时代，对高校思想政治理论课发挥育人主渠道作用提出了新的更高要求。为继续打好提高思想政治理论课质量和水平的攻坚战，坚持不懈传播马克思主义科学理论，讲清讲透习近平新时代中国特色社会主义思想的时代背景、重大意义、科学体系、精神实质、实践要求，全面推动习近平新时代中国特色社会主义思想进教材进课堂进学生头脑，打牢大学生成长成才的科学思想基础，引导大学生树立正确的世界观、人生观、价值观，不断提高大学生对思想政治理论课的获得感，现就教学工作提出以下基本要求。

1. 明确指导思想。高举中国特色社会主义伟大旗帜，以马克思列宁主义、毛泽东思想、邓小平理论、"三个代表"重要思想、科学发展观、习近平新时代中国特色社会主义思想为指导，全面贯彻党的教育方针，落实立德树人根本任务，把高校思想政治理论课教学工作摆在更加突出的位置，更加重视加强和改进教学管理，更加重视提升教学质量，不断提升思想政治理论课的亲和力和针对性，全面推动习近平新时代中国特色社会主义思想进教材进课堂进学生头脑，牢固树立"四个意识"，坚定"四个自信"，培养德智体美全面发展的中国特色社会主义合格建设者和可靠接班人，培养担当民族复兴大任的时代新人。

2. 坚持基本原则。(1)坚持正确政治方向，强化思想政治理论课价值引领功能；(2)坚持全流程管理，贯穿思想政治理论课课前、课中、课后各环节；(3)坚持规范化建设，不断健全思想政治理论课教学工作制度；(4)坚持增强获得感，促进思想政治理论课教学有虚有实、有棱有角、有情有义、有滋有味。

3. 严格落实学分。本科生"马克思主义基本原理概论"(以下简称"原理")课3学分、"毛泽东思想和中国特色社会主义理论体系概论"(以下简称"概论")课5学分、"中国近现代史纲要"(以下简称"纲要")课3学分、"思想道德修养与法律基础"(以下简称"基础")课3学分、"形势与政策"课2学分。专科生"概论"课4学分、"基础"课3学分、"形势与政策"课1学分。

硕士研究生"中国特色社会主义理论与实践研究"课2学分，同时须从"自然辩证法概论"课和"马克思主义与社会科学方法论"课中选择1门作为选修课程，占1学分。博士研究生"中国马克思主义与当代"课2学分，同时可开设"马克思恩格斯列宁经典著作选读"课(列入学校博士生公共选修课)。鼓励各地各高校结合实际开设思想政治理论课选修课。

从本科思想政治理论课现有学分中划出2个学分、从专科思想政治理论课现有学分中划出1个学分，开展本专科思想政治理论课实践教学。学生既可通过参加教师统一组织的实践教学获得相应学分，也可通过提交与思想政治理论课学习相关的实践成果申请获得相应学分。网络教学作为思想政治理论课辅助手段，不得挤占课堂教学时数。

4. 合理安排教务。思想政治理论课各门课程应有序衔接，原则上本科生先学习"基础"课、"纲要"课，再学习"原理"课、"概论"课；专科生先学习"基础"课，再学习"概论"课；本专科生每学期必修"形势与政策"课。原则上晚间和周末不安排思想政治理论课必修课。应避免教师周课时安排过于集中。应综合考虑学生专业背景组织思想政治理论课教学班，积极推行100人以下的中班教学，大力提倡中班教学、小班研讨的教学模式，逐步消除大班额现象。

5. 规范建设教研室（组）。本专科思想政治理论课教学应按课程分别设置教研室（组），研究生思想政治理论课教学可结合实际设置教研室（组）。思想政治理论课教学科研二级机构的所有教师都要明确所属教研室（组），承担相应的思想政治理论课教学任务。教研室（组）具体负责本课程的教学管理工作。按照师生比不低于1∶350的比例设置专职思想政治理论课教师岗位，为每个教研室（组）配足师资。可以返聘高水平思想政治理论课退休教师继续承担一定的教学工作。本科院校按在校本硕博全部在校生总数每生每年不低于20元，专科院校每生每年不低于15元的标准提取专项经费，加强以教研室（组）为单位开展教师学术交流、实践研修等。思想政治理论课兼职教师、特聘教授，要由相应的教研室（组）规范管理。

6. 统一实行集体备课。教研室（组）要依据马克思主义理论研究和建设工程统编思想政治理论课最新版教材和教学大纲，定期组织集体备课，准确把握教材基本精神，研究确定教学进度和内容，形成统一的参考教案。思想政治理论课教学科研二级机构要定期组织全员集体备课，集中研讨教学共性问题，促进各门课程有效衔接。要组织教师集中学习党中央重大方针政策和决策部署，及时将党的理论创新最新成果贯穿融入教学，充分体现课程的思想性理论性时效性。

7. 创新集体备课形式。要丰富集体备课载体，通过多种方式有针对性地增强集体备课效果。要组织新任职教师进行试讲，加强对新任职教师的教学指导。要组织骨干教师讲示范课，加强对其他教师的引领带动。要组织教学经验丰富的教师说课，加强广大教师对思想政治理论课教学规律的把握。要组织教师互相听课，促进思想政治理论课教师互学互鉴。要推动思想政治理论课教师在有条件的情况下兼职担任辅导员、班主任，充分了解学生思想政治状况，提高备课针对性。要注重运用新媒体新技术开展集体备课，提升集体备课效果。

8. 严肃课堂教学纪律。要保证思想政治理论课教师在课堂教学中始终坚持马克思主义立场观点方法，在政治立场、政治方向、政治原则、政治道路上同以习近平同志为核心的党中央保持高度一致，坚定不移维护党中央权威和集中统一领导。进一步加强课堂教学秩序管理，确保学生到课率，为高质量开展教学提供保障。进一步完善教学事故认定及处理办法，把课堂教学纪律的要求落到实处。

9. 科学运用教学方法。要鼓励思想政治理论课教师结合教学实际、针对学生思想和认知特点，积极探索行之有效的教学方法，自觉强化党的理论创新成果的学理阐释，努力实现思想政治理论课教学"配方"先进、"工艺"精湛、"包装"时尚。要加大对优秀教学方法的推广力度，注重用点上的经验带动面上的提升。课堂教学方法创新要坚持以学生为主体，以教师为主导，加强生师互动，注重调动学生积极性主动性。实践教学作为课堂教学的延伸拓展，重在帮助学生巩固课堂学习效果，深化对教学重点难点问题的理解和掌握。要制定实践教学大纲，整合实践教学资源，拓展实践教学形式，注重实践教学效果。网络教学作为课堂教学的有益补充，重在引导学生学习基本知识、基本理论等内容。要深入研究网络教学的内容设计和功能发挥，不断创新网络教学形式，推动传统教学方式与现代信息技术的有机融合。

10. 改进完善考核方式。要采取多种方式综合考核学生对所学内容的理解和实际运用，注重考查学生运用马克思主义立场观点方法分析、解决问题的能力，力求全面、客观反映学生的马克思主义理论素养和思想道德品质。坚持闭卷统一考试为主，与开放式个性化考核相结合，注重过程考核。闭卷统一考试须集体命题，不断更新题库，提高命题质量。开放式个性化考核应具有严格的组织流程和明确可操作的考核评价标准。要合理区分学生考核档次，避免考核走形式，引导学生更加重视思想政治理论课学习。各门课程均须先学后考，不得以考代学。应优先安排思想政治理论课成绩优良的学生入党积极分子参加党校学习。

11. 强化科研支撑教学。要引导思想政治理论课教师围绕马克思主义理论一级学科所属相应二级学科开展科学研究，凝练形成与所教课程紧密相关的科研方向，深入研究课程教学重点难点问题和教学方法改革创新。要支持思想政治理论课教师将研究成果作为重要教学资源，有机融入课堂教学。要进一步完善思想政治理论课教师科研评价机制，将科研成果在教学中的转化情况作为重要考核指标。

12. 健全听课指导制度。建立校、省、部三级听课制度。高校党委书记、校长，分管思想政治理论课建设和分管教学、科研工作的校领导，对每门思想政治理论课必修课，每人每学期至少听 1 次课；思想政治理论课教学科研二级机构领导班子每位成员，在一个任期内要对所有授课教师做到听课全覆盖。省级教育部门每学年要组织专家对属地高校开展全覆盖听课，总体上要覆盖各门思想政治理论课，并形成本地高校思想政治理论课课堂教学状况报告。教育部高校思想政治理论课教学指导委员会要组织专家开展随机听课，研制发布全国高校思想政治理论课教学状况年度报告。

13. 综合评价教学质量。要建立健全多元评价机制，采用教师自评、学生评价、同行评价、督导评价、社会评价等多种方式，对教师教学质量进行综合评价。合理运用教师教学质量评价结果，在教师职务职称评聘标准中提高教学和教学研究占比，评价结果与绩效考核和津贴分配等挂钩，引导和鼓励思想政治理论课教师将更多时间和精力投入到教学中。可基于评价结果探索建立思想政治理论课教师课堂教学退出机制。

14. 落实高校主体责任。高校党委书记要落实思想政治理论课建设第一责任人责任，校长要切实负起政治责任和领导责任，进一步完善思想政治理论课教学工作制度，建立健全教学督导机制，面向全体思想政治理论课教师、全部思想政治理论课课堂，全面提升思想政治理论课教学质量。高校要建立由思想政治理论课教学科研二级机构牵头，宣传、教务、学工、科研、财务、人事等部门共同配合的思想政治理论课教学管理体制，建立健全教学管理制度体系，推动各类课程与思想政治理论课同向同行，形成协同效应。

15. 强化地方统筹管理。各地党委教育工作部门要加强对属地高校思想政治理论课教学工作的统筹管理，结合实际制定政策、创造条件，消除思想政治理论课教学工作中的薄弱环节，注重从整体上提升思想政治理论课教学质量。原则上各地都要分课程组建思想政治理论课教学指导委员会，建立教学热点难点定期搜集解答制度，组织专家深入一线精准指导，确保教学指导工作贯穿教学全过程、覆盖全体教师。要及时总结属地高校思想政治理论课教学工作经验，宣传推广教学工作先进典型，为加强和改进思想政治理论课教学工作、提升教学质量营造良好环境和氛围。

16. 加强全国宏观指导。教育部高校思想政治理论课教学指导委员会要发挥好咨询、研判、督察、评估、培训、示范、指导、引领等作用，组织专家建好"全国高校思想政治理论课教师网络集体备课平台"，研制发布各门课程专题教学指南，加强对教学重点难点问题研究解答，开展精品课程教学展示活动，及时发布各门课程教学建议。要统筹好思想政治理论课教师理论培训和实践研修，加大教师社会实践的力度。要适时开展思想政治理论课教学情况督察，推动各方面把教学管理责任落到实处。

教育部

2018 年 4 月 12 日

关于加强新时代高校"形势与政策"课建设的若干意见

各省、自治区、直辖市党委教育工作部门、教育厅(教委)，新疆生产建设兵团教育局，部属各高等学校：

"形势与政策"课是理论武装时效性、释疑解惑针对性、教育引导综合性都很强的一门高校思想政治理论课，是帮助大学生正确认识新时代国内外形势，深刻领会党的十八大以来党和国家事业取得的历史性成就、发生的历史性变革、面临的历史性机遇和挑战的核心课程，是第一时间推动党的理论创新成果进教材进课堂进学生头脑，引导大学生准确理解党的基本理论、基本路线、基本方略的重要渠道。为深入学习贯彻党的十九大精神，深入贯彻落实习近平总书记关于加强和改进高校思想政治工作的重要论述和中共中央、国务院《关于加强和改进新形势下高校思想政治工作的意见》精神，及时、准确、深入地推动习近平新时代中国特色社会主义思想进教材进课堂进学生头脑，宣传党中央大政方针，牢固树立"四个意识"，坚定"四个自信"，培养担当民族复兴大任的时代新人，现就进一步加强和改进新时代高校"形势与政策"课建设提出如下意见。

1. 切实加强教学管理。要将"形势与政策"课纳入思想政治理论课管理体系，由学校思想政治理论课教学科研二级机构统一组织开课、统一管理任课教师，党委宣传部、党委学生工作部、教务处等相关部门配合做好教学管理工作。要设置"形势与政策"课教研室，定期组织任课教师开展集体备课，确定教学专题、明确教学重点、研制教学课件、规范教学要求。

2. 充分保证规范开课。要将"形势与政策"课纳入学校教学计划，严格落实"形势与政策"课的学分。要保证本、专科学生在校学习期间开课不断线。本科每学期不低于8学时，共计2学分；专科每学期不低于8学时，共计1学分。各高校应结合实际和学生需求，开设形势与政策教育类的选修课，完善思想政治理论教育课程体系，发挥"课程思政"作用。

3. 准确把握教学内容。要紧密围绕学习贯彻习近平新时代中国特色社会主义思想，把坚定"四个自信"贯穿教学全过程，重点讲授党的理论创新最新成果，重点讲授新时代坚持和发展中国特色社会主义的生动实践，引导学生正确认识世界和中国发展大势，正确认识中国特色和国际比较，正确认识时代责任和历史使命，正确认识远大抱负和脚踏实地。要开设好全面从严治党形势与政策的专题，重点讲授党的政治建设、思想建设、组织建设、作风建设、纪律建设以及贯穿其中的制度建设的新举措新成效；开设好我国经济社会发展形势与政策的专题，重点讲授党中央关于经济建设、政治建设、文化建设、社会建设、生态文明建设的新决策新部署；开设好港澳台工作形势与政策的专题，重点讲授坚持"一国两制"、推进祖国统一的新进展新局面；开设好国际形势与政策专题，重点讲授中国坚持和平发展道路、推动构建人类命运共同体的新理念新贡献。各高校依据教育部每学期印发的《高校"形势与政策"课教学要点》安排教学。要根据形势发展要求和学生特点有针对性地设置教学内容，及时回应学生关注的热点问题。

4. 规范建设教学资源。教育部组织力量、协调资源加强"全国高校思想政治理论课教师网络集体备课平台"建设，各高校要积极参与、共建共享，共同打造"形势与政策"课教学优质资源。各地各高校可结合实际，编写"形势与政策"课教学辅助资料，原则上各地组织编写的教学辅助资料由地方党委宣传、教育工作部门负责审定，各高校组织编写的教学辅助资料由学校党委负责审定。

5. 择优遴选教师队伍。要配备高素质专职教师负责"形势与政策"课组织工作，并承担一定的教学和科研任务。坚持高标准，按照"优中选优"原则，从思想政治理论课教师、哲学社会科学专业课教师、高校辅导员等教师队伍中择优遴选"形势与政策"课骨干教师。实行"形势与政策"课特聘教授制度，分层建立特聘教授专家库，选聘社科理论界专家、企事业单位负责人、各行业先进模范等参与"形势与政策"课教学。积极邀请党政领导干部上讲台讲"形势与政策"课。要完善"形势与政策"课教学评议制度，探索实行教师退出机制。

6. 创新设计教学方式。要坚持马克思主义立场、观点和方法，结合中华民族发展史、中国共产党史、中华人民共和国史、改革开放史和世界社会主义发展史，结合大学生思想实际，科学分析当前形势与政策，准确阐释习近平新时代中国特色社会主义思想。可采取灵活多样的方式组织课堂教学，积极运用现代信息技术手段，扩大优质课程的覆盖面，提升"形势与政策"课教学效果。

7. 注重考核学习效果。要保证课程覆盖所有在校本专科生，学生听课要涵盖教学内容中的四大类专题。成绩考核以提交专题论文、调研报告为主，重点考核学生对马克思主义中国化最新成果的掌握水平，考核学生对新时代中国特色社会主义实践的了解情况。按照学期进行考核，缺课学生要及时补课，各学期考核的平均成绩为该课程最终成绩，一次计入成绩册。

8. 大力加强组织领导。教育部加强对"形势与政策"课建设的统筹管理，定期研究制定教学要点，组织专家加强教学指导，定期举办骨干教师示范培训班，加强教学经验交流和重点难点问题研讨解析。各高校要研制科学的考核标准，计算教师教学工作量要充分考虑"形势与政策"课难度大、变化快、备课耗时多的特点。各地各高校要组织教师加强教学研究，及时关注形势与政策变化，学深悟透习近平新时代中国特色社会主义思想，切实保障"形势与政策"课教学效果，让学生真心喜爱、终身受益，把这门课真正打造成思想政治理论课的示范课。

教育部
2018 年 4 月 12 日

关于进一步加强高校马克思主义理论学科建设的意见

各有关学位授予单位：

为适应新时期党的思想理论建设需要，坚持马克思主义在高校教学和研究中的指导地位，不断提升高校思想政治理论课教育教学质量，现就进一步加强高校马克思主义理论学科建设提出如下意见：

一、马克思主义理论学科建设的意义、基本原则和目标

1. 加强马克思主义理论学科建设的意义。马克思主义深刻揭示了人类社会发展规律，是我们立党立国的根本指导思想，是全国各族人民团结奋斗的共同思想理论基础。马克思主义理论学科是对马克思主义进行整体性研究的学科，是马克思主义学科体系的重要组成部分。马克思主义理论一级学科自设立以来，学科建设取得重要进展：学科规模拓展，科研成果显著，思想政治理论课教学效果明显提高，队伍素质和人才培养质量不断提升。新形势下深入推进马克思主义理论学科建设，需要进一步提升学科建设质量，凝练学科研究方向，优化人才培养方案，提高学科队伍素质，完善机构设置，促进学科规范化、制度化建设。

2. 马克思主义理论学科建设的基本原则。马克思主义理论学科在高校主要担负马克思主义理论研究、思想政治理论课教育教学与学科专业人才培养的任务。学科建设应坚持如下原则：一是把为党的思想理论建设和为高校思想政治理论课教育教学服务作为学科建设的基本任务。二是遵循学科建设规律、马克思主义理论发展规律和思想政治理论课教育教学规律。三是注重马克思主义理论整体性研究，加强马克思主义各主要组成部分内在关系的研究和把握，加强马克思列宁主义、毛泽东思想和中国特色社会主义理论体系内在关系的研究和把握。四是以思想理论建设和思想政治理论课教育教学需求促进学科建设，以学科建设的成果服务思想理论建设和支撑思想政治理论课教育教学，使二者相互促进、共同提高。

3. 马克思主义理论学科建设的思路和目标。即着眼时代特征，立足不断发展的实践，认真总结马克思主义理论学科建设的经验，主动适应党的思想理论建设和高校思想政治理论课建设的需要，进一步凝练方向、优化结构、提升质量、规范管理，实现学科的健康发展。通过若干年的努力，使学科研究方向更加明确，结构更加合理，特色更加鲜明，体制机制更加完善，队伍素质显著提高，为推进马克思主义理论研究和高素质人才培养做出更大贡献，使马克思主义理论学科成为我国哲学社会科学领域的优势学科。

二、马克思主义理论学科建设的主要任务和要求

4. 凝练学科研究方向。准确把握马克思主义理论学科内涵和特点，抓住学科发展中带有基础性、导向性和战略性的重要问题，组织力量，汇聚队伍，出思想、出成果、出人才，不断提高学科建设的质量和水平。要自觉地把学科研究方向凝聚到为思想政治理论课教育教学服务上来，并将其中的重大问题纳入学科建设规划，使思想政治理论课建设与学

科专业建设的教学、科研、人才培养和管理紧密结合，统筹规划、整体部署、统一实施。用学科专业建设成果服务于思想政治理论课建设，不断提高教育教学的实效性，增强说服力、感染力和亲和力。

5. 加强学科研究。重视和加强学科基础理论建设，着力进行整体性研究，推进学科体系、学术观点、科研方法创新，构建严谨、规范的学科理论体系。深入研究马克思主义经典著作历久弥新的思想价值；深入研究马克思主义理论体系、教材体系、教学体系及其相互联系；深入研究马克思主义在当代发展中的重大问题；深入研究中国特色社会主义理论与实践中的重大问题；深入研究思想政治理论课教育教学中的重点难点问题。贯彻理论联系实际原则，弘扬马克思主义优良学风和科学精神，不断推出经得起实践和历史检验的优秀成果。

6. 提高学科队伍的整体素质。思想政治理论课教师是高校马克思主义理论学科队伍的主体。要按照"一岗双能""一身二任"的要求，努力提高教师自身的理论素养、业务能力和道德修养，不断强化学科意识，积极参与学科建设。各高校要进一步积聚学科力量，整合资源，以项目为纽带，形成老中青结合的学科队伍。有关部门要制定学科队伍建设规划，通过若干年努力，培养造就一批学贯中西、在国内外有广泛影响的马克思主义理论学科高层次领军人物，一批马克思主义理论学科带头人和教学名师，一大批高素质的中青年理论骨干和教学骨干。通过举办各级高校哲学社会科学教学科研骨干研修班、到相关的研究基地进行访问研究，以及国内外社会考察和挂职锻炼等多种途径，全面提高学科队伍素质。

7. 推进学位授权点、重点学科和重点基地建设。严格遵循学科建设标准和有关要求，大力加强学科建设，进一步完善学位授权学科专业布局，进一步加强马克思主义理论国家重点学科建设。要从指导思想、基本条件、建设经费、考核认定、管理职责等方面，全面落实教育部关于加强国家重点学科建设的意见，在高层次人才培养、科学研究等方面做出重要贡献。以国家重点学科为依托，建立若干个教育部马克思主义理论研究和建设创新基地，承担重大课题研究和研究生导师培养任务。

8. 加强学科专业人才培养。各高校应根据《中华人民共和国学位条例》《中华人民共和国学位条例暂行实施办法》和国务院学位委员会、教育部〔2005〕64号文件精神，结合本校实际，科学制定人才培养方案。学科专业人才培养应处理好学科性质和研究特色的关系，严格遵循马克思主义理论学科的内在要求，合理设置研究方向；处理好基础理论研究和现实问题研究的关系，充分体现二者的紧密结合；处理好理论学习和理论运用的关系，着力培养分析问题解决问题的能力；处理好提高思想政治素质和业务素质的关系，培养德才兼备的人才。要确定马克思主义理论学科研究生的学位课程，组织编写课程教学大纲。要明确入学考试科目，其中一门必须是马克思主义基础理论。研究生学位论文选题必须符合马克思主义理论学科的要求，对论文的开题、写作和答辩等环节加强管理。

9. 加强学科交流。要加强高校马克思主义理论学科点之间的交流，加强马克思主义学科系统内各学科之间的交流，加强马克思主义理论与哲学社会科学相关学科之间的交流。立足本学科发展，鼓励跨学科交叉研究。积极创造条件，建立全国高校马克思主义理论学科信息资源共享平台。拓展学术研究视野，加强国际学术交流与合作，不断提升马克思主义理论学科的国际影响力。

三、加强领导、严格管理，为学科建设提供有力保障

10. 规范学科建设组织机构。马克思主义理论学科要以独立的、直属学校领导的思想政治理论课教学科研二级机构为依托，当前要着力解决学位点与思想政治理论课教学科研机构分离问题。马克思主义理论学科点单位要对导师队伍的准入资格提出明确要求，研究生导师要积极参与学科建设，并至少承担一门本科思想政治理论课教学任务。要采取有力措施，建立有利于提高思想政治理论课教育教学和学科专业建设绩效的工作机制。

11. 加大学科建设经费投入。要采取有力措施，为加强马克思主义理论学科建设，特别是学科带头人和中青年骨干培养、提高队伍整体素质，提供有力保障。要保证经费投入，设置专项建设资金。学科建设经费，由国家、地方和学校共同筹措、分级管理。教育部每年安排一定数量的马克思主义理论学科导师和思想政治理论课教师专项课题。列入教育部专项工程建设的学校，要将马克思主义理论学科建设列入专项工程建设计划，加大支持力度，提高建设水平。

12. 加强学科建设检查评估。要加强指导，适时地对学科建设情况进行检查评估，促进学科健康发展。由国务院学位委员会马克思主义理论学科评议组开展学科评估，提出评估意见。各省、自治区、直辖市应对学科建设情况进行定期和不定期的检查。评估检查结果以适当方式公布，并对问题严重的学科点进行整改。

国务院学位委员会
二〇一二年六月六日

关于进一步加强和改进思想政治理论课教育教学工作的实施意见

各高等学校：

《中共中央、国务院关于进一步加强和改进大学生思想政治教育的意见》（中发〔2004〕16号）、《中共中央宣传部　教育部关于进一步加强和改进高等学校思想政治理论课的意见》（教社政〔2005〕5号）、《〈中共中央宣传部　教育部关于进一步加强和改进高等学校思想政治理论课的意见〉实施方案》（教社政〔2005〕9号）（简称"05方案"）和《中共中央宣传部教育部关于进一步加强高等学校思想政治理论课教师队伍建设的意见》（教社政〔2008〕5号）等一系列文件颁发以来，在省委、省政府正确领导下，我省高校思想政治理论课在改进中不断加强，教育教学状况获得明显改善。为深入贯彻落实全国加强和改进思想政治理论课教师队伍建设工作会议精神和《高等学校思想政治理论课建设标准（暂行）》（教社科〔2011〕1号），进一步提高思想政治理论课教育教学质量，结合思想政治理论课工作现状，特制定以下实施意见。

一、进一步加强和改进思想政治理论课教育教学工作的紧迫性和必要性

1. 高校思想政治理论课是对大学生进行系统的马克思主义世界观、人生观、价值观教育的主渠道，思想政治理论课教育教学改革的成效直接影响着高等教育人才培养的质量。进一步加强和改进思想政治理论课工作，提高思想政治理论课教学质量，用马克思主义中国化的最新理论成果武装大学生头脑，用社会主义核心价值体系塑造大学生思想观念，把他们培养成德智体美全面发展的社会主义合格建设者和可靠接班人，确保中国特色社会主义事业兴旺发达、后继有人，具有十分重要的意义。

2. "05方案"实施以来，各高校认真贯彻中央16号文件和中央领导同志重要指示精神，思想政治理论课教材建设取得新成效，教师队伍建设取得新进展，教学方法实现新突破，宏观指导建立新机制，涌现出一大批课程讲授精彩、乐于教书育人、深受学生喜爱的优秀教师，大学生对课程的满意度不断提高，高校思想政治理论课教学状况发生了可喜变化。但是，从总体上来看，思想政治理论课建设的状况，还不能很好地适应新形势、新任务的需要。一些高校不同程度地存在对思想政治理论课认识不足、重视不够；教学科研组织机构亟待进一步规范健全；学科支撑比较薄弱，教学科研相互促进不够；教学手段不够先进，管理不够科学；教学方式方法针对性、实效性不强；教师队伍建设亟待加强，优秀中青年学术带头人缺乏，极少数教师不能做到教书育人、为人师表；思想政治理论课经费投入保障力度不够。加强和改进思想政治理论课工作是一项极为紧迫的重要任务。

二、进一步加强和改进思想政治理论课教育教学工作的指导思想、主要任务和总体目标

3. 指导思想：高举中国特色社会主义伟大旗帜，坚持以马克思列宁主义、毛泽东思想、邓小平理论和"三个代表"重要思想为指导，深入贯彻落实科学发展观，牢牢把握高校思想政治理论课建设的正确方向，准确把握高校思想政治理论课建设的基本要求，正确

把握当代大学生的思想特点和个性需求，以加强师德师风建设为中心，以组织机构建设为平台，以教师队伍建设为基础，以学科建设为支撑，以政策支持和体制机制建设为保障，把思想政治理论课建设成为大学生真心喜爱、终身受益、毕生难忘的课程。

4. 主要任务：加强制度机制建设、建立健全教学科研组织机构、加强课程建设和学科建设、改进教学方式方法、加强师资队伍建设、加强宏观管理指导。

5. 总体目标：实现思想政治理论课教学科研二级机构完全独立；选配政治强、业务精、作风正、懂管理的学术带头人和骨干教师作为思想政治理论课教学科研组织负责人；三年内实现思想政治理论课专任教师不低于师生 1：（350~400）的比例配备；思想政治理论课教师队伍结构不断优化，5 年内思想政治理论课教师硕士学位比例达到 60%，博士学位达到 30%；建立健全全方位、多层次、多形式的培训体系；不断深化教学方法改革，实现教学手段现代化；马克思主义理论学科支撑作用更加突出；教学管理更加规范，政策制度保障更加全面。

三、进一步加强思想政治理论课教学科研组织建设

6. 进一步建立健全独立的思想政治理论课教学科研二级机构。思想政治理论课二级机构既是思想政治理论课教学和马克思主义理论研究机构，又是马克思主义理论学科点的依托单位。还没有成立独立二级机构的高校应列出明确的整改时间表，在 2011 年底之前整改落实到位。

7. 选配好教学科研组织负责人。将思想政治理论课教学科研组织负责人遴选配备和培养培训工作，纳入全省高校干部队伍建设规划。选拔政治强、业务精、作风正、懂管理的学术带头人和骨干教师，作为思想政治理论课教学科研组织负责人。

四、进一步加强思想政治理论课教师队伍建设

8. 配备足够数量和较高质量的思想政治理论课教师。坚持专任为主、专兼结合的原则，按照学生人数以及实际教学、科研和社会服务的需要，合理核定专任教师编制，本专科思想政治理论课专任教师要总体上按不低于师生 1：（350~400）的比例配备。未达标的高校要制订专职思想政治理论课教师建设计划，逐步补充达标。

9. 实行思想政治理论课教师任职资格准入制度。严把思想政治理论课教师入口关。思想政治理论课教师必须坚持正确的政治方向，热爱马克思主义理论教育事业，具有良好的思想品德，有扎实的马克思主义理论基础和相应的教学水平、科研能力。新任教师应是中国共产党党员，具备马克思主义理论相关专业硕士以上学位，本科高校应逐步提高博士学位教师的比例。在事关政治原则、政治立场和政治方向问题上不能与党中央保持一致的，不得从事思想政治理论课教学。在课堂讲授中违反纪律的应立即停止思想政治理论课教学工作。

10. 建立思想政治理论课教师培训基地。依托高校现有的马克思主义理论一级学科、二级学科博士点，通过公开竞争择优原则，在省内重点建设 3~5 个培训基地，侧重从岗位培训、课程轮训、骨干研修、在职培训、学历提升等不同方面，有重点、分层次、多形式实施对思想政治理论课教师系统培训。

11. 建立健全全员培训体系。坚持先培训、后上岗，不培训、不上岗制度。每年培训新任教师 300 人左右。举办本专科和研究生课程培训班，每年培训 500 人左右。举办上下半年形势与政策培训班，培训 300 人左右。各高校要坚持集中备课制度，组织开展校级培训。

12. 实施思政课教师骨干研修计划。把思想政治理论课教师纳入湖北省哲学社会科学教学科研骨干研修工作规划，每年培训 200 人左右。

13. 实施在职思想政治理论课教师攻读博士计划。依托武汉大学、华中师范大学、武汉理工大学马克思主义理论学科博士点，鼓励支持在职思想政治理论课教师攻读博士学位。

14. 实施国内外学习参观考察计划。每年寒暑假组织 200 名左右高校思想政治理论课骨干教师赴我国重要革命纪念地、改革开放前沿地区和西部地区等进行社会实践和学习考察。将思想政治理论课教师纳入教师出境、出国考察培训计划，每年组织 15 名左右高校思想政治理论课骨干教师赴境外、国外考察。

15. 实施教学领军人物、中青年学术带头人和教学科研骨干资助计划。以专项研究项目等方式，通过专项经费资助、课题支持，为教学领军人物、中青年学术带头人和教学科研骨干搭建平台。每年遴选 20 名左右的教学领军人物、中青年学术带头人和教学科研骨干进行重点培养。

16. 建立校际的教学协作机制和对口支持与交流合作计划。大力促进重点本科高校与高职高专和独立学院之间开展思想政治理论课对口支援建设。鼓励对口高校之间在学科建设、教师队伍建设、提高管理质量、合作承担科研项目等方面开展交流与合作。选派重点高校优秀思想政治理论课教师到对口支援高校支教或学术指导，受援高校思想政治理论课教师到支援高校进行交流或者进修深造。

五、进一步加强马克思主义理论学科和思想政治理论课课程建设

17. 支持高校加强马克思主义理论学科建设。做好硕士生、博士生和专业学位研究生的培养及教师培训工作，发现、培养、储备马克思主义理论研究和思想政治理论课教育教学后备人才力量。完善马克思主义理论二级学科体系，为思想政治理论课提供对应支撑。

18. 加强思想政治教育专业建设和思想政治理论课精品课程建设。大力加强思想政治教育品牌专业建设。定期评选奖励思想政治理论课"精彩课件""精彩教案""精彩一门课"和"精品课程"。定期组织教学观摩，推广优秀教案、课件，改革创新教学方法，促进优质资源共享。依托有关高校和湖北省高校马克思主义理论教育研究会，建设"湖北高校思想政治理论课专题网站"，促进教学资源共享。

19. 实施思想政治理论课优秀教学科研团队计划。进一步汇聚学科队伍，建设一批省级优秀思想政治理论课教学科研团队，使思想政治理论课教师工作有条件、干事有平台、发展有空间。

20. 实施思想政治理论课专项研究项目资助计划。将思想政治理论课的课程建设、教材建设、教学方法改革、教学成果、教师队伍建设、学科建设以及教学中重要理论和实际问题的研究等作为重要选题，列入全省人文社会科学研究规划，项目单列，单独评审，单

独检查，推出一批高水平的思想政治理论教育教学研究成果。

六、进一步建立健全思想政治理论课教育教学工作的政策和制度保障

21. 完善教学管理制度，建立健全教学保障机制。我厅将继续实施思想政治理论课教学督导制度，聘请专职思想政治理论课教学督导员，进行集中督导和分散包校督导，加强教学指导和监督。同时应用高校思想政治理论课教学质量监测体系对思想政治理论课教学质量进行监测。各高校要按照学分学时对应原则，确保思想政治理论课教学时数。坚持以中班教学（每班100名学生左右）为主，合理控制课堂教学规模，鼓励和提倡小班教学。根据本校实际，将思想政治理论课教师的岗位津贴和课时补助等纳入内部分配体系统筹考虑，确保思想政治理论课教师的实际平均收入不低于本校相关专业院系教师的平均水平。

22. 完善教师队伍建设的考核评价体系和教师职务评聘体系。各高校要制定思想政治理论课教师工作考核的具体办法，健全考核体系。考核结果要与教师的职务聘任、晋级、奖惩等挂钩。考核不合格的，要待岗学习；不能胜任的，要转岗分流。根据思想政治理论课教师岗位职责要求，进一步完善专业技术职务评聘标准，注重考核教学能力和教学实绩。教学研究成果和社会调研报告凡被有关部门采纳、发挥了积极作用的，应作为职称评定的依据。

23. 完善思想政治理论课教师表彰机制。在教育系统各类教师表彰体系中，要对思想政治理论课教师的评比确定相应比例，进行统一表彰。定期评选表彰"湖北省高校十佳优秀思想政治理论课教师"，并授予"湖北五一劳动奖章"，增强教师的责任感和荣誉感。及时发现、推广思想政治理论课教师先进典型，充分发挥优秀思想政治理论课教师的示范作用。

24. 建立专项经费投入保障制度。把思想政治理论课建设列入专项预算，我厅将在已有基础上，逐年加大对思想政治理论课建设支持力度。根据教社科〔2011〕1号文件要求，各高校要将思想政治理论课建设经费列入预算，本科生按在校生总数每生每年不低于20元，专科院校按在校生总数每生每年不低于15元的标准提取专项经费用于教师学术交流、社会考察等，并随学校经费逐年增加。

25. 建立思想政治理论课年度发展报告制度。依托有关高校和评价中心等学术机构和平台，每年发布一次湖北高校思想政治理论课教育教学状况发展报告。

26. 完善思想政治理论课教育教学工作考核评价制度。我厅将对照思想政治理论课建设标准，定期组织检查考核，考核结果与学校党建与大学生思想政治教育先进表彰、精神文明单位评比、思想政治理论课专项科研立项、马克思主义理论学科建设挂钩，实行一票否决，专项整改。

各高校要根据本意见，结合实际制定具体的细化方案。

湖北省教育厅

二○一一年八月八日

参 考 文 献

（一）著作类

1. 胡锦涛. 高举中国特色社会主义伟大旗帜　为夺取全面建设小康社会新胜利而奋斗——在中国共产党第十七次全国代表大会上的报告［M］. 人民出版社，2007.

2. 艾四林，吴潜涛. 高校马克思主义理论学科发展报告（2016）［M］. 高等教育出版社，2017.

3. 艾四林，吴潜涛. 马克思主义理论学科发展报告（2017）［M］. 高等教育出版社，2018.

4. 许东波，谭顺. 高校思想政治理论课教师队伍发展报告（2015—2016）［M］. 高等教育出版社，2018.

5. 张雷声. 马克思主义理论学科体系建构与建设研究［M］. 经济科学出版社，2011.

6. 普通高校思想政治理论课文献选编（1949—2006）［M］. 中国人民大学出版社，2007.

（二）论文类

1. 陈占安. 论高校马克思主义学院重在建设［J］. 学校党建与思想教育，2019（9）.

2. 李辽宁. 新时代马克思主义理论学科面临的挑战及其应对［J］. 思想理论教育，2019（4）.

3. 佘双好. 马克思主义理论学科在扎根中国大地办社会主义大学中的引领示范作用［J］. 思想政治课研究，2019（1）.

4. 常城. 湖北高校马克思主义学院发展现状与展望［J］. 学理论，2018（11）.

5. 梅荣政. 在改革开放中马克思主义理论学科的创建和发展［J］. 马克思主义理论学科研究，2018（4）.

6. 刘武根. 新时代马克思主义理论学科队伍建设状况分析——基于2013—2017年度马克思主义理论学科发展状况的调查研究［J］. 思想教育研究，2018（9）.

7. 孙蚌珠. 开拓新时代马克思主义理论学科学术研究新境界——兼谈《马克思主义理论学科学术发展报告》的意义［J］. 思想理论教育导刊，2018（3）.

8. 田长生. 马克思主义理论学科与思想政治理论课的战略互动机制研究［J］. 锦州医科大学学报（社会科学版），2018（16）.

9. 宫正，宫留记. 马克思主义理论学科当前面临的问题与对策分析［J］. 思想理论教育导刊，2017（12）.

10. 李长龙，沈斌. 新形势下高校马克思主义学院建设探析[J]. 长春师范大学学报，2017(7).

11. 程陈，李阳. 大力加强马克思主义学科建设，全面提升高校思政课教学质量[J]. 文教资料，2017(11).

12. 王跃，王永贵. 以思想政治理论课教学改革促进马克思主义学院建设[J]. 思想理论教育，2015(5).

13. 徐蓉. "形势与政策"课教学应处理好三大关系[J]. 思想教育研究，2019(2).

14. 李光胜. 高校思想政治理论课建设的有效途径[J]. 红河学院学报，2018(1).

15. 任宗哲，卜晓军. 对地方高校提升哲学社会科学学科社会服务功能的思考[J]. 西安电子科技大学学报(社会科学版)，2011(6).

16. 李资源. 湖北高校思想政治理论课多媒体教学的现状与对策研究[J]. 思想理论教育导刊，2011(3).

17. 李资源. 全省高校思想政治理论课集中督导情况概述[J]. 高校思想政治理论课新课程体系研究，2009(8).

18. 李资源. 增强马克思主义理论课教学针对性和实效性的几点思考[C]. 思考与探索——高校思想政治理论课教学针对性和实效性研究论文集，2005.

后 记

　　《湖北高校马克思主义学院和马克思主义理论学科建设调查》一书，是湖北省社科联"中国调查"项目(ZGDC201604)的最终成果，在调研中得到了湖北省教育厅和各高校相关部门的大力支持，中南民族大学马克思主义学院及湖北省重点人文基地"民族政策与社会发展研究中心"在出版经费方面予以了资助。本书在撰写过程中也得到了各兄弟院校马克思主义学院领导和老师们的无私帮助，提出了许多宝贵意见和建议，在此一并表示衷心感谢！

　　为了完成好《湖北高校马克思主义学院和马克思主义理论学科建设调查》，比较全面地了解湖北高校马克思主义学院和马克思主义理论学科建设和发展情况，取得的成绩与经验，分析存在的主要问题，并提出一些切实可行的对策和建议，在广泛听取有关领导和专家意见的基础上，我们一方面选取了湖北省40余所高校马克思主义学院进行调研，时间主要集中在2016—2019年，包括国家部委高校、省属本科院校、独立学院和高职高专院校等不同类型高校，因各高校在发展中各类数据处于不断变化之中，加之调研的数据前后时间差异，《调查》可能与实际情况略有误差，引用时需经进一步核实。另一方面为了弥补调研工作的不足，我们将近十年的相关研究成果在书中进行了整合，并进行了适当的调整与完善。

　　本课题负责人为李资源教授，参加资料整理和后期写作的主要有李资源、卢江、金鑫、张璋等。为了掌握"形势与政策"课教学情况，教育部在全国设立了9个观测点，湖北省是其中之一。书中2012年湖北高校"形势与政策"课调查报告(本科卷)由李资源(中南民族大学)、刘国胜(中南民族大学)、常城(武汉工程大学)等完成。2013年湖北高校"形势与政策"课调查报告(专科卷)由余小三(武汉交通职业学院)、邓剑虹(武汉交通职业学院)负责数据统计整理和调研报告初稿的撰写，武汉交通职业学院吴显富(时任武汉交通职业学院党委书记)、余小三、张彬华、杨柳、邓剑虹、张晓丽、孔凡斌等参与了调研报告的研讨修订，最后由李资源、吴显富、余小三修改定稿。2016—2017年，根据教育部要求，由湖北省高校马克思主义理论教育研究会组织开展治国理政新理念新思想新战略教育教学状况调查，书中此部分调研报告主要由湖北经济学院马克思主义学院叶晓东、巨英、丁君涛等负责起草完成。本书第七章《湖北高校思想政治理论课教学改革及教学研究》第二部分"湖北高校思想政治理论课教学探索案例"，是对华中科技大学黄岭峻、景秀齐，中国地质大学(武汉)朱桂莲，湖北大学熊友华，武科大城市学院熊晶，分别在湖北省高校马克思主义理论教育研究会组织召开的湖北高校思想政治理论课教学改革经验交流会上的发言材料整理而成的。为了推动湖北民办高校马克思主义学院和马克思主义理论学科建设，交流经验，共谋发展，2021年5月15日，由湖北省高校马克思主义理论教育研究会和武昌理工学院联合主办了湖北省民办高校首届马克思主义学院院长论坛，42 所民办高校的马克思主义学院院长、思政课教师代表参加会议，各高校都提交了会议交流材料，10 多所高校在会上作了发言。会后，我们对这些材料进行精心整理，有关好的做法和经验收入本研究报告中。

由于作者水平有限、时间跨度又比较长，对湖北高校马克思主义学院和马克思主义理论学科建设情况的研究还有待进一步深入。近年来湖北高校马克思主义学院和马克思主义理论学科迅猛发展，各种数据和内容还需要进一步更新和完善。本书尽可能为读者呈现党的十八大以来特别是近几年湖北高校马克思主义学院和马克思主义理论学科建设的基本情况，但限于种种困难，难免存在不足甚至挂一漏万，敬请各位专家学者和广大读者批评指正，不吝赐教。

李资源

2022 年 9 月 20 日